Hector Wilhelm Heinrich Mithoff

Taschenwörterbuch für Kunst-und Alterthums-Freunde

Hector Wilhelm Heinrich Mithoff

Taschenwörterbuch für Kunst-und Alterthums-Freunde

ISBN/EAN: 9783743497467

Hergestellt in Europa, USA, Kanada, Australien, Japan

Cover: Foto ©Thomas Meinert / pixelio.de

Weitere Bücher finden Sie auf **www.hansebooks.com**

TASCHENWÖRTERBUCH

FÜR

KUNST- UND ALTERTHUMS-FREUNDE

VON

H. WILH. H. MITHOFF,

OBER - BAURATH A. D.

MIT HOLZSCHNITTEN.

ZWEITE BEREICHERTE UND VERBESSERTE AUSGABE.

HANNOVER.

HELWING'SCHE VERLAGS-BUCHHANDLUNG.
(TH. MIERZINSKY, KGL. HOF-BUCHHÄNDLER.)

1885.

Lass nur im Zauber edler Kunst Dein Herz erglühen,
Das Alterthum im Geist an Dir vorüber ziehen,
Und mancher Hochgenuss wird Dir daraus erblühen.

Hannover   Schrift und Druck von Fr. Culemann.

Vorwort zur ersten Ausgabe.

Dem ersten Bande meiner »Kunstdenkmale und Alterthümer im Hannoverschen« habe ich eine Erklärung von Ausdrücken aus den Gebieten der Kunst, Technik und Alterthumskunde nebst Bemerkungen über Gegenstände des Cultus hinzugefügt. Es ist späterhin der Wunsch geäussert, es möge von dieser Beigabe ein besonderer Abdruck veranstaltet werden. Ich habe daraus Veranlassung genommen, jener Erklärung die bessernde Hand anzulegen, die Anzahl der fraglichen Ausdrücke zugleich wesentlich zu vermehren, auch ein ansehnliches Verzeichniss von Künstlern der Vorzeit mit kurzen Angaben aus ihrem Leben und Wirken anzufügen, und das Ganze in der Form eines lexikalischen Taschenbuchs erscheinen zu lassen.

Möge das im engen Rahmen Gebotene, namentlich in Fällen, wo umfangreichere Hülfsmittel nicht zur Hand sind oder eingehende Studien ausser Frage stehen, willkommen geheissen werden.

Hannover, im Mai 1883.

H. Wilh. H. Mithoff,
Ober-Baurath a. D.

Vorwort zur zweiten Ausgabe.

Die vorliegende zweite Ausgabe des Taschenwörterbuchs für Kunst- und Alterthumsfreunde ist mehrfach bereichert und hat manche Berichtigungen, besonders hinsichtlich der, den neueren Forschungen entsprechenden Zeitangaben im Verzeichnisse von Künstlern der Vorzeit, erfahren.

Hannover, im September 1884.

H. Wilh. H. Mithoff.

Erklärung

von Ausdrücken aus den Gebieten der Kunst, Technik und Alterthumskunde

nebst

Bemerkungen über Gegenstände des Cultus.

(Benutzt sind: Bock, Gesch. d. liturg. Gewänder d. Mittelalters; Bucher, Real-Lexik. d. Kunstgewerbe; Förster, Vorschule der Kunstgeschichte; Kreuser, d. christl. Kirchenbau; Kugler, Kunstgeschichte; Lübke, Geschichte d. Architektur; Müller und Mothes, Illustr. archäolog. Wörterbuch; Otte, Abriss einer kirchl. Kunst-Archäologie d. Mittelalters; v. Raumer's hist Taschenbuch, Jahrg. 8; Rich (Anthony), Wörterb. d. röm. u. griech. Alterth.; Schnaase, Geschichte d. bild. Künste; Siegel, Handb. d. christl. kirchl. Alterthümer; Trautmann, Kunst u. Kunstgewerbe, u. A. m.)

A und O oder α und ω, Alpha und Omega (der erste und letzte Buchstab im griechischen Alphabet) bedeutet der Erste und Letzte, Anfang und Ende (Offenb. St. Johannis, 1, 8), findet sich nicht selten auf alten Glocken in griechischen, je mit einem Kreuz bekrönten Grossbuchstaben.

Abacus: Deckplatte des Kapitäls, vergl. Säule.

Abfasen bedeutet das Brechen (Abschrägen) einer scharfen Kante, davon abgeleitet: Abfasung (Fase).

Ablauf und **Anlauf** (apothesis, apophysis) nennt man den durch eine Viertelkreislinie bewirkten Ueber-

zurücktretenden grösseren Bautheile, jenachdem dieser
Uebergang — wie bei einem Pfeiler, einer Säule — am
Kopfe oder am Fusse des grösseren Bautheils erfolgt.

Abseite, ein neben einem Hauptraume befindlicher
niedrigerer bedeckter Raum, so in Kirchen ein niedriges
Seitenschiff.

Abtsstab, s. Krummstab.

Achtort (Achtuhr, Achtspitz): achtspitziger Stern,
aus zwei gleichen Quadraten gebildet, von denen das
eine so übereck gestellt ist, dass seine Spitzen mitten
über den Seiten des andern Quadrats gleichmässig her-
vorragen, eine der wichtigsten Grundfiguren zur Entwickelung gothischer Thürme, Pfeiler, Fialen u. s. w.

Aedicula: kleines Gebäude, auch zu gottesdienst-
lichem Zweck; Nische zur Aufstellung eines Götterbildes, einer Heiligenfigur u. s. w.

Aedilen: in Rom die obrigkeitlichen, mit der Aufsicht über die öffentlichen Gebäude, mit der Polizei
und der Besorgung der öffentlichen Schauspiele be-
trauten Personen.

Aedituus: der Tempelaufseher, dann der Kirchner,
Küster.

Aegide (Aegis): ursprünglich ein den Rücken
deckendes, auf der Brust mit den Fussenden befestigtes
Ziegenfell, dann ein solches, mit den Schlangen des
Gorgonenhauptes verbrämtes Fell, wie (nach Homer)
Jupiters Aegide. In griechischen Sculpturen trägt Mi-
nerva als Aegide einen mit Schuppen besetzten Brust-
harnisch mit dem Gorgonenhaupte als Buckel auf der
Brust (ausserdem auch wohl einen Schild). Die Aegide

als Schild zu bezeichnen, ist hiernach allenfalls nur insofern zutreffend, als beides eine Schutzwehr bedeutet.

Aegineten heissen die (jetzt in der Glyptothek zu München befindlichen) Figuren aus den Giebelfeldern eines um 480 v. Chr. erbauten Minerventempels auf der Insel Aegina. Als Werke aus der Frühperiode der griechischen Sculptur zeigt sich in ihnen ein strenger, an Starrheit grenzender und conventioneller Ausdruck bei sonst schon gutem Verständniss für die Körperform.

Aehrenwerk (ährenförmiges Werk), s. opus spicatum.

Aesthetik: Geschmackslehre, Wissenschaft vom Schönen.

Aestrich, s. Estrich.

Aetzen: Metalle und andere Körper durch Säuren, welche deren Oberfläche angreifen (sich einfressen), zu bearbeiten. Bei Kunstgegenständen stellt man dadurch die Zeichnung entweder vertieft oder erhaben dar. Im ersteren Falle wird das zu ätzende Material mit einem Aetzgrunde aus harzigen Substanzen, welcher dem Angriffe der Säure widersteht, überzogen und die Zeichnung mit der Nadel etc. bis auf die Oberfläche des Metalls eingeritzt, so dass letztere durch das Aetzwasser erreicht und eingefressen wird. Bei der Hochätzung wird die Zeichnung mit flüssigem Aetzgrunde aufgetragen und dann der Grund umher geätzt. In letzterer Weise stellt man auch Gegenstände der

Zinkographie, Zinkogravüre her, indem man dadurch Platten gewinnt, von denen (wie beim Holzschnitte) auf der Buchdruckerpresse Abzüge genommen werden können. (Bucher, Real-Lexikon der Kunstgewerbe.)

Agape: Liebesmahl, das in Form eines gemeinschaftlichen Mahles gehaltene oder eingeleitete heilige

1 *

Abendmahl bei den ältesten Christen, auch der dazu benutzte Ort.

Agende: Altar- oder Kirchen-Handbuch, Kirchenvorschrift.

AGLA: der kabbalistische Name Gottes, mitunter auf mittelalterlichen Glocken und Ringen als Schutzmittel gegen Gefahr, besonders gegen Brandunglück angebracht, bestehend aus den Anfangsbuchstaben der hebräischen Worte: Atha Gibbor Leolam Adonaj, d. h. Du bist stark in Ewigkeit Herr.

Agnus Dei: Gotteslamm, Lamm mit der Siegesfahne; auch heisst so ein Andachtsbildchen aus Wachs in Form einer Schaumünze, auf der einen Seite den Abdruck des Lammes mit der Siegesfahne, auf der anderen den eines Heiligenbildnisses tragend.

Agraffe: Spange zum Zusammenhalten oder Aufstecken der Gewänder bei Männern und Frauen; häufig auch nur zum Schmucke dienend, z. B. beim Federbarett.

à jour: durchbrochen, durchsichtig (gearbeitet).

Akanthus: Bärenklau, eine im südlichen Europa wildwachsende Pflanze, deren schön ausgezackte und gerippte Blätter das Hauptornament des korinthischen und des römischen (compositen) Kapitäls bilden.

Akoluth: Unterdiener oder Gehülfe des Priesters, Messgehülfe, Messner.

Akoluthenleuchter hiessen zwei niedrige Leuchter, die dem Messpriester vom Akoluthen oder sonstigen Ministranten vorgetragen und nach der Ankunft am Altar auf den Fussboden gestellt wurden. (Müller u. Mothes, Ill. archäol. Wörterb.)

Akrolithen: figürliche Sculpturen, bei denen die nackten Körpertheile aus anderem Material als die Gewänder bestehen. So bildete man Kopf, Hände und Füsse aus Marmor, während die Gewandungen aus Holz geschnitzt und mit dünnem Goldblech überzogen wurden. Chryselephantine Götterbilder nannte man solche, bei denen über einem hölzernen Kern das Nackte aus Elfenbein, das Gewand und auch das Haar in getriebenem Goldblech gearbeitet waren.

Akropolis: Stadtburg.

Akroterien (Giebelzinnen) heissen die auf der Spitze und den beiden untern Enden eines Giebels angebrachten niedrigen Sockel, anfänglich zur Aufnahme symbolischer Gegenstände (einer Leier, eines Dreifusses u. s. w.) bestimmt, dann zur Aufstellung von Pflanzenornamenten, insbesondere Palmetten, auch von Vasen und Statuen dienend.

Aktzeichnen nennt man das Zeichnen nach einer lebenden (meist unbekleideten) Figur in einer ihr angewiesenen Stellung.

Akustik: Lehre vom Schall und Ton. Ein Gebäuderaum ist von guter Akustik, von guter Schall- und Klangwirkung, wenn darin ein Redner sich leicht verständlich machen kann oder wenn, namentlich bei musikalischen Aufführungen, kein störender Wiederhall eintritt.

à la grecque: Verzierung aus einem schmalen rechtwinklig gebrochenen Bande oder Stabe, verschieden vom Mäander, s. diesen.

Alba: das nach dem Vorbilde der »tunica talaris« (s. diese) gearbeitete, mit langen Aermeln versehene

Messhemd, gewöhnlich von weisser Leinwand, auch von Seide, welches der Priester als Untergewand trägt (s. Priesterkleidung). Im Mittelalter kamen Alben von weisser Seide mit Goldstickerei vor, die von Priestern und Bischöfen an Festtagen angelegt wurden. An den Rändern ist die Alba gewöhnlich gestickt, oder auch mit reich verzierten aufgenäheten Zeugstücken von der jedesmaligen Farbe der Casula geschmückt, die deshalb losgenommen werden können.

Alcazar (arab.): Schloss, Burg mit dem Herrschersitze, so in Sevilla, wo der im Alcazar befindliche Audienzsaal durch edle gemessene Behandlung der maurischen Formen sich auszeichnet.

Alhambra (die rothe sc. Burg): Schloss der Maurenkönige in prächtiger Lage auf einer Felsenhöhe bei Granada, in der zweiten Hälfte des 13. Jahrh. erbaut und bis zur Mitte des 14. Jahrh. erweitert, im Aeussern mit seinen festen Mauern und Thürmen als wehrhafte Burg erscheinend, im Innern mit seinen von zierlichen Arcaden umzogenen Höfen — darunter der Hof mit dem Löwenbrunnen — seinen Gärten, reizvollen Zimmern und prächtigen Sälen, seinen Baderäumen und Kühlung spendenden Wasseranlagen zu behaglichem Lebensgenuss einladend, ein phantastisch-farbenreiches Bild von märchenhaftem Zauber, den maurischen Stil in harmonisch-glanzvoller Vollendung zeigend.

Auf einer Höhe über der Alhambra liegt das maurische Lustschloss Generalife.

Alignement: die Abfluchtung, d. h. Einrichtung nach einer bestimmten Linie, Richtungslinie, vergl. fluchten.

Allegorie: sinnbildliche Vorstellungsart. Sie gewährt die Mittel, in gedrängter Fassung einen Begriff, einen Gegenstand künstlerisch zu bezeichnen. Handelt es sich dabei um die Herstellung einer Personification, so wird die Allegorie der idealistischen Auffassung zu folgen haben, wenn nicht die Idee in einzelnen Fällen (wie bei der Darstellung von Lastern) das Gegentheil verlangt.

Allianzwappen: Heirathswappen, aus dem Wappen zweier Eheleute gebildet.

Almutium: ein aus Pelzwerk angefertigter oder nur damit gefütterter, mit einer Art von Kapuze versehener Schulterkragen der Geistlichen.

Altan: ein ebener, auf Säulen, Pfeilern oder Wänden ruhender, mit einer Brüstung versehener Platz an einem Hause.

Altar. Im jüdischen Tempel stand — wie aus der Beschreibung des von Salomo zu Jerusalem erbauten Tempels hervorgeht — im Heiligen (dem vor dem Allerheiligsten gelegenen Raume) ein Rauchaltar von Holz mit Goldblech überzogen, der grosse eherne Brandopferaltar dagegen im innern Tempelhofe.

In den antiken Tempeln befand sich vor dem in der Cella aufgestellten Götterbilde ein diesem geweihter Altar, während der Altar für die blutigen Opfer vor dem Tempel innerhalb des geweihten Tempelbezirks errichtet war.

Die christliche Kirche hatte ursprünglich nur einen Altar, den Tisch des Herrn, wo das Opfer des neuen Testaments und die Gebete dargebracht wurden. Als hernach im Zusammenhange mit der Reliquienverehrung mehrere Altäre (Seitenaltäre, Messaltäre, Votivaltäre)

entstanden, blieb doch der ursprüngliche Abendmahls-
tisch der vorzüglichste, der Hochaltar. Dieser war
stets dem betreffenden Titelheiligen der Kirche geweiht,
während die Seitenaltäre je einem besondern Heiligen
gewidmet wurden. Der Hochaltar stand in der alten
Kirche frei vor der Mitte der Apsis, erhielt jedoch
später in der Chornische seinen Platz, Sanctuarium
genannt, welche Bezeichnung auch wohl dem ganzen
Hochchore gegeben wurde. Nach der um d. J. 420
angenommenen Orientirung der Kirche ist seine Vorderseite (wie bei den an den Pfeilern, Umfassungswänden
oder in besonderen Kapellen errichteten Seitenaltären)
gegen Westen gerichtet. Die Nordseite des Altars (zur
Rechten des Gekreuzigten), wo das Evangelium verlesen
wird, heisst die Evangelien- oder Brodseite (cornu
evangelii), die Südseite, wo die Verlesung der Epistel
geschieht, die Epistel- oder Kelchseite (cornu epistolae).
In Stifts- und Klosterkirchen steht der dem hl. Kreuze
gewidmete Laienaltar vor dem westlichen Abschlusse
des Hochchors, unter dem sog. Triumphbogen, unter
welchem das sog. Triumphkreuz, ein colossales Crucifix
in Schnitzwerk, zwischen den Statuen der hl. Maria und
des hl. Johannes auf einem Querbalken stehend, oder
ein in Ketten hängendes Crucifix angebracht wurde.

Der Tisch des Herrn in der alten Kirche war von
Holz und stand über der Gruft eines Märtyrers. Seit
dem Anfange des 6. Jahrh. wurde die Anfertigung der
Altäre aus Stein zur Regel. Auch die Tischform verliess
man im Abendlande und führte statt ihrer die Form
eines, über einer Steinstufe sich erhebenden viereckigen
Sarkophags ein, worin man, zumal es an vollständigen
Märtyrerleibern fehlte, einzelne Heiligengebeine bei-
setzte. So stellte der Altar ein Märtyrergrab dar, wie
denn noch jetzt jeder Altar in den Kirchen der Katho-

liken eine Reliquiengruft (sepulcrum) enthalten muss, und in der Mitte seiner Deckplatte, sowie an den vier Ecken derselben mit je einem Kreuze, als Zeichen der Weihe, versehen wird.

In der alten Kirche hatte der Altar einen von vier Säulen getragenen Ueberbau, von welchem das heil. Speisegefäss, oft in Gestalt einer metallenen, die Eucharistie enthaltenden Taube in Kettchen herabhing. Dieser Ueberbau, Ciborium genannt (s. dieses), gestattete während der heiligsten Momente des Opfers eine Verhüllung durch Vorhänge (Tetravela), welche an Stangen zwischen den Säulen in Ringen hingen und auf- und zugezogen werden konnten. Einzelne Beispiele solcher Ueberdachung finden sich noch bei Seitenaltären aus der Zeit des romanischen und selbst des gothischen Stils, während sonst die Altäre aus diesen Perioden an ihren Seiten mit Rundbogenfriesen, bezw. gothischem Mafswerk verziert zu sein pflegen, und einen Aufsatz in Form einer Rückwand (retabulum) haben. Dieser Aufsatz war anfangs eine bewegliche Tafel (superfrontale) aus Metall oder aus Holz mit Metall überzogen, hernach feststehend aus Stein, oft mit einer höheren Mitteltafel, auf welcher ein Crucifix stand. Das Retabulum nahm später noch mehr an Höhe und reicher Gestaltung zu, und bestand dann aus einem niedrigen, zuweilen als Staffel zur Aufnahme von Lichtern eingerichteten Sockel (praedella) mit consolenförmigen Endungen, aus dem darauf in ganzer Breite sich erhebenden Haupttheile, ausgestattet mit Reliefs, Reliquienbehältern, Statuen, Gemälden, auch wohl mit einem Tabernakel der Monstranz nebst Baldachin und Ausstellungsthron (dann Tabernakelaltar genannt), und aus einer Bekrönung mit Fialen, Baldachinen u. s. w. Das Retabulum wurde hiernächst meist durch einen Flügelaltar (Altar-

schrein) ersetzt, letzterer jedoch zur Zeit der Spätrenaissance durch eine feste, oft sehr hohe, mit Säulenstellungen, Reliefs, Gemälden und Statuen ausgeschmückte
Rückwand verdrängt, und in dieser wohl gar auch die
Kanzel angebracht.

Zum Schmuck der Stirnseite des eigentlichen
Altars dienten im Mittelalter die Frontalien oder Antependien (s. beides), und werden solche in den Kirchen
der Katholiken noch jetzt häufig benutzt, während in
denen der Protestanten fast nur Altardecken Anwendung
finden.

Schliesslich ist noch der Tragaltäre zu gedenken.
(s. diese).

Altarleuchter, s. Leuchter.

Altarschrein. Etwa zu Ausgang der Periode des
romanischen Stils kommen statt der feststehenden Altar-
aufsätze (s. Altar) die Altarschreine oder Flügelaltäre
in Aufnahme. Als ihre Vorgänger erscheinen die Diptycha ecclesiastica (s. Diptychon). Der Altarschrein ist
ein hölzerner Altaraufsatz in Form eines rechteckigen
Schreins (Schranks), dessen kistenartige Flügel — gleich
dem Schreine — zur Aufnahme geschnitzter Figuren
bestimmt und an ihrer Aussenseite bemalt zu sein
pflegen. Gewöhnlich hat ein solcher Schrein zwei
Flügel (in halber Breite desselben), und heisst dann,
als aus drei Theilen bestehend, Triptychon. Die
beiden Flügel werden mitunter nur aus bemalten Tafeln
hergestellt, auch ist zuweilen das Mittelstück in dieser
Weise behandelt, so dass dann Malerei an die Stelle
des Schnitzwerks tritt. Sind die Flügel doppelt, so
dass vor den kistenartigen Schreinsflügeln äussere
Schutzflügel in Tafelform sich befinden und der Schrein
in dreifacher Weise gezeigt werden kann, nämlich:

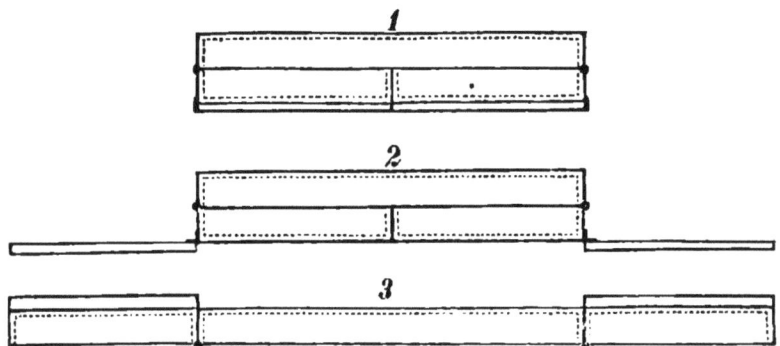

1) geschlossen (dann sieht der vor dem Altare stehende Beschauer nur die bemalten Aussenseiten der äusseren Deck- oder Schutzflügel);

2) mit geöffneten Schutztafeln, aber geschlossenen kistenartigen Schreinsflügeln (dann zeigen sich die Innenseiten der ersteren, so wie die bemalten Aussenseiten der letzteren) und

3) ganz geöffnet (dann kommt das Schnitzwerk vor der Rückwand des Schreins und in den, zugleich mit den Schutztafeln geöffneten Schreinsflügeln zur Anschauung);

so wird ein solcher Aufsatz Wandelaltar genannt.

Unter dem Altarschreine befindet sich oft ein sockelartiger Untersatz, Altarstaffel (praedella, predella), auch wohl Sarg genannt, häufig mit consolenartiger Ausladung an beiden Enden.

Die Altarschreine erhalten vielfach eine Bekrönung von Schnitzwerk, mitunter aus Bilderdächern mit Statuetten, Fialen und durchbrochen gehaltenen gothischen Verzierungen bestehend und dann zu ansehnlicher Höhe aufsteigend.

Altartücher sind feine Linnen, mit welchen der Altartisch bedeckt wird.

Altchristliche Kunst, s. Baustil u. Katakomben.

Altis (Ἄλτις, Lucus Jovi Olympio sacer, s. Stephan, Thesaur. graec. ling.), der Ort der olympischen Festfeier, ein heiliger Hain in einer Ebene am Flusse Alpheios, in welchen der von einer benachbarten Höhe herabfliessende Bach Kladeos sich ergoss (Schoemann, Griech. Alterth. II. 49). In Olympia war der gottgeweihte Hain Altis der heiligste und am reichsten mit Bauwerken und Kunstdenkmalen ausgestattete Raum, mit dem Olympieion (dem Tempel des olympischen Zeus) mit Altären, Statuen u. s. w. in grosser Zahl. Wilde Oelbäume schmückten diesen Platz, darunter auch derjenige, von welchem die Kränze für die Sieger in den Wettkämpfen geflochten wurden (Pauly, Real. Encyclopädie d. class. Kunst–Wissenschaft).

Alveus, s. Römische Bäder.

Amazonen: scythische Kriegerinnen, welchen der Sage nach ihre rechte Brust abgebrannt wurde, um sie zur Führung des Bogens geschickt zu machen. In den Darstellungen von Amazonen auf antiken Kunstwerken ist indess von einer solchen Verstümmelung nichts zu bemerken.

Ambonen hiessen in den altchristlichen Basiliken die beiden an den Seiten des Chors neben oder in den (cancelli genannten) Schranken errichteten, um einige Stufen erhöheten und mit steinerner Brüstung nebst einem, von einem Adler getragenen Lesepulte versehenen Vorlesebühnen, von welchen die grössere an der Nordseite zur Vorlesung der Evangelien, die kleinere an der Südseite zur Vorlesung der Episteln diente (daher Evangelien– und Epistelseite in den Kirchen). Kleine Gotteshäuser wurden nur mit einer solchen Vorlesebühne ausgestattet. Ein Prachtexemplar derselben findet sich in S. Lorenzo vor Rom. Aus den Ambonen werden die Kanzeln — eine denselben in Form und Ausstattung eng verwandte Marmorkanzel enthält u. a. der Dom zu Ravello — hervorgegangen sein. Vergl. Cancellen.

Amictus: bei den Alten jedes Gewand, das umgeworfen, nicht angezogen wurde. Der Amictus bildet einen Bestandtheil der Messkleidung, s. Priesterkleidung.

Amphiprostylos, s. Tempelformen.

Amphitheater, von den Römern ursprünglich für Gladiatorenkämpfe erbaut, hernach auch zu Thiergefechten u. s. w. errichtet, bestehend aus der elliptischen Arena, diese zunächst von einer erhöheten Gallerie (podium), unter welcher die Zugänge für die Kämpfer und die wilden Thiere, eingefasst, dann von treppenförmig ansteigenden, auf überwölbten Corridoren ruhenden Sitzreihen umgeben, letztere (nach Anzahl der Ränge) durch breite, von aussen zugängliche Absätze unterbrochen und von Treppen zur Erreichung der einzelnen Sitzreihen durchschnitten, ganz oben von einer bedeckten, für die Frauen bestimmten Gallerie umsäumt, das Ganze im Aeussern in Bogenstellungen zu verschiedenen Geschossen sich erhebend. Durch Anbringung von Masten am Obergeschosse und ein daran ausgepanntes grosses Tuch (velarium) konnten die Zuschauer gegen Sonne und Regen geschützt werden.

Amphora: ein Flüssigkeitsmaſs, ein thönernes Weingefäss von langer cylindrischer, unten spitz zulaufender Form, mit kurzem Halse, woran zwei Henkel befindlich. Derartige Thongefässe wurden später, wie bei der Kuppel von S. Vitale zu Ravenna, zur Herstellung von Wölbungen gebraucht (Topfgewölbe).

Ampulla: Flasche; das Gefäss für das hl. Salböl in den Kirchen der Katholiken.

Amulet: ein mit Inschriften, Zeichen u. dgl. versehener Gegenstand, der als Schutzmittel gegen Krankheiten oder Zauberei am Körper getragen wird.

Anaglyphen: halb erhabene Arbeiten, Reliefs; Anaglyptik: die Kunst, solche Arbeiten anzufertigen.

Anagramm: Buchstabenversetzung, Wortspiel, ein vor- und rückwärts zu lesendes Wort, z. B. EVA, AVE, oder eine derartige Inschrift.

Anamorphose: ein Zerrbild, das von einem gewissen Standpunkte aus als eine regelmässige Gestalt sich darstellt.

Anker, als christl. Symbol, s. Sinnbilder; in der Baukunst ein zum Zusammenhalten von Mauerwerk u. s. w. dienendes eisernes Verbandstück.

Anlauf, s. Ablauf.

Anniversarium: Jahrsfeier; Anniversarien: Gesänge für den jährlichen Todestag des Verstorbenen.

Antefixa: die gewöhnlich palmettenartig verzierten, an der Traufe befindlichen Stirnziegel vor den Decksteinen antiker Dächer. Auch werden andere von aussen an Gebäudetheilen befestigte Verzierungen so genannt.

Anten nennt man die mit Fuss- und Deckgesims versehenen Stirnflächen der bis zum Vordergiebel vortretenden Seitenmauern eines Tempels. Verwandt mit ihnen sind die später als selbstständige Mauerpfeiler auftretenden Pilaster.

Antependium (Antipendium): eine an der Stirnseite des Altars herabhängende Bekleidung, meist aus kostbarem Stoffe bestehend, auch wohl mit gestickten symbolischen Darstellungen versehen. Antependien letz-

terer Art wurden, um die Darstellungen nicht durch die
beim Vorhängen entstehenden Falten undeutlich erscheinen zu lassen, gleich den aus Leinwand hergestellten
und bemalten Antependien, auf Rahmen gespannt und
vorgesetzt, dadurch aber zu Frontalien (s. diese).

Anthemion: ein mit Ranken und palmettenartigen
Verzierungen besetzter Streifen.

Anticaglien: kleine Alterthümer, im Gegensatze
zu den Antiken.

Antik sagt man von solchen Werken, welche der
classischen Kunst (s. diese), nicht etwa dem Mittelalter
oder der Renaissancezeit angehören. Der Ausdruck
»die Antike« wird für classische Kunst gebraucht, und
unter der Bezeichnung »eine Antike« versteht man ein
Bildwerk des classischen Alterthums.

Antikes Haus. Die Einrichtung eines griechischen
Wohnhauses wird, nach den darüber vorhandenen
Nachrichten zu schliessen, mit derjenigen des hier zu
besprechenden römischen, für eine Familie bestimmten
Hauses (»domus«, im Gegensatze zu den »insulae«
genannten Miethwohnungen) viel Verwandtschaft gehabt
haben. Das römische Haus bestand, wie u. a. das zu
Pompeji aufgefundene Wohnhaus des Pansa zeigt, aus
einem an der Strasse gelegenen Vorderhause und einem
sich daran schliessenden Hinterhause nebst Garten. Im
Vorderhause, welches besonders für den Hausherrn, für
den Verkehr mit Geschäftsleuten und für Fremde bestimmt war, befand sich als Hauptraum das Atrium,
zu welchem ein verhältnissmässig schmaler Gang führte.
Neben diesem lagen einige Läden, von denen einer, in
welchem vermuthlich der Herr des Hauses Wein, Oel
und sonstige Erzeugnisse seines Landguts verkaufen liess,
vom Innern des Hauses zugänglich war. Nach Durch-

schreitung der im Hintergrunde des Ganges befindlichen
Thür (janua) begrüsste mitunter den Eintretenden ein
im Mosaikboden angebrachtes »Salve«, und eine andere,
»cave canem« lautende Inschrift zur Seite, wo ein .
Kämmerchen für den Thürhüter (janitor, ostiarius) lag,
warnte vor dem daneben angeketteten Hunde. Das
Atrium, ein grosser oblonger, nach der Tiefe des Hauses
gerichteter Raum, hatte in der Mitte seiner Ueberdeckung eine ebenfalls oblonge Oeffnung (compluvium),
wohin von allen vier Seiten das Dachgefälle geleitet
war und mit welcher ein im Fussboden angebrachtes
Wasserbecken (impluvium) nebst Brunnen correspondirte
(atrium tuscanicum, s. Atrium). Die beiden Langseiten
des Atriums waren von kleinern Gemächern besetzt, zu
denen noch zwei Seitenräume oder Flügel (alae) sich
gesellten. Den Abschluss des Atriums an seiner Rückseite bildete das (oft mit Gemälden ausgestattete)
Empfangszimmer (tablinum, s. dieses), welches nicht
allein mit dem Atrium, sondern auch mit dem, der
Familie geweihten Hinterhause in Verbindung stand.
Zu diesem führten ausserdem die an beiden Seiten des
Tablinums angeordneten Gänge (fauces), oder es war doch
einer derselben vorhanden. Hier lagen die Familien-
räume (cubicula), so wie das Speisezimmer (triclinium,
s. dieses), die Küche (die mit einem kleinen, von der
Nebenstrasse ab zugänglichen Hofe in Verbindung stand)
und andere Gemächer, welche sich um den Hauptraum,
das Peristylium, gruppirten, das in seiner Mitte ein
dem Impluvium ähnliches, aber grösseres, rings von
Säulen umstelltes und von einem bedeckten Corridore
umgebenes Bassin enthielt. In der Richtung nach dem
hinter dem Hause befindlichen Garten erstreckte sich
ein Saal (oecus, s. diesen), und ein daneben gelegener
Gang führte zu einem in der Breite des Hauses errich-

teten Porticus, so wie in den Garten, in welchem u. a.
auch eine Cisterne nebst Reservoir vorhanden waren.
Ein Theil des Hauses hatte über den untern Gemächern
noch ein niedriges Geschoss für die Sclaven des Hausherrn und sonstige Zwecke.   Auf der Area eines solchen
Wohnhauses lagen — wie es bei dem des Pansa der
Fall war — noch einige kleine, für sich bestehende
vermiethete Häuser.

Antiphona: Wechselgesang.

Antiphonarium: ein Ritualbuch der katholischen
Kirche, enthaltend die Antiphonien, welche von zwei
Wechselchören ausgeführt werden.

Antiquitäten: Alterthümer; insbesondere gilt diese
Bezeichnung für kleine Kunstwerke, Geräthe u. dgl. aus
dem Mittelalter oder der Zeit der Renaissance (mit Einschluss der Periode der Entartung derselben).

Antistes: Vorsteher, Kirchenaufseher, Oberpriester;
Antistita: Vorsteherin, Stiftsoberin.

Antitypus, s. Typologie.

Antoniuskreuz, s. Kreuzformen.

Apengeter.   Eine Zunftrolle v. J. 1432 führt als
ihre Arbeit auf: Handwasserfässer, eckige und runde,
Schalen, Bütten, Leuchter, Ringe, Spangen, Fingerhüte,
Weihrauch- und Chrysam-Gefässe, alles jedoch nur
von Erz und Messing. (Mithoff, Mittelalterl. Künstler
u. Werkmeister Niedersachsens u. Westfalens, Aufl. II.
S. 439 ff.).

Apodyterium, s. Römische Bäder.

Apokalyptische Darstellungen sind aus der
Offenbarung St. Johannis geschöpfte bildliche Darstellungen.

Apostel. Die Attribute der hl. Zwölfboten (welche mit unbedecktem Haupte dargestellt werden) sind in dem Artikel Sinnbilder u. s. w. angegeben.

Apostelgang bedeutet so viel als Lettner (s. diesen).

Apotheose: Darstellung der Vergötterung von Menschen und Heroën, im Mittelalter besonders von Heiligen.

Apothesis (apophysis), s. Ab- und Anlauf.

Appareil: Zurüstung; Mauerverband, Steinschnitt; Auffahrt, insbesondere an den Wällen für die Kanonen.

Appartement: ein besonderes Wohngemach, eine Reihe von Zimmern oder eine Wohnungsabtheilung.

Apsis (Concha, Tribunal, Chornische): ein dem Gotteshause an der Ostseite vorgelegter, halbrund (etwa bis 1230) oder polygonal begrenzter, überwölbter Raum. Nebenconchen sind bei romanischen Kirchen häufig auch zu beiden Seiten des Chors, und zwar an den Enden der Seitenschiffe neben demselben oder — wenn diese hier fehlen — an der Ostseite der Kreuzarme angeordnet. Bei den griechischen Kirchen dient die südliche Nebenapsis (Dulapion oder Diakonikon) zur Unterbringung von grössern Kirchengeräthen oder Kohlen, die nördliche (Proskonide) zur Aufbewahrung der heil. Gefässe und als Raum zum Ankleiden der Priester, bevor sie zum Altar gehen (vergl. Basiliken).

Aquaeduct: Wasserleitung; insbesondere versteht man unter der Bezeichnung »Aquaeducte« die grossartigen, oft auf Bogenreihen hergeführten Wasserleitungen der alten Römer.

Aquamanile: ein Giessgefäss aus Metall, welches das zum Händewaschen des Priesters erforderliche Wasser enthält, oft in Gestalt eines Löwen oder anderen Thiers.

Aquarell-Malerei. Sie hat ihre Bezeichnung von den dabei in Anwendung kommenden Wasserfarben. Bei deren Auftragung auf Papier, wobei die weissen Lichter ausgespart werden, ist dahin zu streben, dass die Farben vor dem Trocknen ihre richtige Abtönung und Verarbeitung erhalten, damit deren Klarheit durch ein späteres Uebergehen nicht leidet.

Aquatinta: die Bearbeitung einer zum Abdruck geeigneten Kupferplatte in Tuschmanier. Man ätzt zunächst die Umrisse der Zeichnung in die Platte, überzieht dieselbe alsdann mit geschmolzenem Mastix oder Kolophonium, deckt hierauf die Lichtstellen mit schwarzem Firniss, tönt damit den übrigen Raum mit dem Pinsel ab und ätzt solchen. Wenn man so fortgesetzt die lichteren Theile deckt und die Schattenstellen je nach ihrer Tiefe schwächer oder stärker ätzt, so wird eine reiche Abstufung von Tönen und somit die zur Herstellung des Bildes erforderliche Licht- und Schattenwirkung erzielt.

Arabesken sind die von den Arabern ausgegangenen reichen Verzierungen zur Bekleidung der Wände, theils geometrische Figuren in künstlich verflochtenen Linienverbindungen, theils pflanzenartige schematisch angeordnete Bildungen zeigend. Arabesken nennt man auch die in einander verschlungenen Thier – und Pflanzenornamente auf den in Sicilien unter normannischer Herrschaft von saracenischen Arbeitern angefertigten Geweben. Uneigentlich wird diese Benennung jetzt sogar Ornamenten nicht arabischen Stils, selbst den aus Menschen – und Thiergestalten, so wie aus Formen der Architektur und der Pflanzenwelt u. s. w. gebildeten Randzeichnungen gegeben.

Arabischer Stil: die nach dem Auftreten Muhamed's bei den Arabern im Anschluss an den byzantinischen Stil in Aufnahme gekommene Bauweise. Darin macht sich, wenngleich der Rundbogen nicht ganz verdrängt wird, besonders der Spitzbogen geltend, der häufig überhöht (gestelzt) oder geschweift erscheint. Dem Rundbogen wird auch wohl durch Verlängerung seiner Bogenschenkel bis etwas unter den Durchmesser die Hufeisenform gegeben; ausserdem kommen Hufeisenbögen mit zugespitztem Scheitel vor. Die Säulen sind von gestreckter Form und haben schlanke kelchartige Kapitäle. Eigenthümlich erscheinen die den Tropfsteinhöhlen gleichenden, aus zahlreichen kleinen Bogennischen und herabhängenden Zapfen gebildeten Wölbungen (vergl. Gewölbe). Charakteristisch ist das Ueberdecken aller Wand – und Bogenflächen mit sich durchschlingenden geometrischen und phantastischen Verzierungen (s. Arabesken).

Arcaden: Reihen von Säulen und Pfeilern, welche durch Bögen mit einander verbunden sind. Bei romanischen Kirchen tritt in den Arcaden häufig ein regelmässiger Wechsel von Pfeiler und Säule, oder — besonders in Niedersachsen — von Pfeiler und je zwei Säulen ein. Es kommen auch Blendarcaden vor, bei welchen zwischen den gedachten Säulen und Bögen zurücktretende Wandflächen sich finden.

Arcaturen nennt man wohl kleine Blendarcaden (u. a. in Kirchen unterhalb der Fenster vorkommend), deren Säulenschäfte meist in ganzer Rundung von der Wand sich abheben.

Archäologie: Alterthumskunde, Geschichte der alten Kunst.

Archaistisch sagt man von einem, absichtlich im Stil aus der Zeit vor Phidias gearbeiteten Werke der griechischen Plastik. Vergl. hieratischer Stil (Müller,

Lexik. d. bild. Künste). Archaistische Farben nennt man wohl veraltete, d. h. im Geschmack der Vorzeit gehaltene Farben.

Architekt: Baumeister; Architektur: Baukunst, insbesondere die Kunst des Hochbaus, deren eigentlich künstlerischer Theil, die Architektonik, nur mit den künstlerischen Regeln der Formgebung sich beschäftigt.

Architrav: der untere, unmittelbar von den Säulen getragene Steinbalken (epistylium) des antiken Tempelgebälks (vergl. Gebälk).

Archivolte: Bogeneinfassung, die verzierte, gewöhnlich architravirte (mit den Streifen und dem zierlichen Obergesims des ionischen Architravs versehene) Vorderseite eines Bogens.

Arcosolium: Märtyrergrab in den Katakomben mit Sarkophag, dessen Deckel als Altar benutzt werden konnte, in einer oben gewölbartig ausgehauenen Felsennische. »Die Arcosolien unterscheiden sich wieder, je nachdem ihre Hinterwand durch eine senkrechte oder eine eingebauschte Fläche gebildet wird«. (Schultze, Die Katakomben von San Gennaro in Neapel).

Arena: (Sandplatz) Kampfplatz im Amphitheater.

Armarium: Schrank zu Büchern, Kleidern, Kleinoden; Wandschrank für hl. Gefässe oder Reliquien.

Arrazzi. Teppiche aus Arras, überhaupt aus Flandern, anfangs aus orientalischen Mustern, später nach Cartons von Rafael und andern Malern angefertigt.

Artes liberales, s. Freie Künste.

Artushof (Junkerhof) in Danzig, 1370 erbaut, nach dem Brande von 1476 bald wiederhergestellt,

aber erst — unter Vereinigung des grossen und des
kleinen Artushofes — 1552 ganz vollendet, jetzt als
Börse und zu Festlichkeiten benutzt.

König Arthur (Artus) ist der Mittelpunkt der ur-
alten wälischen Nationalsage, die im Laufe der Jahrhunderte mannigfache Erweiterungen erfahren und zu
den Arthurromanen geführt hat. Er erscheint zuerst
als das unbedeutende Haupt der kleinen Fürsten von
Wales im Kampfe mit den Sachsen, hernach als der
überall siegende Held, der sein mächtiges Scepter über
ganz England, Frankreich, Skandinavien und Deutschland schwang, und bis Rom und Jerusalem vordrang.
Dann treten neben ihm Helden mit nicht minder wunderbaren Grossthaten auf, und der kämpfende König wird
glänzender Mittelpunkt romantisch-ritterlichen Hofhalts.
(San Marte, Die Arthur-Sage.) Arthur und die Helden
der Tafelrunde — nach altem Brauche sassen die ersten
Würdenträger und Helden mit an der Fürstentafel, bei
welcher die Heldengesänge der Barden erklangen —
spielen daher in der Ritterpoesie und den Romanen
des Mittelalters eine grosse Rolle. Ersterer erscheint
als »koningh artus« nicht selten in den damaligen bildlichen Darstellungen der Helden des Alterthums. Nach
ihm und den Helden der Tafelrunde soll die Bezeichnung »Artushof« den zur Abhaltung von Trinkgelagen
der Ritter und Junker dienenden Gebäuden gegeben
sein. (In Einbeck hiess die Gesellschaft der Geschlechter
und ihr Versammlungshaus die »hohe Börse« oder das
»Junkernhaus«).

Arundo: Kelchröhre (s. diese).

Aspergillum (Aspersorium): Weihwedel, Sprengwedel.

Asphalt: Erdpech, Judenpech, Erdharz.

Astragal: Rundstab, insbesondere wenn solcher unter dem Kapitäl am Halse des Säulenschafts sich befindet.

Atelier: Werkstätte des Künstlers.

Atleth: Wettkämpfer.

Atlanten (Telamonen): männliche Figuren an Stelle einer Säule oder eines Pfeilers als Stütze dienend und zu dem Ende auf dem Haupte mit Kapitäl versehen, in der antiken Architektur vorkommend und später nachgeahmt, in der letzten Zeit der Renaissance als Pilaster behandelt und dann gewöhnlich nur in der obern Hälfte die menschliche Figur beibehaltend, übrigens aber als ein nach unten sich verjüngeuder Wandpfeiler (Atlant in Hermenform) erscheinend (vergl. Karyatiden).

Atrium, s. Antikes Haus. Ausser dem dort beschriebenen Atrium (tuscanicum) gab es noch andere Arten desselben, darunter das Atrium tetrastylum, dessen Impluvium von vier an seinen Ecken stehenden Säulen umgeben war, welche die Decke unterstützten, und das Atrium corinthium, bei welchem das Impluvium in grösserem Abstande an allen vier Seiten von je einer Reihe von Säulen umstanden wurde, die mit der darauf ruhenden Decke einen geschützten Umgang um dasselbe bildeten.

Atrium hiess auch der rings um den antiken Tempel sich erstreckende Hofraum, so wie der, meist mit einem Säulengange umgebene und in der Mitte mit einem Brunnen versehene Vorhof an der Vorderseite der altchristlichen Basiliken.

Attika: in der römischen Architektur eine kleine Pilasterstellung zur Decorirung eines, oberhalb des

Gebälks einer Säulenreihe sich erhebenden niedrigen Wandtheils, später eine niedrige Wand (Brüstung) oberhalb des Hauptgesimses eines Gebäudes, eines Portals u. s. w.

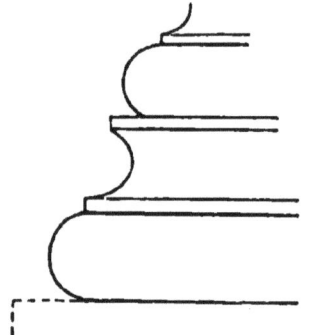 **Attische Basis**: ein ursprünglich auf durchlaufender Plinthe, hernach auch auf rechteckigem Sockel ruhender runder Untersatz des Säulenschafts, aus einem untern Pfühl, einer zwischen zwei Plättchen (Riemchen, Leistchen) liegenden Einziehung und einem obern schwächern Pfühl nebst Plättchen darauf bestehend; auch — als Nachahmung — bei romanischen Säulen häufig vorkommend.

Attribut: beigegebenes Unterscheidungszeichen bei Darstellung wirklicher oder allegorischer Gestalten.

Auditorium: Kirchenschiff, Hörsaal.

Aufhöhen nennt man in der Malerei das Aufsetzen der Lichter.

Aufriss, s. Bauriss.

Augur: Vogeldeuter. Die Auguren waren römische Priester, welche aus dem Blitzstrahl und dem Fluge der Vögel weissagten und den Willen der Götter erklärten. Sie trugen einen, oben mit einer fast schneckenförmigen Krümme versehenen Stab.

Aula: offener Hof, dann ein von einem Säulengange umgebener Hof, ähnlich dem Peristyl eines antiken Wohnhauses. Aula regia: die einen Palast darstellende Mittelpartie der Scene antiker Theater, vorzugsweise zur Aufführung tragischer Vorstellungen bestimmt. Spätere Bedeutungen für aula: Laienschiff

(Mittelschiff) einer Kirche; Saal zu Feierlichkeiten; aula augusta, aula regia: kaiserlicher, bezw. königlicher Hof, d. h. Palast mit Zubehör; aula baptismatis: Taufhaus; aula capitularis: Capitelhaus.

Auréole: Glorie, Heiligenschein, Strahlenkrone.

Aurifrigia, aurifrisia: streifenförmiger Besatz aus Goldfäden und Seide bestehend.

Ausladung: das Hervortreten von Gebäudetheilen, insbesondere von horizontalen Gesimsgliedern.

Auslucht: ein an der Hausfronte von unten aufsteigender, meist einstöckiger Ausbau mit Fenstern.

Autographie: die durch Ueberdruck bewirkte Uebertragung einer auf Papier mit chemischer Tusche angefertigten Schrift oder Zeichnung auf den lithographischen Stein, von welchem dann rechtseitige Abdrücke erlangt werden.

Avant la lettre nennt man die vor Hinzufügung der Schrift genommenen Abdrücke einer gestochenen Platte. Die diesen voraufgehenden ersten Abzüge heissen épreuves d'artiste.

Avers: Bildseite einer Münze oder Medaille; deren Rückseite heisst Revers.

Azulejo: maurische (dann spanische) Thonplatte mit Emailglasur (zu Fussböden und Wandbekleidungen).

Babylonisch - assyrische Kunst. Die Beschaffenheit und Lage des Landes Babylon zwischen Euphrat und Tigris rief ausgedehnte Bewässerungsanlagen und sonstige Wasserbaue, sowie gewaltige Schutzmauern gegen die, einer fruchtbaren Gegend entbehrenden nördlichen Völkerschaften hervor. Diesen Nützlichkeitsbauten folgten Paläste von ausserordentlichem Umfange mit dem Prachtbau der sog. hängenden Gärten

und hoch aufsteigende, zugleich zu astronomischen
Beobachtungen dienende Tempel. Auch die Grabmonumente der Könige waren zum Theil grossartige Anlagen.
Aus den vorhandenen Ruinen lassen sich die colossalen
Verhältnisse, die meist quadratische Grundform und die
stufenartig sich erhebende pyramidale oder thurmartige
Gestalt dieser Hochbauten nachweisen. Zu ihrer Errichtung wurden hauptsächlich ungebrannte und ge-
brannte, auch wohl glasirte Ziegel benutzt. Bildwerke
kommen als Schmuck der Mauern, selbst an den
Thürmen vor. So sah man an der königlichen Burg
eine Jagd dargestellt mit Thieren von »4 Ellen« Höhe,
dabei Semiramis zu Pferde und Ninus, einen Löwen
erstechend (wahrscheinlicher Nebucadnezar und seine
Gemahlin).

Die Blüthe des alt − babylonischen oder chaldäi-
schen Volks setzt man an den Anfang des zweiten
Jahrtausends v. Chr. bis etwa gegen d. J. 1500. Um
die Mitte des 13. Jahrh. begann dann im Norden des
Landes Assyrien seine Herrschaft auszudehnen und
Babylon trat zurück, bis es zu Anfang des 7. Jahrh.
unter Nebucadnezar seinen alten Glanz auf kurze Zeit
wiedergewann. Cyrus machte diesem Reiche ein Ende;
Babel ging allmählich dem Verfall entgegen.

Die auf unsere Zeit gekommenen Ruinen gehören
nur theilweise den alt − babylonischen Bauten an. Unter
ihnen ist der Tempel des Belus, ein stufenartig − pyra-
midaler Bau auf einer Grundfläche von 600 Fuss in's
Gevierte, einst aus acht in der Grundfläche abnehmenden
Geschossen bestehend, hervorzuheben, dessen Reste man
in dem Schutthügel Birs Nimrud glaubt gefunden zu
haben, eine thurmartige Ruine, vielleicht ein Ueberbleibsel des »Sprachenthurms«. Die Ueberreste der
königlichen Burg mit den schon erwähnten hängenden

(wohl auf gangartigen Substructionen ruhenden) Gärten scheinen der Zeit des Nebucadnezar, dessen Name in Keilschrift auf den zerstreut umherliegenden Inschriftsteinen vorherrscht, anzugehören.

An Freisculpturen, deren in der Bibel und in griechischen Schriftstellern gedacht wird, ist wenig erhalten, welches eine bestimmte Vorstellung von ihrem Stile geben könnte. Auch die oben angeführten und andere in Schriften vorkommende Wandreliefs sind bis auf geringe Bruchstücke verschwunden.

Nördlich von Babylon am oberen Tigris erheben sich grosse Schutthügel; es sind die Reste von Niniveh, einst Residenz der assyrischen Könige, die unter der Bezeichnung der Ruinen von Nimrud, Khorsabad und Kujundschik bekannt sind und, wenn sie auch nicht alle in das von einer riesigen bethürmten Mauer umschlossene Gebiet der alten Hauptstadt fallen, doch als ein zusammenhängendes Ganzes angesehen werden können.

Nimrud, nach dem »gewaltigen Jäger vor dem Herrn« der Bibel (I. Mos. 10, 8 f.) benannt, ist am grössten, und enthält auf einer oblongen Grundfläche Ruinen von Palästen und Tempeln; Khorsabad bewahrt Trümmer vom Palaste des einstigen Herrschers Sargon (741—704 v. Chr.), darunter einen Rest musivischer Mauerbekleidung, und in Kujundschik bezeichnen die Ueberbleibsel des aus der Mitte des 7. Jahrh. etwa herrührenden Palastes des Herrschers Sardanapal durch Schönheit und saubere Ausführung ihrer Ornamentation die höchste Blüthe der assyrischen Kunst. Auch diese Palastbauten ruhten auf terrassenförmigen, in Absätzen mit breiten Treppen aufsteigenden Unterbauen. Auf dem oberen Plateau gruppirten sich dann um verschiedene Höfe die einzelnen Gebäudeflügel. Die

meist aus sog. Luftziegeln senkrecht hergestellten sehr
starken Wände waren mit Stuck oder mit starken
2,34 ᵐ hohen Alabasterplatten bekleidet, welche in
farbigen Reliefs die Thaten des Herrschers veranschau-
lichten. Die Fussböden bestanden ebenfalls aus solchem Materiale oder aus gebrannten Ziegeln, die (jetzt
eingestürzten) Decken aber wahrscheinlich aus Holz.
Die Wandecken der Portale sind vorn und seitwärts
mit Reliefplatten bekleidet, welche je die Gestalt eines
phantastischen Thiers in colossaler Grösse darstellen,
aus Löwenleib mit Stierklauen und mächtigem Flügel-
paare nebst einem bärtigen priesterlichen Menschenhaupte bestehend. Daneben erscheinen auch gemeinig-
lich colossale Göttergestalten. Einzelne Thüröffnungen
waren überwölbt. Im Ganzen lässt sich von den besprochenen architektonischen Leistungen und den, auf
den entdeckten Reliefs vorkommenden Gebäuden sagen,
dass sie den Mangel einer bestimmt ausgeprägten
höheren Kunstform zeigen. Dagegen spricht sich ein
feiner Sinn für Ornamentik in den Verzierungen aus,
wie sie auf Thonfliesen, Waffen, Geräthen u. s. w. in
den Ruinen an Palmetten, Rosetten, Voluten, Bandverschlingungen und dergl. sich finden, welche selbst die
griechische Ornamentik beeinflusst zu haben scheinen.
Von besonderem Interesse sind die plastischen
Bildwerke, obschon diese — abgesehen von vereinzelt
aufgefundenen Rundfiguren — auf Reliefarbeiten sich
beschränken. Diese sind meist sehr flach, jedoch nicht,
wie in Egypten, nur mit vertieften Umrissen, sondern
mit geringer Rundung und fast gleichbleibender Fläche
über den Grund sich erhebend, hergestellt. Nur bei
Colossalfiguren ist die Ausführung in stärkerem Relief
geschehen. In den Formen der Figuren herrscht, ungeachtet mancher Mängel in der Zeichnung, mehr

Naturwahrheit, als in denen der egyptischen Reliefs, mit denen sie allerdings die Steifheit des Faltenwurfs theilen, und die Compositionen haben nicht die wundersame wildphantastische Richtung der indischen Bildnerei. Sie stellen meist Vorgänge aus dem Leben dar, besonders Thaten der Könige, Kriegszüge mit allen Einzelheiten, Jagden der Könige, Scenen der Repräsentation derselben, dann auch häusliche Verrichtungen, Gewerbfleiss, Kunst, Spiele u. s. w. Die oben erwähnten colossalen Reliefs an den Portalen assyrischer Palastbauten erscheinen in ihrer phantastischen Gestaltung als geheimnissvolle, fast Grauen erweckende Palastbeschirmer in wunderbarer Kraftfülle.

An Erzeugnissen plastischer Kleinkunst mögen noch erwähnt werden: Verzierungen für Thronsessel in geschlagenem oder gegossenem Metall, ferner reich verzierte bronzene Schalen, Kunstarbeiten in Eisen, Gold, Silber und Elfenbein, so wie Edelstein- und Emailschmuck. (Schnaase, Gesch. d. bild. Künste, Bd. I. 146 ff.).

Bäuerisches Werk, opus rusticum, Rustik, ursprünglich unregelmässiges Mauerwerk aus grossen, rauh behauenen Steinen, später aus dergleichen, aber wohl gefugten Steinen in regelmässigem Verbande, vergl. Bossenwerk (Bossage).

Bajadere: indische Tempeldienerin zur Ausführung religiöser Gesänge und Tänze; öffentliche Tänzerin.

Balcon: ein umfriedigter unbedeckter, auf Consolen ruhender Austritt vor einer hochgelegenen Thür, auch eine von Consolen getragene und mit einem leichten Gitterwerk eingefasste Ausladung einer Fenstersohlbank (Blumenbalcon).

Baldachin: Pracht- oder Thronhimmel, Traghimmel, Schutzdach, Bilderdach, dieses aus der Hinter-

wand frei vortretend, von Consolen getragen und als
Schutz einer Statuette oder Figurengruppe dienend.
Der Name soll von Teppichen aus Babylon (Balduk im
Mittelalter) oder Bagdad (ital. Baldacco) abgeleitet sein.

Ballei: ein Rittergebiet, Ordensgebiet; auch um-
mauerter Hof, innerer Burghof.

Ballista, (Balista), eine zum Schleudern grosser
Steine und Pfeile dienende Kriegsmaschine der Alten.
Balistarii, Armbrustmacher, kommen auch im Mittelalter vor. »Im Jahre 1307 und ebenso 1308 liess sich
die Stadt [Hamburg] für 80 $m\mathcal{K}$ von dem Armbrustmacher Meister Heinrich 20 Armbruste machen, nämlich
4 wintarmbruste (magnas balistas), 10 rucarmbruste
(balistas dorsales) und 6 stegereparmbruste (balistas
stegerepas)«. (Kämmereirechnungen d. Stadt Hamburg,
Bd. I. Einleit. S. Cl).

Balneae, s. Römische Bäder.

Balustrade: Dockengeländer, ein Geländer, dessen
Deckstück von Docken in Form ausgebauchter Zwerg-
säulen (Balustern) getragen wird.

Band bedeutet in der Baukunst: ein zartes Ge-
simsglied, schmales Plättchen, dann ein schräg gestelltes
Holz zur Verbindung eines Holzpfeilers oder Ständers
mit einem Balken, Träger u. s. w. (Kopfband, Bug
genannt) oder eine als Sturmband dienende Schrägstrebe,
endlich eine eiserne Hespe, je nach der Form: Bocks-
horn-, Kreuz-, Fisch- oder Winkelband genannt.

Bandelier: das über die Schulter gehende Wehr-
gehänge.

Bandrolle, ein abgewickeltes, nur an den Enden
aufgerolltes Band mit oder ohne Inschrift, im letzteren
Falle oft von einer Figur gehalten.

Baptisterium hiess bei den Römern das in der
»cella frigidaria« eingerichtete Kaltbad, dann, in
christlicher Zeit, das Taufhaus. Letzteres, stets bei
der Kathedrale gelegen, enthielt den Taufbrunnen, ein
Wasserbehältniss, zu welchem drei Stufen hinabführten,
worin der Täufling von dem auf den Stufen stehenden
Bischof, dem die Spendung dieses Sacraments allein
zustand, dreimal eingetaucht wurde. Als jedoch das
Taufrecht mit der Einführung der Kindertaufe an die
Pfarrkirchen überging und allmählich an die Stelle des
Untertauchens die Begiessung, zuletzt die Besprengung
des Täuflings mit Wasser trat (bei dem Münster zu
Strassburg hörte das Untertauchen der Täuflinge erst
1453 auf), kamen die Taufsteine — am Schluss des
11. Jahrh. als »fontes lapidei« zuerst erwähnt — auf,
welche ihren Platz in einer dem hl. Johannes d. T.
geweihten Taufkapelle am Eingange zur Nord- oder
Frauenseite der Kirche erhielten (da die Frauen den
jungen Täufling, wie in dieses Leben, so in die Kirche
bringen), und mit einer Bedeckung und Umfriedigung
versehen wurden. Die Grösse der Taufsteine vermin-
derte sich allmählich, und statt derselben sind bei den
Protestanten (zumal auch Taufen in Privathäusern üblich
geworden) in vielen Fällen Taufschüsseln eingeführt.
Während der Taufstein in den Kirchen der Katholiken
den vorhin bezeichneten Platz behauptet hat, wurde
demselben von den Evangelischen — so weit nicht
dessen Benutzung aufgehört hat — eine Stelle im
Altarhause angewiesen.

Die alten Taufsteine erinnern durch ihre runde
oder vieleckige Form, so wie durch ihre Ausstattung
mit Säulchen und Bögen, nicht minder durch ihre
kuppelförmige Bedeckung an die Baptisterien. In der
gothischen Periode erhielten die Taufsteine oft die Form

eines Pocals, oder — wenn die Taufgefässe aus Metall
hergestellt wurden — die eines Grapens, eines auf
Füssen ruhenden Kessels. Letztere sollten daher Tauf-
grapen, Taufkessel oder Erzkufen, nicht aber auch —
wie häufig geschieht — Taufsteine genannt werden.
Sie sind an der Kesselwandung, so wie auf dem Deckel
gewöhnlich mit Heiligenfiguren geschmückt und mit
Inschriften versehen.

Grosse Taufgefässe von Metall aus späterer Zeit
zeigen nicht selten Taufscenen und andere biblische
Darstellungen in halb erhabener Arbeit. Der mitunter
hohe Deckel derselben pflegt an einer Kette zu hängen.
Letzteres ist auch der Fall mit den, nach dem dreissigjährigen Kriege zur Anwendung gekommenen hölzernen
Taufengeln, welche, eine Taufschale haltend, auf und
nieder bewegt werden können.

Unter den Taufschüsseln älterer Zeit finden sich
die mit räthselhaften Umschriften versehenen Messing-
schalen, deren Boden eine Darstellung in getriebener
Arbeit, als den Sündenfall, die Verkündigung u. s. w.
zu enthalten pflegt. Die Taufschüsseln, mitunter aus
Silber angefertigt, werden in den Kirchen der Protestanten bei dem Gebrauche oft in eine runde, in einem
Pfosten der Altarschranke befindliche Vertiefung oder
auf ein hölzernes Gestell oder Tischchen gesetzt. (Vergl.
Otte, Archäolog. Katechismus, 78 f.).

Barbacane: ein vorgeschobenes Befestigungswerk,
als eine Vormauer mit Schiefsscharten zur Vertheidigung
eines Thors, ein Brückenkopf, ein mit dem Burgthor
zusammenhängendes ringförmiges Aussenwerk, welches
der Besatzung gestattete, auf einem ausspringenden
Punkte sich zu sammeln, einen Ausfall zu machen,
einen Rückzug zu decken, Hülfstruppen einzulassen.
Eine Barbacane der letzteren Art bestand aus Holz,

auch aus Erde oder aus Steinwerk, mit Zugbrücke, breitem Graben oder äussern Palissaden, lag dem Thore schräg gegenüber und war mit diesem durch zwei parallele Mauern verbunden.

Barett: Scheitelkäppchen der Priester, s. Priesterkleidung. Im Allgemeinen eine flache, besonders zu Anfang des 16. Jahrh. beliebte Kopfbedeckung mit breitem Rande, von Fürsten mit Federschmuck und Agraffe, von Landsknechten sehr breit, vielfach geschlitzt und bunt ausstaffirt, in einfacher Form von Gelehrten und Künstlern getragen. Den Baretts der neueren Zeit, die meist aus der Rundung in's Viereck übergehen, pflegt der Rand zu fehlen.

Bargello: früher Palazzo del Podestà in Florenz, dann Sitz des Bargello (Häscherhauptmanns), jetzt Museum.

Barocke Bauweise (baroque, fr. = schiefrund [von Perlen gesagt], dann unregelmässig, seltsam) nennt man diejenige, welche um 1600 aus dem Stil der Renaissance durch willkürliche Behandlung der Formen, insbesondere des decorativen Elements, hervorging, und bei weiterem Verlassen der stilistischen Gesetze in der ersten Hälfte des 18. Jahrh. zum Rococo ausartete.

Basament: Unterbau, Sockel.

Basiliken. Bei der antiken Basilika (ursprünglich den Ort bezeichnend, wo der athenische Oberrichter, der Archon Basileus, zu Gericht sass) scheint die Anordnung zwar verschieden, jedoch insoweit übereinstimmend gewesen zu sein, dass darin ein oblonger, von Säulen umgebener, vorzugsweise dem Handelsverkehr gewidmeter Hauptraum sich befand, und dass an dem einen schmalen Ende des Gebäudes, dem Haupteingange gegenüber, ein als Sitz der Rechtspflege dienendes, halbkreisförmiges überwölbtes Tribunal (judicium, hemicyclium, concha) nach aussen vortrat oder ein solches von rechteckiger Grundform innerhalb der Umfangsmauer des Gebäudes vorhanden war. Dieser Hauptraum wurde von einem schmalen Umgange umzogen, über welchem an den Langseiten mitunter Gallerien für Zuschauer eingerichtet waren. Auch gab es Basiliken mit je zwei Säulengängen an den Langseiten des Hauptraums. Die Ueberdeckung dieses und des Umgangs geschah durch Balkendecken, jedoch war das Mittelschiff auch wohl nach Art der Hypäthraltempel ohne Decke.

Die ersten gottesdienstlichen Versammlungen der Christen wurden in Privathäusern oder in Zeiten der Christenverfolgungen in den Katakomben gehalten. Als die freie Ausübung ihres Gottesdienstes gestattet und die Anzahl der Bekenner des Christenthums mächtig angewachsen war, schritt man zur Erbauung eigener Gotteshäuser, die aber erst zur Zeit des Kaisers Constantin in die Reihe der öffentlichen Gebäude traten und »basilicae« genannt wurden, letzteres darauf hindeutend, dass man bei ihrer Erbauung die oben gedachten, dem Handel und Gerichtsverkehr gewidmeten heidnischen Basiliken oder auch die Privatbasiliken in den Häusern vornehmer Römer zum Vorbild genommen hatte, und ihren Namen »Königliche Halle« (Στοὰ βασιλική) auf die der christlichen Verehrung des Königs der Könige geweihten Räume übertrug.

Bei der altchristlichen Basilika ist das von Mauern umgebene Rechteck in der Art getheilt, dass in der Mitte ein breiteres und höheres Hauptschiff mit besonderem Dache entsteht, welchem an seinen Langseiten schmalere und niedrigere, unter Pultdächern liegende Seitenschiffe sich anschliessen. Die Theilung

geschieht durch Säulen, die entweder durch ein Gebälk
überdeckt oder durch Rundbögen mit einander verbunden sind. Oberhalb derselben befinden sich die
Fenster des Mittelschiffs, während die Seitenschiffe besondere Lichtöffnungen in ihren Aussenwänden erhalten.
Eine halbkreisförmige Apsis tritt am Ostende des Mittelschiffs vor. Diese ist überwölbt, die Schiffe aber sind
mit Balkendecken versehen. Bei weiterer Ausbildung
der Basilika wird zwischen dem Langhause und der
Apsis ein Querhaus in gleicher Breite und Höhe des
Mittelschiffs angeordnet und an der Einmündung des
letzteren in das Querhaus ein mächtiger, auf Säulen
ruhender Triumphbogen errichtet. Wo ehemals in
der Mitte der Rundung des Tribunals (der Apsis) der
weltliche Richterstuhl stand, lehrte nun von seiner
stufenerhöhten marmornen Kathedra herab der Bischof;
den übrigen Raum des Halbkreises nahmen seine Presbyter ein. Vor diesem Priesterraume erhob sich in
der Mitte des Querhauses der Altar in einer gegen den
Kirchenraum durch Schranken (cancelli) gebildeten Ab-
grenzung für den Chor der niederen Geistlichkeit.
Neben oder in den Schranken wurden im Mittelschiffe
die zum Verlesen der Evangelien und Episteln dienenden Ambonen (s. diese) errichtet. Die Schiffe blieben
dem Volke überlassen. Am Westende der Basiliken
pflegte eine schmale bedeckte Vorhalle (narthex) hinzugefügt und die ganze Anlage an dieser Seite durch
einen rechteckigen, mit bedeckten Säulenhallen ein-
gefassten Vorhof (atrium, quadriporticus) mit einem
Reinigungsbrunnen in seiner Mitte vervollständigt zu
sein. So glich denn die altchristliche Basilika in ihrer
Haupteintheilung dem aus dem Vorhofe, dem Heiligen
und dem Allerheiligsten gebildeten Tempel Salomo's.

In der durchgebildeten r o m a u i s c h e u Basilika
spricht sich die Kreuzform aus, indem hier — in Fortsetzung des Mittelschiffs — zwischen dem Querhause
und der Apsis ein Chorquadrat eingefügt ist. Mitunter sind auch die Seitenschiffe, über das Querhaus
hinaus, zu beiden Seiten des Chors fortgeführt und
dann mit je einer Apsis abgeschlossen. Die Ueberdeckung der Schiffe geschieht anfangs durch flache
Holzdecken, wobei die Scheidmauern (s. diese) auf Halb-
kreisbögen ruhen, die von Pfeilern oder Säulen getragen
werden (vergl. Arcaden), später durch Kreuzgewölbe,
in welchem Falle die Arcadenstützen meist aus Pfeilern
mit Vorlagen bestehen. Durch die Zugrundelegung des
Quadrats in der Zusammensetzung des Grundrisses und
die Ueberwölbung wird eine weitere Durchbildung und
rhythmische Gliederung des Innenbaus hervorgerufen.
Chor, Vierung und Kreuzarme erhalten je ein Quadrat;
zwei oder drei Quadrate kommen, als Eintheilung in
Jochweiten, auf das Mittelschiff, während die halb so
breiten Seitenschiffe, in jedem der durch die Jochein-
theilung gebildeten Abschnitte, je zwei dieser halben
Breite entsprechende Quadrate im Grundrisse aufweisen.
Dazu kommt die Thurmanlage in organischer Verbindung mit dem Kirchenbau. Ansehnliche Basiliken
pflegen zwei, vor dem Westende der Seitenschiffe auf
quadratischer Grundfläche sich erhebende Thürme,
zwischen welchen unten eine Halle, oben das Glocken-
haus liegt, zuweilen auch noch zwei, zu den Seiten des
Chors aufsteigende Thürme und ausserdem einen Vie-
rungsthurm zu erhalten. Der Chorfussboden wird zunächst in Veranlassung der darunter angelegten Krypta
um mehrere Stufen erhöhet.

Kirchen in Basilikenform finden auch noch in der
Periode des gothischen Stils häufig Anwendung.

Basilisk: Fabelthier mit Hahnenkörper und langem Schweif in Schlangengestalt.

Basis: Grund, Grundfläche, Untersatz; Säulenfuss.

Basrelief, s. Relief.

Bauhütten hiessen die mittelalterlichen, halb zünftig, halb klösterlich organisirten Körperschaften von Steinmetzen. Sie übten in ihren inneren Angelegenheiten eigene Gerichtsbarkeit aus. An der Spitze der deutschen Bauhütten stand Jahrhunderte lang und bis zur Eroberung des Elsass durch die Franzosen die von Strassburg; die Verbindung mit ihr wurde 1707 förmlich aufgehoben. Ausser dieser allgemeinen Haupthütte, deren jedesmaliger Werkmeister des Münsters als Grossmeister der genannten Brüderschaft an der Spitze stand, waren 1452 in Deutschland als Haupthütten Köln, Wien und Zürich aufgestellt, und ihnen die Hütten der übrigen Städte untergeordnet.

Die schriftliche Aufsetzung der ersten gemeinschaftlichen Steinmetzordnung, welcher indess einzelne Aufzeichnungen des Gewohnheitsrechts der Hütten vorangegangen waren, erfolgte i. J. 1450, und wurde solche 1498 zum ersten Male durch Maximilian I. zu Strassburg bestätigt. Diese Statuten sind durch Versammlungen der Meister zu Basel und Strassburg 1563 revidirt, demnächst in den Druck gegeben, und »Steinmetzrecht« oder auch »Bruderbuch« titulirt. Daneben kommen besondere Ordnungen, die allgemeine zwar als gültig voraussetzend, vor. Darunter ist besonders wichtig die von 1462, in der Lade der Steinmetzhütte zu Rochlitz in einer Copie v. J. 1486 aufbewahrt, die theilweise einen tiefern Blick in die innere Einrichtung der Bauhütten und die ganze Ordnung der Gewerke gewährt. Es enthält besonders diese, von den Meistern

zu Magdeburg, Halberstadt, Hildesheim, Mullburg (?),
Merseburg, Meissen, von denen im Voigtlande, in Thü-
ringen und im Harzlande durch zwei Zusammenkünfte
in Torgau aufgestellte schriftliche Ordnung genauere
Bestimmungen über die Steinmetzzeichen. (s. Michelsen,
Die Hausmarke. Eine germanistische Abhandlung, 61 ff.
— Janner, Die Bauhütte des deutschen Mittelalters,
Leipz. 1876).

Bauriss: die Darstellung eines Bauwerks, insbesondere eines Gebäudes, in Zeichnungen. Dazu gehören 1) der Grundriss: ein horizontaler Durchschnitt
der einzelnen Geschosse, woraus die Anordnung der
Räume, der Thüren, Fenster, Treppen, Heizvorrichtungen
und die Stärke der Wände hervorgehen; 2) der Aufriss
(Standriss): eine geometrische Ansicht der Schauseite
(Façade), auch wohl der übrigen Seiten; 3) der Durchschnitt nach der Länge und Tiefe (Breite). Ausser
diesen unentbehrlichen Zeichnungen, welche für die
Ausführung als Werkrisse in grösserem Mafsstabe
angefertigt werden, ist gewöhnlich noch ein Situa-
tionsplan, in manchen Fällen auch eine perspectivische Ansicht des Aeussern oder einzelner Theile
des Innern eines Gebäudes erforderlich.

Bausen, pausen (fr. calquer) kalkiren, durchzeichnen.

Baustil: eine nach bestimmten Gesetzen für Construction und Ausschmückung durchgeführte Bauweise,
welche das in einem gewissen Zeitabschnitte herrschende
Formengefühl darlegt. Charakteristisch erscheint bei
dem griechischen Baustile: die klare organische
Entwickelung aller Theile und Verbindung derselben
zu einem harmonischen Ganzen von schönen Verhältnissen, feiner Profilirung und mafsvoller Ausschmückung,

diese bei den Constructionstheilen deren Bestimmung
schärfer hervorhebend; sodann die wagerechte Ueberdeckung aller Räume und Stützweiten und die, besonders
im Säulenbau sich aussprechende grössere Entwickelung
der Aussen — Architektur im Vergleich zum Innenbau
(bedeutsamere Entfaltung dieses Stils im 6. Jahrh. und
zu Anfang des 5. Jahrh., Blüthe: Mitte des 5. und im
4. Jahrh.; Verfall im 3. Jahrh. v. Chr. beginnend);

    bei dem römischen Baustile: die grossartige,
dabei massenhafte Anordnung, das prunkvolle Wesen,
hervorgerufen durch das Zusammenstellen von Bautheilen zu decorativem Zweck und Häufung des Ornaments; die Verbindung des, den Etruskern entlehnten
Bogens und Gewölbes mit dem aus Griechenland eingeführten Säulenbau und die dadurch ermöglichte
grössere Mannigfaltigkeit in der Composition, namentlich
in der Gestaltung des Innenbaus (erste eigenthümliche
Entwickelung um den Beginn des 3. Jahrh. bis um
die Mitte des letzten Jahrh. v. Chr., Blüthe bis gegen
den Schluss des 2. Jahrh. n. Chr., Verfall im 3. Jahrh.
bis gegen die Mitte des 4. Jahrh.).

    Um die Zeit Constantins († 337) beginnt der alt-
christliche Stil seine Wirksamkeit zu entfalten.
Obwohl in den entarteten Formen der römischen Kunst
sich bewegend, weiss doch die altchristliche Bauweise,
dem Verlangen nach zusagenden Versammlungstätten
für den Gemeinde — Gottesdienst entsprechend, neue
Raumanordnungen zu schaffen, wobei Abweichungen
von der alten Constructionsweise eintreten, namentlich
die Säule als unmittelbare Bogenstütze Verwendung
findet und die Ausschmückung, beeinflusst von der
Symbolik, mehr dem Innenbau sich zuwendet. Es
entwickeln sich allmählich die Grundlagen für die
Hauptformen des mittelalterlichen Baustils: die christliche Basilika und der Centralbau.

Während die Basilikenform bei den Gotteshäusern des Abendlandes das Uebergewicht erlangt, ist es der byzantinische Stil, welcher, auf dem Principe des römischen Gewölbebaus sich gründend, die diesen beengenden antiken Formen aber abstreifend, hauptsächlich den Centralbau mit kuppelförmiger Ueberdeckung fördert, auch Halbkuppeln, so wie über einander angebrachte Säulenstellungen häufig anwendet und eine Umbildung der antiken Details, unter Hinneigung zu orientalischen Motiven, in's Dasein ruft. Vorzüglichstes Beispiel: Die Sophienkirche in Byzanz (530—542).

Die karolingische Bauweise leitet von dem altchristlichen und dem byzantinischen zum romanischen Stile hinüber, welcher, auf römischen Bauformen fussend, diese aber unter Hinzufügung neuer Elemente umgestaltend, in seinen starken, anfangs durch kleine tiefliegende Rundbogenfenster und Thüren nur wenig durchbrochenen Wänden, seinen Balkendecken oder Kreuzgewölben mit halbkreisförmigen Gurten ein gemessenes, Ruhe und Genüge erweckendes Wesen zur Schau trägt (11. Jahrh.), das auch bei der spätern reicheren Gestaltung und Ausschmückung (1150—1225) vorherrschend bleibt, dabei die Eigenthümlichkeit zeigend, dass manche der correspondirenden Theile eines Gebäudes in den Hauptformen zwar sich gleichen, in der oft phantastischen Ausschmückung dagegen grosse Abwechselung darbieten.

Der sog. Uebergangsstil nimmt bei romanischer Hauptanordnung Elemente auf, die zu dem rasch sich entwickelnden gothischen Stile hinüberleiten, welcher letztere bei seinem Drange zu kühnem Emporstreben die ruhige Haltung verlässt, die horizontale Gliederung — gleich niederhaltenden Schranken — durchbricht, den Halbkreis zum Spitzbogen umwandelt und mit

Hülfe desselben das Wölbungssystem zu grösster Voll-
kommenheit entwickelt, womit die Verminderung der
starren Massen auf das geringste constructiv zulässige
Mafs und eine organische scharf ausgeprägte Gliederung
Hand in Hand gehen. Zuerst schlicht und streng (Anfang des 13. Jahrh.), dann edel und prächtig (1225—
1300), hernach gekünstelt (zweite Hälfte des 14. Jahrh.),
zuletzt schematisch und trocken (15. Jahrh.), worauf
der Stil der Renaissance in seiner Rückkehr zur
(römischen) Antike neues Leben und anmuthige Gestaltung bringt (Anfang des 15. Jahrh. in Italien, um
1500 in Frankreich, in der ersten Hälfte des 16. Jahrh.
in Deutschland auftretend), bald aber übersprudelnd die
strengen, allerdings oft eine gewisse Nüchternheit ver-
rathenden Formen verlässt, zu Ueppigkeit fortschreitet,
die hernach einem barocken Wesen Platz macht (zweite
Hälfte des 16. Jahrh. und erste Hälfte des 17. Jahrh.),
und zuletzt in Ungebundenheit und Effecthascherei mit
seinen grotesken Bildungen, seinem Muschel- und
Schnörkelwerk als Rococo (Mitte des 17. Jahrh.) und
Zopf (18. Jahrh.) fortwuchert. — S. auch Arabischer
Stil; Babylonisch-assyrische Kunst, Decorated Style,
Early English (style), Egyptische Baukunst, Elisabeth-
Stil, Etruskische Baukunst, Flamboyantstil, Indische
Baukunst, Karolingische Bauweise, Lancetstyle, Mau-
rischer Stil, Muhamedanische Baukunst, Normannischer
Stil, Perpendicular Style, Persische Kunst, Platereskstil,
Russischer Baustil.

Bautastein, s. Menhir.

Beffroi, s. Bergfried.

Begharden: Männer, die in Gemeinschaft — ohne
einem Orden anzugehören — vom Betteln lebten und
später, als sie mit Aufhebung bedroht wurden, als
Conversen einem der bestehenden Mönchsorden sich
anschlossen.

Beghinen: Frauenzimmer, die in Uebung frommer Werke in klösterlicher Gemeinschaft, aber ohne einem Orden anzugehören, lebten.

Beiern: statt des Läutens mit dem Klöppel an die Glocke schlagen.

Beilade, s. Truhe.

Beinhaus: meist ein kellerartiger Raum einer Todtenkapelle (s. Karner), zur Aufnahme der bei Anlegung neuer Gräber zum Vorschein kommenden Knochen dienend.

Beischlag: niedriger, meist mit Ruhebank versehener, auch wohl terrassenförmiger Vorbau vor dem Erdgeschosse eines Wohnhauses in Verbindung mit der Freitreppe.

Beizen: die Oberfläche eines Gegenstandes durch Anwendung einer, »Beize« genannten, Säure chemisch verändern.

Belvedere: schöne Aussicht, baulich hergerichteter Aussichtsplatz, ein Sieh – dich – um.

Bergfried (Donjon): ein hoch hervorragender Thurm, gewöhnlich auf dem höchsten Vorsprunge des (durch eine Mauer umschlossenen) Burgraums, freistehend und von aussen meist nur durch eine Leiter zugänglich. Eine kleine Burg bestand mitunter nur aus einem solchen Thurme und einer mit Letzen und einer Porte versehenen Ummauerung. In diesem Falle diente der untere überwölbte Theil des Bergfrieds — in welchem dann wohl ein Soth (Brunnen) sich befand — als Keller (auch als Verliess), das zunächst folgende Geschoss bildete die Küche, höher hinauf befanden sich die Kemenaten, ganz oben hausete der Thurmwart. Die Treppen zu diesen Geschossen pflegten in der Dicke der Umfassungsmauer des Thurms angebracht zu sein.

Der Bergfried bildete bei den Burgen den letzten Zufluchtsort für die Vertheidiger. Die auch statt Bergfried
vorkommenden Bezeichnungen Beffroi und Belfried
führen in Frankreich, bezw. in Belgien und Holland
die, mit den Sturmglocken versehenen städtischen
Thürme. — In Niedersachsen findet sich um 1500 die
Bezeichnung »barchfrede« für städtische Befestigungsthürme.

Bestiarium: Lehre von der symbolischen Bedeutung der Thiere, Sammlung mittelalterlicher Thier-
beschreibungen.

Béton: hydraulischer, unter Wasser erhärtender
Grobmörtel, zu Gründungen von Wasserbauten dienend
(s. Trass).

Betsäule, oft in Gestalt einer Spitzsäule mit einem
Tabernakel, auch wohl eines auf einem Sockel sich
erhebenden Heiligenhäuschens, welches ein Crucifix, ein
Relief biblischen oder legendarischen Inhalts u. s. w.
einschliesst, am Fusse stets mit einem Weihwasserbecken
versehen.

Biblia pauperum: Armenbibel (für niedere Geistliche), eine Reihenfolge neutestamentlicher Darstellungen
zwischen je zwei alttestamentlichen Vorbildern mit erklä-
renden Texten in Versen und Prosa. Vergl. Typologie.

Biga: Zweigespann.

Bildende Kunst. Darunter versteht man im
engeren Sinne die Bildnerei. Im weiteren Sinne werden
Baukunst, Bildnerei und Malerei mit den ihnen verwandten Kunstzweigen, als auf Formgestaltung ausgehend oder einwirkend, bildende Künste genannt, im
Gegensatze zu den Künsten der Bewegung und Ge-
berde, des Tones und des Wortes.

Bilderblende, s. Blende.

Bilderstock, Bildstock: Postament zum Aufstellen einer Figur, auch die Figur selbst, besonders wenn sie aus Holz besteht; Betsäule, s. diese.

Binder und **Läufer**, Benennungen für die beim Mauerverbande benutzten Steine, von denen die Binder mit ihrer Länge so in die Mauer reichen, dass sie nur mit ihrer Kopfseite sichtbar bleiben, während die Läufer mit ihrer kurzen Seite in die Mauer fassen, nach dem Versetzen daher ihre Langseite zeigen.

Biremis: ein mit zwei Rudern versehenes Schiff, insbesondere ein an jeder Seite mit zwei Reihen von Ruderbänken ausgestattetes Kriegsschiff.

Birretum: Barett, s. dieses und Priesterkleidung.

Bischofsmütze, s. Mitra.

Bischofsstab, s. Krummstab.

Bischofsstuhl, s. Kathedra.

Biscuit: hartgebranntes, aber nicht glasirtes Porzellan.

Bittgang, s. Labyrinth.

Bittstiege (Busstreppe), s. Labyrinth (am Schlusse).

Blasonniren heisst: ein Wappen nach den Regeln der Heraldik deutlich beschreiben.

Blendarcaden, s. Arcaden.

Blendbögen: Bögen flacher Nischen, dergl. an Wandarcaden u. s. w.

Blende: flache Nische; **Bilderblende**: Nische zur Aufstellung von Statuen.

Blendrahmen, Blindrahmen: der Holzrahmen eines Gemäldes, worauf die Leinwand (des Bildes) aufgespannt wird.

Bliede (Blide): grosse Schleudermaschine.

Blockhausverband, s. Holzarchitektur.

Böhmische Kappen (eine Art flacher Ueberwölbung) haben die umgekehrte Form eines an seinen vier Zipfeln aufgehängten Tuches.

Bogenformen: Der Rundbogen, nach dem Halbkreise gebildet; der Stichbogen (Segment- oder Flachbogen), einen Theil des Halbkreisbogens aus-

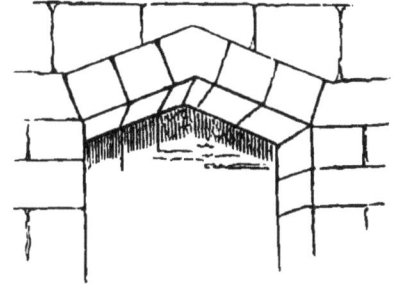

machend; der Giebelbogen, bei welchem die Wölbsteine von beiden Widerlagern aus giebel- oder dachförmig bis zum Scheitel ansteigen; der Spitzbogen, aus zwei gleichen Bogenschenkeln (Segmenten) gebildet, deren Zirkelpunkte in Kämpferhöhe in einer horizontalen Linie sich befinden und aus welchen, je nach ihrer Lage: innerhalb der Fusspunkte oder mit diesen zusammentreffend oder ausserhalb derselben — bezw. der niedrige, der gleichseitige, so wie der steile (lanzettförmige) Spitzbogen beschrieben wird; der (geschweifte) Kielbogen (Eselsrücken), die Linie eines mit der Schärfe aufwärts gekehrten Schiffskiels verfolgend; der um 1450 in England beliebte, aus vier Mittelpunkten construirte (fast viertelkreisförmig beginnende, nach oben flach zugespitzte) Tudorbogen; der Kleeblattbogen, den oberen Umriss eines Dreiblatts bildend, in der romanischen Epoche aus einem halbkreisförmigen Mittelstücke und zwei mit seinen Fusspunkten verbundenen, nach unten gezogenen Segmenten zusammengesetzt, während im

gothischen Stile das Mittelstück zugespitzt erscheint,
und der Hufeisenbogen, ein Rund – oder Spitzbogen, dessen Schenkel nach unten derart verlängert
sind, dass der Bogen sich etwas verengt. Ein über-
höheter (gestelzter) Bogen besteht aus einem Halbkreise oder Spitzbogen, dessen Schenkel um etwas
unterhalb der eigentlichen Kämpferlinie senkrecht her-
abgeführt sind. Bei einem Zackenbogen ist die
Laibung in kleine Rundbögen getheilt. Ferner sind
der Korbbogen von gedrückter elliptischer Form und
der eine horizontale Linie bildende, aber bogenartig
zusammengesetzte scheidrechte Bogen zu nennen.
Endlich mag noch der bei spätgothischen Thüren und
Fenstern vorkommende, sog. Stern-

bogen, welcher (gleich der obern
Hälfte des Kielbogens) aus zwei
concaven Schenkeln gebildet oder
aus drei und mehreren solcher
Bogenstücke zusammengesetzt ist, angeführt werden,
für den auch (namentlich für die aus drei Concaven
hergestellte Ueberdeckung) die untechnische Bezeichnung
Vorhangbogen gefunden wird.

Bogenfries, s. Fries.

Bogenzwickel, s. Spandrillen und Scheidmauern.

Boiserie: Täfelwerk, Holzvertäfelung.

Boldeke: (mittel – niederdeutscher) Ausdruck für
einen aus Seide und Goldfäden gewebten Stoff zu
Kleidern und Decken, so wie für das schwarze Leichen-
tuch zur Bedeckung des Sarges, auch zum Belegen
eines Katafalks bei Vigilien und Seelenmessen.

Bombirt (von bomber: einen flachen Bogen herstellen) wird namentlich von Wegen gesagt, deren Quer-
profil eine flache Bogenlinie bildet.

Bornhaus: Brunnenhaus in Klöstern, oft als kapellenartiger, mit dem Kreuzgange in Verbindung stehender Ueberbau in der Nähe des Remters hergestellt, mit Lauf- oder Springbrunnen versehen.

Bossage: s. Bossenwerk.

Bosse: ein beim Bearbeiten eines Steins stehen gelassener rundlicher Körper oder Buckel, auch eine aus einem solchen Buckel herausgearbeitete Verzierung.

Bossenwerk (Bossage), aus dem sog. bäurischen Werk (s. dieses) hervorgegangen, wird in horizontaler Schichtung aus Quadern hergestellt, die nur an den Fugen bearbeitet, längs derselben an der Aussenseite mit einem Schlag (schmalen Rand) versehen, übrigens daselbst roh gelassen sind oder doch eine rauhe Fläche zeigen. Es giebt aber auch künstlicher hergestellte Arten von Bossagen, bei welchen z. B. die Fugen von einer Gliederung eingefasst und die Flächen, statt solche rauh zu lassen, facettirt werden.

Bossiren: Figürchen, Ornamente u. dergl. aus weichem Stoffe, insbesondere Thon oder Wachs, mit der Hand bilden.

Bracteaten: dünne, auf einer Seite geprägte Hohlmünzen.

Breviarium (Brevier): Ritualbuch der römisch-katholischen Kirche, in welchem die Gebete, Lectionen u.s.w. nur einmal aufgeführt sind und dann mit Zurückweisung auf die früheren Tage nur summarisch nach den Anfangsworten angegeben werden (dem Plenarium entgegengesetzt); auch Andachtsbuch der römisch-katholischen Geistlichen.

Briefmalerei: Ausmalung zunächst von Heiligenbildern in Holzschnitt, abgedruckt auf Blättern in Briefform (besonders in Nürnberg, Augsburg und Ulm betrieben), woraus dann das Ausmalen von Blättern zum Kartenspiel hervorgegangen ist. (Hüllmann, Städtewesen d. Mittelalt., I, 381).

Brocat: ein mit Gold oder Silber durchwirkter, »brochirter«, Seidenstoff.

Broche: Vorstecknadel in der Art einer Agraffe für Frauen. Vergl. Fibula.

Brochirt sagt man von Stoffen, die mit stärkeren Fäden durchwirkt sind, so heisst »brocher une étoffe d'or« einen Stoff mit Gold durchwirken.

Bronze: eine Mischung von Kupfer mit durchschnittlich 5 Procent Zinn und Zusätzen von Zink, Blei und anderen Metallen in verschiedenen Verhältnissen; Glockenspeise, jetzt etwa 75 Theile Kupfer und 25 Theile Zinn.

Brücke, in der Bedeutung von Bühne: der am obern Ende des Saals im »Palas« der grossen Hofburgen angebrachte Hochsitz, vergl. Dais.

Brünne (Brunne): ursprünglich Brustharnisch von Leder mit aufgenäheten Schuppen, Schindeln u. dgl., später Ringhemd (von in einander verflochtenen Ringen).

Brüstung: eine niedrige (bis zur Brust reichende) Wand, wie die Mauer unterhalb eines Fensters oder die Umschliessung einer Kanzel.

Bruniren (brüniren) heisst 1) die Operation, wodurch der Oberfläche mancher aus Eisen gearbeiteter Gegenstände eine braune (matt-) glänzende Farbe gegeben wird, welche das Eisen vor Rost schützt und ihm ein schöneres Ansehen verleiht;

2) putzen, glätten, glänzend machen (poliren), daher Brunirgold: goldene oder vergoldete Waaren, welche blank geglättet sind.

Bucentaur: 1) Centaur mit Stierleib; 2) Name des Staatsschiffes des Dogen von Venedig.

Büffet: Schenktisch; Anrichte mit Aufsatz in einem Speisezimmer, erstere mit Thüren versehen und zur Aufbewahrung von Silbergeschirr und Tafelgeräthen dienend, letzterer zurücktretend mit Rückwand und Börten zum Aufstellen von Schaugefässen, das Ganze zierlich gearbeitet, oft mit Schnitzwerk reich ausgestattet.

Bündelpfeiler: gothischer Rundpfeiler, bei welchem der Kern mit Diensten (s. diese) besetzt ist, deren Zwischenräume aus Hohlkehlen bestehen.

Büste: ein Brustbild in plastischer, völlig runder Ausführung.

Bug: Kopf- oder Winkelband.

Bukranion: Ochsenschädel mit Gehängen an den Hörnern, als Verzierung an antiken Altären und Sarkophagen, so wie in Metopen von Gebäuden dorischen Stils vorkommend.

Bulle: ursprünglich die Kapsel zum Siegelabdruck einer Urkunde, an deren Schnüren hängend; hernach ein Urkundensiegel aus Wachs, namentlich aber aus Metall; endlich die Urkunde selbst.

Bunzen (Punzen): verstahlte Stifte oder Stempel, womit getriebene Arbeiten ausgeführt werden.

Burg. Die Anlage der Burgen im Mittelalter war sehr verschieden, theils hinsichtlich ihrer Grösse, theils in Bezug auf ihre, der jedesmaligen Terrain-Beschaffenheit angepasste Gestaltung. Es gab sehr kleine Burgen, nur aus einem starken Thurme und einer Ummauerung bestehend; dann aber grössere, oft mit einer durch Wall und Graben abgeschiedenen, besonders für die wirthschaftlichen Bedürfnisse bestimmten Vorburg, oder statt derselben mit einer (tiefer gelegenen) Niederburg. Die eigentliche Burg war oft mit Zwingern umgeben und nur vermittelst einer »Porte«, vor welcher die Zugbrücke befindlich, zu erreichen. Sie enthielt das Hauptgebäude für die Wohnung, die Räume für den Haushalt, das Zeughaus, besonders aber als letzten Zufluchtsort einen grossen festen Thurm. Näheres unter: Barbacane, Bergfried, Brücke, Burgweg, Gadem, Grede, Kemenate, Letze, Line, Machicoulis, Moshaus, Palas, Porte, Wasserburg, Zingel, Zinne Zwinger.

Ausser den eigentlichen Burgen kommen befestigte, zuweilen die Bezeichnung »Wall« tragende Sitze der Burgmannen vor.

Burgweg. Derselbe pflegte so angelegt zu werden, dass der hinaufreitende Ritter der Burgmauer die rechte, nicht vom Schilde gedeckte Seite zuwenden musste.

Bursa. Sie besteht aus zwei mit farbigem Seidenstoff überzogenen Papptafeln, welche — einer Mappe gleich — an einer Seite mit einander verbunden sind und zur Aufbewahrung des Corporale (s. dieses) dienen. Bursa wird auch ein Säcklein genannt, welches dazu gebraucht wird, die Capsa mit dem Ciborium für die Kranken aufzunehmen. (Jakob, Die Kunst im Dienste der Kirche, S. 193).

Byssus: eine Art sehr feinen Leinengewebes. (S. Bock, Gesch. der liturg. Gewänder, I, 329 u. 396).

Byzantinischer Stil, s. Baustil.

Cabinet (Kabinet): kleines Gemach, insbesondere ein solches ohne Ausgang nach dem Vorplatze, kleines Zimmer für eine Sammlung von Kunstsachen u. s. w. daher die Bezeichnungen: Cabinetsstück für kleine ausgewählte Kunstarbeiten, Cabinetsmalerei für kleine Gemälde (Landschaften, Genre, Stillleben).

Unter Cabinet verstand man früher auch ein aus kostbarem Holze und anderen seltenen Stoffen künstlich gearbeitetes, reichverziertes Schränkchen. Ein solches, jetzt der »pommersche Kunstschrank« genannt, 1619 von Philipp Hainhofer für den Herzog von Pommern gearbeitet, befindet sich im Gewerbe-Museum zu Berlin.

Caelatur: Sculpturarbeit in Metall.

Caland, s. Kaland.

Caldarium, s. Römische Bäder.

Calefactorium: Wärmzimmer eines Klosters; pomum calefactorium: Wärmapfel, ein Gefäss zur Erwärmung der Hände bei dem winterlichen Altardienste, in Form eines hohlen metallenen, durchbrochen gearbeiteten Apfels, worin ein metallener Einsatz zur Aufnahme glühender Kohlen sich befindet.

Calotte: Scheitelkäppchen. In der Architektur: flache Kuppel, der obere Theil eines Gewölbes.

Calque (franz.): Bause, Pause, Durchzeichnung, welche durch Nachziehen der Umrisse einer Originalzeichnung, deren Rückseite man zuvor mit farbigem Pulver bestrichen und auf reines Papier gelegt hat, erlangt wird.

Calvarienberg (Golgatha, Schädelberg): Anhöhe mit den plastisch dargestellten Figuren des zwischen den Schächern gekreuzigten Heilands, dessen Kreuzesstamm zuweilen von St. Maria und St. Johannes beseitet wird. An dem dahin führenden Wege pflegen Stationen (s. diese) errichtet zu sein.

Camee: ein geschnittener edler Stein, mit erhaben gehaltener Darstellung; beim Onyx (auch bei Muscheln) so gearbeitet, dass der Grund eine andere Farbe, als der darauf (erhaben) dargestellte Gegenstand hat.

4 *

Campanile (ital.): Glockenthurm, in Italien häufig neben der Kirche abgesondert stehend. Prächtig ist der 1334 von Giotto neben dem Dome zu Florenz erbaute Campanile.

Camposanto: Friedhof. Berühmt ist der 1278—1283 von Giovanni Pisano neben dem Dome zu Pisa angelegte Camposanto, welcher aus einem grossen oblongen Raume besteht, der mit Arcaden in zierlicher Gothik eingefasst ist, worin bedeutende Wandmalereien sich befinden.

Canälirung (canalis), gewöhnlich C a n n e l i r u n g geschrieben: Säulenfurche, rinnenartige Austiefung der Säulenschäfte. Diese Rinnen (franz. cannelures) stossen entweder scharf an einander oder sind durch schmale sog. Stege von einander getrennt.

Cancellen (cancelli): Gitterbrüstungen in den altchristlichen Basiliken zur Trennung des Unterchors von dem Raume für die Gemeinde. Aus den Cancellen mit den einen Theil dieser Schranken ausmachenden Ambonen (s. diese) gingen in romanischer Zeit die Kanzel so wie der Lettner (s. diesen) hervor. In der alten Kirche hielt der Bischof, oder in dessen Vertretung der Presbyter, die Predigt, sitzend auf der hinter dem Altare befindlichen Kathedra (s. diese), oder auf einem auf die Altarstufe gestellten Faltstuhl, bediente sich jedoch hierzu, um der Gemeinde verständlicher zu sein, auch wohl eines der Ambonen. Die Kanzel blieb anfangs noch mit der westlichen Chorschranke verbunden, und wurde erst im 13. Jahrh. durch die predigenden Bettelmönche in die Mitte der versammelten Gemeinde versetzt. Damals mochte man mit tragbaren Predigtstühlen sich begnügt haben. Erst im 15. Jahrh. entstanden meist die noch erhaltenen schmuckvollen alten Stein- und Holzkanzeln in Form eines, auf einem Pfeiler ruhenden Polygons, mit Schall-deckel darüber in Gestalt eines pyramidalen Baldachins. (Otte, Archäolog. Katechismus, 76 f.).

Candelaber. Die antiken Candelaber waren entweder Kerzenträger, aus einem auf drei Löwen-klauen ruhenden Untersatze mit niedriger Tülle oder kurzem Schaft und Pickel bestehend (wie diese Art in alten Kirchenleuchtern sich erhalten hat), oder Lampen-träger, aus einem derartigen aber sehr zierlichen Fusse und einem daraus hervorwachsenden äusserst schlanken, zum Tragen einer (beweglichen) Lampe bestimmten Schafte gebildet. Diese beiden Arten von Candelabern pflegten aus Bronze hergestellt zu werden. Waren die Candelaber feststehend, wie in Tempeln, so wurden sie in stärkeren Formen und dann mitunter aus Marmor gearbeitet, und ihr Schaft diente dazu, um in seinem schalenförmigen Ausläufer Harz, Pech oder dergleichen Brennstoffe anzuzünden. (Hinsichtlich der Candelaber in Kirchen, s. Leuchter).

Cannelirung, s. Canälirung.

Canon: Regel, Ordnungsvorschrift, Verzeichniss der heiligen Schriften, Kirchengesetz, Kettengesang (s. auch Evangelien – Codex).

Messcanon: Sammlung der vorgeschriebenen Gebete, welche der Priester vor, bei und nach der Consecration oder Wandlung verliest. Die **Canon-tafel**, welche den deutlich geschriebenen Messcanon enthält, ist eingerahmt und verglast. Sie wird während der hl. Messe auf dem Altare aufgestellt, nach der-selben aber unter der Staubdecke verborgen.

Canon für kirchliche Malerei: die aus der kirchlichen Tradition hervorgegangene Vorschrift für die Darstellung der kirchlichen Malereien.

Cantharus: vasenförmiges, mit zwei Henkeln versehenes Trinkgeschirr, vorzugsweise dem Bacchus geweiht. Sodann ist Cantharus bei den altchristlichen Basiliken der im Vorhof befindliche Reinigungsbrunnen (fons lustralis, auch labrum genannt), aus welchem man vor dem Eintritt in die Kirche Hände und Füsse sich waschen musste. Aus diesem Reinigungsbrunnen gingen die an den Kirchthüren angebrachten Weihwasserbecken hervor.

Cantonnirt nennt man einen Eckmauertheil oder Pfeiler, wenn er an seinen Ecken mit eingelassenen oder vortretenden Halbsäulchen besetzt ist; maisou cantonnée: Haus mit Eckerker.

Capa, Cappa: Kappenmantel, C. pluvialis: Regenmantel, Pluviale (s. dieses).

Capelle heisst — ausser den allgemein bekannten Bedeutungen — ein geistlicher, aus dem Messgewande, zwei Levitenröcken und einem Pluviale bestehender Ornat, alles in den je für eine bestimmte Zeit des Kirchenjahrs vorgeschriebenen Farben (s. liturgische Farben)..

Capitäl, Capitell, Kapitäl: Haupt der Säule, Knauf, s. Säule.

Capitelsaal (Conventsstube): Versammlungsraum eines Dom - oder eines Ordenscapitels, dann auch in den gewöhnlichen Klöstern ein meist nahe der Kirche im östlichen Kreuzgangsflügel gelegener, gewölbter ein- oder zweischiffiger Raum.

Capitol, auf einem der sieben Hügel Roms befindlich, der früher »Mons Saturnius«, dann »Mons Tarpejus« genannt wurde, seit der Zeit der tarquinischen Fürsten aber »Mons Capitolinus« hiess. Derselbe trug auf seinem nördlichen Gipfel, wo jetzt die Kirche S. Maria

Araceli liegt, die Burg der Stadt, auf seiner südlichen Spitze, wo das jetzige, von Michelangelo erbaute »Campidoglio« steht, den Tempel der capitolinischen Gottheiten: des Jupiters, der Juno und der Minerva. Derselbe, im Grundrisse nahezu ein Quadrat bildend, enthielt neben einander drei schmale, durch Seiteneingänge mit einander verbundene Cellen und vor denselben eine gemeinschaftliche Vorhalle. Vor dieser erhoben sich drei Reihen von je acht Säulen, mit welchen je zwei Säulenreihen zu den Seiten des Tempels corresponbirten und bis zu der schmucklosen Rückseite desselben reichten. Dieser anfänglich von etruskischen Baumeistern ausgeführte Tempel wurde, unter Beibehalt des ursprünglichen Plans, von Sulla, dann von Vespasian und nochmals von Domitian erneuert.

Capsa: Kapsel, Futteral. Vergl. Bursa (am Schluss).

Cardinaltugenden, s. Haupttugenden.

Caricatur: ein Scherz-, Spott- oder Zerrbild, worin die Aehnlichkeit mit dem Originale, ungeachtet der übertriebenen Schilderung des Lächerlichen, Absonderlichen oder Fehlerhaften unverkennbar ist.

Carnaria: Grabkapellen, s. Karner.

Carnation: Färbung des Nackten, Stimmung der Farbentöne in den unbekleideten Theilen menschlicher Figuren.

Carrousel: festliches Ritterspiel, besonders mit Leistungen im Ringstechen. Dasselbe folgte im 16. Jahrh. den voraufgegangenen Turnieren (s. diese).

Carton. Der Carton zu einem Bilde ist eine mit Kohle und Kreide in der wirklichen Grösse desselben auf starkem Papier hergestellte Umrisszeichnung, oft mit leichter oder auch mehr ausgeführter Schattenangabe, und dient solcher insbesondere dazu, die Umrisse auf die zu bemalende Fläche durchzupausen.

Cartonmanier heisst in der Kupferstecherkunst die durch einfache oder Kreuz-Schraffirung bewirkte Wiedergabe einer Zeichnung mit den Abstufungen von Licht und Schatten, wie sie namentlich von den ältern Meistern M. Schongauer, A. Dürer, Marcantonio u. s. w. geübt wurde, und die auch bei neuern Meistern (Amsler, Thäter u. A.) wieder Anwendung gefunden hat. (Förster, Vorschule d. Kunstgesch. 238).

Cartouche: zierliche Einfassung, Randverzierung, aus umgebogenen und am freien Ende zusammengerollten Theilen des Randes (sog. Rollwerk), oft in Verbindung mit Blumen, Laubwerk u. dgl.

Cassette: eine in mehreren Absätzen zurücktretende Austiefung an einer ebenen oder gewölbten Decke, als Erleichterung und zum Schmuck dienend, oft mit reich ornamentirten Rahmen und in den von diesen eingeschlossenen Feldern mit Rosetten, Sternen u. dgl. von Stein oder vergoldeter Bronze ausgestattet.

Castell: festes Schloss, ein kleiner befestigter Platz.

Castra: Kriegslager. Die gewöhnliche Form eines römischen Kriegslagers für zwei Legionen bildete ein von einem Graben und einem Walle mit darauf errichteter Palissaden-Befriedigung umgebenes Quadrat. In jeder Seite desselben befand sich ein Thor. Das Hauptthor mitten in der dem Feinde abgewandten Seite hiess »porta decumana«, das in der Mitte der entgegengesetzten Seite »porta praetoria«. In der Seite rechts vom Hauptthore fast in der Mitte befand sich die »porta principalis dextra«, gegenüber stand die »porta principalis sinistra«. Diese letzteren beiden Thore verband die durch das Lager gehende, 30,50^m breite »via prin cipalis«, welche dasselbe, um dessen Zelte ringsum ein 60 m breiter Weg frei blieb, in zwei ungleiche Hälften schied. Die kleinere, dem Hauptthore benachbarte enthielt: das Feldherrnzelt (praetorium), das Zelt des Zahlmeisters und seine Magazinräume (quaestorium), den Marktplatz (forum), die Zelte der Generäle, ferner die Zelte der Kerntruppen und Freiwilligen, so wie diejenigen der ausserordentlichen Mannschaften (an Fussvolk und Reiterei der Verbündeten) und etwaiger Hülfstruppen. Die grössere Hälfte, deren Lagerplätze durch die parallel zur »via principalis« laufende »via quintana« von 15,25 m Breite in zwei gleiche Theile getrennt waren, und die rechtwinklig zu dieser von fünf Wegen durchschnitten wurde, hatte die römischen Truppen der ersten und zweiten Legion, von denen die »Hastati« das erste, die »Principes« das zweite und die Triarii (sc. milites) das dritte Glied formirten, und wozu dann die Reiterei kam, so wie die sie flankirenden Truppen der Verbündeten (Fussvolk und Reiterei des rechten und des linken Flügels) aufzunehmen (vergl. Legion).

Castra praetoriana hiessen die feststehenden Lager (Casernen) der praetorianischen Truppen (der kaiserl. Leibwache).

Castrum: Festung, Burg, Citadelle.

Castrum doloris: Trauer- oder Leichengerüst, Trauerbühne, Katafalk.

Casula: das eigentliche Messgewand (vergl. Priester-kleidung).

Cathedra, s. Kathedra.

Celt, s. Kelt.

Cella hiess bei den antiken Tempeln der innere, zur Aufstellung der Bildsäule der Gottheit bestimmte Tempelraum. S. Tempelformen.

Cement: hydraulischer Kalk, unter Wasser erhärtender Mörtel, im Gegensatze zu gewöhnlichem Kalk-
mörtel.   Man hat natürlichen und künstlichen Cement,
dessen Bestandtheile Kalk, Thonerde, Kieselerde, auch
Eisen – und Manganoxyd, sowie Magnesia sind.   Die
Fähigkeit der Erhärtung im Wasser erhält dieser Kalk
erst durch das Brennen.   Den berühmtesten hydraulischen Kalk liefern die in den Thonmergelschichten
des Londonthons abgelagerten Kalknieren, aus welchen
man den Roman – Cement gewinnt.   Ein vorzüglicher
künstlicher Cement wird unter dem Namen Portland-
Cement in den Handel gebracht.   Den Cement verkauft
man im gemahlenen Zustande.   S. auch Puzzolanerde
und Trass, Materialien, welche bei einfacher Mischung
mit gelöschtem Kalk einen hydraulischen Mörtel geben,
desgl. Santorinerde.

Cenotaphium (Κενοτάφιον): ein Denkmal zur Ehre
eines an einer andern Stelle Begrabenen errichtet.

Centaur (Κένταυρος), in der Mythologie der Alten
als ein von seiner Brust ab mit einem menschlichen
Oberkörper verwachsenes Pferd geschildert, oft mit
Bogen und Pfeil in den Händen abgebildet.   Ueber
dessen Bedeutung an Kirchen s. Sinnbilder.

Centralbau: ein Bau, dessen Räume um einen,
den Mittelpunkt bildenden, Hauptraum angeordnet sind.
Schon zur Zeit Constantin's kam neben der Basilikenform der Centralbau hei Kirchen in Anwendung.   Die
Hauptkirche zu Antiochien war achteckig, mit Umgängen,
Emporen und Nischen.   S. Stefano rotondo in Rom aus
dem 5. Jahrh. ist von runder Form.   Aus späterer Zeit
stammen u. a. S. Vitale in Ravenna und die Kaiser-
kapelle des Münsters zu Aachen.   In der Anordnung
romanischer Kirchen lässt sich oftmals eine Einwirkung
des Centralbaus wahrnehmen, so bei St. Martin und

St. Aposteln in Köln, selten bei Kirchen gothischen Stils. Dagegen fand der Centralbau zur Zeit der Renaissance häufig Anwendung.

Cera: Wachs, sowohl zum Siegeln, als auch zu Schreibzwecken, indem im letzteren Falle dünne mit Wachs überzogene Tafeln, in die man mit dem Griffel (στύλος, stilus) schrieb, benutzt wurden, wie dies auch noch im Mittelalter üblich war. S. auch Ceroplastik.

Cerberus: dreiköpfiger Hund mit Schlangenschwanz am Eingange in das Schattenreich, den in dieses hineingegangenen Seelen die Rückkehr zur Oberwelt verwehrend.

Ceroplastik: Wachsbildnerei, Modelliren kleiner plastischer Gegenstände in Wachs.

Certosa, ital., Karthäuserkloster. Berühmt ist die Certosa bei Pavia, mit reicher Façade aus dem Ende des 15. Jahrhunderts, in reizvollen Formen der Frührenaissance.

Chalcidicum: ein mit einem eigenen Dache versehener tiefer und langer Porticus vor dem Eingange eines Gebäudes.

Chalkographie: Kupferstecherkunst, s. diese.

Chambordstil nennt man die französische Renaissance in ihrer reichen, aber willkürlichen Formenbildung, wie sie besonders am Schlosse zu Chambord sich zeigt. (Förster a. a. O. 160).

Chambranle: gegliederte Einfassung (Bekleidung) einer Thür, eines Fensters; Gesimse.

Chamotte (franz.): feuerfeste Thonmasse, aus gebranntem und gepulvertem feuerfesten Thone, z. B. gebrannten Porzellankapseln, zur Construction von Feuerungen, Oefen u. s. w. dienend.

Charakteristisch wird ein Kunstwerk genannt, wenn darin das, dem dargestellten Gegenstande zukommende, ihm eigenthümliche Gepräge klar ausgesprochen ist.

Chariten, s. Grazien.

Charon: in der griech. Mythologie der Fährmann, welcher die Seelen der Verstorbenen über den Höllenfluss (Styx) setzt.

Cherub, pl. Cherubim, s. Engel.

Chimära: fabelhaftes feuerspeiendes Ungeheuer, in Gestalt einer wilden Ziege, aber mit einem Löwenkopfe und Drachenschwanze. — Bellerophon, ein korinthischer Heros, besiegte mit Hülfe seines geflügelten Rosses Pegasus die Chimära. Nicht selten ist diese Kampfscene auf antiken Vasen, Gemmen u. s. w. dargestellt.

Chiton: das Unterkleid der Griechen beiderlei Geschlechts (vergl. Tunica), welches meist aus Wolle gemacht war, keine oder nur kurze Aermel hatte und um die Hüften gegürtet wurde. Die Frauen trugen unter dem Chiton häufig noch ein dünnes Unterhemd (χιτώνιον).

Chlamys: kurzer griechischer Mantel, aus einem oben schmalen nach unten sich erbreiternden Stück Zeug bestehend. Häufig wurde die Chlamys auf der rechten Schulter befestigt und so getragen, dass sie die rechte Seite des Körpers nicht mit bedeckte; auch diente sie als Reit- und Reisekleid, in welchen Fällen sie den Oberkörper ganz einhüllte.

Chörlein nennt man, besonders in Nürnberg, die in Form eines polygonalen Chorschlusses vorspringenden Erker der alten Wohnhäuser.

Chor: Altarhaus. Im Hochchore der altchristlichen Basilika befanden sich Altar, Kathedra, Presbyterium (s. diese); im westlich sich anschliessenden
Niederchore (Vorchore), dessen Westgrenze die Cancellen nebst den Ambonen (s. beides) ausmachten,
waren die Plätze für die niedere Geistlichkeit und die
Sänger.

Choragische Monumente: von den Choragen (den
Choranführern, Reigenführern) errichtete, zur Aufnahme
des heiligen Dreifusses, des Siegespreises, bestimmte
Denkmale. Das Monument des Lysikrates zu Athen
(von 334 v. Chr.), ein auf einem würfelförmigen Untersatze sich erhebender, mit sechs korinthischen Halbsäulen und zierlichem Gesimse versehener Rundbau,
trägt auf seinem, einem flachen Kuppeldache gleichenden
Abschlusse eine prächtige, aus Akanthusblättern gebildete
Blume. Ein zweites derartiges, den Eingang einer Grotte
umrahmendes · Denkmal dorischer Architektur (von 320
v. Chr.), dasjenige des Thrasyllos daselbst, soll (nach
Kugler a. a. O. S. 185) in neuerer Zeit zerstört sein.

Chorschluss. Der einfache Chorschluss ist bei
romanischen Kirchen gewöhnlich halbrund, bei gothischen
meist polygonal gestaltet, mitunter aber auch rechteckig.
Ein reicherer Chorschluss entsteht, wenn das Chorhaupt
von einem, aus einer Fortsetzung der Seitenschiffe gebildeten Umgange und von einem mit diesem verbundenen Kapellenkranze umzogen wird.

Chorstühle: Sitzbänke für den Chordienst der
Stifts- und Klostergeistlichen (seit dem 11. Jahrh. erwähnt) meist in zwei Parallelreihen an beiden Langwänden des Chors (auch — wie früher zu Loccum
— an der Süd-, West- und Nordseite der Vierung)
aufgestellt. Die stufenweise über einander erhöheten,
an ihren Stirnseiten mit sog. Backen versehenen Bänke

bestehen aus einzelnen, an einander gereiheten Arm-
stühlen, deren Sitzbretter zum Aufklappen eingerichtet
und am Vordertheile der untern Seite mit einer sog.
Misericordia (s. diese) zum Ausruhen beim Stehen versehen sind, und welche untere, so wie obere Seiten-
lehnen zum Auflegen der Arme beim Sitzen, bezw.
beim Stehen haben. Vor jeder Sitzreihe ist ein Kniepult
angebracht. Die Rücklehnen der obersten Sitzbänke
sind oft baldachinartig gestaltet. Mitunter finden sich
im Schnitzwerk der Chorstühle, halb versteckt, derb-
satirische, die Verweltlichung und Laster der Cleriker
züchtigende Darstellungen. (Otte, Archäol. Katech. 75).

Chrisma: geweihetes Salböl. Es giebt in der
römischen Kirche drei Arten hl. Oels: oleum catechu-
menorum, oleum infirmorum und das hl. Chrisma
(Chrisam, Chrysam), letzteres aus Oel und Balsam bereitet. Die mit drei Abtheilungen versehenen Oelgefässe
heissen: C h r i s m a t o r i e n. Ein solches, auf vier Löwen
ruhendes Gefäss im Dome zu Osnabrück hat die Gestalt
einer Burg, welche auf einer herauszuziehenden Platte
drei Thürmchen trägt, die inschriftlich als Behälter für
die verschiedenen Oele bezeichnet (übrigens spätern
Ursprungs) sind.

Chromolithographie: Farbensteindruck, wobei so
viele Steinplatten, als reine Farben wiederzugeben sind,
erfordert und gedruckt werden. Mischtöne können
durch Uebereinanderdrucken reiner Farben hervorgebracht werden. Auch lassen sich Nachbildungen von
Oelgemälden auf diese Weise, unter Zuhülfenahme des
Aufspannens der Papierabdrücke auf Leinewand, des
Firnissens derselben u. s. w. herstellen.

Chronogramm: eine Inschrift (in lateinischen
Lettern), worin einzelne, besonders hervorgehobene
Zahlbuchstaben, bei deren Addirung, eine gewisse Jahr-
zahl angeben.

Chronostichon: ein derartiger Jahrzahlvers.

Chronodistichon: ein derartiger Jahrzahl-
Doppelvers.

Chryselephantine Sculpturen, s. Akrolithen.

Ciborium. Der alte Altar oder Opfertisch hatte
eine Decke, einen Baldachin mit Vorhängen, über sich,
Ciborium genannt, eine Art viereckiger, auf vier oder
sechs Säulen ruhender Hütte, welche den Altar ganz
überschirmte, mit einem Crucifix auf der Spitze, um-
strahlt vom Lichte der Stand – oder Hängeleuchter.
Innerhalb des Baldachins, unter dem Gekreuzigten,
hing im Kettchen das die hl. Speise enthaltende Gefäss,
das eigentliche Ciborium, oft in Gestalt einer Taube,
auch eines Thürmchens. Die Vorhänge (tetravela) waren
in der alten Kirche angeordnet, um etwa in das Gottes-
haus eindringenden Heiden und auch den ungetauften
Catechumenen (welche nur bis zum Beginne des Offer-
toriums dem Gottesdienste beiwohnen durften) den Anblick des Heiligthums zu entziehen. Als mit dem
Verschwinden des Heidenthums auch das alte Catechu-
menat allmählich aufhörte, wurde die Hütte beseitigt,
der Altartisch unverhüllt gezeigt und für das eigentliche
Ciborium ein gesonderter Aufbewahrungsort, als T a b e r -
n a k e l oder S a c r a m e n t s h ä u s c h e n (Fronwalm) bekannt, eingerichtet. Das Ciborium behielt im Wesentlichen die Thurmform, ruhte auf einem runden oder
viereckigen Fusse und trug einen pyramidalen Schar-
nierdeckel mit einem Kreuze oder einem Bilde des
Erlösers. Spätere Ciborien haben oft die Gestalt eines
Kelches mit geschweift ansteigendem Deckel, dessen
Spitze eine Krone trägt. Ciborium wird auch als Bezeichnung für Bilderdach, Bilderblende, Heiligenhäuschen gebraucht.

Cimelien: Kleinode, kostbare Geräthe, Kirchenschatz.

Cinerarium: Nische in einem Grabe zur Aufstellung eines grossen Aschenkruges geeignet.

Cingulum: s. Priesterkleidung.

Cinquecentisten (vom ital. cinquecento = 500, abgekürzt für 1500) nennt man die gegen 1500 und in der ersten Hälfte des 16. Jahrh. wirkenden grossen Meister der bildenden Künste in Italien.

Cippus: römischer Grenzstein von kurzer runder Form, dann ein niedriges Grabmal von runder, häufiger von rechteckiger Gestalt, worin auch wohl die Asche eines Todten aufbewahrt werden konnte.

Circus: die als Rennbahn, besonders für den Wagenlauf dienende Arena der Römer, ursprünglich ein freier, von einigen hölzernen Zuschauer-Gerüsten eingefasster Platz. Später umgab man — wie u. a. aus den Ruinen des Circus des Caracalla hervorgeht — die Rennbahn mit steinernen, auf Ueberwölbungen ruhenden Sitzreihen in der bei dem Amphitheater (s. dieses) gedachten Weise, an der Strassenseite, wie dort, in über einander angeordneten Arcadenstellungen aufsteigend. Die Arena von schmaler gestreckter, vorn etwas zusammengezogener, am andern Ende halbrund geschlossener Form war, so weit ihr oblonger Theil reichte, der Länge nach durch eine niedrige, obenauf mit Monumenten decorirte Mauer (spina) getheilt. Am vorderen Ende derselben, wo der Wagenlauf begann, stand ein Merkstein in Spitzsäulenform, einen Sockel mit einer Gruppe von drei Spitzsäulen bildend (meta prima), am entgegengesetzten Ende, wo die Abrundung der Arena ihren Anfang nahm, erhob sich ein zweiter Merkstein (meta secunda). Um beide bewegte sich der

Wagenlauf; die Merksteine durften bei dem zu einem
Wettfahren gehörenden siebenmaligen Umlaufe nicht
berührt werden. Für den Kaiser war etwa in der
Mitte der einen Langseite der Arena eine besondere
Tribüne errichtet; an der andern Seite derselben, unfern
der Meta prima, stand eine zweite Tribüne — wie man
glaubt — für den Magistrat (editor spectaculorum), der
die Schaurennen veranstaltete. Vorn an der Arena
lagen die in einer flachen (nach aussen convexen)
Bogenlinie an einander gereiheten (12) Stallungen (carceres) für die Wagen, mit den an ihren äussern Enden
errichteten thurmähnlichen Gebäuden, »oppidum« genannt. In der Mitte der Stallräume erhob sich der
Haupteingang (porta pompae), durch welchen das Staats-
gefolge vor dem Beginne der Wettfahrten seinen Eingang nahm. Diesem Thore gegenüber lag ein Ausgang
für die Sieger (porta triumphalis), ein drittes Thor
(porta libitinensis) wurde beim Fortschaffen verwundeter
oder getödteter Wagenlenker gebraucht, und zwei andere
Thore neben den an den Enden der Stallungen errichteten Gebäuden dienten zum Einlass der Wagen.

Ciseliren: Metallarbeiten mit Bunzen, Meisseln,
Sticheln u. s. w. zierlich bearbeiten, insbesondere Gusswerke aus Metall durch Wegnahme der Nähte, der
Gusshaut und rauhen Stellen aus- oder glattarbeiten,
das Detail schärfer herstellen.

Cista: Kiste, Kasten zu Kleidern, Büchern, Geld,
auch zur Aufbewahrung von Heiligthümern (Reliquienkasten).

Clair-obscur, ital. chiaroscuro: Helldunkel.
S. Reflex.

Classische Kunst: die Kunst in ihrer Blüthe bei
den Griechen und Römern.

Clausur: die innere Einschliessung, der Kloster-
zwang; das eigentliche Kloster.   Auch gilt die Bezeichnung Clausur für Buchspange.

Cliché: Abklatsch, insbesondere Metallabguss von
Holzschnitten.

Clinse, s. Klinse.

Cloaca maxima: der von Tarquin d. Aelt. in Rom
erbaute Haupt–Abzugscanal.

Clus, Clause, Einsiedelei, kommt auch als eine
an lebhafter Landstrasse für die Andacht der Reisenden
und Einlegung eines Opfers in den sog. Heiligenstock
errichtete Kapelle mehrfach vor.

Clypeus: antiker runder Schild mit Nabel; schild-
förmiges Ornament des Chormantels.

Codex: ein geschriebenes Buch, alte Handschrift,
Gesetzbuch; c o d e x   a u r e u s: mit goldenen Buchstaben
geschriebenes Buch.

Coemeterium: Ruhestätte, Begräbnissplatz, Gottes-
acker, Kirchhof.

Coenaculum: Speisezimmer, meist im Oberstock
befindlich; daher C o e n a c u l a: eine Reihe von Gemächern in einem oberen Geschosse.

Coenobium: Kloster.

Cohorte: eine Abtheilung römischen Fussvolks,
den zehnten Theil einer Legion bildend. P r a e t o r i a
c o h o r s: die aus Kerntruppen zusammengesetzte Leibwache eines Consuls oder Heerführers, hernach des
römischen Kaisers.

Collegiatkirche: Stiftskirche, die keinen Bischof,
sondern nur einen Propst oder Dechanten an ihrer
Spitze hat.

Colobium: römische gegürtete Tunica mit kurzen Aermeln, aus welcher durch Hinzufügung einer Kapuze nebst Schulterkragen (cucullus) das Mönchsgewand (Kutte) hervorgegangen ist.

Colonnade: Säulenstellung, Säulengang.

Colorit ist nicht eine Bemalung, Illuminirung, sondern in den Werken der Malerkunst die Färbung, wodurch ein Gegenstand mit der Farbe zugleich den Schein der Rundung, der Nähe oder Ferne seiner Theile erhalten soll. (Förster, a. a. O. 229).

Coloss: riesenhafte Bildsäule.

Colossal: übermässig gross, riesenhaft.

Colosseum: das Flavische Amphitheater zu Rom, von Vespasian begonnen und von Titus i. J. 80 n. Chr. vollendet, einst an 87000 Zuschauer fassend.

Columbar: Taubenhaus; Columbaria: Taubennester; dann kleine, in der Ansicht halbrunde Nischen in den Wänden einer Grabkammer, jede zur Aufnahme zweier Aschenurnen (ollae) bestimmt, die in den Boden der Nische bis auf die hervorstehenden Deckel versenkt wurden. An der betreffenden Wand einer solchen Grabkammer, die man auch Columbarium nennt, standen unterhalb der Nischen die zugehörigen Namen.

Compartiment (franz.): Abtheilung eines Fussbodens u. s. w., Feld eines Musters, Fach, Gewölbjoch.

Compluvium, s. antikes Haus.

Composit-Kapitäl: das sog. römische Kapitäl, s. Säule.

Composition heisst bei Werken der bildenden Künste die Anfertigung des Entwurfs und dessen Durcharbeitung zu einem in sich abgeschlossenen, harmonischen Ganzen.

Concav (fr. concave): ausgehöhlt, im Gegensatze von

c o n v e x (fr. convexe): ausgebaucht, nach aussen gebogen.

Concha, gleichbedeutend mit Apsis, s. diese.

Conditorium: Grabkeller, worin ein Leichnam in einem Sarge beigesetzt wurde, dann der Steinsarg selbst; auch nannte man so ein über der Erde befindliches, zur Aufnahme von Aschenkrügen geeignetes Grabmal.

Confessio: Bekenntniss, Bekenntniss-Stätte, Grab eines Märtyrers, Märtyreraltar, auch Krypta, s. diese.

Conopeum: Umhüllung des Tabernakels, aus Seide, Wolle oder einem anderen Stoffe gearbeitet. (Jakob, Die Kunst im Dienste der Kirche, 153).

Console: Tragstein, Kragstein, ein zum Tragen bestimmter, aus einer senkrechten Fläche hervortretender Constructionstheil, oben zur Aufnahme der Last ausladend und häufig mit Deckplatte versehen, nach unten hin eingezogen, im Profil schräg, hohlkehlenartig oder kehl – auch rinnleistenförmig gestaltet.

Construction heisst in der Architektur die regelrechte Zusammenfügung zu einem Bautheile oder Bauwerke.

Contour: Umriss.

Contrast: Gegensatz; c o n t r a s t i r e n: von einander abstechen, z. B. Farben.

Contrefait: Brustbild einer Person; im 17. Jahrh. wird darunter oft eine Bildniss-Medaille verstanden.

Conventionell behandelt sagt man von Kunstwerken, die in einer, während eines gewissen Zeitabschnitts üblich gewordenen, nicht streng naturgemässen Weise gebildet sind.

Conversationsstücke nennt man wohl solche Genrebilder, welche Schilderungen aus den Kreisen der gebildeten oder vornehmen Welt enthalten. (Förster, a. a. O. 34).

Conversen, s. Laienbrüder.

Convex, s. Concav.

Copaivabalsam, besonders in Brasilien vorkommend, wird in der Malerei gebraucht, s. Mastix.

Copal: ein dem Bernstein ähnliches wohlriechendes Baumharz, woraus der in der Malerei Verwendung findende Copallack und Copalfirniss bereitet wird.

Corniche (fr.): Karniess, Kranzgesims.

Corporale sc. velum (Leibtuch), auch corporalis palla: ein einfaches weisses leinenes Tuch, worauf Hostie und Kelch bei der Consecration stehen, jetzt nicht grösser als ein Taschentuch, ehemals den ganzen Altar bedeckend. Es wird gewöhnlich zusammengefaltet in einer Mappe (bursa) aufbewahrt, welche auswendig mit einem Stoffe von der in der Zeit stehenden Farbe (s. liturgische Farben) überzogen ist.

Corridor, Verbindungsgang entlang einer Reihe von Zimmern.

Costüme, weltliche, s. Trachten, auch Rüstung. (Hinsichtlich der Kleidung der Geistlichkeit und der Orden, s. Priesterkleidung).

Courtine: Mittelbau zwischen zwei vorspringenden Seitenbauen, daher der zwischen zwei Befestigungsthürmen befindliche Theil der Ringmauer einer Stadt oder Burg, auch der Mittelwall; der Vorhang.

Crayon: Stift zum Zeichnen oder Schreiben, Blei- oder Farbenstift; ein mit dem Stift skizzirter Entwurf.

Credenztisch: Schenktisch; in Kirchen ein hölzerner, an der Epistelseite des Altars freistehender, mit einem weissen Tuche bedeckter Tisch zur Aufstellung der beiden Akoluthenleuchter, des Kelches mit dem Opferkännchen u. s. w. (nicht aber der Crucifixe und Heiligenbilder);

C r e d e n z n i s c h e : eine statt eines solchen Tisches dienende Mauernische.

Crenelirt: mit Schiefsscharten (créneaux = Zinnenlücken), daher mit Zinnenwerk versehen.

Creux: Höhlung, Vertiefung, Form, Giessform; g r a v e r   e n   c r e u x : vertieft ausgraben, wie solches bei einem Siegel u. s. w. geschieht. Vergl. Relief.

Cromlech (keltisch): Bezeichnung für die vorgeschichtlichen Denkmale in Form eines Steingeheges, s. Stone – henge.

Croquis: Skizze, leicht hingeworfene Zeichnung, ein derartig angefertigter Entwurf.

Crucifix: das Kreuz mit dem daran hängenden Heilande. Die Darstellung des Gekreuzigten erfolgte erst, als man nach Verlauf der ersten Jahrhunderte der altchristlichen Epoche das Kreuz unverhohlen zu zeigen gewagt hatte, und zwar anfangs nur in halb symbolischer Weise: Christus in der Stellung eines Oranten mit ausgebreiteten Armen, aber ohne Kreuz, zwischen den gekreuzigten Schächern, oder zwischen diesen ein Kreuz und darüber das Brustbild Christi. Hierauf brachte man die Gestalt des Heilandes mit dem Kreuze in directe Verbindung, aber ohne Schilderung seines Martyriums, so dass in einem Falle der Erlöser, neben dem Kreuze stehend, solches mit der Rechten umfasst, in einem andern Falle derselbe ruhig, ohne einen Schmerzenszug, vor dem Kreuze steht, jedoch bereits

seine durchbohrten Hände zeigt (5. und 6. Jahrh.). Sein
Körper erscheint gedrungen, im Stil spätrömischer Figuren, nackt bis auf einen kleinen Lendenschurz, das
Haupt ohne Nimbus, bartlos. In ähnlicher Weise ist
er dann am Kreuze hängend, mit wagrecht ausgebreiteten Armen und angenagelten Händen — die neben
einander gestellten Füsse sind nicht angeheftet — das
Haupt zwar nimbirt, jedoch ohne Kreuz im Nimbus,
dargestellt. Zu Ende des 6. Jahrh. scheint eine Bekleidung des Gekreuzigten üblich geworden zu sein.
(E. Dobbert, im Jahrb. d. K. Preuss. Kunstsamml. I.
41 ff.). Das älteste datirte, aus d. J. 586 herrührende
Kreuzigungsbild findet sich in der syrischen Evangelien-
handschrift des Mönches Rabula. Auf diesem Bilde erscheint (zwischen den Schächern) der gekreuzigte Erlöser
schon mit vier Nägeln befestigt, die Arme horizontal,
also nicht eigentlich hängend, in langem Purpurgewande.
(Woltmann, Gesch. d. Malerei, I. 188, mit Verweisung
auf die farbige Abbildung bei Labarte, Hist. des arts
industriels, Taf. 80).

Fast alle alten (in den nächstfolgenden Jahrhunderten vorkommenden) Crucifixbilder unterscheiden sich
von den bildlichen Darstellungen der späteren und
neueren Zeit hauptsächlich:

1) durch vier Nägel, zwei für die Hände und zwei
für die Füsse, statt der jetzt gebräuchlichen drei Nägel;

2) durch den sog. Herrgottsrock, statt des Lenden-
tuchs, und

3) durch den Fusspflock (suppedaneum), welcher
bei der Mehrzahl der älteren Crucifixe angebracht ist,
bei den neueren Darstellungen des Gekreuzigten aber
fehlt.

Crucifixbilder mit drei Nägeln wurden indess schon
im 13. Jahrh. eingeführt.

Von einem Crucifixbilde aus dem 7. oder 8. Jahrh.
wird gesagt: Christus ist bekleidet und trägt den Kreuznimbus. Ein bronzenes Crucifix aus dem 11. Jahrh.
zeigt den Gekreuzigten ganz bekleidet. Unter dem
Kreuze stehen häufig St. Maria und St. Johannes, oberhalb des linken Kreuzarms erscheint eine weibliche
Figur mit der Mondsichel, rechts eine junge unbärtige
männliche Gestalt, Symbol der Sonne. Auf einem
Crucifix im Schlosse Tyrol aus dem 11. Jahrh. ist der
Gekreuzigte bekleidet und trägt eine Krone. Während
der mittel- und spätromanischen Zeit, auch der gothischen Epoche, reicht das Perizonium meist von der Brust
zu den Knieen herab; ausnahmsweise findet sich jedoch,
besonders seit dem 13. Jahrh., der kürzere Lendenschurz. Schon die Künstler der Spätgothik verkürzten
das Perizonium, noch mehr aber die der Renaissance-
Periode in ihrer Vorliebe für das Nackte, so dass das
breite Lendentuch, der sog. Herrgottsrock der früheren
Stilperioden, zu einem schmalen, fliegenden Bandwimpel
zusammenschrumpfte.

Am Kreuze war ein Sitzpflock, auf welchem der
Körper ruhen konnte, um ein Ausreissen der Hände
zu verhüten, daher: in cruce sedere, in cruce requies-
cere. Dieser wurde in den Crucifixbildern durch den
Fusspflock ersetzt, später aber, wie oben bemerkt, weg-
gelassen.

Die Crucifix - Darstellungen bis zum 13. Jahrh.
wollen im Grossen und Ganzen die Wahrheit ausdrücken, dass Christus, der Herr über Leben und Tod,
in Uebereinstimmung mit seinem eigenen Willen sich
zum Opfer darbrachte. Deshalb stellte man das Bild
des Gekreuzigten als lebend dar, mit offenen Augen
ohne jeglichen schmerzlichen Zug und nicht angenagelt,
sondern mit ausgebreiteten Armen auf dem Fussbrette

stehend, und aus diesem Grunde fehlt auch den Crucifixbildern bis zum 13. Jahrh. die Dornenkrone. Statt
derselben ist das Haupt des Gekreuzigten vom Nimbus
(Kreuznimbus) umgeben, oder die Hand des Vaters hält
über dem Haupte Christi eine Königskrone, oder das
Bild des Gekreuzigten selbst trägt bald ein einfaches,
bald ein doppeltes Diadem. (Annal. f. Nassauische
Alterthumsk. VIII, 1866, S. 347 ff.).

Cuba, Name eines kleinen Saracenenschlosses bei
Palermo, jetzt im vernachlässigten Zustande.

Cubiculum: ein Zimmer, besonders ein mit einer
Lagerstätte versehener Schlafraum; sodann Grabkammer
in den Katakomben.

Cucullus: Kapuze mit Schulterkragen, s. Colobium.

Cupa, Cuppa, s. Kelch.

Curia: Versammlungshaus für die Curien, in welche
Rom eingetheilt war, Gebäude für die Versammlungen
des römischen Senats, Gemeindehaus, Rathhaus; Hof
(Gehöft), Wohnung eines Geistlichen, insbesondere eines
Bischofs oder Domherrn.

Curulische Sessel, s. Sella curulis.

Custodia, urspr. Wache, Gefängniss, bedeutet auch
einen Gegenstand zum Schutz, zur Verwahrung der
hl. Gefässe, wie Altarvorhang, Nische, Schrank, ferner
ein Altarciborium, endlich auch den Taufsteindeckel.

Cyklop (κύκλωψ), einäugiger Riese; die Cyklopen
waren die Gehülfen Vulkans.

Cyklopische Mauern bestehen aus ungleichseitigen
Bruchsteinen verschiedener Grösse, können aber doch
mit engen Fugen versehen sein.

Dachbord: der untere Rand des Daches.

Dacherker: ein über dem Dachborde sich erhebender Aufbau mit Giebel und Satteldach.

Dachformen: Das Satteldach besteht aus zwei
gegen einander geneigten, in einem First sich vereinigenden Dachflächen, welche an ihren Enden durch
steile Giebel begrenzt werden. Bei dem Walmdache
sind letztere durch Dachflächen ersetzt, deren Spitzen
in den First verlaufen und die mit den Seitenflächen die
Walmlinien bilden, während bei dem halben Walmdache die vorhin bezeichneten Giebel etwa bis zur
halben Höhe beibehalten und von ihrer obern Horizontale ab durch je eine dreieckige Dachfläche mit dem
First und den Seitenflächen verbunden sind. Vereinigen sich die Spitzen aller Dachflächen eines Gebäudes in einem Punkte, so entsteht das Zeltdach. Ein
Pultdach hat nur eine, an eine senkrechte Wand
sich lehnende Dachfläche. Das Mansardendach
(gebrochene Dach) ist aus zwei Haupttheilen zusammengesetzt, einem flachen Sattel- oder Walmdache und
einem darunter angeordneten Dache mit steilen Flächen.
Das gewöhnliche Kuppeldach bildet im Querschnitte
einen Halbkreis, das Zwiebeldach dagegen die Form
einer mit der Spitze nach oben gerichteten Zwiebel.

Dachpfetten: nach der Länge des Daches ge-
streckte Hölzer, auf welchen die Sparren ruhen.

Dachreiter: ein aus dem First des Daches her-
vorwachsendes Glockenthürmchen.

Dämon, s. Genius.

Dagop, s. indische Baukunst.

Daguerreotyp. Man versteht darunter eine bild-
liche Darstellung, welche mit Hülfe eines optischen
Instruments durch Einwirkung des Lichts auf eine mit
Silber überzogene Kupferplatte erlangt wird. Dieses
Verfahren, aus welchem die Photographie hervorging,
erhielt seine Benennung nach dem Maler Louis

Jacques Mandé Daguerre, geb. 1789 in Cormeilles, welcher solches im Verein mit Jos. Nicephore Nièpce, geb. 1765 in Chalons, erfand.

Dais hiess ursprünglich die mit einem Baldachin versehene Estrade am obern Ende eines Speisesaals nebst dem dort stehenden Tische und Throne; später Bezeichnung für Teppichbehang oder für Thron, Thronhimmel.

Daktylioglyph: Steinschneider.

Daktyliothek: Sammlung geschnittener Edelsteine, auch von Abdrücken oder Abgüssen geschnittener Steine der Alten.

Dalmatica sc. vestis: bei den Alten ein langes Gewand von weisser dalmatinischer Wolle, verziert durch zwei Purpurbänder, die von den Schultern bis zum Saume reichten. Später das Amtskleid der Diakonen (s. Priesterkleidung), welches auch von farbigem Stoffe genommen wurde und zuerst kurze, hernach längere Seiteneinschnitte hatte. Die »dalmatica major« gehörte zu den Pontificalkleidern des Bischofs. Die etwas engere und kürzere »dalmatica minor« wurde von den Subdiakonen getragen. Die »dalmatica regia« machte einen Bestandtheil des Krönungsornats des deutschen Kaisers aus.

Damascirung. Der damascirte Stahl ist ein ursprünglich im Oriente dargestelltes, innig mit einander verschweisstes Gemenge von Stahl und Eisen, welches vorzüglich zu Waffen verarbeitet wird und beim Beizen der blank gefeilten und geschliffenen Oberfläche mit einer Säure eigenthümliche, aus hellen und dunkelen Linien zusammengesetzte Zeichnungen (Damascirung) erhält. Damascirte Arbeit nennt man auch anderweitig geätzte Verzierungen auf Eisen oder Stahl, wie sie besonders auf Rüstungen aus dem 16. Jahrh. vorkommen.

Damascirung heisst in der Heraldik eine mit gitterförmigen oder arabeskenartigen Zeichnungen bedeckte Fläche.

Damast: gemusterter seidener, leinener oder wollener Stoff, bei welchem das Muster auf der einen Seite glatt auf mattem Grunde, auf der andern matt auf glattem Grunde erscheint.

Decanus: Vorgesetzter von zehn Personen (Soldaten, Mönchen); der Vorgesetzte einer Facultät auf hohen Schulen, auch eines Stifts; der Dechant, Obergeistliche.

Decorated style ist in England die Bezeichnung für den ausgebildeten gothischen Stil.

Decoration: die Verzierung, insbesondere die Ausschmückung von Räumen, der Gebäudeschmuck, auch die nur vorübergehend angebrachte Auszierung derselben; endlich die Bühnen – Malerei. Vergl. Ornament.

Delphin: Fisch mit halbkreisförmig gebogenem Rücken, Symbol der rettenden Liebe. Nach der Form, die bald einen solchen Fisch darstellt, bald nur andeutet, heissen Delphine die gebogenen Arme grosser Leuchter.

Dessin: Zeichnung, Muster.

Diaconus (διάκονος): Kirchengehülfe. Dem Diakon lag u. a. die Verlesung der Evangelien, die Aufsicht beim Gottesdienst, so wie über die Vasa sacra und die Armenpflege ob. Hinsichtlich der Amtskleidung der Diakonen, s. Priesterkleidung.

Diadem: Binde, besonders die weisse königliche Kopfbinde, welche später durch einen goldenen, mit Edelsteinen oder Perlen besetzten Reif ersetzt wurde.

Diaglyphen: eingegrabene, vertiefte Arbeiten; Diaglyptik: die Kunst, solche Arbeiten zu verfertigen.

Diagonal: übereck laufend oder stehend; Diagonale: eine zur Halbirung eines Vierecks aus einem untern zu einem obern Winkel desselben gezogenen Schräglinie.

Dielenköpfe, s. Mutulen.

Dienste: Halb- oder Dreiviertelsäulchen an Pfeilern und Wänden mittelalterlicher Gebäude zum Tragen von Gewölbrippen dienend. Man unterscheidet alte und junge Dienste; erstere als die stärkeren, tragen die Längs- und Querrippen, letztere die Kreuzrippen.

Diorama: ein auf beiden Seiten eines durchscheinenden Stoffes angebrachtes Bild, daher Durchscheinbild, besonders zur Erreichung überraschender Lichteffecte bei Tagesbeleuchtung dienend.

Dipteros, s. Tempelformen.

Diptychon: zwei mit einander verbundene Tafeln, die — wie Blätter eines Buchs — sich öffnen und schliessen lassen und welche, auf der Innenseite mit einem Wachsüberzuge versehen, zum Schreiben dienten. Aehnliche, oft in Elfenbein oder Metall gearbeitete und kunstreich ausgestattete Diptycha wurden von den römischen Consuln, Praetoren und Aedilen bei ihrem Amtsantritte verschenkt. Auch die ersten Bischöfe, die in die Provinzen gesandt wurden, behielten diese Weise bei; sie schmückten jedoch die (bisher mit den Bildnissen der Schenkgeber versehenen) Aussenseiten der Tafeln mit Darstellungen des Heilandes, der hl. Jungfrau und anderer Heiligen, während die Innenseiten die Namen der oberen Geistlichkeit der Gemeinde oder diejenigen der Wohlthäter erhielten. Solche »Diptycha ecclesiastica« stellte man auf stufenartigem Untersatze

auf den Altären aus, später aber, als grössere mit
Malerei und Schnitzarbeit ausgestattete Altarwerke (vergl.
Altarschreine) in Gebrauch kamen, benutzte man die
alten Elfenbeintafeln zu Deckelzierden von Ritual-
büchern.

Discus: eine aus Blei oder Stein angefertigte, etwa
tellergrosse Scheibe, die im Alterthume bei den körperlichen Uebungen der Jugend in den Gymnasien (s. diese)
als Wurfscheibe benutzt wurde.

Docke: Säulchen mit starker Schwellung (Ausbauchung), s. Balustrade.

Dolmen (keltisch) nennt man die vorgeschichtlichen
Denkmale, bei denen eine grosse oder eine aus mehreren
Theilen bestehende Steinplatte auf einzelnen Stein-
pfeilern ruht.

Dom, von Domus Dei abzuleiten: Bezeichnung für
Kathedralkirchen (ecclesiae cathedrales), in welchen die
Kathedra des Bischofs steht. Mit ihnen ist ein Capitel
von Domherren (canonici regulares) Augustiner- oder
Prämonstratenserordens verbunden. Auch werden die
Kirchen der Unter- oder Collegiatstifter oftmals Dome
genannt. (Otte).

Donjon, s. Bergfried.

Doppelkapellen, schon früh in Schlössern vorkommend, sind über einander angelegt und meist im
romanischen, selten im gothischen Stile erbaut. Die
untere Kapelle pflegt als Grabkapelle in derben, die
obere, für die Herrschaft bestimmte, in zierlicheren
Formen ausgeführt zu sein. Gewöhnlich stehen beide
durch eine umfriedigte Oeffnung im Gewölbe der untern
Kapelle mit einander in Verbindung.

Dormitorium: Schlafzimmer; bei Klöstern: der
Schlafsaal.

Dornitz, Dörntze (von Dönsk, die Herdstätte des Bauerhauses): Stube. In alten Schlössern, welche gewöhnlich wenige Gemächer enthielten, pflegte im Erdgeschosse die Hofdornitz, Hofdönsk, später Hofstube genannt, ein Saal zu Versammlungen, Trinkgelagen u. s. w., sich zu befinden.

Dorsalia: Rückenteppiche, Rücklehnen-Teppiche der Chorstühle.

Doxal, s. Lettner.

Drache, als geflügelte Rieseneidechse oder geflügelte Schlange dargestellt, bedeutet das Prinzip des Bösen, den Teufel. So erscheint Christus als Ueberwinder des Drachen, ebenso St. Maria, welche der Schlange den Kopf zertreten soll. Vergl. unten: St. Michael, St. Georg und die hl. Margaretha in dem Art. Sinnbilder u. s. w.

Draperie: die Gewandung, die künstlerische Verwendung von Textilstoffen zur Bekleidung von Figuren. D r a p i r u n g: die Kunst des Faltenwurfs.

Dreibein, s. Triquetrum, Triquetra.

Dreiblatt: Spitzes Kleeblatt; gothisches Mafswerk in Gestalt von drei gleichen Spitzbögen, welche mit ihren Scheiteln den Umfang des Kreises, in dem sie stehen, berühren.

Dreieinigkeit, Heil. (Dreifaltigkeit), s. Trinitas.

Dreifuss: dreifüssiges Geschirr, sowohl zum Kochen, als auch zum Prunk; dreifüssiger Sitz, insbesondere der Dreifuss als Sitz der Orakel ertheilenden Priesterin im Apollotempel zu Delphi.

Dreipass: eine Mafswerkform, aus drei gleichen Zweidrittelkreisen so zusammengesetzt, dass um die Scheitelpunkte derselben eine Kreislinie gezogen werden kann.

Dreischlitze, s. Triglyphen.

Dreisitz (Celebrantenstuhl), s. Levitensitz.

Drude: Zauberin, Hexe; **Drudenfuss,** s. Pentalpha.

Druiden: Priester der keltischen Völkerschaften, daher deren Opfersteine **Druiden–Altäre** genannt werden.

Dryaden: Nymphen der Wälder.

Early English (style): der englische frühgotbische Stil, auch »lancet style« genannt.

Ecce homo: ein Bild des leidenden Jesus, wie Pilatus ihn den Juden vorstellt.

Echinus (ἐχῖνος): eine kreisförmige, nach einem gedrückten Viertelstabe profilirte Unterlage unter der Deckplatte (Abacus) des dorischen Kapitäls, in zarterer Bildung auch am ionischen Kapitäl vorkommend, s. Säule.

Eckblatt (Eckknollen), etwa seit d. J. 1100 bei romanischen Säulen an der Basis sich findend, und zwar die vier Ecken des Sockels mit dem darauf liegenden Pfühl verbindend.

Edda (Urgrossmutter) heissen die beiden in altnordischer Sprache geschriebenen Bücher, welche den Schatz der germanischen Mythen enthalten. Die ältere Edda, eine Sammlung von Liedern, wird dem isländischen Weisen Sämund Sigufson (1056—1133) zugeschrieben, die jüngere, grösstentheils in Prosa verfasste Edda dem berühmten Isländer Snorro Sturleson (1178—1241); jedoch fehlt für beide Annahmen der sichere Beweis. Die ältere Edda umfasst 39 Lieder, die in drei Abtheilungen zu bringen sind, von welchen die erste eine vollständige Asenlehre (Götterlehre), besonders die Erlebnisse von Odin (Wodan, Vater der Götter),

Thor (Donnergott) und Freya (Göttin der Schönheit und Liebe) bildet, die zweite, die Heldenlieder, namentlich die Thaten und Schicksale Sigurd's (des Siegfried's der Nibelungensage) umfasst und die dritte die Glaubens- und Mysterienlehre enthält (die Völuspa, worin die mythische Vorstellung der nordischen Völker von der Entstehung der Welt, der Riesen, Götter, Zwerge und Menschen, so wie vom letzten Weltkampfe, dem Vergehen und der Erneuerung der Welt niedergelegt sind). (Müller u. Mothes, a. a. O.).

Effectstücke nennt man solche Gemälde, die — statt der ruhigen Haltung — Aufregung des Sinnenreizes hervorbringen, bei denen leicht die höhere Bedeutung des Gegenstandes untergeht.

Egyptische Baukunst. In den egyptischen Monumenten spricht sich Grossartigkeit, Massenhaftigkeit und ein ernstes verschlossenes Wesen aus. Die Umfangswände der freistehenden Tempel und Paläste erheben sich mit ansehnlicher Abböschung der Aussenseiten, sind ohne Fenster, an den Kanten mit einem Rundstabe eingefasst und tragen als Kranzgesims eine grosse Hohlkehle nebst Deckplatte. Ein solches Gesims bekrönt auch den rechtwinklig umrahmten Eingang. Die aus Steinbalken (Architraven) und darauf gelegten Platten bestehenden Decken werden von Säulenreihen getragen. Die Säulenschäfte erheben sich je auf einer niedrigen runden Plinthe, sind unten etwas eingezogen, dann ausgebaucht und gehen verjüngt zu. Die Kapitäle aus der Zeit um 1500 v. Chr. zeigen entweder eine runde, unten etwas ausgebauchte, oben zusammengezogene Form, einer geschlossenen Blüthe ähnlich, und schliessen mit einer starken aber nicht ausladenden Platte ab, oder sie haben die Gestalt eines geöffneten Blätterkelches (an die Lotosblume erinnernd), auf welchem eine

gegen die Ausladung der Blätter bedeutend zurücktretende Platte liegt. Einfache eingegrabene Zierden
bedecken den Säulenschaft; bei dem Kelche zeigen
sich schilfartige Ornamente. — Vorhalle und Cella von
der eben beschriebenen Einrichtung sind so in einander gebaut, dass die schräge Vorderwand der Cella
in die Rückwand der Vorhalle eingeschoben erscheint.
Dieses Einschachtelungs-System wird auch bei Hinzufügung von Nebenräumen beibehalten. Vor der Vorhalle pflegt ein rechteckig umschlossener Hof, an dessen
Wänden Säulen - oder Pfeilerstellungen sich befinden,
angeordnet zu sein. Sind Pfeiler angewandt, so dienen
solche als Rücklehnen für colossale Figuren, die mit
verschränkten Armen als Wächter des Heiligthums vor
ihnen stehen. Den Eingang zum Hofe bildet ein, die
oben bezeichnete Thürform wiederholendes Thor, das
aber von zwei mächtigen, pyramidal aufsteigenden
Flügelbauten (s. Pylonen) beseitet wird, und vor welchem
in der Regel zwei Obelisken mit Hieroglyphenschrift
sich erheben. Bei grossen Tempelanlagen pflegen
mehrere Vorhöfe mit Pylonen angeordnet und die Zu-
gangsstrassen mit Reihen von Widder - oder Sphinx-
colossen geschmückt zu sein. Das Ganze ist in gewaltigen Abmessungen zur Ausführung gebracht und
mit reliefartigen bildlichen Darstellungen (s. Koilanaglyphen) bedeckt.

Zu den freistehenden Monumenten gehören auch
die bekannten, auf quadratischer Grundfläche, zum
Theil in ausserordentlicher Grösse sich erhebenden
Pyramiden (Königsgräber), deren Erbauung zum Theil
in die Zeit von 3500—4000 v. Chr. fallen soll.

Andere, aus Vorräumen und Cellen bestehende,
den vorher beschriebenen ähnliche Monumente sind
ganz oder theilweise in den Felsen gehauen.

Bei den Säulen der egyptischen Monumente aus späterer Zeit herrschen die Kelchkapitäle vor, und erhalten solche eine reichere Ausbildung, statt der Deckplatte auch wohl einen würfelartigen Aufsatz, dieser mit vier Gesichtsmasken (Isis- oder Hathormasken) und eben so vielen kleinen Tempelfronten darüber ausgestattet. Sie werden dann Isis- oder Maskenkapitäle genannt.

Eierstab: wulstartiges Glied, durch gemeisselte  sog. Eier verziert, in deren Zwischenräumen sog. Pfeilspitzen sich befinden, am Echinus über dem Halse ionischer Säulen, an ionischen und korinthischen Hauptgesimsen u. s. w. vorkommend.

Einziehung, s. Glieder.

Eklektiker nennt man in der Kunst die Meister in der italienischen Historienmalerei des 17. Jahrh., deren Richtung auf die Werke ihrer grossen Vorgänger zu Anfang des 16. Jahrh. zurückgeht und das Bestreben zeigt, an dem Vorbilde derselben aus dem manieristischen Verderbniss wiederum sich aufzurichten und der Kunst einen sicheren Boden zu bereiten.

Elektrum: 1) Bernstein; 2) eine diesem in der Farbe ähnliche Metallmischung aus Gold mit einem Fünftel Silber; 3) Schmelzglas, Email.

Elisabeth-Stil (Elizabethian style): Bezeichnung der 1530 bis 1600 zur Zeit der Königin Elisabeth in England vorzugsweise beim Profanbau herrschenden, den Kampf der Gothik mit der Renaissance zeigenden Bauweise.

Email: eine Art Schmelz, durchsichtig oder undurchsichtig, um Metall damit zu überziehen, gewöhnlich

durch Zusatz von Metalloxyden verschiedenartig gefärbt,
eine schon bei den alten orientalischen Culturvölkern
geübte Kunst, die in Byzanz bis in das Hochmittelalter
sich erhielt, auch mit veränderter Technik in den
deutschen Rheinlanden während des 11. Jahrh., und
seit dem Ende des 12. Jahrh. zu Limoges in Frankreich die ganze gothische Periode hindurch mit grosser
Meisterschaft geübt wurde. — Bei dem émail cloisonné
(Zellenschmelz) werden die Umrisse des Ornaments
durch aufgelöthete Fäden hergestellt und die so umzogenen Flächen mit Schmelz ausgefüllt; bei dem émail
champlevé (Grubenemail) bleibt die Zeichnung auf dem
ausgegrabenen Grunde stehen, während das Uebrige mit
Email ausgefüllt wird. Ausserdem hat man Relief-
Email, und zwar émail translucide sur ciselure en relief,
bei welchem die Zeichnung in schwachem Relief mit
dem Grabstichel ausgeführt und mit durchsichtigem
Schmelz so colorirt wird, dass dieser eine ebene Fläche
bildet und die höheren Stellen des Metalls lichter, die
tieferen dunkler erscheinen, so wie émail en ronde bosse
oder de haut relief, wobei erhaben gearbeitete Metallgegenstände einen Ueberzug von Schmelzglas erhalten,
und endlich die Emailmalerei, wobei die Emailfarben
direct auf die Metallfläche aufgetragen und dann durch
Schmelzung befestigt werden. S. Limusiner Email.

Eine sog. falsche Emailmalerei wird durch Ein-
lassung farbigen Wachses in Felder der vorhin gedachten Art hergestellt.

Emblem (emblema): eigentlich eine eingelegte
Arbeit, sodann eine reliefartige, einem Gegenstande
hinzugefügte, im Material von demselben verschiedene
und zum Losnehmen eingerichtete Verzierung. Jetzt
nennt man Embleme solche (mehr oder weniger künstlerische) Beigaben, welche — vorzugsweise in Gestalt

lebloser Gegenstände — die Bestimmung eines Gegenstandes andeuten sollen.

Embrasure (franz.): Ausschrägung, Erweiterung eines Fensters, einer Schiefsscharte u. s. w. nach aussen, auch die Schiefsscharte selbst, die Fenstervertiefung.

Emplecton: Gussmauerwerk, bei welchem nur die beiden Aussenflächen regelmässig gemauert sind, das Innere aber aus zusammengeworfenen Steinen und Gussmörtel besteht; solches findet sich, wie bei den Alten, so auch im ganzen Mittelalter.

Empore, Emporbühne, Emporkirche: ein auf Steinpfeilern oder Säulen und Gewölben ruhender, häufiger aus Holzpfeilern und Gebälk vorgerichteter, mit einer Brüstung versehener Raum, besonders in Kirchen, hier als Orgelchor oder Sängerbühne (letztere in einzelnen Fällen den Namen »Lector« tragend) und als obere Sitzplätze zu den Seiten des Mittelschiffs (diese häufig Priechen, mitunter Mannhäuser genannt). Als Vorbilder dieser verschiedenen Emporbühnen erscheinen die Seitengallerieen der antiken Basiliken, ferner die stets erhöhet angebrachten Frauensitze in den byzantinischen Gotteshäusern und die Nonnenchöre in den Klosterkirchen. Letztere, mit dem Kloster in Verbindung stehend, wurden gewöhnlich an dem Westende der Kirche erhöhet angelegt, und hatten oft eine bedeutende Ausdehnung.

Emporium: Handelsplatz, Stapel.

en creux, s. Creux.

Enfilade: eine Folgereihe, insbesondere eine Reihe von Zimmern, die durch gleichmässig angebrachte Thüren mit einander verbunden sind, so dass beim Offenstehen derselben der Blick von einem bis zum andern Ende der Zimmerreihe reicht.

Engel werden mit zwei Flügeln dargestellt, Cherubim haben deren vier und Seraphim sechs. (Jes. 6, 2:

Seraphim standen über ihm; ein jeglicher hatte sechs Flügel, mit zween deckten sie ihr Antlitz, mit zween deckten sie ihre Füsse und mit zween flogen sie).

Engelchöre. Die Engelwelt oder die himmlische Hierarchie (I. Col. 1, 16) wird in drei Ordnungen eingetheilt, deren jede aus drei Chören besteht.

Gregor d. Gr. hat folgendes System und für die darin enthaltenen Engelchöre nachstehende Bedeutungen:

    I. a) Seraphim, qui caritate prae aliis ardent;
       b) Cherubim, qui scientia prae aliis eminent;
       c) Throni, in quibus sedens Deus judicia sua
          decernit;
   II. a) Dominationes, quae officia regunt Angelorum;
       b) Principatus, qui capitibus praesunt populorum;
       c) Potestates, quae daemonum coërcent potestatem;
 III. a) Virtutes, per quas signa et miracula fiunt;
       b) Archangeli, qui majora,
       c) Angeli, qui minora nuntiant.

Vollständige Darstellungen der Engelchöre sind in Wand- und Glasmalereien, so wie in Sculpturen erhalten. (Müller u. Mothes).

Enkaustik: eingebrannte Malerei, Wachsmalerei, eine von Griechen und Römern viel geübte, auch im früheren Mittelalter vorkommende, später verloren gegangene Malerei, bei welcher anscheinend die mit Wachs angemachten Farben warm aufgetragen und dann mit heissen Walzen u. dgl. eingebrannt wurden.

Entasis: Anschwellung oder Ausbauchung eines Säulenschafts.

Entlastungsbogen. Ein solcher wird über einem schwachen Bogen oder einem Sturze angeordnet, um den Druck des darüber befindlichen Mauerwerks aufzunehmen.

Entresol: Zwischengeschoss, Halbgeschoss.

Ephebeum, s. Palästra.

Epigraphik: Inschriftenkunde.

Epistelseite des Chors, die Südseite, vergl. Altar und Ambonen.

Epistolarium, so viel wie Lectionarium, weil die darin zusammengestellten Vorlesestücke meist den paulinischen Briefen entnommen sind.

Epistylium: Unterbalken, Architrav.

Epitaphium: Grabschrift, Grabmal; häufig ein in der Nähe der bezüglichen Grabstätte aufgerichtetes (an der Wand angebrachtes) Denkmal.

Epreuves d'artiste, s. Avant la lettre.

Erinnyen, s. Furien.

Erker: überdachter, an den Seiten durch Fenster geschlossener Ausbau, von einem Pfeilervorsprunge ausgehend oder auf Consolen ruhend, oft durch mehrere Geschosse reichend, auch, wenn an der Hausecke befindlich, Eckchor genannt. Dacherker, s. oben.

Erzengel: Raphael, als Wanderer, Michael, in ritterlicher Rüstung, mit dem Drachen kämpfend, und Gabriel mit dem Lilienstengel. (Uriel, in der lateinischen Kirche nicht angenommen, wird mit Schriftrolle oder Buch dargestellt).

Escorial: Das Kloster S. Lorenzo im Escorial, ein gewaltiges, unter Philipp II. durch Juan Bautista de Toledo 1563 begonnenes, durch dessen Schüler Juan de Herrera 1584 vollendetes Gebäude von imposanter

Masse mit schweren Detailformen italienischer Architektur, ein ernstes düsteres Gepräge tragend.

Eselsrücken (Kielbogen), s. Bogenformen.

Estrade: erhöheter Platz im Fussboden eines Zimmers, z. B. vor einem Fenster.

Etage: Geschoss, Stockwerk; bel-étage: Hauptgeschoss.

Estrich (Aestrich): ein feuersicherer, fugenloser Fussboden aus Lehm, Gips oder einem andern geeigneten Material.

Etruskische Baukunst. Die Urbewohner Mittel- und Unteritaliens waren ein, den Urbewohnern von Griechenland verwandter pelasgischer Volksstamm. Von Norden her breitete sich, bis an den Tiberstrom vordringend, ein fremder Stamm, das Volk der Etrusker, aus, dessen Blüthe in die Zeit der Gründung Roms und der nächstfolgenden Jahrhunderte fällt. Die Etrusker gelten als das eigentliche kunstbegabte Volk unter den italischen Völkerschaften; ihre Werke zeichnen sich jedoch mehr in technischer Beziehung als durch ideale Gestaltung aus. Sie scheinen, der alten pelasgischen Cultur sich zuneigend, deren Elemente weiter ausgebildet, später aber in Folge ihres Handels auswärtige, besonders griechische Bildungsweise aufgenommen zu haben.

Zu den Werken der Etrusker auf dem Gebiete der Architektur gehören zunächst die Werke von pelasgischer Art, so die Mauern der alten Städte Mittelitaliens, oft in cyklopischer Weise (s. cyklopische Mauern), dann Anlagen in Form der griechischen Thesauren (s. diese) und — von ihnen zuerst in bedeutsamer Weise ausgeführt — wirkliche Bogen- und Gewölbebauten, darunter die unter der Herrschaft der tarquinischen

Fürsten erbaute cloaca maxima zu Rom, das Rund-
bogenthor zu Volterra und zwei derartige Thore zu
Perugia.

Fernere Werke der Etrusker sind kegelförmige
Grabmale auf rundem, seltner viereckigem Unterbau,
sodann in den Felsen gehauene Grab-Façaden mit
ansehnlicher Neigung der Aussenwand, griechischer
Thürbildung und bedeutsamem Kranzgesimse, auch zum
Theil als Nachbildung dorischer Tempel-Façaden, aber
mit weiter Stellung der Säulen und Pfeiler, so wie mit
schwerem Giebel, nicht weniger ganz unterirdisch in
den Tufstein eingemeisselte Grabkammern, meist mit
flachen oder in giebelförmiger Schräge hergestellten
Decken, diese zum Theil als zierlich ausgeführte Nachahmung hölzernen Sparrwerks erscheinend. Endlich ist
der etruskischen Tempel zu gedenken. Sie bestanden,
wie aus dem Vitruv erhellt, aus einer Cella oder aus
drei Cellen, von welchen dann die mittlere die beiden
Seitencellen an Breite wesentlich übertraf. Die Säulen,
je mit einer Basis und dorisirendem Kapitäl versehen,
standen in weiten Entfernungen von einander; das aus
Holz bestehende Gebälk zeigte über dem Architrave,
statt des Frieses, die Köpfe der Querbalken, welche
ein weit ausladendes Gesims trugen. Die Giebel waren
von grösserer Höhe als die der griechischen Tempel.
Vitruv bezeichnet diese Bauweise als »niedrig, breit,
gespreitzt und schwerköpfig«. (Vergl. Capitol mit dem
Tempel der capitolinischen Gottheiten). Dieser Tempelstil
hat von den späteren Architekturschulen die Bezeichnung »toscanische Ordnung« erhalten.

Eucharistie: altchristliche Bezeichnung für das
Sacrament des Abendmahls, daher auch die Hostie, der
Leib Christi.

Eumeniden, s. Furien.

Eurhythmie: Ebenmaſs, das richtige Verhältniss der einzelnen Theile unter sich und zum Ganzen.

Evangelien-Codex (Evangeliarium), die Evangelien, den Prolog dazu und den Canon, d. h. das Verzeichniss derjenigen Stellen, worin alle vier, oder drei, oder zwei Evangelisten zusammentreffen, oder die nur einer allein hat, zuweilen auch Briefe von höheren Geistlichen, Bilder u. s. w. enthaltend.

Evangelienseite des Chors: die Nordseite desselben, s. Altar und Ambonen.

Evangelistarium: die evangelischen Lesestücke nach der Ordnung des Kirchenjahrs.

Evangelistenzeichen: E n g e l (geflügelter Mensch), Löwe (geflügelt), S t i e r (geflügeltes Opferrind) und A d l e r, die vier Evangelisten, bezw. S t. M a t t h ä u s, St. M a r c u s, St. L u c a s und St. J o h a n n e s, versinnbildend, oder als Attribute begleitend. In Deutung auf Christum sind die Evangelistenzeichen Sinnbilder der Menschwerdung (Mensch), des Opfertodes (Opferrind), der Auferstehung (Löwe) und der Himmelfahrt (Adler). Die Reihefolge der Evangelistenzeichen ist bei den älteren Darstellungen verschieden.

Bemerkenswerth ist die Wahrnehmung, dass diese Zeichen, als Menschenhaupt und Löwenleib mit Adlerflügeln und Stierfüssen zu einer Gestalt vereint, schon in den Portalwächtern assyrischer Paläste sich finden (s. oben S. 28).

Exedra: ein offener oder bedeckter Raum, wo — wie in den Gymnasien oder Thermen — Gelehrte sich zu versammeln pflegten, der zuweilen mit einer halbrunden Nische versehen war, worin bei wissenschaftlichen Unterhaltungen die Zuhörer Platz nahmen. Später wird mit Exedra die Apsis oder ein sonstiger Anbau an einer Kirche, auch wohl der in der Apsis stehende Bischofsstuhl bezeichnet.

Exequien (exsequiae): Leichenbegängniss, Todtenfeier, Todtenmesse.

Extrados: Bogenrücken, obere Seite eines Bogens oder einer Wölbung.

Façade: Vorder- oder Schauseite (Frontseite) eines Gebäudes.

Facette: schmale Abfasung, insbesondere bei geschliffenen Gegenständen; die geschliffene Rautenfläche an Edelsteinen u. s. w.

Fachwand, Fachwerkwand, zusammengesetzt aus der S ch w e ll e (bei dem Untergeschoss auf der Sockelmauer ruhend), den darin verzapften, senkrecht stehenden S t ä n d e r n (Stielen), den zu ihrer Verbindung, so wie zur Herstellung der Licht- und Luftöffnungen dienenden, schwächer gehaltenen, horizontal angebrachten R i e g e l n und dem von den Ständern getragenen R a h m h o l z e. Ausserdem kommen in solchen Wänden vor: S t u r m - b ä n d e r (Schrägstreben) und — bei alten Gebäuden — K o p f b ä n d e r, auch wohl F u s s b ä n d e r (kleine schräg gestellte Hölzer, vom obern Theile der Ständer in das Rahmholz, bezw. vom untern Theile der Ständer in die Schwelle reichend), so wie A n d r e a s k r e u z e, diese theils aus grossen, theils aus kleinen schräg sich durchkreuzenden Bändern gebildet und im letzteren Falle unterhalb der Fensterriegel sich findend. Das Rahmholz der Aussenwand dient den B a l k e n k ö p f e n zur Unterlage. Diese treten im Mittelalter und zur Zeit der Renaissance weit hervor und sind dann von den Ständern aus durch K o p f b ä n d e r (Büge) oder C o n - s o l e n unterstützt. Auf den Balkenköpfen liegt bei mehrstöckigen Fachwerkgebäuden die S a u m - oder

Setzschwelle (Schwelle der oberen Wand). Zwischen den Balkenköpfen alter Gebäude wurden (zur Ausfüllung des Winkels) entweder schräg gestellte Füllbretter oder Füllhölzer angebracht, erstere häufig mit Malerei geschmückt. Sehr gebräuchlich war die Verzierung der Hölzer durch Schnitzwerk und die Anbringung von geschnitzten Inschriften an den Saumschwellen und den (stärker als die Riegel gehaltenen) Holmen über den Thüröffnungen und Einfahrten, welche mit Hülfe der Anbringung bogenförmiger Kopfbänder unter den Holmen meist spitz- oder rundbogig gestaltet wurden. Bei reicher Ausschmückung zeigen sich unter den Fenstern und an den damit in gleicher Höhe befindlichen Gefachen Füllungen mit geschnitzten figürlichen Darstellungen oder Ornamenten, unter letzteren nicht selten das Fächerornament. Die Gefache wurden im Mittelalter gewöhnlich mit Backsteinen ohne Verputz, nicht selten in kunstvoll gebildeten Mustern, ausgemauert.

Façonnirt: geformt, gebildet, gemodelt; étoffes façonnées: geblümte Zeuge.

Fächergewölbe, s. Gewölbe.

Fächerornament, einem ausgebreiteten Fächer ähnlich oder muschelartig, bei alten Fachwerkhäusern vorkommend, s. Fachwand.

Fahnen, s. Kirchenfahnen, Labarum, Vexillum.

Faldistorium (Faldistolium): Bischofsstuhl, eine sella plicatilis (Faltstuhl).

Faltenfüllung: eine hölzerne Füllung mit Schnitzwerk, welches die Falten streifenförmig zusammengelegter Leinwand nachahmt, im Ausgange des Mittelalters und in der Renaissancezeit vorkommend.

Farbe der Messgewänder etc., s. liturgische Farben.

Farbendruck, s. Chromolithographie.

Farnesina ist der Name einer Villa in Rom,
welche Agostino Chigi, ein reicher Handelsherr, in d. J.
1509—1511 durch Baldassare Peruzzi erbauen liess,
berühmt durch die Wand- und Deckenmalereien in
ihren Haupträumen, welche in den nächstfolgenden
Jahren durch Peruzzi, besonders aber durch Rafael,
so wie durch Sebastian del Piombo, Soddoma u. A.
ausgeführt wurden. Die Farnesina-Fresken »repräsen-
tiren den Höhepunkt der antikisierenden Richtung der
Renaissance«. Diese, später von dem Cardinal Alessandro Farnese käuflich erworbene Villa kam nach seinem
Tode an dessen Bruder, den Herzog Ottavio von Parma,
und blieb unter dem Namen »Farnesina« in der Familie desselben.

Fascie (fascia): Band, schmaler Gurt oder Streifen.

Fase, s. Abfasung.

Fassmalerei: Bemalen plastischer Kunstwerke,
gleichbedeutend mit Staffirmalerei.

Fastenlaken, Hungertücher, pallia quadragesi-
malia: in Weisszeug gestickte, auch mit Reihen bibli-
scher Bilder bemalte Tücher. Man bediente sich ihrer,
um sie in der Fastenzeit zur Abtrennung des Chors
vom Schiffe der Kirche unter dem sog. Triumphbogen
aufzuhängen, auch zu theilweiser Verdeckung des Hochaltars.

Faunen: Söhne des Faunus, Waldgötter, die wie
die Satyrn zum Gefolge des Bacchus gehören und in
menschlicher Gestalt, jedoch mit spitzen Ohren oder
hervorkeimenden Hörnern und einem kurzen Ziegen-
schwanze dargestellt werden. Ihre Bekleidung besteht
meist aus einem Ziegenfelle, welches mit den Klauen
unter dem Halse zugeschürzt ist.

Die **Satyrn** ähneln in der Darstellung den Faunen, haben aber ausser deren Abzeichen — wie der Pan — Bart und Schenkel von einem Ziegenbock.

Fayence (Faïence): irdenes Geschirr mit halb durchsichtiger Glasur, Halbporzellan (nach der ital. Stadt Faenza benannt).

Feder und Nuth, s. Nuth.

Fensterrose: Rundfenster mit rosettenartigem Mafswerk.

Fensterstöcke: senkrechte Pfosten zur Eintheilung der Fensterbreite in Felder. Man unterscheidet alte und junge Pfosten, letztere sind schwächer als erstere.

Feretren: tragbahrenartige Reliquienbehältnisse, z. B. liegende Krystallcylinder, auf Thieren ruhend oder von Engeln getragen, auch Schreinchen, auf den Schultern von Figürchen ruhend. (Jakob, Die Kunst im Dienste der Kirche, 204. Anm. 7).

Feston: Blumen- oder Fruchtgehänge, Laubgewinde.

Fiale: rechteckiger, in eine Spitze ausgehender gothischer Pfeiler (Spitzthürmchen). Der untere lothrechte Theil der Fiale heisst Leib, die Spitze wird Riese (vom mittelhochdeutschen Zeitworte risen = emporsteigen) genannt. Diese ist an allen vier Seiten ihrer Basis mit einem kleinen Giebel, an ihren Schrägkanten gewöhnlich mit Krabben (s. diese) und oben mit einer Kreuzblume versehen. Fialen dienen u. a. zur Bekrönung der äussern Strebepfeiler und pflegen auch zu beiden Seiten der Wimperge (s. diese) angeordnet zu sein.

Fibula: Heftel oder Spange zum Zusammenhalten eines Kleidungsstücks oder zum Vorstecken, mit beweglicher Nadel versehen, deren freies Ende meist in einen

Haken oder ein derartiges Metallstück eingreift; auch Schnalle.

Filigran: künstliche Verarbeitung feiner, vorher gekörnter, d. h. mit perlenartigen Erhöhungen (Körnchen, grana) versehener Gold- oder Silberfäden (fila), die stellenweise mit einander verschmolzen und woraus Blumen, so wie andere Zierden hergestellt werden. Schöne Arbeiten dieser Art finden sich besonders an romanischen Crucifixen, Reliquiarien und Prachtgeräthen.

First (Dachfirst): die obere horizontale Begrenzung zweier gegen einander geneigter Dachflächen, im Mittelalter zuweilen mit einem, aus durchbrochen gearbeiteten Metallverzierungen bestehenden **Kamme** versehen.

Fischblasenmuster: spätgothische Mafswerksform,

 aus einem mit seinen Nasen versehenen Spitz- oder Rundbogen und einem schweifartigen spitz auslaufenden Ansatz bestehend. Statt Fischblase wird auch **Schneusse** (Schlinge) gesagt und daraus abgeleitet **Dreischneuss**: drei einen Kreis ausfüllende Fischblasen, ebenso **Fünfschneuss** u. s. w.

Fischform: s. Mandorla.

Fischgräten-Muster, s. Opus spicatum.

Fistula, Röhre, Wasserröhre, später auch Kelchröhre (zum Einsaugen des Weins).

Flachgebilde (Flachwerk) = bas-relief, s. Relief.

Flamboyantstil, seit dem Beginne des 15. Jahrh. in Frankreich auftretend, kenntlich an dem, in sog. Fischblasenmustern geschweiften spätgothischen Mafswerk der Fenster, dem zu den Portalen gewählten Kiel-

bogen und der brillanten Flächendecoration in derartigen geschweiften Formen.

Flammberg: ein- oder zweihändiges Schwert,
dessen Klinge eine doppelte, wellenförmig gestaltete
Schärfe hat.

Fliese: Platte aus Marmor, Sandstein u. s. w.,
besonders aber aus gebranntem Thon, zur Bekleidung
der Wände und zur Anfertigung von Fussböden in
Souterrains oder ebenerdig befindlichen Räumen dienend.
S. auch Azulejo.

Fluchten, in der Flucht, d. h. so liegen, dass die
äussere Begrenzung der fluchtenden Gegenstände eine
gerade Linie bildet.

Flügelaltar, s. Altarschrein.

Folie heisst das zur äussersten Dünne ausge-
walzte oder gehämmerte Blech, welches, entweder in
seiner Naturfarbe oder mit einem farbigen, durchsich-
tigen Firniss überzogen, zur Unterlage von Edelsteinen
u. s. w. dient (wie Gold-, Silber- oder Kupferfolie),
um deren Feuer oder Farbe zu erhöhen, oder (als
Zinnfolie) zum Belegen der Rückseite des Spiegelglases
benutzt wird. (Bucher, a. a. O.).

Formschnitt, wozu auch der Holzschnitt (s. diesen)
gehört, nennt man vorzugsweise diejenige Gattung des
Metallschnitts, bei welcher die Zeichnung stehen bleibt
und der Grund herausgeschnitten wird.

Forum: Marktplatz, in grösseren Städten mehr
ein zu Volksversammlungen, Abhaltung gerichtlicher
Verhandlungen u. dergl., als zu Verkäufen dienender
Platz, umgeben von Tempeln, Basiliken und andern
öffentlichen Gebäuden, so wie von geräumigen Säulenhallen, in denen Kaufleute, Wechsler u. s. w. ihre
Geschäfte trieben.

Fournier: dünnes Holzplättchen zur Belegung von Holzarbeiten; auch werden Plättchen von Elfenbein, Perlmutter u. s. w. zu Fournierungen benutzt.

Foyer (franz.): Herd, Feuerraum; in modernen Theatern ein gallerieartiger Vorraum, die Wärmgallerie.

Frauenschiff: ursprünglich das nördliche Seitenschiff der Kirche.

Frauenschuh: gothische, der Blüthe des Frauenschuhs (cypripedium calceolus) ähnliche Blume, die, gleich den Bossen, Fröschen, Knollen und Krabben, als **Kriechblumen** an den Kanten gothischer Thurmspitzen und freistehender Giebel sich finden, und deren vier in's Kreuz gestellt die **Kreuzblume** solcher Thurmspitzen und Giebel ausmachen.

Auch versteht man unter Frauenschuh einen Kielbogen (s. Bogenformen), dessen Spitze nach vorn überhängt.

Freie Künste (artes liberales): bei den Alten diejenigen Wissenschaften und Kunstfertigkeiten, deren Ausübung — im Gegensatze zu der Verrichtung der niederen Arbeiten eines Sklaven — des Freien würdig erachtet wurde. Gewöhnlich werden deren sieben: Grammatica, Arithmetica, Geometria, Musica, Dialectica, Rhetorica und Astronomia (oder Astrologia) aufgeführt. Darstellungen dieser »sieben freien Künste« als weibliche Figuren mit bezüglichen Attributen und Inschriften waren zur Zeit der Renaissance beliebt.

Freskomalerei (fresco = frisch). Sie wird auf frischem, noch feuchtem Mörtelgrunde ausgeführt, damit die mit Kalkwasser anzureibenden Farben mit dem Mörtel eine innige Verbindung eingehen. Die frisch verputzte Fläche darf daher jedesmal nur so gross sein, dass sie vor dem Antrocknen fertig bemalt sein kann, uud nur solche Farben, die vom Kalk nicht verändert werden, sind zu Freskobildern benutzbar. Die schon früh im Mittelalter bekannte Freskomalerei verdrängte um die Mitte des 15. Jahrh. die Mosaikbilder, und gelangte alsdann und während des 16. Jahrh. zu grossartiger Anwendung.

Fries: in der antiken Architektur der zwischen dem Architrav und dem Kranzgesims befindliche breite horizontale Gesimstheil, im dorischen Stile zur Aufnahme der Triglyphen und Metopen dienend, bei ionischen und korinthischen Gesimsen entweder ganz schlicht oder das Hauptfeld für die, oft an einander gereiheten plastischen Darstellungen (s. Gebälk und Zophorus). An einander gereihete, oft auf Consolen ruhende kleine Bögen, bei mittelalterlichen Gebäuden häufig unterhalb des Dachgesimses angebracht, pflegt man Bogenfries zu nennen. In diesem Sinne ist auch von einem Rauten-, einem Schachbrett- oder einem Zickzackfriese u. s. w. die Rede.

Frigidarium, s. Römische Bäder.

Fritte: eine aus verschiedenen Bestandtheilen vollkommen gemischte und durch Erhitzen teigig gewordene oder versinterte, aber nicht verschmolzene Masse (Bucher, a. a. O.); so die Mischung des Glases, der Glasstoff.

Frohnwalm (Fronwalm) == Tabernakel, Sacramentshäuschen.

Front, Fronte: die Vorderseite eines Gebäudes.

Frontalien: Altarvorsätze, die schon früh vorkommenden, aus edlen Metallen gearbeiteten oder damit überzogenen Tafeln (romanische Altartafel K. Heinrich's II., ehemals im Münster zu Basel), so wie die mit Gemälden ausgestatteten Holztafeln (im Kloster Lüne

um 1375), auch die jetzt oft gebräuchlichen, mit Seidenstoffen bespannten Rahmen, welche den Altären vorgesetzt werden.

Frontispice: Vorderseite eines Gebäudes, Giebelfeld.

Fronton: Thür- oder Fenstergiebel, Ziergiebel.

Frosch: als architektonisches Ornament so viel
wie Krabbe (s. diese), Knollenblume.

Füllung: eine mit Umrahmung versehene, gegen
diese etwas zurücktretende Fläche, z. B. eine Thür-
füllung.

Fünte. In einigen Gegenden des nordöstlichen
Deutschlands werden grosse Taufsteine aus Granit oder
hartem Kalkstein »Fünten« genannt.

Furien (Eumeniden, auch wohl Erinnyen und Diren
genannt): Plagegöttinnen, mit Schlangen statt der Haare,
meist auch mit grossen Fledermausflügeln dargestellt,
brennende Fackeln, Geisseln oder Schlangenbündel
tragend.

Furnier, s. Fournier.

Gadem (»daz gadem« im Nibelungenliede): ein
Gemach in den Burgen (Schlafgemach, Speisesaal), dann
W e r k g a d e m (worin gearbeitet wurde), P h i e s e l -
g a d e m (durch einen Ofen heizbar). Ferner bedeutet
Gadem: angebautes Häuschen, Bude; Kaufladen; Stock-
werk. (Schiller u. Lübben, mittel - niederdeutsches
Wörterbuch).

Galerie, Gallerie, ein breiter, heller Verbindungsgang, oder ein schmaler saalartiger Raum, auch eine
Säulenhalle. Die Bezeichnung »Gallerie« haben ausserdem die unter dem Dachgesimse befindlichen, nach
aussen in kleinen Arcaden sich öffnenden Umgänge
romanischer Kirchen, so wie die offenen, nach aussen
mit durchbrochen gearbeiteter Brüstung eingefassten

Gänge um den Fuss der Dächer gothischer Dome, auch andere derartig gestaltete Gänge.

Endlich bezeichnet man mit »Gallerie« das Local einer Kunstsammlung, auch wohl diese selbst.

Galiläa: eine Bezeichnung für diejenige Kirchenvorhalle, wo die letzte Station der Osterprocession (durch welche man wollte, nach den Worten des Rupert von Deutz, »quasi Dominum in Galiläam sequi«) sich befand. (Zeitschr. d. Vereins f. Gesch. u. Alterthumskunde Westfalens, XXXIX, 97 f.). Unter Galiläa wird auch die (mit obiger Kirchenvorhalle wohl meist identische) westliche Büsservorhalle der Kirche, das sog. Paradies, verstanden. (Näheres im illustr. archäol. Wörterb. v. Müller u. Mothes).

Galvanoglyphie: Verfahren zur Herstellung von Platten (aus Zink) mit erhabener Zeichnung auf galvanoplastischem Wege.

Galvanographie: Herstellung von Kupferdruckplatten auf galvanischem Wege.

Galvanoplastik: die Bildung von Kupferniederschlägen über allerlei Formen durch galvanische Verbindung zweier Metalle (electrischen Strom). Für den Apparat hierzu werden Zink, verdünnte Schwefelsäure und Kupfervitriol gebraucht.

Gebälk. Darunter versteht man:

1) die aus starken Hölzern gezimmerte Balkenlage;

2) das (hier näher zu besprechende) Simswerk des antiken Säulenbaues, das Säulengebälk. Dieses wird aus dem unmittelbar auf den Säulen ruhenden Unterbalken (Architrav), dem darüber befindlichen Friese und dem (schon dem Dachwerk angehörenden) Kranzgesimse gebildet (vergl. Gesims).

Bei dem Gebälk griechisch-dorischer Tempel

ist der Architrav schlicht, nur oben mit einer Leiste
zur Abscheidung desselben vom Friese versehen. Letzterer wird von regelmässig angebrachten, mit einander
wechselnden Triglyphen und Metopen (s. beides) belebt.
Die an einem Riemchen hängenden Tropfen (s. diese)
der Triglyphen reichen mit ersterem auf den Architrav
herab, indem beides unterhalb der vorhin gedachten
Trennungsleiste sich befindet. Das Kranzgesims besteht
im Wesentlichen aus der weit ausladenden Hängeplatte
(Geison, Kranzleiste), an deren Unterseite je über den
Triglyphen und Metopen sog. Mutulen (s. diese) vortreten, und aus der Rinnleiste (Kymatium, Sima),
welche an der Traufseite des Daches sich hinzieht und
mit Ausgüssen in Form von Löwenköpfen versehen,
auch wohl mit Stirnziegeln (s. antefixa) besetzt ist.
Hängeplatte und Rinnleiste bilden mit den sie beglei-
tenden feineren Gliedern auch das der Dachschräge
angehörende Giebelgesims, welches an den untern Enden
und auf der Spitze des Giebels den Akroterienschmuck
zu haben pflegt.

Die Gebälke griechisch-ionischer und korinthischer Tempel sind, den schlanken Säulen derselben entsprechend, zierlicher als das dorische gehalten.
Der Architrav bildet einen in drei Streifen zerlegten,
weniger lastend erscheinenden Steinbalken mit einem
fein gegliederten Gesimse an seiner oberen Kante. Der
untere Streifen wird von dem mittleren und dieser von
dem obersten um etwas überragt. Der Fries ist entweder ganz schlicht oder mit Bildwerk, als Pflanzenornamenten, Reliefs von Cultusgeräthen u. s. w. ausgestattet. Im Kranzgesimse wird die Hängeplatte von
mehreren Gliedern, darunter häufig die Zahnschnittreihe
— eine in kleinen Abständen mit Einschnitten versehene
Platte — getragen. Die Glieder sind im Allgemeinen
von weicherer Ausbildung als im dorischen Gebälk.

Im Gebälk der sog. römischen Ordnung tritt statt der bei den Griechen herrschenden lebendigen organischen Bildung und des elastischen Schwungs der Gliederung eine weniger geniale Gestaltung, ein Streben nach prunkvoller Ausschmückung zu Tage, in letzterer Beziehung namentlich durch die Anwendung von Consolen oder Sparrenköpfen, die als volutenartige Tragsteine der Hängeplatten erscheinen und durch viereckige, mit Rosetten verzierte Felder von einander geschieden werden.

Gebändertes Mauerwerk, s. Opus mixtum.

Gebende (das Gebände): Bandwerk, Kopfbänder, insbesondere eine mittelalterliche Kopftracht der Frauen, aus einer Kopfbinde und einem zum Festhalten derselben dienenden Kinnbande (Sturmbande) bestehend.

Gebrochene Farben entstehen, wenn ganze, d. h. reine und entschiedene Farben durch Beimischung von grau verändert werden, und in Folge dessen weniger bestimmt erscheinen.

Gedrücktes Gewölbe, s. Gewölbe.

Gefedert, s. Nuth.

Gehrung (Gierung). Beim Zusammentreffen zweier Gesimse oder Gliederungen (auch einfacher Leisten) unter einem Winkel kommt die Gehrung in Anwendung. Bestehen die Gesimse u. s. w. aus Holz, so werden sie nach der, den bezüglichen Winkel halbirenden Gehrungslinie zusammengefügt. Vergl. Verkröpfung.

Geison: Hängeplatte eines Kranzgesimses, s. Gebälk.

Gekoppelt, gekuppelt sagt man von gleichartigen Bautheilen, wenn sie zu zwei oder zu mehreren neben einander gestellt sind. Gekuppelte Säulen (paarweise zusammengestellt) pflegen so angeordnet zu sein, dass deren Basen und Kapitäle sich fast berühren. Gekuppelte Licht- oder Schallöffnungen, deren nicht selten mehr als zwei an einander gereiht werden, haben Säulen oder schmale Pfeiler zwischen sich.

Gemmen: im Allgemeinen geschnittene (edle) Steine, insbesondere solche — im Gegensatze zu Cameen —, bei welchen die Darstellung darauf vertieft eingeschnitten ist. (Tiefschnitt, Intaglio).

Generalife, s. Alhambra.

Genius: nach Meinung der Alten der Schutzgeist eines Menschen, der mit ihm geboren wurde und mit ihm starb. Unter der griechischen, einen solchen Schutzgeist bedeutenden Bezeichnung δαίμων (Dämon) verstand man hernach nur einen bösen Geist.

Die Genien wurden meist als nackte oder leicht bekleidete geflügelte Knaben dargestellt, jedoch nicht immer als Schutzgeister aufgefasst. So findet sich eine in Resina ausgegrabene antike Malerei, welche einen geflügelten Genius zeigt, der einen nackten Knaben durch Vorhalten einer grossen Maske in Schrecken setzt.

Genien kommen als Jünglings- oder Knaben- gestalten auch in neueren Kunstwerken vor; es pflegt dann ihre nähere Bedeutung durch Attribute aus- gedrückt zu sein. So wird der Genius des Todes durch einen Jüngling oder Knaben mit umgekehrter Fackel dargestellt.

Genremalerei. Sie veranschaulicht Scenen oder Begebenheiten aus dem gewöhnlichen Leben der Men- schen. Genrebilder pflegen eine mässige Grösse nicht zu überschreiten. Darstellungen von Scenen aus dem gewöhnlichen Leben historisch bedeutender Personen gehören dem historischen Genre, nicht der eigent- lichen Historien-Malerei an.

Ger: lanzenartige Wurfwaffe zu Kampf und Jagd im frühen Mittelalter, später als Stosswaffe (Speer) gebraucht.

Gerwekamer (Gerkamer, Gervehus) von Gerwe (d. h. Zubereitung, Zurüstung, Kleidung, namentlich Priesterkleidung), eine mittelalterliche Bezeichnung für Sacristei, als Ort der Aufbewahrung oder Anlegung der Priesterkleidung.

Gesims: eine Verbindung architektonischer Glieder, im Wesentlichen dazu dienend: einmal, den Sockelvorsprung in den Hauptkörper überzuleiten, wobei die Glieder eine gleichsam vom Druck erzeugte, ihm aber auch entgegentretende Schwellung und eine zum Wasserablauf geeignete Profilirung erhalten = S o c k e l - g e s i m s; sodann zur Trennung grösserer Flächen durch gering vortretende, mit einer Abdachung versehene horizontale Streifen = G u r t g e s i m s, endlich zum Schutz und zur Bekrönung, zu welchem Zwecke den Gliedern theils eine grössere Ausladung, theils eine reichere Ausschmückung gegeben wird = H a u p t - g e s i m s. Die a n t i k e n H a u p t g e s i m s e bestehen bei den Tempeln aus dem Architrave, dem Friese und dem Kranzgesimse (vergl. Gebälk). Charakteristisch ist bei g o t h i s c h e n G e s i m s e n die scharfe mit tiefer Unterschneidung versehene, raschen Wasserabfluss gewährende Profilirung, wobei die Ausladung der Hauptgesimse, im Vergleiche zu derjenigen antiker Kranzgesimse, gering erscheint.

Gestelzt, s. Bogenformen.

Getriebene Arbeiten werden aus Metallblech, meist von der Rückseite her mit Bunzen (s. diese) herausgeschlagen.

Gewände: die meist aus der Wandfläche etwas vortretenden Seiteneinfassungsstücke einer Thür oder

eines Fensters. Auch nennt man wohl die ganze Einfassung einer derartigen Oeffnung (also mit Einschluss
der Sohlbank und des Sturzes) ein Thür- bezw. Fenster-
gewände.

Gewölbe. Hauptsächlich sind anzuführen: das
Tonnengewölbe, im Profil nach einem Halbkreise,
auch wohl nach einem Spitzbogen gebildet; das Kreuzgewölbe, aus zwei gleich hohen, sich kreuzenden
Tonnengewölben hervorgegangen, so dass vier Kappen
mit scharfen, die Bezeichnung Gräte führenden Kanten
entstehen, statt welcher letzteren bei gothischen
Kreuzgewölben gewöhnlich vorspringende, im Ge-
wölbscheitel zu einem Schlusssteine sich vereinigende
Rippen angeordnet sind; das Klostergewölbe,
ebenfalls aus mehreren Kappen zusammengesetzt, diese
aber nicht, wie bei dem Kreuzgewölbe, auf ihrem Fusspunkte, sondern mit je einer Breitseite auf dem Widerlager ruhend und in der Begrenzung mit einander, statt
der Gräte, einspringende Winkel bildend; das Sterngewölbe, aus einer Durchschneidung mehrerer Tonnengewölbe entstehend; das Netzgewölbe, bei welchem
die Rippen netzförmige Figuren ausmachen, übrigens
nur als Zierrippen unter einem Tonnengewölbe angebracht sind; ferner das Fächergewölbe, dessen
Rippen wie die Zweige einer Fächerpalme sich ausbreiten; das Kuppelgewölbe, im Querschnitt einen
Halbkreis bildend, wie solcher bei dem halbkuppel-
förmigen Nischengewölbe sichtbar wird, oder auch
spitzbogig construirt; sodann das im Querschnitt einen
Segmentbogen zeigende Stichbogengewölbe; das
nach einer Korblinie hergestellte gedrückte Gewölbe;
das Schneckengewölbe, ein Ringgewölbe, dessen
Widerstandslinie — wie bei einer Wendeltreppe — in
regelmässiger Windung aufsteigt; das Muldengewölbe,

in Form eines über einem Oblong ausgeführten Kloster-
gewölbes, und das ebenfalls ein langes Klostergewölbe
bildende, aber mit Scheitelebene versehene **Spiegelgewölbe**; endlich das in maurischen Bauten vorkommende, aus bienenzellenartigen Vertiefungen und herabhängenden Zapfen künstlich zusammengesetzte sog.
Tropfstein- oder Stalaktitengewölbe. Hinsichtlich der **Topfgewölbe** s. Amphora.

Gewölbjoch, s. Travée.

Gewölbzwickel werden von zwei Schenkeln eines
sphärischen Dreiecks begrenzt. Vergl. Pendentif.

Gewundene Säulen, s. Säule.

Giebel: der vor einem Satteldache zu dessen
äusserem Abschlusse lothrecht sich erhebende Gebäude-
theil. Die Dreiecksform desselben wird auch auf andere
Gebäudetheile, z. B. Thür- und Fensterverdachungen
übertragen. Die ein flaches Dreieck bildenden Giebel-
felder antiker Gebäude enthalten oft figürlichen Schmuck.
Bei byzantinischen Gebäuden kommt auch der bogen-
förmige, bei gothischen der abgetreppte Giebel vor.
Durch die Abtreppung wird aber — wie bei manchen
Ziergiebeln — die constructive Schräge des Daches
dem Blicke entzogen.

Giebelblume, s. Frauenschuh.

Giebelbogen, s. Bogenformen.

Giebelthurm: ein rechteckiger Thurm mit zwei
Giebeln (alsdann mit Satteldach), oder ein solcher mit
vier Giebeln.

Giganten: Riesen, welche durch Schlangenfüsse als
Söhne der Erde gekennzeichnet werden. Sie kämpften
um die Weltherrschaft mit Zeus, wurden aber von
diesem in den Tartarus gestürzt.

Gigantomachie: Riesen- oder Hünenkampf.

Gilde: Genossenschaft, Verbrüderung, Innung oder Zunft. Manche alte, von dem Wohlstande ihrer Erbauer Zeugniss ablegende G i l d e h ä u s e r sind noch erhalten; so die »Worth« oder »Kaiserworth« am Marktplatze zu Goslar, ehemals Gildehaus der Wandschneider.

Giralda, la (die Stolze): arabischer Beiname des, meist ein maurisches Gepräge tragenden Thurms der Kathedrale von Sevilla.

Gladiatoren waren Fechter in den römischen Schauspielen und traten bei den Kämpfen in den Amphitheatern auf. Sie wurden aus den dazu eingeübten Sklaven, so wie aus den Kriegsgefangenen genommen und mussten zum Vergnügen der Zuschauer bis auf den Tod kämpfen; auch geschah dies bei öffentlichen Leichenbegängnissen. Selten liessen sich freie Leute herbei, als Gladiatoren zu kämpfen.

Glasfluss, Glaspaste: Nachahmung eines Edelsteins aus farbigem Glase, Abformung eines solchen aus Glasmasse.

Glasmalerei: die Kunst, durchsichtige Farben durch Einschmelzen auf Glas zu übertragen. Glasbilder werden auch aus Stücken farbigen Glases zusammengesetzt (Glasmosaik). In Deutschland (zunächst in Süddeutschland) wurde seit dem 11. Jahrh. (statt der bis dahin gebräuchlichen Teppiche in den Lichtöffnungen der Gotteshäuser) eine Schliessung der Fenster mit Glas, und zwar mit farbigen — leichter als rein weisse anzufertigenden — Scheiben in musivischer Zusammensetzung mit Bleistreifen hergestellt. Letztere dienten später zugleich zur Hervorbringung der Umrisse bei figürlichen Darstellungen, deren innere Linien und Schattenstriche mit dunkler Schmelzfarbe (Schwarzloth) gemalt und eingebrannt wurden. Man hatte gelbe,

blaue und rothe Gläser. Bei der Kostbarkeit der rothen
Farbe wurde das Glas in der Hütte damit nur auf einer
Seite überzogen (Ueberfangglas); im 14. Jahrh. verfiel
man darauf, diesen Ueberzug theilweise wegzuschleifen
und die dadurch erlangten weissen Stellen als Lichter
zu benutzen oder auf der Rückseite mit einer andern
Schmelzfarbe zu bemalen und einzubrennen. Im
15. Jahrh. kam die Malerei mit verschiedenen Schmelzfarben auf ein und derselben (weissen) Scheibe, die
eigentliche Glasmalerei, auf. — Einfarbige Glasmalerei
in Teppichmustern, sog. Grisaillen, finden sich besonders
in Cistercienserklöstern. (Otte, Archäolog. Katechism. 68.
— Müller u. Mothes, Illustr. archäol. Wörterb.).

Glasur: glasflüssiger, durchsichtiger oder un-
durchsichtiger Ueberzug für Gefässe und andere Gegenstände aus Thon, Porzellan, Fayence u. s. w.

Gleve: Lanze.

Glieder, Gliederung. Die vorzüglichsten architektonischen Glieder, die theils in horizontale, theils
in schräg oder senkrecht aufsteigende zerfallen, als
stützende, tragende oder bekrönende sich darstellen und
von welchen die kleineren meist zur Trennung der
grösseren benutzt werden, sind: die Platte und das
Plättchen, beide, gleich dem Riemen, rechteckig
vorspringend; die Schräge; der Stab und das Stäb-
chen, beide halbrund vortretend, bei grösseren Dimensionen Pfühl (a) genannt; der Viertelstab oder
Wulst (b), den vierten Theil des (runden) Stabes oder
eine diesem Viertel nahe kommende Figur bildend; die
Hohlkehle (c), eine nach oben ausladende Concave;
die Einziehung (d), eine nach unten flach auslaufende
Concave; die Kehlleiste (e), aus einer oberen convex
vortretenden und einer unteren concav zurücktretenden
Hälfte zusammengesetzt, auch lesbische Welle ge-

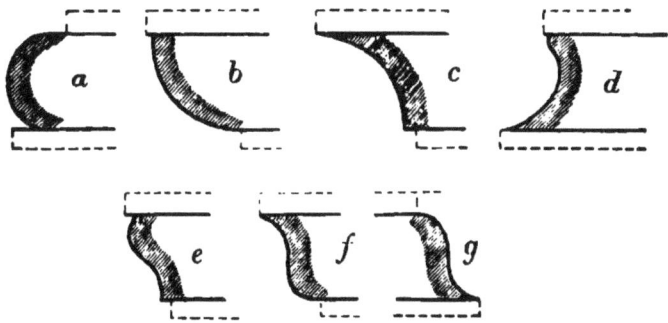

nannt; so wie die aus einer oberen concaven und einer
unteren convex vortretenden Hälfte gebildete Glockenleiste; die Rinnleiste oder der Karniess (f), und,
wenn derselbe an dem Oberplättchen eine Unterschneidung bildet, Ueberschlag-Karniess genannt;
endlich der in entgegengesetzter Weise geformte umgekehrte Karniess oder die Sturzrinne (g). Eine
Verbindung derartiger Glieder wird Gliederung
genannt.

Glocken, und zwar Kirchenglocken werden zuerst
nach der Mitte des 6. Jahrh. erwähnt. Es gab deren
zwei Arten: aus Bronze gegossene oder aus Blech zu-
sammengenietete. Im 8. Jahrh. kommen Bronzeglocken
schon häufig bei Kirchen vor, die im Westgiebel oder
über demselben zwischen zwei Pfeilern unter einer
Bedachung hingen, hernach in den Thürmen oder in
Glockenstuben zwischen den Westthürmen ihren Platz
erhielten. Pfarrkirchen besitzen in der Regel 3 (mindestens 2), bischöfliche Kirchen 5 bis 7 Glocken. Die
ältesten, nur klein gehaltenen Glocken haben bedeutend
mehr Höhe als Weite, oft ein kegelförmiges oder cylin-
drisches Profil, oder sind, wenn letzteres geschweift
erscheint, in der romanischen Periode oben kuppelartig
und am untern Rande dick gebildet; in der gothischen
Periode pflegt dagegen, bei stets geschweiftem Profil,

die Höhe einschliesslich der Krone und der untere
Durchmesser der Glocke annähernd gleich zu sein; auch
ist deren Haube flacher gehalten und der Rand abgeschrägt. Die riesenhaften Glocken wurden erst im
15. Jahrh. gegossen. — »In musikalischer Beziehung
muss jede gute Glocke einen vollen Dreiklang hören
lassen, und man findet solche, die den Grundaccord,
andere, die den Sextenaccord (also die Mollterz als
Zwischenton) und noch andere, die den Quartsexten-
accord angeben«. — Thurmuhren wurden mit den
Schlagglocken seit dem 14. Jahrh. in Verbindung gebracht. — Inschriften auf Glocken kommen seit dem
12. Jahrh. vor. (Otte, Archäol. Katechism. 83 f. u. dessen
Handb. d. kirchl. Kunst-Archäologie, Aufl. IV, S. 246 f.).

Glockenleiste, s. Glieder.

Glockenrad: ein um seine Achse sich drehendes,
durch eine Schnur in Bewegung zu setzendes Rad,
dessen Reif aussen mit Glöckchen besetzt ist. Dasselbe
wird in südlichen Ländern (z. B. Sicilien) noch zum
Signalisiren bei der hl. Messe gebraucht.

Glockenspeise, s. Bronze.

Glorie: ein den ganzen Körper umgebender Licht-
schein. Vergl. Mandorla und Nimbus.

Glyptik: Steinschneidekunst, Bildschnitzerei.

Glyptothek: Sammlung geschnittener Steine, auch
eine solche von Werken der Bildhauerkunst.

Gobelins: Gewirkte Teppiche aus Seide oder aus
Seide und Wolle mit bildlichen Darstellungen. Sie
gehören zu den Hautelissetapeten, von der senkrecht
»aufgebäumten Kette« so genannt. Ihre Bezeichnung
erhielten sie nach Gilles Gobelin, einem zur Zeit des
Königs Franz I. lebenden französischen Färber, dem
Erfinder des ebenfalls nach ihm benannten schönen

Scharlachs. Uebrigens war die »Gobelinstechnik« schon weit früher bekannt, wie dies aus den im Mai 1883 zu Wien ausgestellt gewesenen alt-orientalischen Stoffen hervorgeht. (Beibl. zur Zeitschr. f. bild. Kunst, XVIII. Nr. 34, Sp. 574 f.).

Goldener Schnitt. »Wenn die Eintheilung eines Ganzen in ungleiche Theile als proportional erscheinen soll, so muss sich der kleinere Theil zum grösseren rücksichtlich seines Mafses ebenso verhalten, wie der grössere zum Ganzen« (oder in umgekehrter Ordnung). Dieses Proportional-Gesetz stellt der goldene Schnitt dar. Durch das bezeichnete Gesetz gewinnt man eine praktisch ausführbare Regel, nach welcher das Mafs der beiden proportionalen Theile (des Major und des Minor) vom Mafs des Ganzen aus auf geometrischem und arithmetischem Wege genau gefunden und welche als ein Canon des Schönen in den Verhältnissen bezeichnet werden kann. Dieselbe Eintheilung, die diese proportionale Gliederung zuerst mit dem Ganzen vornimmt, wendet sie auch auf jeden der gewonnenen Theile an, und fährt hiermit so lange fort, bis der Schein einer unendlichen Fülle und Feinheit der Glieder erreicht ist.

Eine solche Gliederreihe ist — abgesehen von der genaueren Bezeichnung durch Decimalstellen — folgende:

1, 2, 3, 5, 8, 13, 21, 34, 55 etc.

Es zeigt sich dabei, dass ein höheres Glied derselben jedesmal aus der Addition der beiden vorhergehenden entstanden ist.

Als ein Beispiel der Anwendung des fraglichen Gesetzes diene die Darlegung des Verhältnisses des menschlichen Körpers, wie solches bei dem Apollo von Belvedere sich findet. Theilt man die Totalhöhe des Körpers = 1000 nach dem goldenen Schnitte in zwei

ungleiche Theile, so entspricht der kürzere Abschnitt
der Länge des Oberkörpers vom Scheitel bis zum Nabel
= 381,966; der längere dagegen der Länge des Unter-
körpers bis zur Sohle = 618,034 und es verhält sich
der kürzere Oberkörper zum längeren Unterkörper, wie
dieser zur ganzen Körperlänge. In dieser Weise lässt
sich die Gliederung des Oberkörpers, so wie des Unter-
körpers weiter eintheilen. Ebenso kann man obiges
Proportional-Gesetz auf Gegenstände der leblosen Natur,
der Architektur etc., selbst auf Verhältnisse im Bereiche
der Musik zur Anwendung bringen. (Zeising, Neue
Lehre von den Proportionen des menschlichen Körpers).

Gorgonenhaupt: das Haupt der Medusa, einer
der drei mit Schlangenhaaren versehenen Töchter des
Gorgon, welcher Perseus das Haupt abgeschlagen hatte
und das Minerva zum Schrecken ihrer Feinde — jeder-
mann erstarrte beim Anblick des Medusenhauptes zu
Stein — an ihren Schild setzte.

Gothische Majuskel und **Minuskel.** Von beiden
folgt hier ein, diese alten Schriftzüge annähernd darstellendes Alphabet:

ABCDEFGhIKLMNOPQRSTUVWXYZ

abcdefghiklmnopqrsʃtuvwxyz

Das (weil einmal vorhanden) hier benutzte Majuskel-
Alphabet ist mittelalterlichen Münzen entnommen, weicht
aber von den auf mittelalterlichen Grabsteinen u. s. w.
vorkommenden Majuskeln ab und lässt hinsichtlich der
Wiedergabe des Charakteristischen der Schrift viel zu
wünschen übrig.

Gothischer Stil, s. Baustil.

Gouache-Malerei ist eine Malerei mit undurch-
sichtigen Wasserfarben, sog. Deckfarben, wobei die
dunkeln Töne zuerst, dann die helleren aufgetragen
und zuletzt die Lichter aufgesetzt werden.

Graduale: Ritualbuch, enthaltend den aus den sog. Gradualpsalmen bestehenden Stufengesang, welchen der Priester zwischen der Verlesung der Epistel und des Evangeliums, auf der Stufe des Epistelambo stehend, abwechselnd mit dem unter ihm stehenden Chor sang, während der Diakon die Stufen (gradus) des Ambo hinaufstieg; ein Theil der hl. Messe, wobei der Geistliche vor dem Altare (in gradu, in gradibus) die biblischen Lectionen absingt.

Gral, der heilige (Graal), Schüssel oder Schale, aus welcher der Heiland mit seinen Jüngern das letzte Osterlamm gegessen, womit Joseph von Arimathia das Blut des Gekreuzigten aufgefangen haben und die im Graaltempel aufbewahrt gewesen sein soll.

Granatapfel, mit Fruchtkapseln, auf den liturgischen Gewändern des Mittelalters häufig vorkommend, soll nach Einigen die Liebe bedeuten, die sich im Glauben thätig erweise und Früchte bringe zum ewigen Leben. Die oft über dem Granatapfel schwebende Krone soll an die, der werkthätigen aufopfernden Liebe dereinst zu Theil werdende Krone erinnern.

Granuliren (von granum): körnen, leichtflüssiges Metall (durch Eingiessen in Wasser) in kleine Körner verwandeln (Bucher, a. a. O.), gekörnt herstellen.

Grat, Gräte, s. Gewölbe.

Gravirkunst: Geschicklichkeit des Eingrabens von Zeichnungen in Metall. Vergl. Kupferstecherkunst und Niello.

Grazien oder C h a r i t e n sind die Göttinnen der Anmuth. Sie heissen Euphrosyne (oder Pasithea) Aglaia, Thalia, und finden sich oft als Begleiterinnen der Venus oder in Gesellschaft der Musen. Meist erscheinen sie unbekleidet, mit den Armen einander umschlingend, als eine Gruppe.

Grede: Freitreppe zum Saal des »Palas« in Hofburgen; Greden = Staffeln.

Greif, meist als geflügelter Löwe mit Adlerkopf
erscheinend.

Griechischer Stil, s. Baustil.

Grisaille, in der Malerei Grau in Grau. Vergl.
Glasmalerei.

Grotesk (fr. grotesque): unnatürlich, seltsam, wunderlich.

Grottesken (ital. grottesche) nannte man in
Italien schon um 1500 diejenigen, als ein seltsames
Spiel der Phantasie erscheinenden, aus Masken, Fabel-
thieren, Waffen, Geschmeiden, Rankenwerk u. s. w.
zusammengesetzten Verzierungen bei Wand- und Ge-
wölbedecorationen, welche die damaligen italienischen
Künstler auf Grund ihrer Studien in den aufgedeckten
Ruinen (grotte) der Kaiserpaläste, Thermen u. s. w.
zur Ausführung brachten. (Näheres im Jahrb. d. K.
Preuss. Kunstsamml. II. 131 ff.). Diese Bezeichnung
ging dann auf die im vorigen Jahrhunderte beliebten,
mit Muscheln, Schnecken und Stalaktiten verbundenen
Ornamente über.

Grottentempel heissen die in den Felsen ge-
hauenen Tempel, welche entweder — wie die egyptisch-
nubischen Felsenmonumente — gegen das Aeussere
abgeschlossen oder — wie die brahmanischen Tempel
Indiens — gegen dasselbe frei geöffnet sind.

Grubenschmelz, s. Email.

Grundriss, s. Bauriss.

Guardian: Vorsteher eines Franciscanerklosters.

Gueridon: Leuchterstuhl, rundes Tischchen mit
candelaberartigem Fuss zur Aufstellung von Leuchtern.

Gugel (Kogel): eine nur das Gesicht frei lassende
Kopfbedeckung mit Schulterkragen, ähnlich der Kapuze

(s. diese), im Mittelalter am Mantel befestigt, später selbstständiges Kleidungsstück, häufig an den Rändern mit ausgeschnittenen Zacken versehen.

Gurt, als Gesims, s. Gesims.

Gurtbogen (Gurt): Trennungsbogen zwischen Gewölben, auch bei Tonnengewölben zu deren Verstärkung dienender streifenartiger Vorsprung.

Gusserker, s. Machicoulis.

Gusshaut: die oxydirte rauhe Oberfläche gegossener Metallgegenstände, welche durch Beizen, Schleifen, Feilen zu entfernen ist, um Farbe und Glanz des Metalls hervortreten zu lassen. Ebenso sind die

Gussnähte, d. h. die durch das Eindringen des flüssigen Metalls in die Fugen der Gussform entstandenen Erhöhungen durch Ciselirung zu beseitigen.

Guttae: Tropfen, s. diese, so wie Gebälk.

Gymnasien: öffentliche, reich ausgestattete Bauanlagen für die Ausbildung der griechischen Jugend, besonders in körperlicher Gewandtheit durch gymnastische Uebungen. Darin waren enthalten: offene und bedeckte Räume, Säulengänge, schattige Wandelbahnen, Bäder und andere der Gesundheit zuträgliche und die Behaglichkeit fördernde Einrichtungen, sowohl für die Theilnehmer an den Uebungen, als auch für die Zuschauer, nicht weniger Räume, die zu gelehrten Zwecken und wissenschaftlichen Unterhaltungen dienten. Unter den Anlagen für die gymnastischen Uebungen sind hervorzuheben: die »Palaestra« für Faust- und Ringkämpfe, Scheibenwerfen u. s. w., das »Stadium« oder die Arena für den Wettlauf und der »Xystus«, ein breiter Säulengang zu Kampfübungen im Winter.

Gynaeceum (γυναικεῖον): derjenige Theil des griechischen Hauses, wo »das Frauenzimmer« wohnte

(Harem). Allem Anscheine nach lag dieser im Hinterhause, wo bei dem römischen Hause das Peristyl nebst
Zubehör sich befand (s. antikes Haus). Gynaeceum
hiess bei den Römern der Arbeitsraum, worin von den
Frauen gesponnen und gewebt wurde.

Hängeplatte, s. Gebälk.

Hängewerk, s. Sprengwerk.

Halbsäule, s. Säule.

Hallenkirche: eine mehrschiffige, insbesondere
dreischiffige Kirche, deren in der Regel unter gemein-
schaftlichem Dache befindliche Schiffe hinsichtlich ihrer
Höhe gleich oder wenig verschieden sind.

Halsberge: Halsschirm, zuerst aus Ringen, dann
aus Platten bestehend, anfangs unter dem Ringhemd
getragen, hierauf an diesem befestigt, demnächst auch
das so verbundene Ganze Halsberge genannt, während
diese Bezeichnung bei der spätern vollen Plattenrüstung
wiederum nur der den Hals schützende Theil derselben
erhielt.

Hâmit: Verhau zur Vertheidigung des Zugangs zur
eigentlichen Befestigung einer Burg. (Schultz (Alwin),
Das höfische Leben zur Zeit der Minnesinger).

Harmonie in Werken der Baukunst ist der Symmetrie nahe verwandt; sie verlangt nicht, wie diese,
Gleichheit in den correspondirenden Theilen, sondern
nur eine gewisse Zusammenstimmung derselben.

Harpyie: Ungeheuer mit weiblichem Gesichte und
krallenartigen Händen; Bild unersättlicher Raub- und
Habsucht. — Harpyie als Wappenbild: Jungfrauenadler,
Adler mit gekrönter weiblicher Büste.

Haupttugenden (Cardinaltugenden). Es werden
deren sieben aufgeführt und oft bildlich dargestellt,

nämlich vier menschliche: Prudentia, Justitia, Fortitudo, Temperantia und drei theologische: Fides, Spes und Caritas.

Hausmarke, altnordisch »bumark«, eine aus einfachen Linien gebildete Figur, in uralter Zeit besonders in den nördlichen Landen gebräuchlich, statt der Namensunterschrift oder statt eines Wappens und als festes Zeichen des Eigenthums dienend, wurde an Thüren, Thürholmen, Geräthschaften, Kirchstühlen, Leichensteinen, so wie unter Urkunden angebracht und auf dem Lande von dem jedesmaligen Besitzer des Hauses zur Bezeichnung seines Hornviehs, seiner Schafe u. s. w. benutzt. (Michelsen, Die Hausmarke. Eine germanistische Abhandlung).

An spätmittelalterlichen Häusern, auch im nördlichen Deutschland, hat die Hausmarke mitunter sich erhalten, mit oder ohne Beifügung einzelner Buchstaben (den Vor- und Zunamen der Erbauer andeutend), meist auf einem Schilde stehend.

Haustein (Werkstück): ein vor dem Versetzen von dem Steinmetzen bearbeiteter Bruchstein.

Heilige Gräber, die — wie die Oelberge — auch in den Kirchen selbst vorkommen, sind plastische Darstellungen der Grablegung Christi.

Heilsspiegel, speculum humanae salvationis: bildliche Darstellung des Erlösungswerks vom Anfange bis zum Ende.

Heizvorrichtungen im Mittelalter. Ausser der einfachsten und daher sehr alten Heizvorrichtung, dem Herdfeuer, sind Kamine, Oefen und die Heizung mit erwärmter Luft zu nennen. — Kamine fanden in Deutschland eine ausgedehnte Anwendung und waren hier früh bekannt, da solche in Burgen romanischen

Stils vorkommen (Münzenberg), und im Kaiserpalaste zu
Gelnhausen, aus den letzten Jahrzehnten des 12. Jahrh.
herrührend, bereits ein Prachtexemplar sich zeigt. Selbst
in solchen nördlichen Gegenden, wo jetzt fast nur Oefen
benutzt werden, z. B. in Niedersachsen, dienten häufig
— wie die Burgruinen zeigen — Kamine zur Erwärmung der Gemächer und waren daselbst in Herren-
häusern und Patricier - Wohnungen noch in der Zeit der
Spätrenaissance sehr beliebt. Die frühe Anwendung von
Oefen zeigt übrigens der um 820 entworfene Bauriss
des Klosters von St. Gallen, in welchem mehrere derselben angedeutet sind. Kachelöfen scheinen schon zu
Ende des 13. Jahrh. bekannt gewesen zu sein. Schön
gearbeitete Exemplare derselben aus glasirten Kacheln
v. J. 1490 sind erhalten (Veste Salzburg, Meran). —
Die Benutzung eiserner Oefen geht wohl nicht über
d. J. 1400 hinauf.

  Ein vorzügliches Beispiel der Heizung mit erwärmter
Luft aus dem Mittelalter findet sich im Schlosse zu
Marienburg, wo in einem unter dem zu heizenden Ge-
mache liegenden gewölbten und mit einem Rost versehenen Ofen, welcher eine Menge lose neben einander
liegender Feldsteine enthielt, diese glühend gemacht
wurden und hierauf die im Ofen erhitzte Luft durch
im Zimmerfussboden mündende (verschliessbare) Canäle
aufstieg. Reste solcher Heizanlagen sind ebenfalls in
Niedersachsen (im Rathhause zu Lüneburg, in einem
zum Dom in Hildesheim gehörenden Gebäude, anscheinend auch im Kaiserhause zu Goslar) anzutreffen.
— Dieser Art war auch die Heizvorrichtung in den
mittelalterlichen Badstuben (Staven oder Stoven), in
welchen Schwitzbäder genommen wurden, wobei das
Schwitzen ursprünglich wohl durch heisse Luft, nach dem
12. Jahrh. durch Wasserdämpfe hervorgebracht, die

Dampfentwickelung aber durch Begiessen heisser Steine bewirkt wurde. (Vergl. Lübke, in d. Mittheil. d. antiquar. Gesellsch. in Zürich, Bd. XV. Heft 4 und Kriegk, Aerzte, Heilanstalten etc. im mittelalt. Frankfurt a. M.).

Heliand: altsächsische Evangelienharmonie des 9. Jahrh., ein herrliches alliterirendes Gedicht, welches die Geschichte Jesu nach den Evangelien in kräftiger Sprache und volksthümlich poetischer Auffassung erzählt.

Heliographie. Darunter versteht man das Verfahren zur Vervielfältigung photographischer Aufnahmen vermittelst des Pressendrucks, als: Lichtdruck, Photolithographie, Photozinkographie u. s. w.

Heliogravüre (Phototypie auf Kupfer): ein mit Hülfe der Photographie wiedergegebener Kupferstich. Vergl. Photozinkographie.

Hellebarte: eine aus Spiess und Barte (Beil) bestehende Waffe, Die unterhalb der Spitze angebrachte Barte hat am Rücken einen Haken.

Helm (Helmdach): Thurmspitze.

Heraldik: Wappenkunst, Wappenlehre.

Herme: eine Büste (zunächst des Mercur) auf einem damit verbundenen rechteckigen, nach unten sich verjüngenden Pfeiler.

Herold: ein feierlicher Ausrufer oder Verkündiger, Kriegsbote; hinsichtlich der Heroldstracht s. Trachten, am Schluss.

Hiefhorn (Hifthorn): Jagdhorn, Rufhorn.

Hieratischer Stil (heil. Stil): die für religiöse Weihgeschenke, Statuen u. s. w. übliche, bis zur Zeit K. Hadrian's währende Nachahmung des griechischen Sculpturstils aus der Zeit vor Phidias, hinsichtlich des starren, auch wohl mit einem Lächeln verbundenen

Gesichtsausdrucks, oder der steifen Parallelfalten in der Gewandung u. s. w. Müller, Lexik. d. bild. Künste.

Hieroglyphen: Bilder natürlicher Gegenstände oder frei erfundene Zeichen von bestimmter, durch das Herkommen festgestellter Bedeutung als Schrift der alten Egypter; deren hl. sinnbildliche Schriftsprache.

Hierothek: Behältniss für Heiligthümer, Reliquiarium.

Himation: bei den Griechen ein, aus einem grossen viereckigen Tuche bestehender mantelartiger Ueberwurf (wie das Pallium), der über dem Chiton getragen wurde. Einen solchen Ueberwurf trugen auch die Frauen, nur war solcher länger und faltenreicher.

Hippocampus: Seepferd, ein Meerfisch mit pferdeähnlichem Kopfe.

Hippodrom hiess bei den Griechen die als Rennbahn dienende, so wie für den Wagenlauf bestimmte Arena mit Zubehör. Der Hippodrom zeigte in den Hauptzügen viel Aehnlichkeit mit dem oben beschriebenen Circus der Römer, nur war alles einfacher und die Stallungen hatten eine andere Anordnung. Die Arena war (nach der Beschreibung des Hippodroms von Olympia), so weit ihr oblonger Theil reichte, der Länge nach in zwei ungleich breite Hälften durch einen an jedem Ende mit einem Merksteine versehenen Erdwall (statt der massiven Spina des römischen Circus) geschieden und die breitere der beiden Hälften an dem, der Abrundung der Arena gegenüber befindlichen Ende in paralleler Begrenzung verlängert und vorn beim Eingange, wo ein Porticus sich erhob, rechtwinklig abgeschlossen. An der Innenseite des Porticus lagen die Stallungen in zwei gleichen bogenförmigen Reihen, welche, nach der Rennbahn hin zusammentreffend, im

Grundrisse eine spitzbogige (einem Schiffsschnabel vergleichbare) Figur ausmachten. Statt der auf Unterwölbungen ruhenden Sitzreihen des römischen Circus pflegten diese beim Hippodrom entweder nur durch Erdanschüttungen gebildet oder, wenn seine Langseiten von Anhöhen eingefasst waren, aus diesen herausgearbeitet zu sein.

Hirnholz: eine Bezeichnung für die bei rechtwinkliger Durchschneidung der Holzfasern entstehende Fläche.

Historienmalerei. Ihrem Bereiche gehören nicht allein die geschichtlichen, sondern auch die religiösen, so wie die legendarischen und mythischen Stoffe an. Ein Historienbild giebt sich als solches durch die Grossartigkeit der Behandlung, den Stil, zu erkennen.

Hochaltar, s. Altar.

Hochchor, s. Altar.

Hochsitz: die an einem Ende eines Saals — wie im »Palas« grosser Burgen — im Fussboden angebrachte (auch Brücke genannte) Erhöhung.

Hohlkehle, s. Glieder.

Hoike: ein im Mittelalter beliebter, erst glockenförmiger, dann auf der linken Schulter zusammengeknöpfter Mantel.

Holzarchitektur heisst der künstlerisch ausgebildete Holzbau. Dieser fand, allerdings in einfacher Weise, schon sehr früh bei Aufführung gottesdienstlicher Gebäude Anwendung. Die hiernächst folgenden Holzkirchen lehnen sich, je nach der Zeit ihrer Erbauung, an den romanischen oder den gothischen Stil an, und zwar so wohl in ihren Hauptformen, als auch in ihren Verzierungen, wobei letztere jedoch bei den constructiven Theilen der Natur des Materials angepasst sind.

In den norwegischen Holzkirchen der romanischen
Periode (bei denen als heimische Ornamente phantastische Drachenverschlingungen vorkommen) zeigen sich
auch Anklänge an byzantinische Bauten. Bei ihnen hat
der Centralbau Anwendung gefunden. Die den Langbau
aufweisenden ungarischen Holzkirchen sind der Gothik
verwandt. Als eine Besonderheit der alten Holzkirchen
erscheint der dieselben häufig umgebende niedrige bedeckte Laufgang. Bezüglich der Construction lassen
sich unterscheiden: 1) die Reiswerk-Kirchen
(Stawwerkkirchen), deren Wände aus senkrecht ge-
gestellten, meist gespaltenen (gerissenen) Stämmen bestehen, sodann 2) die im Blockhausverband
(Schränkbau), d. h. aus auf einander gelegten und verbundenen Stämmen hergestellten Kirchen (einige Holzkirchen zeigen beide Constructionen) und 3) die im
(späteren) Schrotbau ausgeführten Gotteshäuser, deren
Wände ebenfalls auf einander liegende Stämme enthalten, welche aber mit ihren Hirnenden in starke
genuthete Ständer eingreifen.

Unter den Profanbauten aus Holz zeichnen die im
Blockhausverband ausgeführten Wohnhäuser eines Theils
der Schweiz sich besonders aus.

Holzschnitt. Zur Anfertigung von Holzschnitten
bedient man sich meist weiss grundirter Buchsbaum-
platten, sog. Holzstöcke, auf welche die Zeichnung aufgetragen und diese durch Ausstechung der leeren Stellen
zum Abdruck auf der Presse geeignet hergestellt wird.
Während die Holzschnitte anfangs (um 1425) nur einfache Strichlagen als Schraffirung zeigen, wandte Michael
Wohlgemuth (gegen Ende des 15. Jahrh.) bereits den
Kreuzschnitt in ausgedehnter Weise an, und unter
Albrecht Dürer's Holzschnitten finden sich auch Blätter
in Clair-obscur (getuschten Zeichnungen gleichend),

welche vermittelst mehrerer Holzplatten, gesondert für die Umrisse und den meist in schwächeren Farben gehaltenen Flächengrund, hergestellt sind.

Horen: 1) Zeitgöttinnen; 2) Gebetsstunden.

Hostie: die aus ungesäuertem Weizenmehle gebackene runde Scheibe, Oblate, welche im 11. Jahrh. statt der bis dahin üblichen runden Brode beim hl. Abendmahle eingeführt wurde. Sie ist gewöhnlich mit einem Crucifix, einem Monogramm Christi oder dem Titulus INRI versehen. Zu ihrer Anfertigung und Prägung dient das Oblateneisen.

Hourd (frz.): festes oder provisorisches Schutzdach oberhalb des bezinnten Mauerganges, um die Vertheidiger gegen die Geschosse der Angreifer zu sichern.

Hünenbetten, Hünengräber sind aus vorgeschichtlicher Zeit stammende grosse Denkmale in Form rechteckiger Steinkammern mit Deckplatten aus Felsstücken.

»Das Hünengrab liegt auf einem künstlichen, selten auf einem natürlichen Erdwalle von mehr oder minder bedeutender Höhe; sofern es seines Inhalts nicht bereits früher beraubt ist, birgt es die Ueberreste eines menschlichen Skeletts oder die Asche eines verbrannten Leichnams in einer Urne. Es mag dasselbe, wie auch das Hünenbett, nächst dem Hauptzwecke, als Todtendenkmal, auch zu andern Zwecken, als Versammlungsort oder als Opferplatz gedient haben. Die an Dimensionen geringeren Hünengräber sind durch Steinpfeiler gebildet, über welchen ein einziger oblonger oder gerundeter Stein gleichsam als Deckel liegt, die grösseren haben mehrere solcher Decksteine. Von diesen unterscheidet sich das Hünenbett durch eine Einfassung von Steinen, welche, in einiger Entfernung parallel mit den vier Seiten der Grabkammer liegend, einen zuweilen gepflasterten Raum, ein Bett, bilden; sonst ist der Zweck auch hier derselbe, wie bei dem Hünengrabe«. (J. H. Müller, in Weichelt, Hannov. Gesch. u. Sagen).

Kistven ist in der Bretagne die Bezeichnung für Steinkisten (Grabkammern) der obigen Art.

Hünenringe: grosse kreisförmige Erd- oder Steinwälle, Vertheidigungswerke der alten Germanen.

Humerale (Schultertuch), s. Priesterkleidung.

Hungertücher, s. Fastenlaken.

Hydra: die siebenköpfige lernäische Wasserschlange, welche Herkules erlegte.

Hydria: Wassergefäss, besonders ein solches aus Bronze oder Silber, in Vasenform mit Henkel.

Hypaethron: dachloser Raum, s. Tempelformen.

Hypocaustum: Vorrichtung zur Steigerung des Wärmegrades in einem Raume durch unter dem Fussboden desselben befindliche, von einem benachbarten Ofen aus mit erhitzter Luft erfüllte Röhren; auch heisst so das mit einer derartigen Vorrichtung versehene Gemach. (S. Römische Bäder).

Hypogäum (ὑπόγειον): unterirdisches Gewölbe, insbesondere Todtengruft.

Idealismus, Idealisirung. Bei dem idealistischen Verfahren in der Bildnerei und Malerei wird das Wesentliche der äusseren Erscheinung festgehalten, diese aber immer als Vermittelung der geistigen Bedeutung betrachtet, der Idee ihres Gegenstandes gemäss gebildet. Vom abstracten Idealismus (der ältesten griechischen Göttergestalten, der byzantinischen Heiligenbilder) gelangt die Kunst in zahlreicher Stufenfolge

bis zum realen Idealismus (der Bildwerke des
Parthenon, der Evagestalt Rafael's), bei welchem die
aus der Idee und dem geläuterten schöpferischen For-
mensinne hervorgegangenen Gestalten vollkommene
Lebensfähigkeit zeigen, ohne unmittelbare Nachbildungen der Natur zu sein. Die idealistische, vom
Hauche der Poesie durchwehte Auffassung kann übrigens
bei ungewöhnlicher Steigerung dahin gelangen, dass sie
zu einer Entkörperung sich vergeistigt (wie mitunter
bei Werken Fiesole's).

Die Kunst kann auch den Weg der Idealisirung
betreten, von der Naturnachahmung ausgehend durch
Hinweglassung unwesentlicher Züge dem Ideale sich
nähern wollen. Die Wege des Idealismus und der
Idealisirung scheinen zwar an demselben Endpunkte
zusammen zu treffen; es wird jedoch der Idealisirung
stets ihre angedeutete Herkunft von der Wirklichkeit
und der Mangel eines schöpferischen Formensinnes angesehen werden. (S. Förster's Vorschule der Kunstgeschichte, 94. 97. 164 f.).

Idol: Abgott, Götzenbild.

Ikonisches Kapitäl: ein mit Bildwerk figürlicher
Art ausgestatteter Säulenknauf.

Ikonische Statue: Portraitstatue, die einem Sieger
in den olympischen Spielen, nachdem solcher dreimal
den Sieg errungen, gesetzt wurde.

Ikonographie: Bilderbeschreibung, Kenntniss der
Bilder und Bildsäulen, besonders des Alterthums.

Ikonostasis: die gewöhnlich mit Heiligenbildern
reich ausgestattete Holzwand in der griechisch-katho-
lischen Kirche zur Trennung des Sanctuariums vom
Gemeinderaume.

Impluvium, s. antikes Haus.

Impost: Kämpfer (s. diesen).

Incarnat: hochrosenroth.

Incarnation: Darstellung der Fleischwerdung des Logos; Joh. 1, 14: »Und das Wort ward Fleisch«...

Incrustation: die Ueberziehung eines Gebäudetheils mit einer zu einer Kruste erhärtenden Masse, die Bekleidung einer Mauerfläche mit Erzplatten (wie einst im Schatzhause des Atreus zu Mykenä), mit Marmor u. s. w.

Incunabeln: Erstlingsdrucke, d. h. vor dem Jahre 1500 gedruckte Bücher.

Indische Baukunst. Um d. J. 1000 v. Chr. entwickelte sich mit der Entstehung der grossen indischen Heldengedichte die vielgestaltige Mythologie der Inder, die volksthümliche Religion des Brahmaismus. Im Gegensatze zu dieser sinnlich phantastischen Götterlehre entstand hernach die Religion des Buddha, welcher den Geist des Menschen mit strenger Asketik auf sich zurückzuführen strebte. Der Buddhaismus bestand in Indien neben dem Brahmaismus, wenn auch nicht ohne Widerspruch, bis in das 6. Jahrh. n. Chr., dann wurde er hier (nachdem er sich längst über die Nachbarländer verbreitet hatte) ausgerottet. Etwa bis z. J. 1000 n. Chr. herrschte die freie selbstständige Entwickelung des indischen Lebens, darauf erfolgte das Eindringen der feindlichen Religion des Islam.

Als die ältesten Baudenkmale der Inder erscheinen die Felsenmonumente. Die brahmanischen Grottentempel (in den Ghatgebirgen) sind in den Felsen gehauen, aber gegen das Aeussere frei geöffnet, auch wohl mit einem Freibau verbunden, der aber nicht gemauert, sondern aus dem Felsen herausgemeisselt ist. Diese Tempelart besteht gewöhnlich aus einem meist rechteckigen Hauptraume und verschiedenen die-

sem sich anschliessenden Nebenräumen. Das eigentliche
Sanctuarium mit dem Bilde des Gottes erscheint ent-
weder als eine Kammer oder es ist um dasselbe ein
Gang ausgemeisselt, so dass es gewissermafsen im Innern
des Hauptraumes sich befindet. Letzterer hat eine flache,
von Säulen oder Pfeilern getragene Decke. Die vordere
Reihe dieser Stützen bildet die Façade des Tempels.
Vor demselben liegen in manchen Fällen Höfe mit
Gallerien, Nebenkammern und monolithen Monumenten.
Zuweilen sind zwei oder drei solcher Tempelräume
über einander angeordnet.

Die Säulen oder Pfeiler, mit denen Wandpfeiler
correspondiren, pflegen durch architravartige Balken
verbunden zu sein. In den von den Wandpfeilern und
Endbalken gebildeten Nischen zeigen sich Bildwerke.
Die säulenförmigen Stützen der Decke sind von gedrun-
genem Verhältnisse, und bestehen aus einem rechteckigen, mehr hohen als breiten Untersatze, einem
runden, unten meist ausgebauchten, nach oben sich
verjüngenden Schafte, einem grossen, in der Hauptform
einem gedrückten Pfühle gleichenden Kapitäle und
einem auf diesem ruhenden rechteckigen Aufsatze,
welchem — wie zur weitern Unterstützung des Architravs — zwei Consolen sich anschliessen. Die Säulen
in den jüngeren Monumenten haben eine ähnliche Form,
sind aber zierlicher und reich geschmückt. Auch kommen
Pfeiler ohne alle architektonische Gliederung vor.

Das Sanctuarium erscheint zuweilen als ein aus
dem Felsen gemeisselter Freibau, indem um dasselbe
ein breiter Gang ausgehauen und die Felsdecke über
ihm hinweggenommen ist, so dass das Sanctuarium eine
gesonderte Kapelle inmitten eines Hofraums bildet, auch
wohl zu einem, mit mehreren Gemächern ausgestatteten, ringsum freistehenden Tempelbaue sich erweitert.

Als Sockel eines solchen ausgemeisselten Freibaus sind
bei dem Kailasa (einem grossen Tempel zu Ellora)
Elephantenreihen angeordnet und die Aussenwände mit
Pilastern verziert, während der obere Abschluss geschweifte Formen zeigt.

Die buddhistischen Grottentempel (in den
Ghatgebirgen) unterscheiden sich von den brahmanischen
zunächst dadurch, dass sie sich nicht frei gegen das
Aeussere öffnen, dann auch hinsichtlich ihrer inneren
Einrichtung. Sie enthalten nämlich einen Hauptraum,
welcher einem halbkreisförmig überwölbten, am hintern
Ende halbrund abgeschlossenen Kirchenschiffe gleicht,
und der mit einem schmalen flach gedeckten Umgange
in Verbindung steht. Zwischen beiden befinden sich
Pfeilerstellungen. Die recht- oder achteckigen Pfeiler
sind theils von roher Form ohne Basis und Gesims,
theils mehr durchgebildet und dann mit einem obern
Abschlusse versehen, der dem vorhin beschriebenen
Kapitäle ähnelt. Vor dem oben halbkuppelförmig gestalteten Halbrund des Hauptraums steht der, dem
buddhistischen Tempel eigene sog. Dagop, eine auf
cylindrischem Untersatze ruhende Masse in Form einer
etwas überhöheten Halbkugel (ein Bild der Wasserblase,
womit Buddha in seiner asketischen Lehre die Hin-
fälligkeit des menschlichen Leibes zu bezeichnen liebte)
und vor dem, gewöhnlich Reliquien eines Buddha-
heiligen enthaltenden Dagop erscheint die Statue Buddha's.
Vor diesen Tempeln finden sich ebenfalls Höfe mit
Gallerien, Nebencellen, Grotten u. s. w.

Ausser den besprochenen Monumenten (in den
Ghatgebirgen) kommen noch verschiedene andere Tempel
vor, deren Säulen und sonstige Einzelheiten von den
oben bezeichneten Formen abweichen.

Endlich erscheinen unter den indischen Baudenk-

malen auch wirkliche, aus Werkstücken, zum Theil
auch aus Backsteinen aufgeführte Freibauten, die sog.
Pagoden, welche pyramidal, in Absätzen mit senkrechten Seitenflächen aufsteigen, wobei die Uebergänge
von einem Absatze zum andern durch geschwungene
Linien verbunden und die oben kuppelförmig abgeschlossen, übrigens mit Zwischengesimsen und andern
architektonischen Zierden in buntem Wechsel ausgestattet, so wie mit bildnerischen Darstellungen überladen sind, nicht selten in einer Weise, die auf den
Beschauer verwirrend einwirkt. Von einfacherer Form
sind dagegen die Tope's (s. diese).

Nach dem Eindringen der Religion des Islam in
Indien entstanden hier auch ansehnliche Bauwerke der
muhamedanischen Kunst, theils aus der etwa mit dem
Jahre 1200 beginnenden älteren Periode, theils aber
erst aus dem 16. Jahrh. herrührend. Letztere zeigen
den Kuppelbau in grossartiger Entwickelung. Die Masse
des Gebäudes steigt in der Regel als ein fester rechteckiger Körper empor, aussen mit Nischenwerk oder
mit regelmäßig angeordneten Oeffnungen und mit
Zinnenkranz versehen. Den mittleren Theil desselben
bekrönt sodann eine mächtige Kuppel von ausgebauchter,
oberwärts einer Spitze sich zuneigenden Form. Auf den
Ecken erscheinen leichte Minarets, die auch wohl die
Thüröffnung beseiten. Diese pflegt im Grunde einer
grossen Spitzbogennische sich zu befinden, welche den
vortretenden und hoch aufsteigenden Portalbau ausfüllt.
Die angewandte Bogenform ist durchgehends der Spitzbogen, der aber insgemein als flacher Kielbogen gebildet und von Bändern rechtwinklig eingerahmt wird.
Bei Arcaden in solcher Bogenform bestehen die Stützen
aus rechteckigen Pfeilern; bei Säulenhallen ist in der
Regel eine flache Decke vorhanden. Im Uebrigen sind

diese indisch-muhamedanischen Monumente — Mausoleen, Moscheen und Paläste — aussen und innen äusserst reich decorirt.

Indumentum: Anzug, Kleidung; Indumenta episcopalia: bischöflicher Pontifical-Ornat.   Ind. altaris: Altarbekleidung.

Infula war ein heilig gehaltener wollener römischer Kopfschmuck, der um die Stirne gelegt wurde und zu den Seiten herabhing. Priester, so wie um Gnade flehende Menschen trugen ihn; auch wurde er den Opferthieren angelegt. Die Bezeichnung »infula« ging auf die Bischofsmütze über; später pflegten nur die von der Rückseite derselben (s. Mitra) herabhängenden beiden Bänder »infulae« genannt zu werden.

Ingenieur-Bauten. Zu diesen gehören — abgesehen von dem Kriegsbauwesen — besonders die Eisenbahnanlagen mit den dazu erforderlichen Hochbauten, die Wasser-, Wege- und Brückenbauten, die Wasserleitungen mit ihren baulichen Anlagen und die Canalisationen.

Initialen: grosse Anfangsbuchstaben, insbesondere solche, die mit bildlichen Darstellungen oder Ornamenten ausgestattet sind.

Innung, s. Zunft.

Intaglio: Tiefschnitt, s. Gemmen.

Intarsia: eingelegte Arbeit aus Hölzern verschiedener Farbe.

Intercolumnium: der Abstand zweier Säulen von einander, s. Tempelformen.

Interula, sc. tunica: die innere Tunica, das innere aus Leinwand oder Baumwolle angefertigte Untergewand, Hemd.

Intrados: Bogenlaibung, innere Seite eines Bogens, einer Wölbung.

Isodomgemäuer, s. Opus isodomum.

Janus, uralter röm. Gott, Vorsteher des Jahrs, Gebieter über Krieg und Frieden, Beschützer der Ein- und Ausgänge (janua = Thür), dargestellt mit Scepter und Schlüssel, auch zwei Gesichtern, das eine (jugendliche) vor-, das andere (alte) rückwärts schauend. Sein Tempel zu Rom, nach Numa's Verordnung beim Beginne eines Krieges geöffnet, blieb während des Friedens geschlossen.

Jesuitenstil nennt man die vorwiegend von den Jesuiten in der Kirchenbaukunst angewandte barocke Bauweise (s. diese).

Jeton: Rechenpfennig, kleines Schaustück.

Joch, s. Travée.

Kaak (Kakolph oder Schupestoel): Pranger.

Kämpfer: ein Pfeiler- oder durchlaufendes Gesims, auf welchem ein Bogen ruht.

Kaffgesims: das zugleich die äussern Strebepfeiler umziehende Gesims unmittelbar unter den Fenstern gothischer Kirchen.

Kaland (Caland): Bezeichnung von Brüderschaften, welche gemeinsame religiöse Uebungen, Messen, Almosen, gegenseitige Unterstützung, namentlich aber die Sorge für die Beerdigung und die Seelenmessen zum Zweck hatten. Sie hielten am ersten des Monats (den Calenden, daher ihr Name) ihre regelmässigen Zusammenkünfte, welche nach Sitte der Zünfte mit einem Gastmahle (das mit der Zeit, nach erlangtem Reichthume der Kalande durch Stiftungen, häufig zu einem üppigen Gelage ausartete) beschlossen wurden. Ka-

9 *

lauds - Brüderschaften, denen Geistliche (Kalandsherren)
vorstanden, finden sich seit dem 13. Jahrhunderte,
besonders in den Städten Norddeutschlands. (Vergl.
Uhlhorn, Zwei Bilder aus dem kirchl. Leben der Stadt
Hannover, S. 24).

Kalkiren (fr. calquer), durchzeichnen, bausen.

Kamm bedeutet in der Architektur die Firstver-
zierung eines Hauses (Dachkamm). Auch heisst so eine
in einander greifende Verbindung unter zwei sich über-
schneidenden Bauhölzern.

Kandel = Dachrinne.

Kanephoren: Körbchenträgerinnen, die in den
Processionen bei den Ceres-, Bacchus- und Minerven-
festen auf dem Haupte ein niedriges Körbchen mit dem
Weihgeschenk, dem Weihrauch u. s. w. trugen. Vergl.
Karyatiden.

Kantharos, s. Cantharus.

Kanzel. Von der Entstehung der Kanzeln ist
oben die Rede gewesen (s. Ambonen und Cancellen).
In der Kirche des Klosters Neuwerk zu Goslar befindet
sich eine romanische Steinkanzel von oblonger Grundform, die ursprünglich ihren Platz in der Lettnerwand
hatte. Mit derselben ist ein Altar verbunden. (Mithoff,
Archiv f. Niedersachs. Kunstgesch., III. 22 u. Taf. XXIII).
Die gothischen, so wie die späteren Kanzeln wurden
mit einem Schalldeckel versehen.

Kapitäl: Knauf, s. Säule.

Kappe, als Bekleidungsstück: Mantel mit Kapuze
(pluviale), auch nur Kopfbedeckung; in der Architektur:
eine zwischen Bögen und Rippen eingespannte leichte
Füllung.

Kapuze: eine Kopfbedeckung von Zeug, ähnlich
der Gugel, den Kopf rings umgebend und zugleich die

Schultern bedeckend, nach hinten aber länger zugespitzt, unter dem Kinne zugeknöpft oder zugebunden, häufig auch an der Kleidung befestigt.

Kardinaltugenden, s. Haupttugenden.

Karner: Beinhaus mit Kapelle darüber, gewöhnlich von runder Grundform mit einer gegen Osten halbrund vortretenden Altarnische.

Karniess, s. Glieder.

Karolingische Bauweise. Sie leitet von dem altchristlichen und dem byzantinischen zum romanischen Stile hinüber und dauert von Karl d. Gr. bis gegen Ende des 10. Jahrhunderts. Die 796—804 erbaute Palastkapelle dieses Kaisers (im Münster) zu Aachen ist das bedeutendste Beispiel dieser Bauweise und lässt den byzantinischen Einfluss deutlich erkennen. Dieselbe hat mehreren andern Gotteshäusern dieser frühen Zeit als Vorbild gedient.

Karthause: Kloster des Karthäuserordens.

Karyatiden: weibliche, mit einer Art Kapitäl bekrönte Figuren, an Stelle einer Säule oder eines Pfeilers als Stütze dienend, in der antiken Architektur in Gestalt der Kanephoren (s. diese) vorkommend, später nachgeahmt, in der letzten Zeit der Renaissance auch als Pilaster behandelt und dann nur in der oberen Hälfte die menschliche Figur beibehaltend, im übrigen Theile aber als ein nach unten sich verjüngender Wandpfeiler erscheinend (vergl. Atlanten).

Katafalk, s. Castrum doloris.

Katakomben: Steinbrüche, so wie Höhlengänge und Felsenhallen, welche von den ersten Christen benutzt oder angelegt wurden, um darin ihre Todten, besonders die Märtyrer, beizusetzen und, wenn die Ausübung des Cultus von Gefahren bedroht war, ihren Gottesdienst

darin zu halten, auch in Zeiten der Verfolgung Schutz
darin zu suchen. Bekanntlich erlangten diese unter-
irdischen Todtengänge, Hallen und Grüfte an einigen
Orten, namentlich zu Rom, Neapel und Syrakus, eine
ausserordentliche Ausdehnung. Die bedeutenderen
Räume derselben wurden mit Malereien geschmückt
(dem System der antiken Wandmalereien, besonders in
den heidnischen Grabkammern entsprechend), in welchen
die ältest–christliche Symbolik in reicher Ausdehnung
und eigenthümlicher Ausbildung überliefert ist. Die
altchristlichen, grösstentheils den Katakomben entnommenen, in der Form den römischen gleichenden Sarko-
phage erscheinen als die Hauptleistung der altchristlichen
Plastik. Sie enthalten auf ihren Seitenwänden in Reliefs
entweder rein symbolische Zeichen oder figürliche Darstellungen alt- und neutestamentlicher Vorgänge u. s. w.

Katapulte: eine zum Schiessen grosser Pfeile und
Steine eingerichtete Kriegsmaschine.

Kathedra: der stufenerhöhete Bischofsstuhl, welcher
in der altchristlichen Kirche an der Wand in der Apsis
stand. Zu den Seiten dieses erhöheten Sitzes waren
niedrige Bänke für die übrige Geistlichkeit angeordnet.
Später, im 9. Jahrhunderte, als der amtirende Priester
nicht mehr — wie in der alten Kirche — hinter dem
Altartische stand, bekam die Kathedra ihren Platz südlich
vom Altare an der Evangelistenseite.

Der älteste dieser Stühle ist die, dem hl. Petrus zu-
geschriebene, in der Tribuna der St. Peterskirche zu Rom
befindliche Kathedra, welche, aus Holz gearbeitet und
mit Elfenbein belegt, die Form einer römischen »Sella
curulis« (s. diese) hat. Ein äusserst reich ornamen-
tirter Bischofsstuhl, jetzt in der Sacristei des Doms zu
Ravenna stehend, ist mit hoher Rücklehne versehen.
Andere alte Bischofsstühle stehen unter einem von

Säulen getragenen Dache oder einem Baldachine, spätere unter einem Thronhimmel von Seidenstoff. (Müller und Mothes, a. a. O.).

Kathedrale, Kathedralkirche : erzbischöfliche oder bischöfliche Kirche, jetzt auch Dom oder Münster genannt. (Vergl. Dom).

Katzentreppe : die Stufen eines abgetreppten Giebels.

Kehlleiste, s. Glieder.

Keilschrift. Sie findet sich an den babylonisch-assyrischen und persischen Ruinen und Denkmalen und besteht aus Charakteren in Form von Keilen und Winkelhaken, theils Begriffs-, theils Silben- oder auch Lautschrift bildend. Dr. Georg Friedr. Grotefend, Schulrath, Director des Lyceums in Hannover, geb. 1775 zu Münden bei Cassel, gest. 1853, fand zuerst den Schlüssel zu ihrer Entzifferung.

Kelche. Davon sind vorzüglich drei Arten anzuführen :

1) Kelche für den täglichen Gebrauch der Bischöfe und Priester bei dem heiligen Messopfer (calices quotidiani);

2) Speisekelche, zur Spendung der Communion an die Gläubigen (calices ministeriales oder, wenn mit Handhaben, Henkeln versehen, calices ansati), von weitem Umfange;

3) Taufkelche, woraus den Täuflingen Milch und Honig gereicht wurde (calices baptismales), jetzt ausser Gebrauch.

Zu dem Opferkelche gehörte gewöhnlich eine Patene (Abendmahlsteller), ebenso zu dem Speisekelche. Die Patenen der Opferkelche waren von kleinem Umfange; diejenigen, welche mit dem Speisekelche gebraucht wurden, glichen einer tiefen Schüssel (patenae ministeriales). In den grossen, auch wohl mit Henkeln versehenen Patenen waren die gesegneten Brode (eulogiae) enthalten, wenn sie ausgetheilt werden sollten.

Der Kelch besteht bekanntlich aus der Trinkschale (cupa, cuppa) der in der Mitte mit dem Nodus (einer rundlichen Verstärkung) versehenen Handhabe oder dem Schafte (stilus) und dem Fusse (pes). Bei den romanischen Kelchen zeigt die Trinkschale ein dem Halbkreise sich näherndes Profil, Fuss nebst Handhabe pflegen rund zu sein; bei den gothischen Kelchen hat die Trinkschale ein steileres Profil, der Fuss erhält eine polygon- oder sternförmige Gestalt, geht aber auch nicht selten an seinem unteren Rande in sechs Bögen aus, die Handhabe ist dann ebenfalls von polygonalem Querschnitt, gewöhnlich sechseckig, und am Nodus zeigen sich häufig sechs kleine vortretende Felder (sex rotuli in pomo), jedes mit einem Buchstaben der folgenden Inschrift: I.h.E.S.V.S. oder mit †.m.a.r.i.a. versehen. Bei den mittelalterlichen Kelchen — deren Formen indess auch noch später Anwendung gefunden haben — ist die Trinkschale meist schlicht, wenigstens im oberen Theile, der Nodus mit Filigranarbeit verziert oder mit getriebenen Ornamenten, zur Zeit der späteren Gothik gewöhnlich mit Mafswerk ausgestattet, und der Fuss trägt nicht selten gravirtes Bild- oder Laubwerk, vor allem aber, als Signaculum, eine Darstellung des Gekreuzigten. Inschriften finden sich oft an der Handhabe und am Fusse, hier mitunter auch figürliche Reliefs, Rankenwerk oder Wappen.

Kelchröhren (fistulae eucharisticae), in gerader Form mit einem Henkel, aus Gold, Silber oder Elfenbein gearbeitet, zuerst gegen Ende des 8. Jahrh. in der abendländischen Kirche vorkommend. Sie waren au dem Kelche so angebracht, dass man den geweihelen Wein, damit kein Tropfen davon auf die Erde falle, daraus saugen musste.

Kelt (Celt): ein kurzes keil- oder meisselförmiges Instrument aus Bronze, unten mit flach gerundeter Schärfe, oben mit Lappen oder auch mit einer Tülle für den Schaft versehen.

Keltische Denkmale nannte man früher vielfach die aus vorhistorischer Zeit herrührenden Steinpfeiler, Steintische, Steinkisten, Steinreihen, Steinkreise u. s. w., welche namentlich im Norden von Europa, dann in England und Frankreich, auch in Spanien, Portugal, Deutschland und über Europa hinaus angetroffen werden und deren Errichtung man den Kelten (Celten) zuschrieb. S. auch Cromlech, Dolmen, Menhir, Stonehenge.

Kemenate, Kemnade (caminata) ist die Bezeichnung für ein steinernes, oft von einem Graben umgebenes Haus (durfte ohne Vorwissen des Landesherrn nicht gebaut werden), ferner für das an den »Palas« der Hofburgen stossende Gebäude, auch für ein mit einem Kamine versehenes Gemach, insbesondere Frauengemach.

Keramik: Töpferkunst, namentlich die Kunst der Anfertigung von Gefässen aus Thon, die anfangs aus freier Hand oder in Formen geknetet, später auf der Drehscheibe in hoher Vollendung hergestellt, zur Zeit der in solchen Arbeiten geschickten Mauren in Spanien auch glasirt wurden. Aus letzterem Verfahren gingen die Fayence- und Majolikaarbeiten hervor.

Kibla, s. Moscheen.

Kielbogen, s. Bogenformen.

Kirchenfahnen, Processionsfahnen. Ihr Gebrauch Seitens der Katholiken ist von dem Labarum Constan-

tin's d. Gr. abzuleiten (s. Labarum), dessen Form sie
im Wesentlichen beibehielten, nur dass ihr unterer Theil
dreilappig gestaltet und die Tragstange mit dem Kreuze
versehen wurde. Als Stoff ist Seide zu nehmen, zur
Einfassung dienen breite Streifen in Gold oder Stickerei,
an den unteren Enden Fransen und Quasten. Bei Ausstattung der Fahnen mit Heiligenbildern sind diese
thunlichst in Stickerei herzustellen.

Kirchthürme. In Folge der Einführung der Läute-
glocken im 6. Jahrh. errichtete man, zuerst in Italien,
allein stehende Glockenhäuser oder Thürme neben den
Kirchen, hernach wurden sie mit letzteren organisch
verbunden und in der Regel an der Westseite aufgeführt. In der romanischen Periode blieben die Dimensionen der Thürme im Allgemeinen mäfsig; dafür be-
gnügte man sich aber bei mehrschiffigen Kirchen selten
mit einem Thurme, sondern ordnete am Westende der
Seitenschiffe zwei rechteckige — ausnahmsweise auch
runde — Thürme mit einem, oben gewöhnlich die
Glockenstube enthaltenden Zwischenbaue an, und ver-
mehrte, in Steigerung der malerischen Gruppirung des
Gotteshauses, deren Anzahl gern durch Hinzufügung
eines Thurms über der Vierung oder, statt desselben,
durch Errichtung zweier Thürme an den Seiten des
Chors, hier mitunter von runder Gestalt. Ansehnliche
Kirchen dieser Periode und der sog. Uebergangszeit
hatten sogar noch mehr als drei oder vier Thürme.
(Die St. Michaelskirche in Hildesheim enthielt ursprünglich auf jedem ihrer beiden Querschiffe einen Vierungs-
thurm und ausserdem vier aus der Mitte der Stirnseiten
dieser Querschiffe vortretende, unten achteckige, oben
in die Rundung übergehende Treppenthürme; eine gleiche
Anzahl von Thürmen zeigt die Klosterkirche zu Laach,
und bei dem Dome zu Limburg a. d. Lahn sind sogar

sieben Thürme — zwei Hauptthürme im Westen, zwei kleine Thürme an jedem der beiden Kreuzarme und ein Mittelthurm über der Vierung vorhanden). Den Helmen der romanischen Thürme, wenn diese nicht bei kleinen Kirchen mit einem Satteldache abschliessen, pflegt — in Uebereinstimmung mit dem mafsvollen Wesen des romanischen Baustils — wenig Höhe gegeben zu sein. Anders verhält es sich mit den schon mehr aufsteigenden Thurmspitzen aus der Uebergangszeit. Ganz entschieden aber ist das Emporstreben in den gothischen Thürmen ausgesprochen, welche häufig aus dem Viereck in das schlankere Achteck übergehend und grosse, ja gewaltige Dimensionen annehmend, als Helm eine hohe Pyramide tragen, die, nicht selten aus Stein gebildet und durchbrochen gearbeitet, die Meisterschaft der Erbauer in der Construction darlegt. Das Wachsen in den Abmessungen der Thürme führte bei den gothischen Kirchen eine Verminderung in deren Anzahl herbei, so dass selbst Kathedralkirchen, ausser einem Thürmchen über der Vierung, nur zwei Thürme zu erhalten pflegten. Auch kommen in dieser Periode sehr grosse Kirchen (wie zu Ulm) mit einem einzigen, von unten aufsteigenden Thurme vor. — Kirchen der Cistercienser, so wie die der Bettelorden, sind ohne einen derartigen Thurm und nur mit einem sog. Dachreiter versehen.

Kistven, s. Hünenbetten.

Klause, s. Clus.

Kleeblattbogen, s. Bogenformen.

Kleinkünste. Sie umfassen Leistungen meist kleineren Umfangs, welche, obwohl aus handwerklichem Betriebe hervorgegangen, zu der Höhe von Kunstarbeiten emporsteigen. Dahin gehören manche Arbeiten der Goldschmiede, der Kunsttischler (Verfertiger sog.

Kunstschränke, s. Cabinet), der Waffenschmiede, der
Gefässbildner u. s. w.

Kleinmeister nennt man eine Gruppe von Kupferstechern des 16. Jahrhunderts, welche, wie Aldegrever,
Altdorfer, die beiden Beham's, Pencz, ihre Arbeiten in
kleinem Mafsstabe höchst sauber ausführten.

Kleinod: kostbares Schmuckstück, Juwel, Ge-
schmeide.

Klinse, Clinse: Halbkugel von Metall, mit Durch-
brechungen in Laub- oder anderen Figuren, in welcher
4, 6 oder mehrere Glöckchen oder Schellchen hingen.
Aus ihr entwickelte sich das Glockenrad (s. dieses).

Klostergewölbe, s. Gewölbe.

Kniestock: halb in den Dachraum hinaufreichendes
Geschoss.

Knolle: die sog. Kriechblume (vergl. Frauenschuh)
des Uebergangsstils und der frühen Gothik, meist aus
einem an der Spitze umgerollten Blatte bestehend, daher
    K n o l l e n k a p i t ä l, ein mit derartigen Blättern
geschmücktes Kapitäl.

Kogel (Kagel), s. Gugel.

Koilanaglyphen: egyptische (farbige) Flachgebilde,
welche in die Fläche der Wand eingesenkt erscheinen,
daher versenkte Reliefs genannt werden.   Vergl. Relief.

Koloss, s. Coloss.

Koryphäus: der Chorführer bei den Schauspielen
der alten Griechen.

Kostüme, s. Costüme.

Kothurn: hoher Bühnenschuh, eine Art in den
griechischen und römischen Trauerspielen gebräuchlicher,
mit handhohen Sohlen versehener Schuhe.

Krabbe (Krappe): knollenartige Blume, welche wie die Kriechblume (vergl. Frauenschuh) an den Kanten gothischer Giebel und Thurmhelme sich findet.

Kragstein, s. Console.

Kranzgesims, s. Gebälk.

Kranzleiste: die (an der Unterseite oft mit einer Wassernase versehene) Hängeplatte eines antiken oder nach dessen Muster gebildeten Kranzgesimses.

Krater: hohes, oben weites Mischgefäss, aus welchem bei den Mahlzeiten der Alten der mit Wasser vermischte Wein in die Becher gefüllt wurde.

Krebs: Panzerbruststück aus beweglichen Schienen.

Kreuzaltar (Laienaltar), s. Altar.

Kreuzblume, s. Frauenschuh.

Kreuze zu kirchlichem Gebrauch: Altarkreuz (s. Crucifix), Tragkreuz (Processionale), Reliquienkreuz und Pectoralkreuz.

Kreuzformen. Das griechische Kreuz ✚ hat gleich lange, rechtwinklig sich durchschneidende Arme; bei dem lateinischen Kreuze † ist der untere Theil des senkrechten Balkens erheblich länger als bei dem griechischen; letzterem ähnelt das in Niedersachsen

bekannte Bernwardskreuz, nur ist die Länge des unteren, mit einer Spitze zum Aufstecken versehenen Arms um etwas grösser, als die der übrigen Arme, und es zeigt sich an ihren Enden je eine quadratische Verstärkung (worauf eine Gemme), während in dem Durchschnittspunkte der Arme (Kreuzmitte), unter einem kreuzförmigen Bergkrystall, zwei in's Kreuz gelegte Partikeln vom Kreuze Christi sich befinden; an dem egyptischen oder Antonius-Kreuze ⊤ fehlt vom lateinischen der obere Theil des senkrechten Balkens; dieser Theil fehlt ebenfalls dem Schächerkreuze Υ, dessen Querbalken ist übrigens durch zwei in einem Winkel nach oben gerichtete Arme ersetzt. Das Peterskreuz ⊥ hat die Form eines auf den Kopf gestellten lateinischen Kreuzes. Bei dem Andreaskreuze (Scharkreuze, crux decussata) Χ schneiden sich zwei gleich lange Balken in der Weise, dass sie zwei spitze und zwei stumpfe Winkel bilden, von denen letztere an den beiden Seiten sich befinden. Das erzbischöfliche oder Patriarchal-Kreuz ✝ hat am oberen Arm des lateinischen Kreuzes einen zweiten kürzeren Querbalken, und zur Herstellung der Form des päpstlichen Kreuzes ⯎ wird dem vorigen ein dritter, abermals kürzerer Querbalken hinzugefügt. Das Ritterkreuz ✳ gleicht hinsichtlich der gleich langen Arme dem griechischen, nur laufen diese sich verjüngend nach dem Mittelpunkte zusammen und das breitere Querende derselben hat je einen einspringenden Winkel. Die Gestalt des phönizischen Taukreuzes (Gnostikerkreuzes) ist aus nachstehender Figur ⌐╫ ersichtlich. Zusammengesetzte Formen haben auch das in Spanien vorkommende Kreuz ╪, desen Arme abermals gekreuzt sind und das, in seinen

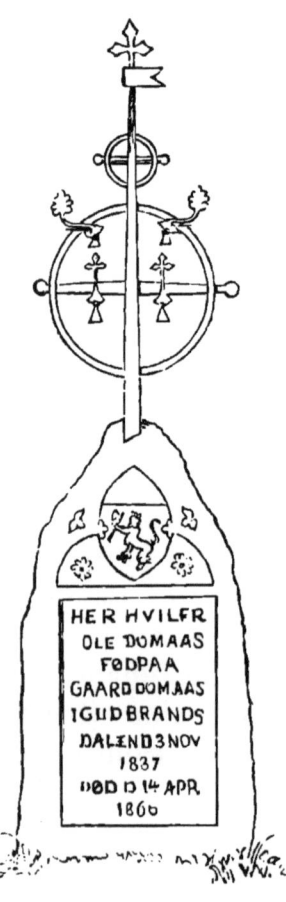

HER HVILER
OLE DOMAAS
FØDPAA
GAARD DOMAAS
I GUDBRANDS
DALEN D 3 NOV
1837
DØD D 14 APR.
1860

vier Winkeln je ein kleines Kreuz enthaltende, das **Wappen der Stadt Jerusalem** ⌗ bildende Kreuz. Ausser den aufgeführten giebt es noch verschiedene einfache und zusammengesetzte Kreuzformen. Von letzteren möge noch das zwar der neueren Zeit angehörige, wahrscheinlich aber einem alten Muster nachgebildete Kreuz aus Schmiedeeisen auf einem aus Granit gearbeiteten Grabsteine eines in Hannover verstorbenen Norwegers erwähnt werden, welches nach dem vorstehenden Holzschnitte zwei, je mit einem Kreise verbundenen Kreuze und oben eine Fahne, so wie mehrere kleine Verzierungen (Kreuze, bewegliche Dreiecke in einer Oese hängend und Eichenblätter) enthält.

Kreuzgang: ein bei Stifts- und Klosterkirchen gewöhnlich an deren Südseite sich findender, den rechteckigen Friedhof oder einen Rasenplatz unmittelbar neben der Kirche umgebender, mit dieser und dem Stifte oder Kloster in Verbindung stehender bedeckter Gang. Seine Bezeichnung ist wohl davon hergenommen, dass derselbe bei ungünstigem Wetter zu Bet- und Bittgängen, bei welchem ein Kreuz voraufgetragen wurde, diente.

Kreuzgewölbe, s. Gewölbe.

Kreuznimbus, s. Nimbus.

Kriechblume, s. Frauenschuh.

Krippe heisst die Darstellung der Geburt Jesu mit St. Maria, St. Joseph, den Hirten u. s. w., meist in Holz geschnitzt und bemalt, wie sie zur Weihnachtszeit in Kirchen der Katholiken zu finden ist.

Krönungs-Insignien, s. Reichs-Kleinode.

Kropf, s. Verkröpfungen.

Krummstab (virga pastoralis, pedum): Hirtenstab des Bischofs, aus Holz und Elfenbein bestehend, oben

gekrümmt, unten mit Stachel (stimulus) versehen. Die
Krümmung aus Elfenbein, zuweilen Bestiengestalten, in
der gothischen Periode oft Heiligenfigürchen umschliessend, ist von dem Stabe durch eine knopfartige
Hervorragung geschieden, an welcher in gewissen Fällen
eine Metallzwinge zur Befestigung eines Schweisstuchs
angebracht wurde. Letzteres trugen nämlich, zum
Zeichen ihrer Unterstellung unter die geistliche Gewalt
des Bischofs, die nicht exemten Aebte.

Krypta: gewölbte Gruftkirche, wahrscheinlich dem
Todtendienste gewidmet, erinnernd an die »confessio«,
den ein Märtyrergrab umschliessenden Raum unter dem
Altar der altchristlichen Denkmalskirche. Die Krypten
liegen unter dem ihretwegen im Fussboden erhöheten
Chore, erstrecken sich auch wohl bis unter die Vierung.
Sie finden sich seit dem 9. Jahrh. und kommen, ab-
gesehen von einzelnen Ausnahmen (wie in St. Michael
zu Lüneburg von 1379), nur bis zum 13. Jahrh. vor.
Einige deutsche (zweichorige) Basiliken sind mit zwei
Krypten versehen. Gewöhnlich ist die Krypta durch
Säulen und Bögen in Schiffe geschieden. — Grufträume
unter dem erhöheten Chorfussboden aus späterer Zeit
pflegen zu Grabgewölben bestimmt zu sein.

Künstler der Vorzeit, s. eine ansehnliche Reihe
derselben am Schlusse des Wörterbuchs.

Künstlerwappen. Das unter dieser Bezeichnung
vorkommende Wappen, welches der Sage nach vom
K. Sigismund, nach Anderen schon vom K. Karl IV.
(† 1348) den Malern verliehen sein soll, besteht aus
einem Schilde, in Deutschland meist von rother, in den
Niederlanden und in Frankreich von blauer Farbe, mit
drei darin enthaltenen, in folgender Weise *₊* gestellten silbernen Schildchen. Der Maler Amts-Wappen
in Lübeck von 1425 hat als Helmzier eine wachsende

Jungfrau zwischen den mit ihren Händen erfassten beiden Hälften eines Hirschgeweihes. (Mithoff, Mittelalt. Künstler und Werkmeister Niedersachsens etc. Aufl. II. S. 418 ff.).

Kunst ist das Vermögen, das innerlich Empfundene, mit dem geistigen Auge Erschaute zur äusseren Darstellung zu bringen. — Dichterische Gedankenfülle, Gefühlstiefe, Auffassungsgabe und Gestaltungskraft mit Schönheitssinn für Form und Farbe sind Elemente, aus welchen, vereint mit dem Studium der Natur und der stilistischen Gesetze, so wie mit der Kenntnis der Stoffe und der Gewandtheit in der technischen Ausführung, die Werke der bildenden Künste hervorgehen.

K u n s t f e r t i g k e i t wird durch Uebung erlernt, ist daher nicht das freie Schaffen des Künstlers.

Kunstgewerbe (Kunstindustrie): Ausdruck der Neuzeit für solche Gewerbe, deren Erzeugnisse nicht allein zweckmässig und technisch vollendet erscheinen, sondern auch in Bezug auf Zeichnung, Farben- und Formgebung so wie Ausschmückung künstlerisches Geschick bekunden.

Kupferstecherkunst. Eingegrabene (gravirte) Zeichnungen kommen zwar schon auf altetrurischen Metallspiegeln vor und wurden als Nielloarbeit auch bereits von dem Goldschmied Maso Finiguerra zu Florenz (1424—1469) angefertigt, diese aber so wenig, als jene zum Abdruck verwerthet. In Deutschland finden sich dagegen Kupferstiche mit den Jahrszahlen 1446 und 1451, in Italien erst v. J. 1465 datirt.

Das Kupferstechen ist die Kunst, die zum Abdruck bestimmten Zeichnungen entweder mit dem Grabstichel in die blank polirte Kupferplatte einzugraben oder vorher auf einen Aetzgrund zu radiren und einzuätzen, hierauf aber mit der kalten Nadel oder dem Grabstichel nachzuarbeiten. — Beim Stahlstiche wird statt der Kupfer- eine Stahlplatte, von welcher ihrer grösseren Härte wegen mehr gute Abdrücke als von einer Kupferplatte erfolgen, genommen.

Ausser dem schon erwähnten Radiren rechnet man zu den Arbeiten des Kupferstechers noch die sog. Aquatinta-Manier, die Schrotarbeit und die Schwarzkunst (s. diese Artikel).

Kuppel, s. Dachformen und Gewölbe.

Kusstäfelchen, s. Osculatorium, Pacificale, Pax.

Kymation (Cymatium): Karniess, insbesondere Ueberschlagkarniess, Rinnleiste als krönendes Glied des Kranzgesimses (vergl. Gebälk).

Labarum: eine römische Kriegsfahne, aus einem viereckigen Stücke Seidenzeuges bestehend, welches an einer Querstange befestigt war, die an ihren Enden durch zwei von der Spitze der Fahnenstange ausgehende Bänder gehalten wurde. Constantin d. Gr. versah das Labarum mit einem Kreuze und dem Monogramme Christi (s. unter Monogramm). Das Labarum wurde das Vorbild der in der katholischen Kirche üblichen Kirchen- oder Processionsfahnen.

Labrum, s. Laconicum.

Labyrinth, im Alterthume: ein Bauwerk mit zahlreichen, in den verschiedensten Richtungen und Verbindungen angelegten Räumen und Gängen, in welchem ein Uneingeweihter leicht sich verlieren konnte; im Mittelalter: ein Bittgang (Jerusalemsweg), d. h. eine Linienverzierung auf Kirchenfussböden in labyrinthartiger Anlage, welche nach den Kreuzzügen aufkam und in ihren Verschlingungen an die Pilgrimschaft auf Erden, so wie an das Wanderleben des Gekreuzigten erinnern sollte, und deren Begehung unter gewissen

Gebeten nach dem Volksglauben die mühevolle Reise
in das gelobte Land ersetzte.

Aus ähnlichem Grunde entstanden auch die B i t t -
oder B u s s t r e p p e n, die man auf den Knieen erstieg.

Laconicum: das in der Beschreibung der römischen Bäder (s. diese) erwähnte, in halbrunder Nische
an einem Ende des Caldariums gelegene Schwitzbad,
in der Mitte ein rundes, auf niedrigem Untersatze
ruhendes, mit heissem Wasser gefülltes Becken (labrum)
enthaltend, aus welchem die dasselbe Umstehenden ihren
nackten Körper benetzten, während sie mit einer Striegel
(Schabeisen, strigilis) den durch die hohe Temperatur
des Raums hervorgedrungenen Schweiss von der Haut
entfernten.

Läufer, s. Binder.

Laibung: die durch die Mauerstärke gebildete
Seiteneinfassung einer Oeffnung oder Nische. Auch
wird die Unterfläche eines Bogens B o g e n l a i b u n g
(Intrados) genannt.

Laienaltar, s. Altar.

Laienbrüder oder C o n v e r s e n hiessen solche
Klosterbewohner, die — aus irgend welchen Gründen
nicht fähig zum Mönchsthum — um ihr Seelenheil zu
retten, zu Dienstleistungen in Feld und Werkstatt in das
Kloster eintraten und sich nach Kräften der Regel be-
fleissigten.

Lambrequins: 1) Helmdecke, Latz am Turnier-
kragen;

2) Gehänge an Baldachinen aus Zeug, auch aus
Holz oder Blech.

Lambris, Paneel: Täfelwerk, insbesondere als Bekleidung des unteren Theils der Wände eines Zimmers.

Lancet stile, s. Early English (style).

Langhaus: der ein- oder mehrschiffige Kirchen-körper ohne den Chor und ohne das etwa vorhandene Querhaus.

Lanzettbogen, s. Bogenformen.

Lanzettfenster: hohes schmales Spitzbogenfenster ohne Maſswerk.

Lapithen: ein rohes Bergvolk in Thessalien, deren Kämpfe mit den Centauren (s. diese) mitunter den Gegenstand bildlicher Darstellungen in der Antike aus-machen, so auf einem vom Apollotempel bei Phigalia herrührenden Friese.

Larve, s. Maske.

Lasiren heisst in der Oelmalerei das Uebergehen unharmonischer Farbentöne eines Bildes mit durch-sichtigen, sog. Lasurfarben, um dadurch dessen Voll-endung herbeizuführen.

Laterne bedeutet in der Baukunst einen zur Erleuchtung dienenden Dachaufsatz, z. B. auf einer Kuppel, auch einen durchbrochen gehaltenen Theil einer Thurmspitze.

Laube (lobium): eine nach aussen offene und mit einer Brüstung versehene, übrigens bedeckte Vorhalle im Obergeschosse (besonders) mittelalterlicher Rath-häuser. Im südlichen Deutschland, in der Schweiz u. s. w. heissen auch die zu ebener Erde befindlichen Arcaden der Wohnhäuser Lauben oder Laubengänge.

Laufender Hund, s. Mäander.

Lavacrum: Wasserbad, dann Bezeichnung für Taufe.

Lavatorium: Tisch zum Waschen der hl. Gefässe. Waschhaus, Brunnenhaus (vergl. Bornhaus).

Laviren bedeutet in der Aquarell-Malerei: eine frisch aufgetragene Farbe mit dem Pinsel, unter

Wasserzusatz, abtönend vertreiben; mit dünner Farbe schattiren.

Lectionarium: die zum Vorlesen bei der hl. Messe und den canonischen Tagzeiten zusammengestellten Stücke aus dem alten und neuen Testamente (letztere mit Ausschluss der Evangelien).

Lector, Lectorium, s. Lettner.

Leib: der untere rechteckige Theil der Fiale (s. diese).

Legende: Inschrift auf einem Spruchbande, Umschrift einer Münze u. s. w.; dann Heiligengeschichte.

Legion. Eine römische Legion (Heeresabtheil. v. 4200 Mann) bestand aus 10 Cohorten zu 420 Mann, wozu noch 300 röm. Reiter kamen; jedoch war diese Anzahl nicht beständig. Auch wurde einer Legion noch eine beträchtliche Anzahl von den Bundesgenossen hinzugefügt (s. Castra). Ursprünglich dienten in der Legion nur röm. Bürger, später auch Freigelassene u. A. Jede Legion befehligte ein Legat, zwei oder mehrere derselben ein Consul oder Prätor.

Legirungen: Vermischungen von Metallen, z. B. von Kupfer und Zinn; Versetzung edler Metalle mit unedlen.

Lendner: ein eng anschliessender Rock, insbesondere ein derartiger meist ärmelloser Waffenrock von Leder, hart gesteppt, welcher über der Rüstung getragen wurde.

Leprosenhaus: Hospital für Aussätzige.

Lernäische Schlange, s. Hydra.

Lesbische Welle, s. Glieder.

Lesche: eine an einer Seite offene Halle.

Lesene, s. Lisene.

Lettner (lectorium): eine in Stifts- und Klosterkirchen unter dem sog. Triumphbogen zwischen Chor
und Schiff vorgerichtete (niedrige), unten mit Thüren,
oben mit einer Brüstung versehene Wand, von welcher
herab gepredigt oder vorgelesen werden konnte. Auch
wurde der Lettner mitunter zur Aufstellung eines Sänger-
chors benutzt und dann D o x a l (von den ausgeführten
liturgischen Gesängen, Doxologieen, d. i. Lobpreisungen)
genannt. (Im Dome zu Naumburg, wo ausnahmsweise
zwei Chöre und zwei Lettner vorkommen, sind an der
Chorseite des westlichen Lectoriums zwei Aufgänge in
Form von Wendelstiegen angeordnet, zwischen welchen
in der Mitte ein Durchgang durch den Lettner sich
befindet). Bei den Stiftskirchen lag westlich der gedachten Abscheidung ein dem hl. Kreuze geweiheter
Altar, der Laienaltar.

In der St. Johanniskirche zu Lüneburg zeigen sich
zu den Seiten des Chors des Mittelschiffs zwei auf
Gewölben ruhende Emporen, welche L e c t o r e n genannt und jetzt zur Aufstellung von Sängerchören benutzt werden. Auch in der abgebrochenen St. Lam-
bertskirche daselbst war an jeder Seite des Chors ein
derartiger Lector vorhanden.

Letze: bedeckter Gang hinter den Zinnen einer
Burgmauer; auch wird darunter wohl die Ringmauer
selbst, nach anderer Erklärung die äusserste Verthei-
digungslinie der Burg verstanden.

Leuchter. Es kommen vor:

1) S t a n d l e u c h t e r, und zwar grosse, im Presbyterium zur Seite des Altars aufgestellte Bronze-
Candelaber, hervorgegangen aus der Marmorsäule,
welche in der altchristlichen Basilika die geweihte
Osterkerze trug, oft siebenarmig, nach dem Vorbilde
des Leuchters im Tempel zu Jerusalem (wovon unter

den Reliefs am Titusbogen zu Rom eine Abbildung
erhalten), auch fünf-, drei- und zweiarmig, deren Fuss,
gewöhnlich ein mit phantastischen Thieren und Rankenwerk verzierter Dreifuss, häufig auf drei Löwen ruhet;
ferner drei- oder sechseckige Lichtständer mit Kerzen
für die »tenebrae« in der Marterwoche, sog. Tenebrenleuchter, auch runde hohe Standleuchter aus Holz ohne
Arme (vier derselben mit zierlicher Bemalung im Kloster
Wienhausen), endlich Altarleuchter, in alter Zeit aus
Bronze oder Messing, mit Dreifuss in gedachter Ausschmückung, in romanischer Zeit oft ohne Schaft, nur
mit einer Tülle für die Kerze, sodann mit kurzem
Schaft, welcher in der gothischen Periode mit Ring-
knäufen verziert und mit Zinnen gekrönt zu sein pflegt,
später in runden Formen mit schwerer Gliederung aus
Messing oder Zinn, auch wohl zierlicher und in der
Weise gestaltet, dass die Lichthülse von einem Engel
gehalten wird;

2) Hängeleuchter, und zwar grosse romanische
Lichterkronen (Dom zu Hildesheim), im Wesentlichen
aus einem breiten, hochkantig gestellten Metallstreifen
(canthus) oder mehreren, concentrisch sich verklei-
nernden metallenen Ringbändern bestehend, welche
zwischen symmetrisch vertheilten thurmartigen, kuppel-
gekrönten Heiligenhäuschen und Nischen für Figuren
die Kerzenstacheln tragen und an eisernen, von einem
Mittelpunkte ausgehenden Ketten hängen, auch mit Inschriften in Versen versehen sind, worin diese Lichterkronen als Symbole des himmlischen Jerusalems bezeichnet werden; gothische Lichterkronen, in den Hauptformen mit den romanischen eng verwandt, deren
Metallreifen mit Heiligenhäuschen (für Apostel und Propheten) besetzt, in den Zwischenräumen mit durchbrochen gearbeiteten Verzierungen und am obern Rande

(an die Mauern Jerusalems erinnernd) mit Zinnen versehen sind (St. Alexanderskirche zu Einbeck v. J. 1420);
sodann gothische Hängeleuchter zu kirchlichem und welt-
lichem Gebrauche, einmal aus Messing in architektonischen Formen mit einzelnen Figuren in der Mitte oder
als Krönung (Rathhaus zu Goslar), dann aber auch aus
Hirschgeweihen mit einem Marienbilde als Mitte (Kirche
zu Lochtum im Hildesheimschen) oder mit Kaiserfigur
nebst Wappen ausgestattet (Rathhaus zu Goslar); Kron-
leuchter aus der Renaissance-Periode von Messing mit
vielen geschwungenen Armen, nicht selten mit einem
Doppeladler als Krönung;

3) Wandleuchter, in älterer Zeit meist in
Schlangenform, theils aus Messing (Marktkirche zu
Hannover vor der Restauration), theils aus Schmiedeeisen mit Blättern, spiralförmigen Zierrathen und Fähn-
chen (Kirche zu Rheden im Hildesheimschen); endlich

4) Tragleuchter, unter welchen — abgesehen
von neueren Fabrikaten — gothische Exemplare aus
dünnem Schmiedeeisen, so wie in bemaltem Schnitzwerk
sich finden.

Levit: Glied vom Stamme Levi, eine Art Priester
bei den Juden; auch ein Priestergehülfe in der römischen Kirche, daher die Diakonengewänder
Levitenkleider genannt werden.

Levitenstuhl: dreisitziger Stuhl mit Baldachin auf
der Epistelseite des Chors; der östliche höchste Sitz für
den amtirenden Priester zum Ausruhen während gewisser
Pausen des liturgischen Dienstes, der mittlere für den
Diakonus, der westliche für den Subdiakonus. Zuweilen
war der höhere Sitz des Priesters zwischen den beiden
andern, dann unter sich gleich hohen Sitzen angebracht.
Es kommen auch ähnliche Fünfsitze vor.

Lichtdruck: die Vervielfältigung einer photographischen Aufnahme durch die Presse, insbesondere der Druck von einer Glasplatte.

Lichtenmaſs (Maſs im Lichten): die Dimensionen einer Oeffnung, eines Raums innerhalb der Wandungen, also ohne Rücksicht auf deren Stärke.

Lichtgaden, s. Scheidmauern.

Lictor: ein öffentlicher Diener hoher obrigkeitlicher Personen bei den Römern. Die Lictoren hatten solchen Personen, einzeln in einer Reihe ihnen voraufgehend, Platz zu machen, so wie deren Befehle zu vollziehen. Jeder Lictor trug auf der Schulter die Fasces, d. h. ein Bündel Stäbe mit daraus hervorragendem Beil.

Lierne: Gewölbrippe, Querband.

Limbus: Saum, Gürtel; limbus (patrum): Region der alttestamentlichen Vorväter, Vorhölle.

Limes imperii romani: das grossartige Kriegsbauwerk der Römer, welches in einer Länge von etwa 70 Meilen den Rhein und die Donau zum Schutze des dahinter liegenden, den gallischen und germanischen Ansiedlern überlassenen Zehntlandes verband. Der Limes bestand von Regensburg bis Lorch aus einem Steindamme mit Mauerthürmen, begleitet von Verschanzungen und Gräben, dann in der Richtung nach dem Odenwalde aus einem Erdwalle mit äusserem Graben, dem sog. Pfahlgraben, im Odenwalde selbst aus einer Reihe von Castellen, die wahrscheinlich durch Palissadenreihen unter einander verbunden waren, worauf nördlich vom Main bis zum Taunus wiederum der sog. Pfahlgraben erschien, während weiterhin ein Wall auf steinernem Grunde, durch Pfahlwerk gesichert, sich hinzog. Runde, in regelmässigen Entfernungen aufgeführte Thürme dienten als Warten. Ausserdem waren Castelle in oder neben dieser Grenzbefestigung zu deren Vertheidigung angelegt.

Limusiner Email: die zuerst im 15. Jahrh. zu Limoges mit Schmelzfarben auf Metall ausgeführte Malerei. Vergl. Email.

Line: ein Balkon einer Burg.

Linearperspective, s. Perspective.

Linteamenta altaris: Altartücher.

Lipsanothek: Reliquienbehältniss.

Lisene: ein bei romanischen Gebäuden vorkommender, senkrechter, wenig vortretender Mauerstreifen, vom Sockel bis zum Bogenfriese aufsteigend und in diesen übergehend. An Stelle der (mit Kapitälen nicht versehenen) Lisenen haben auch Halbsäulchen Anwendung gefunden.

Lisière: Einfassung, Leiste, Saum.

Lithoglyphik: Steinschneidekunst.

Lithographie: Steinzeichnung, Steindruck. Die Zeichnung wird mit fettiger Kreide auf die geschliffene Steinplatte (verkehrt) aufgetragen und diese sodann geätzt. Da die Zeichnung wegen fettiger Beschaffenheit der Kreide von der Aetzflüssigkeit nicht angegriffen wird, so tritt sie gegen den geätzten Grund etwas vor und wird dadurch zur Aufnahme der Druckerschwärze und mithin zum Abdruck geeignet.

Liturg: Priester, Kirchendiener.

Liturgie: Kirchenordnung.

Liturgische Farben. Die Messgewänder des Priesters und der Diakonen, so wie die Altarbekleidungen sind seit dem 12. Jahrh. zu verschiedenen Zeiten des Kirchenjahrs und bei verschiedenen Festlichkeiten von verschiedener Farbe: w e i s s, an allen Christusfesten, an Festen der Bekenner und Jungfrauen, die nicht Märtyrer sind, bei Bischofsweihen etc., sonst nur von der Weihnachtsvigilie bis zur Epiphaniasoctave; r o t h, zu Pfingsten und an den Festen der Apostel und Märtyrer; g r ü n, von der Epiphaniasoctave bis Septuagesimae und in der Trinitatiszeit; v i o l e t t, in der Advents- und in der Fastenzeit von Septuagesimae an etc.; s c h w a r z, am Charfreitage und bei allen Todtenmessen für Erwachsene — bei solchen für Kinder aber weiss.

Liturgische Gewänder, s. Priesterkleidung.

Localfarbe ist die dem Gegenstande ohne Rücksicht auf die verschiedene Wirkung des Lichts eigenthümliche (daher nicht modificirte) Farbe.

Loculus: in den Felsen gearbeitete Grabstelle in den Katakomben, meist nur für einen (ohne Sarg beigesetzten) Leichnam bestimmt. Die Loculi wurden an den Seiten der Gänge reihenweise über einander angebracht, die Oeffnungen derselben hernach mit Verschlussplatten und diese mit Inschriften versehen.

Löthen: Metalle durch eine, gegen diese leichtflüssigere Metallmischung (Loth) mit einander verbinden.

Loggia (ital.): ein nach aussen geöffneter, mit einer Brüstung versehener, bedeckter Raum im Obergeschoss eines Hauses, wie die Laube (s. diese); auch ein derartiger Gang. Jedoch gilt diese Bezeichnung auch für, nach aussen in einer Bogenstellung geöffnete, eingeschossige Gebäude, wie solches u. a. die bekannte Loggia de' Lanzi in Florenz zeigt.

Lorica: Brust- und Rückenharnisch aus Leder oder Metall, letzteres in Form von Schuppen, Ringen, Platten u. s. w. Lorica squamata und hamata: Schuppen- und Kettenpanzer.

Louvre: der in der Hauptsache von Pierre Lescot in der zweiten Hälfte des 16. Jahrh. in Paris (auf der Stelle eines ebenso genannten festen Schlosses) erbaute k. Palast. Baptiste Androuet verband denselben 1578 durch eine grosse Gallerie mit den

    Tuilerien, die von Philibert Delorme 1564 begonnen, späterhin aber und noch in neuerer Zeit, gleich dem Louvre, erweitert und vervollständigt sind.

Lucarne: Dachfenster.

Lucerna: Lampe.

Lunette (fr.): halbrundes oder spitzbogiges Feld unter einer Stichkappe, so wie über einer Thür oder einem Fenster; auch ist diese Bezeichnung auf Stichkappe und Kappfenster übertragen.

Lustre (fr.): Glanz; Häugeleuchter mit Mittelstamm und Zweigen.

Luftperspective, s. Perspective.

Luftsteine: ungebrannte, nur an der Luft erhärtete Ziegel.

Lug in's Land: ein hoher, oder doch hoch gelegener Wartthurm.

Lunula: kleiner Halbmond zum Festhalten der Hostie in der Monstranz (s. diese).

Mâchecoulis, Mâchicoulis (fr.): vorgekragte, unten mit Gussloch versehene Mauerzinne (eigentlich das Gussloch), um durch Ausgiessen heissen Wassers, Herabwerfen von Steinen u. s. w. die Belagerer von der Annäherung an die Mauer abzuhalten. Zu den Mâchecoulis werden auch die Gusserker oder Pechnasen (Moucharabis), erkerartige, mit Gusslöchern versehene, besonders zur Vertheidigung von Thürmen dienende Ausbaue, gerechnet.

Mäander: ein — gleich dem vielgewundenen Flusse dieses Namens — in Schlangenwindungen sich fortbewegendes Linienornament

oder zusammengesetzter , letzteres gewöhnlich **Meereswelle**, auch **laufender Hund** genannt.

Mänaden: Begleiterinnen des Bacchus auf seinen Zügen, Bacchantinnen.

Männerschiff: ursprünglich das südliche Seitenschiff der Kirche.

Magier: morgenländische Gelehrte, Priester, Weise, Sterndeuter, daher die hl. drei Könige oder Weisen aus dem Morgenlande so genannt wurden. (Spätere Bedeutung: Schwarzkünstler, Zauberer).

Majolika: mit Schmelzfarben bemaltes Geschirr aus gebrannter Erde (nach der Insel Mallorca, wo die Araber diese Kunst betrieben, benannt). Ausgezeichnet sind die italienischen Majoliken aus dem 16. Jahrh. wegen ihrer Malereien nach Zeichnungen berühmter Meister.

Majuskelschrift, lediglich aus Grossbuchstaben bestehend.

Maler-Radirer nennt man solche Künstler, welche eigene Compositionen radiren (auch wohl in Kupfer stechen).

Mandorla: Glorie in Form der Mandel (ital. mandorla), auch **Fischform** genannt, als Umrahmung hl. Figuren (wenn solche auch nicht etwa als Glorie aufzufassen) schon im 11. Jahrh. (an der Façade der Kirche zu Angoulème und auf dem von der Königin Gisela gestickten ungarischen Krönungsmantel) erschei-

nend, sodann im 12. Jahrh. öfter zur Anwendung gelangt (Crosnier. Iconographie chrétienne, p. 65), häufiger
aber im sog. Uebergangs- und im gothischen Stile vorkommend.

Für Siegel in Form der Mandorla, aus zwei aufgerichteten Segmenten bestehend, ist in neuerer Zeit
die Bezeichnung »Spitzoval« vorgeschlagen.

Manier wird oft die Eigenart eines Künstlers in
der Auffassung und Behandlung seiner Leistungen genannt, meist in dem Sinne, wenn man eine entartete
Richtung desselben bezeichnen will. Insbesondere nennt
man seine Leistungen m a n i e r i r t, wenn er, die Natur
vernachlässigend, in mechanischer Handgewöhnung
arbeitet, in fehlerhafte Eigenthümlichkeiten verfällt.
Vergl. Stil (am Schlusse).

Die Bezeichnung »Manier« giebt man auch verschiedenen technischen Behandlungsweisen; so sagt
man: Strichmanier, Tuschmanier u. s. w.

Manipulus: eine Handvoll; ein oben mit einer
Hand versehenes Feldzeichen der Römer (weil den-
selben, statt eines solchen, in der ersten Zeit ein
Heubündel vorgetragen sein soll); dann die zu einem
Manipel gehörende Anzahl von Kriegern zu Fuss (den
vierten Theil einer Cohorte ausmachend). Endlich ist
M a n i p e l ein Bestandtheil der kirchlichen Priester-
kleidung (s. diese).

Mannequin: Gliederpuppe, welche von den Künstlern (an Stelle eines lebenden Modells) besonders bei
Gewandstudien benutzt wird.

Mansarde: Geschoss in einem Mansarden- oder
gebrochenem Dache, s. Dachformen.

Mappa. Darunter wird (ausser andern Bedeutungen als: bischöflicher Traghimmel, kurzer Mantel

der Mönche) ein Tuch (zu verschiedenen Zwecken), Hand-
tuch, Schweisstuch u. s. w. verstanden.

Marinemaler. Ihre Arbeiten zeigen das Meer in
seinen verschiedenen Zuständen, mit seinen Schiffen,
Häfen, Buchten u. s. w., so wie die Strandgegenden.

Marqueterie: eingelegte, insbesondere dergleichen
in Holz ausgeführte Arbeit.

Martersäule, s. Passionssäule.

Martyrologium: Märtyrerbuch, Geschichte oder
Verzeichniss der Blutzeugen.

Mascaron: Fratzengesicht, ein durch den Ausdruck einer Leidenschaft u. s. w. verzerrtes Gesicht, als
Ornament in Friesen oder an Schlufssteinen von Wölbungen.

Maske (Larve): 1) Gesichtshülle auf der antiken
Bühne und beim heutigen Mummenschanz, daher die
Maske ein Symbol der Schauspielkunst; 2) Gipsabguss
einer von einer lebenden oder todten Person genom-
menen Gesichtsform; 3) ein modellirtes Antlitz, als
Ornament dienend, wie Andr. Schlüter's berühmte
Masken sterbender Krieger über den Fenstern im Hofe
des Zeughauses zu Berlin (Vergl. Mascaron).

Massiv: stark, fest; von Bauwerken: steinern,
feuerfest; von Metallen: gediegen, aus ein und demselben Materiale bestehend, nicht hohl oder mit einem
anderen Metalle überzogen.

Mafswerk: die aus geometrischen Elementen gebildeten Verzierungen gothischen Stils, namentlich im
oberen Theile der Fenster, als Dreipass, Vierpass,
Rose u. s. w. vorkommend, unter welchen die rein
geometrischen strengen Formen auf die frühere, die
geschwungenen im sog. Fischblasenmuster auf die spätere

Zeit dieses Stils hinweisen. Eigenthümlich sind dabei die sog. Nasen oder vortretenden, bogenförmig begrenzten Spitzen. Gothische Blenden enthalten auch oft en relief gearbeitetes Mafswerk.

Mastix, ein wohlriechendes Baumharz, besonders auf der Insel Candia sich findend, wird mit Wachs, beides in Terpentin aufgelöst, und mit Copaivabalsam zur Bereitung eines vorzüglichen Firnisses für Oelgemälde gebraucht. Den Namen Mastix (Mastic) führt auch ein namentlich von Bildhauern benutzt werdender Steinkitt.

Matronäum, s. Senatorium.

Maurischer Stil. Er ist dem arabischen Stile eng verwandt, hat aber demselben normannische und spätromanische Formen hinzugefügt. Die Hauptleistungen im maurischen Stile finden sich in Spanien.

Mausoleum: ursprünglich das dem Könige Mausolos in Halikarnass von seiner Gemahlin Artemisia errichtete prächtige Grabmal; dann ein bedeutsames Grabmal überhaupt; ein prächtiger als Gruft dienender Bau.

Medaille: Schau- oder Denkmünze.

Medailleur: Stempelschneider, Verfertiger der Stempel zu Münzen, Medaillen u. s. w.

Medaillon: grosse Schau- oder Denkmünze; Rundbild, insbesondere in halberhabener Arbeit. Medaillon-Portrait: ein Bildniss in runder oder ovaler Einrahmung.

Medusenhaupt, s. Gorgonenhaupt.

Meer, das eherne: Reinigungsbrunnen im Vorhof des Tempels zu Jerusalem, mitunter als ein von 12 Stieren getragenes Becken dargestellt.

Meerfrau und **Meermann**, s. Sirenen.

Memnonsäulen: zwei sitzende Colossalfiguren vor dem Tempel des Königs Amenophis III. in Theben, Monolithe aus sehr hartem und sprödem Kieselconglomerat, von welchem bei plötzlichem Temperaturwechsel bei Sonnenaufgang kleinere oder grössere Stücke absprangen, wobei ein zitterndes Tönen vernehmbar war. Daher die Sage vom Tönen der (noch jetzt vorhandenen) Bildsäulen. (Memnon, Sohn der Eos, Aethiopierfürst, von Achilles vor Troja getödtet, angeblich Urheber grosser Bauten: Memnonia, s. Meyer's Handlexikon d. allgem. Wissens).

Memoria: Grabdenkmal, Gedächtnisskapelle, Krypta als Grab eines Märtyrers.

Menhir (Langstein), vorgeschichtliches Denkmal in Form eines aufgerichteten, obeliskenartigen Steins. Die Bezeichnungen Menhir oder P e u l v a n (Steinpfeiler) sind in der Bretagne gebräuchlich; in Skandinavien nennt man ein solches Denkmal B a u t a s t e i n.

Messe: die hl. Abendmahlsfeier der Katholiken, das Hochamt; auch das während des Hochamts aufzuführende geistliche Tonstück.

M e s s c a n o n, s. Canon.

Messkännchen: kleine Giessgefässe für Wasser und Wein zum Gebrauche bei der hl. Messe, immer paarweise auf einer Schüssel sich befindend, aus Glas in Metallfassung oder aus Metall gearbeitet, im letzteren Falle mit a (aqua), bezw. b (vinum) bezeichnet.

Messthürmchen. Alle Stifts- und Klosterkirchen hatten über dem Bautheile, welcher dem Convente als

Versammlungsort beim Gottesdienste angewiesen war, ein Thürmchen für die Messglocke. (Lübke, Mittelalt. Kunst in Westfalen, 181).

Metopen, s. Triglyphen.

Mettertienbild: St. Anna selbdritt (mettercia), eine Darstellung der, das Jesuskind tragenden hl. Maria und ihrer Mutter St. Anna zu einer Gruppe vereint.

Mezzanin: Halb- oder Zwischengeschoss, häufig über dem (zu Läden eingerichteten) Erdgeschosse städtischer Gebäude angeordnet.

Mezzo-Relief (ital. mezzo-riliévo), s. Relief.

Migalet: starker rechteckiger Thurm einer grösseren Moschee mit Plate-forme und schlankem Aufsatze.

Minaret: schlanker Thurm einer Moschee, von dessen Gallerie herab der Muhezzin die Gebetsstunden verkündigt.

Miniaturen — abzuleiten von minium (Mennig), womit die Rubriken und Initialen der mittelalterlichen Pergament-Handschriften geschrieben oder gemalt zu werden pflegten — ist die Bezeichnung für die zur Erläuterung des Textes darin angebrachten Kleingemälde. Die dazu benutzten Farben wurden meist mit Eiweiss, Gummi u. dgl. angemacht; das Gold legte man entweder als Blattgold auf oder es wurde mit dem Pinsel aufgetragen. Zu den Miniaturen werden auch die Initialen und Randzeichnungen gerechnet. Bilderhandschriften kamen schon in der Frühzeit des Christenthums vor. Im Mittelalter wuchs, nach Verlassung der starren byzantinischen Formen, der Kunstwerth der Miniaturen, deren Anfertigung dann durch die romanische und gothische Periode hindurch bis in die Zeit der Renaissance viel geübt wurde, was nicht selten von namhaften Künstlern geschah. — Miniatur-Malereien nennt man auch spätere, auf Elfenbein oder Pergament ausgeführte Bildchen.

Ministrant: Ein niederer Geistlicher, der dem Priester bei der hl. Messe an die Hand geht.

Mi-parti (partie): halb getheilt, wird eine in der zweiten Hälfte des 14. Jahrh. und im 15. Jahrh. beliebte Tracht genannt, bei welcher jede Hälfte eines Kleidungsstücks verschieden gefärbt war, und zwar in der Weise, dass bei einem Anzuge die Farbe der einen Hälfte des oberen Kleidungsstücks in der entgegengesetzten Hälfte des unteren wiederkehrte.

Misericordien nennt man die Consolen unter den Sitzen der Chorstühle, welche — nach dem Aufklappen der Sitze — von schwachen oder vom Stehen ermüdeten Mönchen als Stütze benutzt werden konnten.

Missale: Messbuch, die Abendmahls-Liturgie für die Sonn- und Festtage des Jahrs hindurch. — Das Missale soll umhüllt sein von einem leinenen oder seidenen oder noch kostbareren und wo möglich nach den Kirchenfarben verschiedenen, unten mit Fransen besetzten Tuche (integumentum, camisia, involucrum. S. Jakob, Die Kunst im Dienste der Kirche, 214, 218).

Mitra: eine schon im heidnischen Alterthume vorkommende Haube oder Mütze, die mit Bändern unter dem Kinne festgebunden wurde. Später — nach dem Vorbilde des jüdischen Hohenpriesters — von den höheren christlichen Priestern angenommen, wurde sie seit dem 11. Jahrh. ein Bestandtheil der bischöflichen Amtstracht. Die bischöfliche Mitra nahm allmählich die nachher feststehend gewordene Form an, bei welcher der untere runde Theil in zwei, durch ein Zwischenfutter verbundene, spitz zugehende sog. Cornua sich spaltet, und wobei von der Rückseite zwei Bänder (in-

fulae) herabfallen.   Die früher niedrig gehaltenen Cornua erlangten gegen Ausgang des Mittelalters die üblich
gebliebene höhere Form.

Model (modulus): Maſs zur Bestimmung der Einzelheiten bei den sog. Säulenordnungen (s. diese), mit
Unterabtheilungen in 12 oder 30 Partes.

Modell: Vorbild, Muster zu einem meist in
grösserem Maſsstabe auszuführenden Gegenstande der
Kunst oder Technik; auch die Nachbildung eines grossen
derartigen Gegenstandes im Kleinen.

Der Bildhauer fertigt bei Ausführung grosser Bildwerke nach seiner Skizze zunächst ein kleines sog.
Hülfsmodell aus Thon an, nach diesem ein zweites
Thonmodell in wirklicher Grösse und nimmt dann von
letzterem einen Gipsabguss, der ebenfalls Modell genannt und nach welchem das Original gearbeitet wird.

Modell nennt man auch die, dem Künstler bei seinen
Arbeiten als Vorbild dienende lebende Person.

Modelliren heisst beim Bildhauer: die Anfertigung
eines Bildwerks aus weichem Material, wie Thon, Wachs;
in der Malerei: die Kunst, durch Licht und Schatten
plastische Formen täuschend darzustellen.

Modillon: Sparrenkopf, Console unter der hängenden Platte des Kranzgesimses.

Mönch heisst in der Architektur u. a. die Spindel
einer Wendeltreppe.

Mönch und **Nonne** werden mittelalterliche Hohl-
ziegel genannt, bei deren Eindeckung die, zwischen
den sog. Nonnen bleibenden Langfugen durch Auflegung
der, mit ihrer convexen Seite nach aussen gekehrten
sog. Mönche zugedeckt werden.

Mönchsgang: ein bei Kirchen vorkommender
schmaler, in den Mauern des Mittelschiffs ausgesparter,

zuweilen auch auf einem Mauerabsatz angelegter Gang, um mit dessen Hülfe leichter zu den einzelnen Gebäudetheilen gelangen zu können.

Mönchskleidung, s. Priesterkleidung.

Monasterium: Kloster, Klosterkirche (Münster).

Monile: im Alterthume ein Halsband; im Mittelalter eine medaillonartige Verzierung, die an einer Halskette getragen wurde oder anderweit als Schmuck diente.

Monochromie: einfarbiger Anstrich, Ausfüllung einer Umrisszeichnung mit ein und derselben Farbe.

Monogramm: Namenszug. Das Monogramm Christi, IHS, eigentlich nur die ersten Buchstaben des griechischen Ἰησοῦς enthaltend, wird auch mystisch gedeutet: Iesus Hominum Salvator oder In Hoc Signo sc. vince; letzteres als Uebersetzung der griechischen Worte τούτῳ νίκα, welche Constantin d. Gr. im Kriege mit dem Tyrannen Maxentius einst über der Lichterscheinung eines Kreuzes am Himmel gelesen haben soll. Nach dem Vorbilde dieser Vision liess er das Labarum anfertigen (s. dieses), dessen Spitze eine goldene, mit Edelsteinen besetzte Krone und an letzterer die Anfangsbuchstaben des Namens ΧΡιστός (Christus) trug, wobei das im Griechischen bekanntlich R bedeutende P in die Mitte des X (Ch) gesetzt war ☧. Dieses Monogramm liegt der im Mittelalter gewöhnlichen Abkürzung ΧΡC oder χρ⁹ = Christus zu Grunde, zuweilen, in Beziehung auf Apokal. I. 8, beseitet von den Buchstaben Alpha und Omega.

Monolith: grosser, aus einem einzigen Stücke bestehender Stein, z. B. der Schaft einer Säule, eine Statue.

Monopteros, s. Tempelformen.

Monstranz: tragbares Tabernakel, Thürmchen auf einem dem Kelchfusse gleichenden Untersatze, welches ein Glas oder einen Krystall, worin die zur Festhaltung der Hostie dienende goldene Lunula, umschliesst, ein gewöhnlich aus Metall gearbeitetes Gefäss, »worin der allerheiligste Gott unter der Gestalt einer grösseren Hostie zur öffentlichen Anbetung ausgesetzt wird« (Kratz, d. Dom zu Hildesheim, II. 238). Monstranzen wurden erst im 14. Jahrh. gebräuchlich, in dessen Anfang die Feier des Frohnleichnamsfestes allgemeinere Verbreitung erhielt, welcher sie ihr Dasein verdanken werden. Um diese Zeit hatte die Goldschmiedekunst die romanischen Formenbildungen aufgegeben und sich dem gothischen Stile angeschlossen. Mit der Renaissancezeit wurden, besonders in Frankreich, die scheibenförmigen Monstranzen gebräuchlich, bei denen die Hostie durch eine runde, von Strahlen umgebene Glasscheibe sichtbar wird. Vergl. Ostensorium.

Montiren: die zur Aufstellung einer Maschine nöthigen Arbeiten ausführen; die einzelnen Theile eines Gusswerks zu dessen Aufstellung in den Fugen genau nacharbeiten, zusammensetzen und verbinden. Ein zu derartigen Leistungen befähigter Arbeiter wird M o n - t e u r genannt.

Montiren heisst auch Gefässe aus Glas, Porzellan u. s. w. mit Fuss, Henkeln u. dgl. aus Metall versehen.

Monument (Monimentum): Denkmal, Grabmal.

M o n u m e n t a l sagt man von solchen Werken der bildenden Künste, die zu einem öffentlichen dauernden Zwecke bestimmt sind und dies durch ihr Gepräge erkennen lassen.

Moresken nennt man die, den Arabesken fast gleichkommenden Verzierungen maurischen Stils.

Morgensprache. Die Gilden verhandelten im Mittelalter ihre wichtigsten Angelegenheiten in der Morgensprache, von Sprache, i. e. judicium und der Tageszeit so genannt. Die Versammlung zerfiel in drei Theile. Den Vorsitz führte der Gildemeister; die versammelten Gildebrüder stellten das Schöffencollegium vor, welches seine Entscheidungen durch den Worthalter abgab; die Partei wurde durch den Fürsprecher vertreten.

Morgenstern: eine mittelalterliche Waffe, bei welcher eine mit Stacheln besetzte Kugel entweder den oberen Theil eines, oft ausserdem mit einer Spitze versehenen Schafts bildet, oder von demselben an einer Kette herabhängt. Auch wird eine keulenartige, oben mit Stacheln besetzte Waffe Morgenstern genannt.

Mosaik: eingelegte Arbeit aus kleinen, künstlich in Mustern u. s. w. zusammengefügten Stücken von Stein, Glas oder Holz. Man unterscheidet Würfelmosaik und Stiftmosaik, letztere bei sehr zierlichen Arbeiten anwendbar. Auch kommt neben der Würfelmosaik die aus grösseren Stücken bestehende Plattenmosaik vor. Musivische Arbeiten fanden bereits in der antiken Kunst ausgedehnte Anwendung; als eine treffliche Leistung dieser Art ist u. a. ein in Pompeji aufgefundener, die Alexanderschlacht darstellender Fussboden zu nennen. Nicht weniger beliebt war die Mosaikarbeit in der altchristlichen Zeit und im Mittelalter, zu Fussböden, so wie zur Ausschmückung von Wänden und Gewölben dienend. Letztere zeigen oft farbige figürliche Darstellungen auf Goldgrund, wobei dieser von Glaswürfeln aus zwei Schichten mit zwischen gelegtem Gold gebildet ist. Bei der heutigen Florentiner-Mosaik geht das Bestreben dahin, den einzelnen Gegenstand, z. B. eine Blume, Frucht u. dgl., aus möglichst wenigen, schon

von Natur die nöthigen Farbentöne enthaltenden Stücken,
die dann der Zeichnung entsprechend zugeschnitten
werden, herzustellen.

Moscheen: Bauanlagen für die Gottesverehrung
der Muhamedaner. Die Moscheen der westlichen
Gegenden bilden einen grossen rechteckigen, durch hohe
bezinnte Mauern von der Aussenwelt abgeschiedenen
und an drei Seiten von ungewölbten Arcaden umgebenen
Hof, welcher in der Mitte mit einem zur Reinigung
vor dem Gebete dienenden, kuppelförmig überwölbten
Brunnen versehen ist, an der vierten östlichen Seite
aber eine Anzahl parallel zu einander angeordneter
Schiffe zeigt, die aus ungewölbten Arcadenreihen bestehen und mitunter nach der Hofseite hin durch eine
die Eingänge enthaltende Frontmauer abgeschlossen
werden. Die in dieser Weise gebildete Halle ist die
Stätte des Gebets mit einer Tribüne zum Ausrufen der
Gebetsstunden, und hier befindet sich das Heiligthum
(Kibla), eine die Richtung nach Mekka andeutende, zur
Aufbewahrung des Korans bestimmte Nische, die zwar
durch eine reichere Ausstattung sich auszeichnet, aber
im Aeussern nicht bedeutsam hervortritt. Nur die das
Hofthor beseitenden schlanken Thürmchen (Minarets),
von welchen herab der Muhezzin die Stunden des
Gebets verkündigt oder der sich hier erhebende Migalet
(starker Thurm), kennzeichnen diese Art der Moscheen
schon aus der Ferne. Dies geschieht allerdings in dem
Falle noch mehr, wenn mit der Moschee das von einer
hohen Kuppel bekrönte Grab des Erbauers derselben
verbunden ist.

Bei den Moscheen in den östlichen Gegenden zeigt
sich eine dem byzantinischen Central- oder Kreuzbau
verwandte Anordnung, indem um einen rechteckigen,
mit einer Kuppel überwölbten Hauptraum vier in gleicher

Weise überdeckte Nebenräume, sodann eine westliche Vorhalle und in der Richtung nach Mekka eine Gebetshalle nebst der Kibla sich gruppiren. Es tritt hier die Moschee als ein Gebäude von organischer Gestaltung und wirkungsvoller Form auf, dessen Aeusseres noch durch zwei oder mehrere an seinen Ecken emporsteigende Minarets belebt wird. Zu der Ausstattung des Innern gehören, ausser einer Kanzel, zwei Pulte, eins zum Vorlesen der Gebete, das andere zum Vorlesen von Stellen aus dem Koran. Ein Vorhof mit Brunnen fehlt auch hier nicht. Die erwähnten Kuppeln, im arabischen Stile halbkugelförmig, im saracenischen gestelzt und zugespitzt, erhalten später, namentlich in Persien und Ostindien, die auch in der Türkei beliebte Zwiebelform.

Moshus (môshûs, muoshûs): Speisesaal, »moshus edder reventer« (Schiller u. Lübben, mittelniederdeutsch. Wörterb.); mushus: Zeughaus, Vorrathshaus auf den Burgen. »Mus war vor Zeiten soviel als Masche, Netzmasche, besonders ein eiserner Ring in einem Kettenpanzer, daher Muserie ein Zeughaus, wo die Panzer verwahrt wurden«. (Brem. niedersächs. Wörterb.). Nach Anderen von Mos, Mus = Gemüse abzuleiten, ein Küchen- und Wirthschaftsgebäude einer Hofburg bedeutend. (Müller und Mothes).

Moucharaby (fr.), s. Mâchecoulis.

Mozetta: leichter Schulterkragen mit Kapuze von Seide oder Wolle, vergl. Priesterkleidung.

Münster, von Monasterium (Kloster, Klosterkirche) abzuleiten, eine besonders im südwestlichen Deutschland und in der Schweiz gebräuchliche Bezeichnung für Kathedralen und Gotteshäuser ansehnlicher Collegiatstifter, während für letztere im nordwestlichen Deutsch-

land — wie in Einbeck und Hameln — wohl Münster-
kirche gesagt wird.

Muhamedanische Baukunst. Darunter begreift
man die arabische Baukunst (s. diese) mit ihren Ab-
zweigungen. Während bei diesen in Syrien die byzantinischen Formen überwiegen, in Persien die Bauten
der Sassaniden, in Ostindien die dort vorgefundenen
Denkmale nicht ohne Einfluss blieben, bildete sich in
Egypten und Sicilien, ungeachtet der Aufnahme antiker
und romanischer Elemente, die muhamedanische Baukunst als saracenische am selbstständigsten und in Spanien als maurische Bauweise am zierlichsten aus. Bei
den Monumenten des Islam in der europäischen Türkei
herrscht der byzantinische Kuppelbau durchaus vor.

Muldengewölbe, s. Gewölbe.

Mumie : einbalsamirter und aufgetrockneter
Leichnam.

Musagetes: der Musenführer, ein Beiname des
Apollo.

Musen: Göttinnen der schönen Künste und Wissenschaften. Es sind deren neun:

    Klio, für die Geschichte;

    Melpomene, für das Trauerspiel;

    Thalia, für das Lustspiel;

    Kalliope, für das Heldengedicht;

    Terpsichore, für die Tanzkunst;

    Euterpe, für die Tonkunst;

    Erato, für die Liebesgesänge;

    Urania, für die Sternseherkunst;

    Polyhymnia, für die Redekunst.

Muserie: Zeughaus, vergl. Moshus.

Museum (Musium): bei den Alten ein den Musen
(d. h. der Gelehrsamkeit) geweihter Ort. Diese Be-

zeichnung führen jetzt die Sammlungen von Gegenständen aus den Bereichen der Künste und Wissenschaften.

Musivum sc. opus: eingelegte Arbeit, vergl. Mosaik.

Mutulen oder **Dielenköpfe** heissen die an ihrer
Unterfläche mit je drei Reihen von sechs Tropfen (s.
diese) besetzten rechteckigen Plättchen, welche, von vorn
nach hinten ansteigend, unter der Hängeplatte des dorischen Tempelgebälks (s. Gebälk) in Breite der Triglyphen,
sowohl über diesen, wie über den Metopen, angeordnet sind.

Mysterien: Geheimlehren, Geheimdienst; im Mittelalter geistliche Schauspiele aus der Passion u. s. w.,
welche anfangs in den Kirchen, später auch auf öffentlichen Plätzen, meist aber nur zu Ostern und Pfingsten,
aufgeführt wurden.

Mythologie: Götterlehre, Sagenkunde.

Mythus: Im Mythus werden die Erscheinungen der
Weltschöpfung, die im Natur- und Geistesleben wal-
tenden Kräfte, zu besonderen Gestalten mit eigener Geschichte, z. B. die Elemente zu Titanen, die gegen die
Götter der höheren Bildung kämpfen. (Förster, a. a. O.
196 f.).

Najaden: Nymphen der Wasserquellen.

Naos: das eigentliche Tempelhaus, der innere zur
Aufstellung der Bildsäule der Gottheit bestimmte Raum
(Cella).

Narthex: die schmale Vorhalle am Eingange des
Mittelschiffs der altchristlichen Basiliken, zum Aufenthalt
der Katechumenen dienend.

Nase, s. Mafswerk.

Naturalismus. Den Weg des Naturalismus betritt

die Kunst, wenn es ihr auf die Darstellung der Wirklichkeit, wie sie sich den Sinnen zeigt, ankommt, wobei die geistige Bedeutung untergeordnet ist oder gar verschwindet. Sie gewinnt ihre Formen durch getreue Nachahmung der Natur, selbst ohne Vermeidung unschöner Einzelheiten, und sucht ihre Vollendung in der Sinnentäuschung. (Nach Förster, a. a. O., 165).

Naumachie: bauliche Anlage zu Vorstellungen von Schiffskämpfen, bestehend aus einem grossen runden Wasserbassin, umgeben von den die Zuschauersitze enthaltenden Gebäuden.

Nekrolog: Todtenbuch; Verzeichniss der verstorbenen Wohlthäter und treuen Anhänger der Kirche; Lebensbeschreibung Verstorbener.

Nereiden: Meernymphen, Töchter des Meergottes Nereus.

Netzgewölbe, s. Gewölbe.

Nibelungenlied, altdeutsches Heldengedicht aus dem Anfange des 13. Jahrh., welches das Schicksal der Nibelungen, eines altburgundischen Heldenstamms aus den Zeiten Attila's (430—440), besingt.

Niello: eine mit dunkler Masse angefüllte Gravirung in Metall, wobei erstere, aus Silber, Kupfer, Blei, Kohle und Schwefel bestehend, in gepulvertem Zustande eingestreut und dann eingeschmolzen wird.

Nieten: Bleche durch cylindrische Stifte (Nietnägel), welche an einem Ende einen platten Kopf haben, an dem andern breit gehämmert werden, mit einander verbinden.

Nike (Νίκη), lat. Victoria: Siegesgöttin.

Nimbus: bei den Alten eine, die Göttergestalt bei ihrem Erscheinen auf Erden umhüllende Wolke, später ein, das Haupt umgebender Lichtkreis für solche Personen, die als verklärt, als heilig bezeichnet werden sollen. Im Mittelalter erhielt der Heiligenschein meist die Form einer Scheibe oder Kreislinie. Der ein Kreuz innerhalb der Kreisfläche enthaltende Nimbus findet sich seit dem 6. Jahrh. in Darstellungen der drei Personen der Gottheit; dabei sind Mittelpunkt und unterer Kreuzarm verdeckt. Auch erscheint bei ihnen der Nimbus oft dreistrahlig über Scheitel und Ohren, als drei nach aussen spitz zugehende Strahlenflächen. Apostel, Märtyrer und Bekenner erhalten einen goldenen, Propheten und Patriarchen einen silbernen kreisförmigen Nimbus; bei den Seliggesprochenen ist solcher, je nach ihrem Range, von rother, grüner oder gelber Farbe. In der Zeit der Renaissance verschwindet bei dem Nimbus oft die bestimmte Begrenzung. Vergl. Glorie, Mandorla.

Nische: eine oben geschlossene Mauervertiefung, im Grundrisse einen Halbkreis, oder ein halbes Polygon, auch wohl ein Reckteck bildend.

Nischengewölbe, s. Gewölbe.

Niveau: Wasserwage, Setzwage; jede wagerechte Ebene oder Linie; daher im Niveau: in gleicher Höhe befindlich.

Nodus, s. Kelch.

Nonnenchöre, s. Empore.

Normannischer Baustil: die von den Normannen in Frankreich, England, Sicilien, Unteritalien, Spanien u. s. w. hervorgerufene Abzweigung des spätromanischen Baustils. Die normannischen Kirchen zeigen die basilikale Anordnung, häufig mit einer Kuppel über der Vierung, mit reichen Apsidengruppen, gestelzten (den saracenischen Bauten Siciliens und Calabriens entlehnten) Spitzbögen, spätromanischen Pfeilerbündeln und Kapitälformen. Die Blüthe des normannischen Baustils fällt (namentlich in Sicilien) in die Zeit von 1080 bis 1260. In England machen sich in den normannischen Bauten auch sächsische Elemente geltend. In der Normandie fand das Kreuzgewölbe bei den normannischen Basiliken bald allgemeine Anwendung; im südlichen Frankreich ist das Mittelschiff meist mit einem schon spitzbogig gestalteten Tonnengewölbe geschlossen, während die Seitenschiffe als Ueberdeckung halbe Tonnengewölbe haben. Die Westfronte zeigt oft den Schmuck zweier Thürme.

Nornen sind in der nordischen Mythe die drei Göttinnen der Zeit und des Schicksals, ähnlich den Parzen der Griechen.

Nuance (franz.): Abschattung, Abstufung (der Farben); Nüancirung: Schattenvertheilung u. s. w.

Nudität: Nacktheit, Blösse; Nuditäten: Nacktheiten, nackte Menschengestalten.

Numismatik: Münzkunde.

Nuth: rinnenartige Austiefung. Ein in die rechtwinklige Nuth an der Langseite eines Brettes passender, mit dem Hobel hergestellter Vorsprung eines anderen, damit zu verbindenden Brettes heisst Feder; daher kommt der Ausdruck »gefederter« Fussboden.

Nymphaeum (Νυμφαῖον): ein den Nymphen geweihtes Gebäude; ein mit Säulen, Statuen und Malereien ausgestattetes, in der Mitte mit einem Springbrunnen versehenes, einen angenehmen Aufenthalt gewährendes Gemach, besonders als Zubehör der Thermen.

Nymphen: Untergöttinnen sterblicher Natur, die nach den verschiedenen Gegenständen, die sie beherrschten, benannt wurden, als: die Najaden, Nym-

phen der Wasserquellen, die **Oreaden**, Nymphen der
Berge und Begleiterinnen der Diana, die **Napäen**,
Nymphen der Thäler, die **Dryaden** und **Hamadrya-
den**, Nymphen der Wälder, auch einzelner Bäume u.s.w.

Obelisk: egyptische sog. Spitzsäule, ein vierseitiger
Monolith, von einer niedrigen schmucklosen Basis zu
beträchtlicher Höhe verjüngt aufsteigend, mit pyrami-
dalem Abschluss. Zwei solcher Spitzsäulen, richtiger
Spitzpfeiler, pflegten den Haupt-Tempeleingang zu
beseiten. Modernen Denkmalen in Obeliskenform ist
gewöhnlich ein würfelartiger, mit Fuss- und Deckgesims versehener Untersatz gegeben.

Ochsenauge: Dachfenster mit runder oder ovaler
Oeffnung in seiner senkrechten Vorderwand.

Octogon (eigentl. Octagon): Achteck.

Odeum (Ὠδεῖον): diese Bezeichnung trug ein
kleines durch Perikles in Athen erbautes, mit einem
Dache versehenes Theater, welches musikalischen Aufführungen gewidmet war. Später wurde diese Bezeichnung für alle derartige, als Concerthallen dienende
kleine Theater üblich.

Oecus: der Saal des antiken Hauses (s. dieses).
Derselbe bildete einen Raum von oblonger Grundform
und zeichnete sich nicht allein durch Grösse und Höhe,
sondern auch durch seine Ausschmückung aus. Mit-
unter war der Oecus **tetrastylos**, d. h. mit vier
Säulen in der bei dem Atrium tetrastylum angegebenen
Stellung versehen, jedoch mit ganz geschlossener Decke
und daher ohne Compluvium. Der ebenfalls ganz über-
deckte Oecus **corinthius** glich hinsichtlich seiner
Säulenstellung dem Atrium corinthium (s. Atrium). Der
Oecus **aegyptius** endlich hatte eine der römischen
Basilika ähnliche Anordnung, indem der oblonge Mittel-

raum höher aufstieg als die durch Säulen davon getrennten Umgänge und über letzteren Gallerien angeordnet waren, die sich durch eine zweite, auf der
unteren ruhende Säulenstellung nach dem oberen Theile
des Mittelraums hin öffneten.

Später wird auch das Schiff der Basilika Oecus
genannt.

Oelberg: plastische Darstellung des Leidens Christi
in Gethsemane, wie diese seit den Kreuzzügen in und
bei Kirchen, besonders in Nebenkapellen derselben,
ausgeführt wurde.

Oelmalerei. Ihre Erfindung für wirkliche Gemälde (um 1410) wird den Gebrüdern van Eyck, von
Einigen dem älteren Bruder Hubert, von Andern dem
jüngeren Bruder Jan zugeschrieben. Als Bindemittel
der Farben dient gereinigtes Lein- oder Mohnoel.

Offertorium: der erste Haupttheil der hl. Messe,
wo der Priester den Wein und das Brod, so wie sich
selbst zur Consecration vorbereitet.

Ogivalstil, Ogivarchitektur: Bezeichnungen für
die gothische Baukunst.

Olifant: elfenbeinernes Jagdhorn.

Opak, opaque: undurchsichtig, u. a. bei Email-
Arbeiten vorkommend.

Opisthodomos, s. Tempelformen.

Oppidum. Ausser seiner gewöhnlichen Bedeutung
(Stadt) führte die Benennung Oppidum der vordere
Abschluss des römischen Circus (s. diesen), dessen Mitte
die »porta pompae« bildete und zu deren Seiten die
Ställe (carceres) für die Pferde und Wagen mit den
oberhalb derselben angeordneten Sitzen für Zuschauer
und Musiker sich befanden, während als äusserste Begrenzung der beiden Stallreihen je ein thurmähnlicher
Bau aufstieg.

Opus alexandrinum: Herstellung von Steinfuss-böden in musivischer Arbeit, wobei die Linien der Zeichnung nur aus zwei Farben bestehen.

Opus anglicanum, s. Stickerei zu kirchlichen Ornaten.

Opus francigenum: eine der Bezeichnungen für die gothische Baukunst.

Opus incertum: Mauerwerk von Steinen unregel-mässiger Form mit Basis und Eckeinfassung von Quader.

Opus isodomum: Quaderbau, bei welchem in den Schichten auf einen Läufer jedesmal ein Binder folgt und die Binder der einen Schicht jedesmal auf die Mitte der Läufer der anderen treffen.

Opus mixtum: gemischtes Mauerwerk, in welchem das Bruchsteingemäuer von Backsteinlagen in regel-mässigem Wechsel durchsetzt ist. Hierher gehört auch das in der Periode der Renaissance vorkommende g e -b ä n d e r t e   M a u e r w e r k, welches aus Backsteinen besteht, worin einzelne Quaderschichten in regelmässigen Abständen sich zeigen.

Opus quadratum: Quaderbau, aus rechteckigen gleich grossen Steinen mit wechselnden Stossfugen.

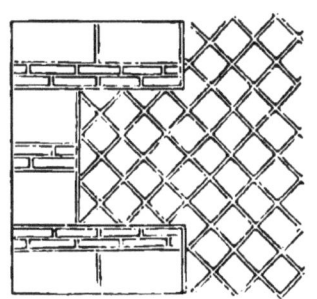

Opus reticulatum: netz-förmiges Mauerwerk, an der Aussenseite römischer Gebäude vorkommend, aus kleinen Steinen mit quadratischer Oberfläche, bestehend, die übereck gesetzt sind, so dass deren Fugen netz-förmig sich durchkreuzen.

Opus rusticum: bäuerisches Werk (s. dieses).

Opus spicatum: ährenförmiges Werk, Fisch-gräten-Muster, spicata testacea (Vitruv), das ährenförmige Pflaster aus Mauerziegeln. Der nebenstehende

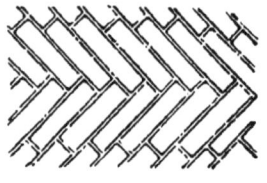 Holzschnitt zeigt ein solches Pflaster aus hochkantig gesetzten Mauerziegeln. Dieser Fischgrätenverband findet sich auch im Mauerwerk, sowohl aus Bruchsteinen, als auch aus Backsteinen.

Opus tesselatum: Würfelwerk, der mit kleinen würfelförmigen Marmorstücken von verschiedener Farbe ausgelegte Fussboden.

Orarium: Taschentuch, Schweisstuch; auch (bis um d. J. 800) Bezeichnung der Stola; Gebetbuch.

Oratorium: Bethaus. Kapelle.

Orchester: Raum für die Musiker im Theater, so wie diese selbst mit ihren Instrumenten. Hinsichtlich der Orchestra im antiken Theater, s. Theater.

Orgel. In Deutschland kam die Orgel zuerst unter Karl d. Gr. im Münster zu Aachen in kirchlichen Gebrauch. Die Orgeln, bis in das 14. Jahrh. noch sehr unvollkommen und klein, wurden erst seit dem 15. Jahrh. wesentlich verbessert und erlangten im 16. Jahrh. die Ausdehnung und Vervollkommnung, dass sie zur Begleitung des kirchlichen Volksgesanges dienen konnten. Während die früheren, nur zur Unterstützung des liturgischen Gesanges bestimmten Orgeln ihren Platz auf dem Lettner oder an der nördlichen Chorwand erhielten, errichtete man für die grossen Orgelwerke (mit wenigen Ausnahmen) eine hochgelegene Bühne am Westende des Langhauses, einer auch in Rücksicht auf akustische Wirkung günstigen Stelle.

Orientirung der Kirchen. Die ältesten Kirchen hatten die Richtung, wie der Tempel zu Jerusalem, in welchem der Altar im Westen stand, der Haupteingang im Osten sich befand. Um d. J. 420 wurde die bis zur Neuzeit gültig gebliebene Orientirung eingeführt, nach welcher bekanntlich der Altar im Osten errichtet, der Haupteingang im Westen angelegt wird. Im Mittelalter begann der Kirchenbau mit der Grundsteinlegung durch den Bischof am Altarende im Osten und schritt dann gegen Westen fort.

Oriflamme: die rothseidene, ringsum mit grünen Fransen verzierte Kriegsfahne der französischen Könige im Mittelalter, ursprünglich die Kirchenfahne von St. Denys, ein in fünf lange Spitzen ausgehendes Panier an goldener Stange mit glänzender Spitze.

Ornament: Verzierung, theils dazu dienend, die Bestimmung eines constructiven, nothwendigen Theils schärfer und dabei in wohlgefälliger Form auszudrücken, theils nur als ausschmückende Zuthat auftretend. Zu ersteren Ornamenten gehören besonders die Gliederungen, auch manche plastische Zierden, zu letzteren die gemalten Muster und eingelegten Arbeiten.

Ornamentik: Verzierungskunst, Lehre und Anwendung der Ornamente.

Ornat: der Schmuck; die Amtstracht, das Feierkleid, die Priesterkleidung.

Ort: Winkel, Ecke.

Osculatorium (osculum pacis): Kusstäfelchen aus Elfenbein, Marmor oder edlem Metall, auch wohl mit Reliefs aus der heiligen Geschichte geschmückt, an der Rückseite mit einer Handhabe versehen. Es wurde, nachdem die Sitte des eigentlichen Friedenskusses abgekommen war, zuerst von dem Priester geküsst und dann den Gläubigen vor der Communion zum Kusse dargereicht.

Ossuarium: Beinhaus, Karner.

Ostensorium: Schaugefäss zur Aufbewahrung und Vorzeigung von Reliquien, zu letzterem Zwecke mit Glas versehen. Aus den Ostensorien werden die anscheinend erst mit der Feier des Frohnleichnamsfestes eingeführten Monstranzen (s. diese) hervorgegangen sein.

Osterkerzenleuchter. Ein für die Osterkerze bestimmter, aus Marmor gearbeiteter grosser Leuchter stand in den altchristlichen Basiliken neben dem Evangelienambo. In den Kirchen der Katholiken wird während der Fastenzeit an der Nordseite des Altars ein grosser Leuchter für die Osterkerze aufgestellt. (Die St. Marien-Magdalenenkirche in Hildesheim hat hierzu einen gothischen, 1,17 ^{m} hohen Leuchter aus Metall; in der Kirche zu Bissendorf, A. Osnabrück, steht ein hölzerner, oben mit gothischem Schmuck versehener Osterkerzenhalter).

»Das Datum von Ostern und der übrigen darnach sich richtenden beweglichen Festtage wurde aus der Ostertafel jedes Jahr durch Anheften an die Osterkerze zur allgemeinen Kenntniss gebracht«. (Mittheilg. des Vereins f. Gesch. u. Alterthumsk. zu Frankfurt a. M. V, Nr. 4, S. 537).

Ostium: Eingang, Thür, Zugang; daher Ostiarius: Thürhüter.

Oxyd ist die chemische Verbindung eines einfachen Körpers mit Sauerstoff.

Pacificale: Heiligthum-Behältniss, Reliquien- oder Kusskreuz, Kusstäfelchen.

Paenula: bei den Römern ein Mantel, Reisemantel, ohne Aermel mit einer mittleren Oeffnung zum Durchstecken des Kopfes und einer Kapuze. — Die Paenula machte hernach als Messgewand einen Bestandtheil der kirchlichen Priesterkleidung aus (s. diese); sie war unten nicht rund, wie die Casula, sondern viereckig.

Pagoden, s. Indische Baukunst.

Palaestra (παλαίστρα) hiess der Ort, in welchem
die in öffentlichen Spielen auftretenden Athleten im
Faust- und Ringkampf, so wie in anderen Zweigen der
Gymnastik unterrichtet wurden. Dieselbe Benennung
führte in den griechischen Gymnasien derjenige Theil,
in welchem die Jünglinge dergleichen Kampfübungen
vornahmen. Ein darin befindlicher, zu solchen Uebungen bestimmter, auch mit Sitzen versehener Saal hiess
E p h e b e u m (ἐφηβεῖον).

Palas (palatium): das Hauptgebäude grosser Burgen,
durch zwei Geschosse sich auszeichnend. Das Untergeschoss enthielt in der Regel gewölbte, zu untergeord-
neten Zwecken bestimmte Räume, das Obergeschoss, zu
welchem eine äussere Treppe (Grede) führte, den Saal
mit dem Hochsitze und kleinere Gemächer (Kemenaten).
Auch war in der Nähe des Saals eine Kapelle vorhanden.

Palissade: Zaunpfahl; Palissaden: Reihen von
starken Pfählen.

Palla: im Alterthume ein langes Obergewand der
angesehenen Frauen, der Priesterinnen u. s. w., aus
einem Zeugstücke von oblonger Form bestehend, welches
umgeworfen, über den Hüften gegürtet und auf beiden
Schultern mit Brochen festgehalten wurde, so dass die
Arme frei blieben.

Palla bedeutet ferner einen Vorhang.

Auch ist Palla eine kleine leinene Decke, etwa
0,15 m in's Gevierte, zum Zudecken des Kelches nach
der Consecration. Sie wird über Pappe gezogen, welche
an der oberen Seite die Farbe des im Gebrauche befindlichen Messgewandes haben muss, wie die Bursa
bei dem Corporale. Als letzteres noch so gross war,

um Kelch und Hostie damit bedecken zu können, bedurfte man der Palla für sich nicht.

Palladium: eigentl. Bild der Pallas Athene (Minerva), dessen Besitz, nach Meinung der Alten, eine Stadt unüberwindlich machte; Schutzbild, Schutzheiligthum.

Pallium: griechisches, aus einem oblongen Wollenstoffe bestehendes Obergewand, welches von den Männern als Mantel, mit einer Broche auf der Brust oder auf einer der Schultern befestigt, auch auf andere Weise getragen wurde. Frauen trugen ebenfalls das Pallium, aber dasselbe war in diesem Falle aus feinerem Stoffe.

Das die Bezeichnung »Pallium« führende Abzeichen der erzbischöflichen Würde ist eine weisswollene schmale, mit Kreuzen verzierte Zirkelbinde, welche über die Planeta um die Schultern gelegt wird. Von dieser Binde hängt ein ihr ähnliches Band sowohl auf der Brust, als auch auf dem Rücken herab, ausserdem sind zwei kürzere, über die Schultern herabfallende Bänder daran vorhanden.

Palmette: eine im antiken Stile häufig erscheinende Blume, deren Blätter fächerartig sich ausbreiten. Diese Bezeichnung wird auch ähnlich gestalteten Blumen späterer Zeit gegeben.

Paludamentum: der Mantel, insbesondere der Kriegsmantel, welchen die Feldherren und die ihnen unterstellten Kriegsanführer trugen, während die Bezeichnung für Mäntel aus gröberem Stoffe, wie sie u. a. von den Soldaten getragen wurden, »sagum« war.

Pan: Vorsteher der Hirten und Jäger, als Satyr gestaltet (s. Faunen f.), oft die von ihm erfundene Rohrflöte haltend.

Paneel, s. Lambris.

Panier: Banner, Heerfahne.

Panorama: Rundsicht, Rundgemälde.

Pantheon: ein mächtiger Rundbau mit steinerner Kuppel zu Rom aus dem J. 26 v. Chr., ursprünglich ein Vorbau der durch Agrippa, den Freund des Kaisers Augustus, angelegten Thermen. Den Eingang schmückt eine auf Granitsäulen ruhende Vorhalle, deren Balkendecke einst aus Erz bestand.

Papyrusrollen: die aus einem äussern Bast der Papyrusstaude angefertigten Schriftrollen der alten Egypter.

Paradies (Parvis, Perwisch) bedeutet in der Architektur eine Kirchenvorhalle, in welcher in alten Zeiten gewöhnlich Adam und Eva dargestellt waren, sei es als Mahnbilder für die Büsser, die in dieser Vorhalle bleiben mussten, oder weil hier eine eigenthümliche Gedächtnissfeier des Sündenfalls, das sog. Adam-Austreiben, gehalten wurde.

Auch diente dieser am Westende oder an einer Langseite der Kirche befindliche Raum zur Hegung des Gemeindegerichts und zur Austheilung von Almosen.

Paramente: die zu einer Kirche gehörigen Prachtgewänder der Geistlichen, die Bekleidungen der Altäre, Kanzeln u. s. w., Kirchenkostbarkeiten.

Parlier, Parlirer (fälschlich Polier) hiess im Mittelalter der, den Meister auf dem Bauplatze vertretende Geselle.

Parquet: der abgesonderte Raum in Gerichtsstuben; der mit Sperrsitzen versehene Raum vor dem Parterre im Schauspielhause; der getäfelte Fussboden.

Parterre: Erdgeschoss. Vergl. Parquet.

Parthenon, s. Iktinos (im Künstler-Verzeichnisse).

Partisane: Waffe, aus langem Schafte und schwert-
artiger Spitze bestehend, letztere unten durch zwei vortretende (häufig zusammen einen Halbmond bildende)
Spitzen erbreitert.

Parvis, s. Paradies.

Parzen sind in der griechischen Mythologie die
drei Lebensgöttinnen, von welchen die eine (Klotho) den
Lebensfaden am Rocken anknüpft, die andere (Lachesis)
ihn fortspinnt und die dritte (Atropos) ihn abschneidet.

Passa, Pascha: eig. der Vorübergang, die Ver-
schonung; das jüdische Opferfest (zum Andenken an
den Auszug der Juden aus Egypten und den Vorübergang des, die egyptischen Erstgeborenen tödtenden
Würgengels vor den Häusern der Juden); das Passah-
mahl erscheint in den typischen oder Parallel-Bildern
als Vorbild des hl. Abendmahls.

Passionale: Martyrologium, aber zugleich die
Leidensgeschichte Christi enthaltend.

Passionssäule: Säule mit den Marterwerkzeugen
(s. Passionswerkzeuge); auf dem Kapitäl derselben der
Hahn Petri.

Passionsspiele, s. Mysterien.

Passionswerkzeuge. Abgesehen von den um-
fassenden Darstellungen der Attribute des Leidens Christi
(s. Müller u. Mothes) sind als eigentliche Passionswerkzeuge, nach Anleitung einer Zusammenstellung derselben
auf einem alten Grabsteine zu Hannover, folgende
sieben anzuführen: (1) das Kreuz mit der Inschrift
J. N. R. J.; (2) die um das Kreuzmittel geschlungene
Dornenkrone; (3) der Speer nebst (4) zwei Geisseln an
dem einen Ende des Querbalkens; (5) das mit einem
Schwamme besteckte Rohr nebst (6) zwei Ruthen an
dem anderen Ende des Querbalkens zusammengebunden,

wobei die Speerstange und das Rohr, je in schräger Richtung den unteren Kreuzarm treffend und hier (7) die drei Nägel zwischen sich aufnehmend, mit ihren unteren Enden abermals festgebunden sind.

Paste: eine zum Abdruck von geschnittenen Steinen u. dgl. dienliche Masse, daher Abdruck eines solchen Gegenstandes in Gips, Schwefel u. s. w.

Pastellmalerei: die Anfertigung von Bildern vermittelst farbiger Kreidestifte.

Pastophora: Hostienkapsel der altchristlichen und griechischen Kirche; daher Pastophorium der Aufbewahrungsort für dieselbe (in der ältesten christlichen Zeit die Räume zu beiden Seiten des Presbyteriums).

Pastose Malerei: Malerei mit starkem (körperlich vorstehendem) Farbenauftrage.

Patene: Abendmahlsteller, am Rande (als Zeichen der Weihe) mit einem gravirten, innerhalb eines Kreises liegenden Kreuze bezeichnet, dessen gleich lange, nach der Peripherie hin sich erbreiternde Arme an den Seiten von concaven Linien begrenzt zu sein pflegen. Vergl. Kelche und Signaculum.

Paternoster: Rosenkranz; Schnur mit Perlen, Kugeln u. s. w., als Schmuck, auch als architektonisches Ornament.

Patina (aerugo nobilis) heisst der Oxydüberzug, welcher nach längerer Zeit auf der Oberfläche von Kupfer und Bronze sich bildet, der aber auch künstlich hergestellt werden kann.

Patriarch: Erzvater; Oberhaupt der griechischen Kirche.

Patricier waren in Rom von hohem Adel und ihre Familien die ältesten und ansehnlichsten; sie hiessen patricii, weil sie von den Rathsherren (patribus) zur Zeit der Könige abstammten. Im Mittelalter bedeuteten Patricier: Edelbürger, rathsfähige Geschlechter.

Patrone (Muster): ein Blechstück oder starkes geöltes Papier mit darin ausgeschnittenem Muster, um dieses durch Ueberstreichung mit Farbe auf einer Fläche herzustellen, welche Arbeit Patronenmalerei genannt wird. Vergl. Schablone.

Patrone hiess früher auch wohl eine Werkzeichnung; so hatte beim Rathhausbau zu Emden 1576 der Zimmermann Merten »die Patrone des Turns up dem Raithuse entworpen«.

Pausen, s. Bausen.

Pavillon: Zelt, Lusthäuschen, ein mit einem Zeltdache versehener Eckbau eines grösseren Hauses.

Pax: Friede, wird auch als eine Bezeichnung für Kusstafel (osculatorium) gebraucht.

Pechnase, s. Mâchecoulis.

Pectorale: Brustschild der Bischöfe, um den Hals gehängtes Medaillon mit Reliquien; Pectoralkreuz = Brustkreuz, vergl. Priesterkleidung. — Pectorale heisst auch Bruststück des Harnisches.

Pedal: Fussclavier einer Orgel oder einer grossen Harfe.

Pedum: Krummstab, s. Priesterkleidung.

Pegasus: das geflügelte Musen- oder Dichterpferd, welches aus dem Blute der Medusa hervorgegangen sein soll. Vergl. Gorgonenhaupt.

Peintre-graveur, s. Maler-Radirer.

Pelasgische Bauwerke. Darunter versteht man die dem Pelasgischen Urvolke in Griechenland angehörenden Bauten, als Burgen, cyklopische Mauern mit ihren Thoren, Schatzhäuser, unterirdische Gemächer, Gräber und Grabmale, so wie die Bauten der diesem Volksstamme verwandten Urbewohner von Mittel- und Unteritalien. Auch finden sich Bauwerke nach pelasgischer Art bei den Etruskern (s. Etruskische Baukunst).

Pendant: Gegen- oder Seitenstück.

Pendentif: Gewölbzwickel, der nach innen überhängende, allmählich sich erbreiternde Gewölbansatz in den Ecken eines recht- oder vieleckigen Raums, wodurch der Uebergang zur Rundung des Tambours einer Kuppel vermittelt wird.

Pentalpha, Pentagramm, Drudenfuss, Fünfwinkelzeichen.

Ein solches findet sich in grossen Abmessungen in einer, von einem Kreuze bekrönten Kreisfläche am Ostgiebel des, in Backsteinen aufgeführten Thurms der Marktkirche zu Hannover.

Peplum: ein prächtig gesticktes weites Obergewand der Pallas zu Athen, dann ein der Palla (s. diese) ähnliches Kleidungsstück der Frauen.

Pergamenische Bildwerke sind die von Karl Humann auf der Akropolis von Pergamon aufgefundenen und 1879, so wie in der nächstfolgenden Zeit ausgegrabenen, jetzt in Berlin befindlichen Hochreliefs colossaler Grösse, Göttergestalten im Kampfe mit Riesen und Ungeheuern darstellend, welche als Fries in einer Länge von 135 ^{m} und in einer Höhe von 2,30 ^{m} den rechteckigen Unterbau eines Altars an drei Seiten umgaben. Nur etwa die Hälfte dieser grossartig, kühn und effectvoll ausgeführten Sculpturen ist auf unsere Zeit gekommen. (Näheres über die fraglichen Ausgrabungen im Jahrb. d. K. Preuss. Kunstsammlungen, I. 127 ff.).

Pergament: Schreibleder, mit Kalk gebeiztes Leder aus Kalb-, Ziegen-, Schaf- oder Eselsfell, früher auch statt Papier zu Büchern und zu Malereien benutzt.

Pergola: Leuchtergestell, vor dem Altare stehend, oder Balken, der, im sog. Triumphbogen quer gelegt, eine Reihe von Kerzen trägt.

Pergola (ital.): Laube, Weinlaube.

Peribolus: Einfriedigung, Gehege; geheiligter Tempelbezirk; von Mauern umschlossener Kirchhof.

Peripherie: Umkreis, Umfang eines Zirkels.

Peripteros, s. Tempelformen.

Peristyl: Säulengang, insbesondere zur Einschliessung eines Hofraumes, Gartenplatzes u. s. w.

Perizonium: Lendenschurz, s. Crucifix.

Perlenstab: ein aus an einander gereiheten, plastisch dargestellten Perlen bestehender Rundstab. Die Perlen sind mitunter von ovaler Form und wechseln auch wohl mit kleinen Scheiben ab.

Perpendicular style wird in England der spätgothische Stil genannt, bei welchem im Maßwerk der Fenster die senkrechte Linie vorherrscht.

Perron: eine durch Stufen von aussen zugängliche, meist mit einem Gebäude verbundene, auch wohl überdachte Erhöhung, deren freiliegende Seiten durch Futtermauern gehalten werden.

Persische Kunst. Aus dem Kampfe mit den Medern gingen um 550 v. Chr. die bis dahin von ihnen beherrschten Perser als Sieger hervor. Ihr König Cyrus, der auch Babylon unterwarf, stiftete das grosse persische Reich. Die Perser huldigten, gleich den Medern, der (aus weit früherer Zeit stammenden) Religion, welche dem Gotte des Lichts, Ormuzd, den der Finsterniss,

Ahriman, gegenüberstellt, und wonach dieser einst dem Ormuzd unterliegen, das Reich des Lichts unbeschränkt sich ausbreiten soll.

Den bildenden Künsten war die religiöse und moralische Ansicht der Perser nicht günstig. Sie hatten keine Götterbilder und bedurften keiner Tempel; ihre Opfer wurden im Freien dargebracht. In der Architektur schlossen sie sich vermuthlich anfangs den mesopotamischen Völkern an, wofür die von Herodot geschilderte Bauweise der medischen Königsburg von Ekbatana spricht. Später bedienten sich die persischen Könige auch egyptischer und griechischer Künstler; aber die auf unsere Zeit gekommenen Denkmale zeigen, auch in den Bildwerken, nicht bloss Nachahmungen fremden Geschmacks, sondern ein mehr eigenthümliches Gepräge.

Unter den Trümmern der Ebene des Dorfes Murghab tritt aus den Felsen eine von behauenen Marmorblöcken errichtete Opferstätte hervor, und in deren Nähe zeigt sich das Grab des Cyrus. Dasselbe besteht aus einem rechteckigen, in sieben hohen stufenartigen Absätzen sich erhebenden Unterbaue und der darauf ruhenden, aus grossen Marmorblöcken errichteten Grabkammer von 6,13 ^{m} Länge und 4,82 ^{m} Breite mit Giebeldach und kleinem Eingange. Unfern hiervon befinden sich Reste eines grossen Gebäudes und eine, der Inschrift nach, den König Cyrus darstellende Reliefgestalt, hinter welcher vier Flügel ausgebreitet sind.

Bedeutender erscheinen die in der Nähe von Murghab bei Merdascht gelegenen Ruinen. Hier stand die von den Griechen Persepolis genannte Königsburg der Perser, die von Alexander d. Gr. durch Feuer verwüstet wurde. Daselbst haben sich auch die Ueberreste dieser königlichen Burg mit den Gräbern der Könige gefunden. In Verbindung mit diesen Gräbern

stehen nämlich die sog. vierzig Säulen (Tschihil-Minar),
die Ueberreste eines Prachtbaues, der auf einem Vor-
berge terrassenartig sich erhebt. Eine ungemein breite
Doppeltreppe führt zur ersten Terrasse, wo Portale und
Säulen den einst zu feierlichen Umzügen dienenden
Weg zur zweiten Terrasse bezeichnen, und von hier
gelangt man zu einer dritten Terrasse, wo die Ruinen
riesiger Hallen und einzelner Gebäude — letztere liegen
zum Theil noch höher — sich zeigen. Eins derselben
scheint nach dem Inhalte seiner Bildwerke zum Empfange
von Gesandtschaften bestimmt gewesen zu sein, andere
mögen der königlichen Wohnung angehört haben. Das
Ganze war mit einer bethürmten Ringmauer eingefasst.
Die Säulen, auch die edlen Glieder der Architektur,
sind von weissem Marmor, die übrigen Bausteine —
grosse, vortrefflich behauene Quader — aus dem Berge
selbst. Reliefs und Keilschrift bedecken die Wandflächen. Die schlank geschafteten, cannelirten Säulen
sind je mit runder, einem umgestürzten Kelchkapitäle
gleichender Basis versehen. Die Kapitäle haben phantastische, ganz eigenthümliche Formen. Darunter befinden sich solche, die aus zwei halben Pferden in der
Art zusammengesetzt sind, dass je die vordere Hälfte
derselben knieend dargestellt ist, wobei die Leiber
mitten über dem Schafte (unter dem darauf ruhenden
Balken) zusammentreffen, Kopf, Hals und Füsse (letztere
mit Ausnahme der Hufe) jedoch nach zwei entgegengesetzten Richtungen hin den Schaft überragen. In
ähnlicher Weise sind Kapitäle aus Stierleibern gebildet.
Das Gebälk war vermuthlich aus Holz und wurde daher
bei dem erwähnten Brande vernichtet. Wo ein solches
auf Grabmalen dargestellt ist, zeigt es Verwandtschaft
mit dem griechisch-ionischen Gebälk. Die Eingänge
dagegen haben mit den egyptischen Aehnlichkeit, jedoch
sind die Thürgerüste senkrecht.

Die Wandreliefs erinnern an die Bildwerke von Niniveh. Auf einem der Gräber ist der König, auf dem Dache seines Palastes vor einem Feueraltare betend, dargestellt; derartige feierliche Handlungen enthalten auch die Reliefs an den Wänden der königlichen Burg. Am Eingange erscheinen hier (wie in Niniveh) als Wächter zwei colossale (5,84 m lange, 5,26 m hohe) Stiergestalten in schreitender Stellung, Kopf und Vordertheil frei hervorragend, weiterhin zwei andere mit gigantisch geschwungenen, aus den Schultern hervorwachsenden Flügeln und einem mit der Tiara geschmückten bärtigen Menschenhaupte. In ihren gut gezeichneten muskulösen Körpern ist alles voll Leben und Kraftgefühl. Neben der erwähnten grossen Treppe zur zweiten Terrasse beginnen die eigentlichen Wandreliefs. Zunächst ist der Hofstaat des Königs dargestellt; dann erscheinen lange Processionen mit ihren Führern, Deputationen der Völkerschaften des persischen Reichs, Geschenke tragend und auf die königliche Leibwache zuschreitend. In dem sog. hundertsäuligen Saale sieht man die Darstellung einer Audienzertheilung, wobei der König im vollen Schmucke auf dem Throne sitzt, umgeben vom Hofstaate und der Leibwache.

Die den Kriegsthaten der Könige oder den Jagden derselben gewidmeten Reliefs sind mehr symbolische Darstellungen, als die der Wirklichkeit. Ein feierlich gemessenes Wesen herrscht in ihnen vor; selbst in den Kämpfen des Königs mit fabelhaften Thiergestalten bewahrt derselbe Gelassenheit und Würde. Der Standpunkt der Plastik ist fast der nämliche, wie bei den assyrischen Bildwerken, wenn auch einzelne Fortschritte und grössere Annäherung an die Natur wahrzunehmen sind. Zum Schaffen idealer Gestalten reichte die Kraft der hier wirkenden Künstler noch nicht aus.

Die berühmten Bildwerke von Kermanschah, die
ritterlichen Gestalten in den Bergen von Murghab und
andere, entstammen einer Nachblüthe der alt-persischen
Herrlichkeit, dem 4. Jahrh. n. Chr., der Zeit der Sassaniden. (Schnaase, Gesch. d. bild. Künste, Aufl. II.
Bd. I. 184 ff.).

Perspective. Man unterscheidet L i n e a r - und
L u f t p e r s p e c t i v e. Die Linearperspective, deren all-
gemeiner Grundsatz auf der Wahrnehmung beruht, dass
die Gegenstände in demselben Mafse kleiner werden,
als sie vom Auge entfernt sind, giebt die Anweisung,
nach welcher dieselben auf einer Fläche so abgebildet
werden, wie sie dem Auge erscheinen, und wie sie von
einem bestimmten Punkte (dem in der Höhe des Ge-
sichtskreises oder Horizontes befindlichen Augenpunkte)
aus durch eine Glastafel (Bildfläche) gesehen, auf dieser
sich darstellen.

Die Luftperspective ist die Lehre von der Ab-
schwächung des Lichts und der Schatten bei Zunahme
der Entfernung vom Beschauer.

Peulvan, s. Menhir.

Pfahlbauten: Wohnhütten, die in vorgeschichtlicher Zeit auf Pfahlwerken im Wasser errichtet waren.
Spuren derselben sind jetzt in zahlreichen Seen entdeckt,
zum Theil auf ganze Reihen solcher Hütten hinweisend.
Die dabei aufgefundenen Waffen und Werkzeuge pflegen
aus Stein zu bestehen, jedoch kommen auch dergleichen
aus Bronze oder Eisen vor.

Pfalz (lat. palatium): Herrenhaus, insbesondere:
kaiserl. Hofburg. Vergl. Palas.

Pfeiler: senkrechte Stütze von kantigem Profil
mit Fuss- und Kopfgesims (Kämpfer). Jedoch giebt es
in der gothischen Architektur auch R u n d p f e i l e r,
welche — im Gegensatze zu den antiken Säulen —

in der Regel ohne Verjüngung aufsteigen und meist mit Diensten besetzt sind. Den spätgothischen Pfeilern fehlt häufig das Kopfgesims.

Pferdeköpfe: ein sehr verbreiteter, aus Brettern hergestellter Zierrath der Giebelspitze an alten Bauerhäusern. In Niedersachsen pflegt je ein Paar solcher

Köpfe über der sog. Eulenflucht (einer dreieckigen Oeffnung an der Spitze des Strohdachs) angebracht zu sein. Man hält die Pferdeköpfe — von andern Meinungen abgesehen — für ein Symbol des Gottes Freyr, welchem das Pferd, zumal als

Zu Isernhagen 1751.

weissagendes Thier, heilig war und der, Segen spendend, mit einem Zweigespann eine Umfahrt an seinem Frühlingsfeste hielt. »Diese heilig. Pferde sind es vielleicht auch gewesen, die den Zug der Angelsachsen nach England führten und in der Sage als Hengist und Horsa zu menschlichen Führern geworden sind«.

Statt der Pferdeköpfe finden sich als Giebelzier im Altenlande, in Oberbaiern und in Belgien — wo die Sage vom Schwanenritter heimisch — ganze Schwäne, in andern Gegenden kommen statt derselben Sirenen (Blasengel) und noch andere Gestalten vor.

Es haben sich Spuren eines Aberglaubens gefunden, nach welchem die Pferdeköpfe, auswärts gekehrt, Unheil abhalten, einwärts gekehrt, den Segen heranziehen oder festhalten, oder überhaupt Glück bringen sollen. (Petersen, in Nr. 43 der Itzehoer Nachr.).

Pfosten: kantiges, senkrecht angebrachtes Holzstück (Ständer), auch ein derartiges Baustück aus Stein.

Fensterpfosten, s. Fensterstöcke.

Pfühl, s. Glieder.

Phantasie: Einbildungskraft, Dichtung; Phan-
tasiestücke sind solche, für welche die Natur keine
Vorbilder zeigt. Phantastisch: seltsam, wunderlich.

Pharus: Leuchtthurm. Phari hiessen auch die
grossen, den römischen Prachtcandelabern nachgebildeten Standleuchter der ersten christlichen Zeit (Jakob,
Die Kunst im Dienste der Kirche, 176).

Phieselgadem, s. Gadem.

Photochromie nennt man die Versuche, photo-
graphisch aufgenommene Gegenstände in ihren natürlichen Farben darzustellen.

Photographie : Lichtbild.   Der abzubildende
Gegenstand wird mit Hülfe eines optischen Instruments
auf einer mit Collodium (einer für Lichtwirkung sehr
empfänglichen Masse) überzogenen Glastafel (verkehrt)
dargestellt und das so erlangte, Negativ genannte Bild
von der Glastafel unter Lichtwirkung umgekehrt auf
mit salpetersaurem Silber dazu geeignet gemachtes
Papier übertragen, wobei die auf der Glastafel hell
erscheinenden Stellen dunkel, die dunkeln Stellen auf
derselben dagegen hell werden. (Vergl. Daguerreotyp).
Nach keiner Seite hin hat die Photographie in der
neueren Zeit so bemerkenswerthe Fortschritte gemacht,
als in Bezug auf die Empfänglichkeit der photographischen Platte, und in Folge dessen in der Schnelligkeit
der Aufnahme des Bildes (Augenblicks-Bilder). »Dieser
Fortschritt ist in erster Linie der aus einer Mischung
von Gelatine und Brom bestehenden Masse zuzuschreiben, welche auf die Platte aufgetragen und wodurch dem Silber-Brom derselben die so sehr grosse
Empfänglichkeit gegeben wird«.

Photolithographie, besonders zur Vervielfältigung
von Kupferstichen und allen in Strichmanier ausge-

führten Zeichnungen dienend. Die betreffende derartige Vorlage wird mit Hülfe des photographischen Negativs auf mit Chrom-Gelatine präparirtes Papier gebracht und von dem Papierabdruck auf den Stein übergedruckt, letzterer hierauf wie bei der Lithographie behandelt.

Phototypie: eine Gesammtbezeichnung für die verschiedenen Arten der Uebertragung einer photographischen Aufnahme auf eine Platte von Metall, Stein oder Holz zur Vervielfältigung durch den Pressendruck.

Photozinkographie. Hierzu wird eine mit einer Lösung von chromsaurem Kali und Leim überzogene Zinkplatte benutzt und diese mit einer, ein photographisches Bild enthaltenden Glasplatte bedeckt. Durch herbeigeführte Einwirkung des Lichts wird jener Ueberzug unter der Glasplatte, so weit diese durchsichtig gelassen ist, unlöslich, während die übrigen Theile mit warmem Wasser abgewaschen und hierauf geätzt werden. Bei Anwendung eines Positivbildes erhält man alsdann eine Tiefätzung, bei Benutzung eines Negativbildes eine Hochätzung. Vergl. Aetzen u. Photographie. (Bucher, a. a. O.).

Physiologus: eine Abhandlung über die christlich-symbolischen Thiergestalten, wie diese aus einer Vereinigung der biblischen Sinnbilder mit den Thierfabeln des heidnischen Alterthums und des frühen Mittelalters sich herausgebildet haben.

Piedestal: Fussgestell, Untersatz unter Bildsäulen, Vasen u. s. w.

Pietas nennt man eine Darstellung der, den Leichnam Christi beweinenden hl. Maria. Bei den diesen Gegenstand behandelnden plastischen Bildwerken pflegt sie sitzend und den Leichnam auf dem Schoosse haltend dargestellt zu werden.

Pigment: Farbestoff.

Pilaster: ein mit Fussgesims und Kapitäl versehener, rechteckig profilirter Wandpfeiler. Vergl. Ante.

Pinakothek: Gemäldegallerie.

Pinienzapfen: Frucht der Pinie, Ornament in
Form eines Tannenzapfens.

Piscina: Teich, Wasserbehältniss im Freien. Dann
nennt man Piscina einen Ausguss in der Chorwand an
der Epistel- oder Kelchseite des Altars, auch wohl in
der Sacristei, um das nach der hl. Messe übrig blei-
bende Wasser von den Ablutionen (Händewaschen,
Kelchreinigung) des Priesters aufzunehmen. Eine solche
Piscina findet sich oft in einer architektonisch verzierten Nische, in deren Sohlbank eine halbkugelförmige
Vertiefung nebst Abzugsrohr angebracht ist. Da seit
dem 13. Jahrh. zwei solcher Ablutionen, die eine vor
dem Beginne der hl. Messe, die andere nach der hl.
Communion, üblich wurden, so kommen mitunter Doppel-
Piscinen vor.

Pittoresk: malerisch.

Plafond: flache Decke.

Planeta (Casula), s. Priesterkleidung.

Plastik: Bildnerei, Bildformerkunst.

Plate-forme (fr.): ein flaches, zum Betreten bestimmtes, daher meist umfriedigtes Dach; Altan.

Plateresken- (Goldschmiede-) **Stil.** Damit werden
die der Frührenaissance in Spanien angehörenden, höchst
üppigen Schöpfungen bezeichnet, in welchen maurische,
gothische und antikisirende Formen zu phantastisch-
poetischem Reiz mit einander vermischt erscheinen.

Plattschicht: Backsteinschicht, aus platt gelegten
Läufern gebildet.

Plenarium, Missale plenarium: ein auch die vollständigen Evangelien und Episteln enthaltendes Messbuch, vergl. Breviarium.

Plinthe: reckteckige Platte, Sockel der Säulenbasis, auch Sockel bei Pfeilern, Denkmalen, Gebäuden.

Pluviale: ursprünglich Regenmantel mit Kapuze, von der Geistlichkeit bei Processionen und nur im Winter in der Kirche gebraucht; von der Mitte des 13. Jahrh. an ein reichgeschmücktes Festgewand zu kirchlichem Gebrauch ohne Aermel, dessen Saum längs der Oeffnung und des Obertheils mit gesticktem Besatz, unten aber mitunter mit Glöckchen versehen und dessen Kapuze zu einem Schild (clipeus) umgewandelt wurde. Der Stoff war genau halbkreisförmig geschnitten, die Kapuze wurde in der Mitte der geraden Seite angesetzt. Uebrigens trugen die Geistlichen seit dem 13. Jahrh. ausser Dienst allgemein ein einfaches Pluviale von gleichem Schnitt.

»Pluviale imperiale« heisst der Krönungsmantel der deutschen Kaiser.

Podest: Treppenabsatz, Ruheplatz einer Treppe.

Podium: eine Erhöhung, um darauf zu treten oder Platz zu nehmen; im antiken Amphitheater die erhöhete Einfassung der Arena; im Theater der durch den Vorhang abgetrennte vordere Theil der Schaubühne.

Polier, s. Parlier, Parlirer.

Poliren: glätten, glänzend machen.

Polychromie: Vielfarbigkeit, Bemalung eines Gegenstandes, Ausfüllung einer Umrisszeichnung mit verschiedenen Farben.

Polygon: Vieleck; polygonal: vieleckig gebildet.

Polytechnikum: umfassende Lehranstalt für Baukunst, Bauingenieurwesen (Wasser-, Brücken-, Wege-,

Eisenbahn- und Tunnelbau), Maschinen-Ingenieurwesen, mathematische Wissenschaften, für Zeichnen, Modelliren, Technologie, Kunstgeschichte, Aesthetik, für Botanik, Zoologie, Mineralogie, Geognosie, Physik, Chemie u. s. w.

Pontificalkelch: Prachtkelch, nur bei der Messe des Bischofs und bei festlichen Gelegenheiten gebraucht.

Porta nigra. Diese Bezeichnung führt, statt der ursprünglichen Benennung Porta Martis, ein spät-römischer castellartiger Thorbau zu Trier. Derselbe besteht aus zwei parallel zu einander aufgeführten 21,90 m hohen dreigeschossigen Thorgebäuden, die unten je zwei grosse halbrund überwölbte Durchfahrten ent-halten und an ihren Enden von zwei viergeschossigen 26,75 m hohen, an der Landseite halbrund vortretenden thurmartigen Flügeln begrenzt werden, mit welchen sie einen oblongen Binnenraum umschliessen. Die aus riesigen, im Laufe der Zeit schwarz gewordenen Qua-dern erbauten Aussenseiten dieses grossartigen Baus sind durch Gesimse und Halbsäulenstellungen von roher Ausführung der Details und in sämmtlichen oberen Stockwerken durch halbrund überwölbte, je zwischen zwei Halbsäulen angebrachte Lichtöffnungen belebt.

Portal: ein ansehnlich gestalteter Eingang, Prachtthor.

Porte: Thor (porta); der überwölbte, mit Fallgatter ausgestattete Zugang zum Burghofe, welcher auf einem, mit Futtermauern versehenen Vorsprunge im Graben zu stehen pflegte und oben hinter den Mauerzinnen einen bedeckten, nach der Burgseite offenen Gang (Letze) hatte. Vor der Porte lag die Zugbrücke.

Porticus: bedeckter Gang, dessen Dach auf einer Säulenstellung ruht, Säulen-Vorhalle; die oberste, für unbemittelte Bürger bestimmte, bedeckte Gallerie im Amphitheater; im Mittelalter der Kreuzgang.

Portlandvase (Barberinivase). Dieselbe ist das vorzüglichste Beispiel der antiken Glasschleiferei. Gefunden in der Nähe von Rom, gelangte sie nach mehrfachem Wechsel ihres Besitzers — sie war u. a. in den Händen d. Herz. v. Portland — in das brit. Museum zu London, wurde dort 1845 zertrümmert, aber vortrefflich wieder zusammengesetzt. Ihr Material ist dunkelblaues durchsichtiges Glas mit einem opaken Ueberfange von weissem Glase, worin mythologische Gestalten so eingeschliffen sind, dass sie in weissem Relief auf blauem Grunde erscheinen. Die Vase ist fast 25 cm hoch und hält 15 cm im grössten Durchmesser. (Bucher, a. a. O.).

Porzellan: Weissthongut, eine im Feuer halbverglaste, durchscheinende Masse und die daraus bereitete, künstliche Töpferwaare. Es giebt verschiedene Arten von Porzellan: glasirtes und unglasirtes (Biscuit), Hart-, Weich- und Fritten- oder Glasporzellan.

Pose (f. fr.): Versetzen der Werkstücke; Stellen des Modells.

Positiv: Handorgel, kleine Hausorgel ohne Pedal.

Positivbild: der vom photographischen Negativbilde genommene Abdruck, in welchem das Original in der richtigen Vertheilung von Licht und Schatten erscheint. Vergl. Photographie.

Postament: würfelförmiger, mit Sockel und Deckgesims versehener Untersatz einer Säule, Säulenstuhl, namentlich bei den Wandsäulen der römischen Architektur und den Säulenordnungen der späteren Meister.

Posticum: Hinterhaus, der hinter der Cella befindliche Raum eines Tempels.

Postscenium, s. Scene.

Praedella (Predella): Altarstaffel, s. Altarschrein.

Praepositus: Probst, Propst.

Presbyterium: der Raum um den Bischofssitz in der altchristlichen Kirche, wo zu dessen Seiten die Presbyter, d. h. die Priester, auf niedrigeren Sitzen Platz nahmen; der Hochchor.

Prieche, s. Empore.

Priesterkleidung; Trachten geistlicher Orden. Die noch heute im Gebrauch der katholischen Kirche befindlichen gottesdienstlichen Gewänder haben ihre Form und Beschaffenheit zunächst unter Zugrundelegung der Form und des Schnittes der antiken Gewänder im apostolischen Zeitalter erhalten. Derartige Gewänder aus feinem Byssus, wie sie zu Rom von Vornehmen als Ehren- und Feiergewänder getragen wurden, werden auch in den ersten Jahrhunderten des Christenthums bei der Feier des eucharistischen Opfermahls in Gebrauch genommen, sodann aber nicht wieder zu profanem Zwecke benutzt, sondern der Kirche, als ihr geweiht, verblieben sein. Erst im 6. und 7. Jahrh. stellen sich die gottesdienstlichen Gewänder als eigenthümlich und abweichend von der profanen Bekleidung dar, und ihre Gestaltung nimmt, unter Beibehalt der bisherigen Grundlage im Allgemeinen, verschiedene Modificationen an, dabei auch mehr zurückgreifend auf die Ornate des Hohenpriesters und der Opferpriester des alten Bundes, so weit dies nicht schon früher geschehen sein mochte. (Bock, a. a. O.).

Bei der Priesterkleidung ist zunächst die ausserdienstliche Tracht (s. Sutane und Talar) von der kirchlichen Messkleidung zu unterscheiden. Zu letzterer gehören folgende Theile: 1) der **Amictus** (das Humerale oder Schultertuch), ein weisses, länglich viereckiges Leinentuch mit Bändern an den beiden obern Seiten, welches, indem es der Priester zuerst über den

Kopf legt, dann auf den Hals herabschlägt und die
Bänder von hinten her unter den Armen herumnimmt
und vorn zusammenbindet, dazu dient, den Kragen
seines Privatkleides zu bedecken; 2) die Alba, das
Messhemd des Priesters, ein langes weisses leinenes,
zuweilen seidenes Gewand mit langen engen Aermeln,
welches, über den Hüften gegürtet, unmittelbar über
der Privatkleidung getragen wird (vergl. Alba); 3) ein
schmaler weisser Zeugstreifen, Cingulum, Gürtel,
womit die Alba über den Hüften gegürtet wird; 4) die
Stola, ein langer schmaler Streifen von Stoff und
Farbe des Messgewandes, der über die Schultern gelegt
wird und vorn auf der Alba bis zu den Knieen herabhängt; 5) die Casula (Planeta), das eigentliche Messgewand, aus schwerem Seidenstoff, ursprünglich ein
weiter ärmelloser Mantel mit einer Oeffnung zum
Durchstecken des Kopfes (s. Paenula), später an den
Seiten mit Schnurzügen versehen, um das Aufheben des
Mantels zu erleichtern, welche hierauf durch Schlitze für
die Arme, allmählich aber durch so grosse Seitenaus-
schnitte ersetzt wurden, dass seit dem 15. Jahrh. von der
Casula nur noch ein langes, in der Mitte mit einer Oeffnung
für den Kopf versehenes, an den Enden abgerundetes
Stück geblieben ist, dessen eine Hälfte vorn, die andere,
mit einem aufgenäheten Kreuze geschmückte, über den
Rücken herabhängt, und welches seit dem Spätmittel-
alter, in Uebereinstimmung mit allen übrigen (nicht
weiss leinenen) Paramenten, stets die liturgische Farbe
(s. diese) haben muss; 6) der Manipulus, ursprünglich ein Hand- und Schweisstuch, hernach ein schmaler,
der Stola ähnlicher Streifen von Stoff und Farbe des
Messgewandes (im spätern Mittelalter an den etwas
erbreiterten Enden zusammengeheftet), der über den
linken Vorderarm gehängt wird.

Das Barett (Birretum), Scheitelkäppchen des Priesters, das jüngste unter den liturgischen Bekleidungsstücken, ist nach Wegfall der Kapuze am Chormantel, und zwar in seiner jetzigen Beschaffenheit erst seit dem 16. Jahrh. allgemein in Gebrauch gekommen.

Die Amtskleidung der Diakonen besteht aus der Dalmatica, einem farbigen, bis unter die Kniee reichenden Rocke mit langen engen Aermeln, welcher über der Alba getragen wird. Im spätern Mittelalter hat die Dalmatica kurze weite Aermel, ist an den Seiten aufgeschnitten und auf dem Rücken mit zwei goldnen Troddeln verziert. Der Diakonus trägt den Manipulus; auch kommt ihm die Stola zu, welche er jedoch über die linke Schulter legt und an der rechten Hüfte über einander schlingt (stola transversa). Der Subdiakon trägt über der Alba die der Dalmatica ähnliche Tunica und am linken Arme den Manipulus.

Die bischöfliche Amtstracht enthält die zuvor beschriebenen Stücke: Amictus, Alba, Cingulum, Stola, Tunica, Dalmatica (diese weiss), Casula und Manipulus (welche in der angegebenen Reihefolge bei dem Ankleiden angelegt werden) und ausserdem die Mitra (s. diese), die Handschuhe, den Ring am rechten Mittelfinger (über dem Handschuh), den Krummstab (pedum) und die Gamaschenstiefel (caligae) nebst darüber geschnürten Sandalen. Als besonders päpstliche Auszeichnung trugen die Bischöfe bei grossen Kirchenfeierlichkeiten auf der Brust das sog. Rationale (s. dieses), welches, dem Amtsschilde des jüdischen Hohenpriesters entsprechend (II. Moses 28, 15—30), ursprünglich nur dem Papste zustand und später in das von allen Bischöfen über der Alba an einem Bande getragene Brustkreuz (vergl. Pectorale) übergegangen zu sein scheint. Beim Anlegen der Cappa pluvialis

(s. Pluviale), in welcher die Bischöfe auf spätmittelalterlichen Denkmalen zu erscheinen pflegen, wird dieselbe über der Dalmatica getragen und die Casula bleibt dann weg.

Die Erzbischöfe tragen die bischöfliche Kleidung, ausserdem meistens das Pallium (s. dieses); auch führen sie seit dem 14. Jahrh. ausser dem Krummstabe ein Kreuz von beträchtlicher Länge mit zwei Querbalken.

Der Papst erscheint ebenfalls in bischöflicher Kleidung, ist aber mit der Tiara, einer kegelförmigen Mütze mit drei Goldreifen (vergl. Tiara), angethan und trägt statt des Krummstabes ein Kreuz mit drei Querbalken.

Die Cardinäle zeichnen sich durch eine purpurrothe Kleidung und einen runden flachen breitkrämpigen Hut aus. Bei gewissen Gelegenheiten ist die Farbe ihrer Kleidung violett oder rosenroth.

Die dienende Geistlichkeit (zuweilen auch der Priester etc.) trägt ein weites leinenes, bis auf die Knie herabgehendes Chorhemd (Superpellicium), als Ueberkleid.

Bischöfe, welche einem geistlichen Orden angehören, tragen unter der Messkleidung ihr Ordenskleid und über letzterem das Chorhemd.

Trachten geistlicher Orden:

Die Mönche tragen eine Kutte (s. colobium), das engere Hauskleid, welches mit einem Gürtel umbunden wird; die Schultern bedeckt die Mozetta, ein Brustkragen, hinten mit einer Kapuze als Kopfbedeckung versehen; von der Mozetta hängt vorn und hinten das aus einem breiten Stück Zeug bestehende Scapulier fast bis auf die Füsse herab.

Die Nonnen tragen an Stelle der Mozetta den

Wimpel, ein gewöhnlich weisses Vortuch, um Hals und Brust und statt der Kapuze den Weihel, einen in der Regel schwarzen Schleier, welcher den Kopf bedeckt.

Farbe und Schnitt der Kleidung richten sich nach den Vorschriften der verschiedenen Orden, so tragen die Augustiner schwarze Kutte, weisses Scapulier und ledernen Gürtel, die Benedictiner einen bis auf die Füsse reichenden schwarzen Rock mit langen Aermeln, der mit einem Gürtel um die Hüften aufgeschürzt wird, nebst schwarzem Scapulier und wollener Kapuze, die Bernhardiner weisses Kleid, schwarzen Kragen und Kapuze, die Camaldulenser weisse Kleidung, die Cistercienser weisse Kutte mit schwarzem Gürtel, schwarzem Scapulier und rothe Schuhe, die Dominikaner weisse Kutte und schwarzen Mantel mit spitzer Kapuze nebst weissem Scapulier, die Franciscaner graue oder (wie die Kapuziner) braune Kutte, grauen Knotenstrick statt des Gürtels und Kapuze, die Karthäuser weisse Kleidung mit ledernem oder hanfenem Gürtel, der vordere und hintere Theil des breiten Scapuliers an den Seiten durch einen handbreiten Streifen verbunden, die Prämonstratenser weisses Kleid und Binde, darüber ein Scapulier von gleicher Farbe.

Die Aebte und Aebtissinnen führen entweder den geraden, oben mit einem Knopfe versehenen Abtsstab oder einen Krummstab, der aber — bei nicht exempten Aebten — unter der Krümmung mit einem herabhängenden Schweisstuche umwunden ist.

Alle Geistliche tragen die Tonsur, d. h. eine kahl geschorene, kreisförmige Platte auf dem Scheitel.

Ritter geistlicher Orden sind mit einer Rüstung angethan. Die Tempelherren tragen darüber einen weissen Mantel mit blutrothem Kreuz, die Johanniter einen schwarzen Mantel mit weissem Kreuz, die Deutschherren einen weissen Mantel mit schwarzem Kreuz. (Otte, a. a. O.).

Primamalerei (ital. pittura alla prima) nennt man in der Oelmalerei das Verfahren, bei welchem ein Bild ohne eigentliche Untermalung gleich fertig hergestellt wird.

Procession: feierlicher Umzug (vergl. Kirchenfahnen).

Profanbauten: die nicht zu kirchlichen Zwecken errichteten Bauten.

Profil: Durchschnitt; beim Gesims die den Querschnitt desselben umsäumende Linie; auch Seitenansicht (ein Gesicht im Profil sehen).

Pronaos: der vor dem Naos oder der Cella eines Tempels befindliche Raum, Vorhalle des Tempels.

Propheten werden meist mit bedecktem Haupte und mit einer Schriftrolle in der Hand dargestellt.

Proportionen (Verhältnisse) sind die Grössenunterschiede der einzelnen Theile eines Körpers oder Kunstwerks unter einander und mit dem Ganzen. Die Schönheit eines Gegenstandes wird durch die Harmonie (Uebereinstimmung der Verhältnisse) bedingt; unausgeglichene Gegensätze sind disharmonisch und daher hässlich; das Monotone wirkt gleichgültig.

Propyläen: Prachthallen als Eingang in den Vorhof eines Tempels mit äusseren und inneren Säulenstellungen zum Tragen der Decke; Prachteingang eines grossen Gebäudes.

Proscenium, s. Scene.

Prospect: Ansicht, besonders perspectivische Ansicht einer Gegend, einer Stadt, eines Gebäudes.

Prostylos, s. Tempelformen.

Prothyrum: Thürvorhalle.

Pseudodipteros und **Pseudoperipteros,** s. Tempelformen.

Pultdach, s. Dachformen.

Punzen, s. Bunzen.

Purificatorium: leinenes, in der Mitte mit einem eingestickten Kreuze versehenes Tuch zum Austrocknen des Kelchs.

Putti (ital.), Kindergestalten, zur Zeit der Renaissance häufig in Verbindung mit Ornamenten, auch wohl als Wappenhalter angebracht.

Puzzolanerde: verwitterte Lava aus der Gegend von Pozzuolo, wird zu den Cementen gerechnet, s. diese.

Pylon ist die Bezeichnung für die auf oblonger Grundfläche mit Verjüngung aufsteigenden, mit Rundstab, grosser Hohlkehle und Platte wagerecht abgeschlossenen Bauten zu beiden Seiten des Eingangs in den Hof egyptischer Tempel.

Pyramide: ein Körper, der von einer ebenen, geradlinig begrenzten Grundfläche und dreieckig gestalteten, zu einer Spitze sich vereinigenden Seitenflächen eingeschlossen wird. Die altegyptischen Pyramiden sind von quadratischer Grundform, und dienten als Grabmale der Könige.

Pyxis: bei den Alten ein Schmuckkästchen; dann eine meist cylindrische, mit kegelförmigem Deckel versehene Dose aus Silber oder Elfenbein zur Aufbewahrung der geweihten Hostie.

Quadriga: Viergespann am Triumphwagen.

Quadriremis: Kriegsschiff mit vier Reihen von Ruderbänken auf jeder Seite.

Quadrirung: Nachahmung des Quadergemäuers durch Putz; Theilung des Schildes in vier gleiche Flächen oder Quartiere, daher quadrirt: geviert.

Querhaus, Querschiff einer Kirche: die Vierung mit den beiden Kreuzarmen.

Quinqueremis: Kriegsschiff mit fünf Reihen von Ruderbänken auf jeder Seite.

Radfenster: eine runde Lichtöffnung mit speichenartiger Stellung der Maßwerkrippen, welche am obern Ende durch kleine, bis zur Peripherie der Lichtöffnung reichende Halbkreise oder Spitzbögen verbunden sind.

Radiante Apsiden sind halbrunde Nischen, die — wie ein Kapellenkranz — am Chorumgange romanischer Kirchen in gleicher Entfernung unter sich und vom Mittelpunkte des Chors angelegt sind.

Radiren ist das Verfahren, bei welchem eine zu vervielfältigende Zeichnung mit der Radirnadel auf einer mit Aetzgrund überzogenen Metallplatte leicht in den Aetzgrund oder auch bis auf die Oberfläche des Metalls eingeritzt und hierauf durch Begiessen der (zuvor mit einem Wachsrande umgebenen) Platte mit Aetzwasser (verdünnte Salpetersäure) eingeätzt, somit auf der Platte vertieft hergestellt und dadurch zum Abdruck geeignet gemacht wird. Eine grössere Tiefe der Schatten erreicht man durch mehrfaches Aetzen, wobei die übrigen Stellen mit Deckwachs vor den Angriffen des Aetzwassers geschützt werden.

Radirung heisst der Abdruck einer in obiger Weise behandelten Metallplatte.

Rampe: eine als Auf- und Abfahrt dienende geneigte Fläche, z. B. bei einem Walle. Rampe d'escalier: Treppenarm.

Rationale: ein mit Stickerei ausgestattetes, dem
erzbischöflichen Pallium nachgebildetes Schultergewand,
das aus zwei scheinbar getrennten Stücken bestehend,
auf Brust und Rücken herabhing, auf den Schultern
aber, statt der früher benutzten Spangen, durch je ein
kreisförmiges stoffliches Stück verbunden war. Auf
diesen Verbindungen standen ursprünglich die Namen,
dann auch die Brustbilder der hl. Zwölfboten, auf der
Brust war auch wohl das Brustschild (s. Pectorale) angebracht. Sowohl das Brustschild als jene Spange und
die Spange des Pluvials wurden ebenfalls Rationale
genannt. (Müller u. Mothes, a. a. O.). Von einem im
Dom zu Regensburg befindlichen Rationale heisst es:
»Letzteres ein bischöfliches auszeichnendes Schulter-
kleid und erinnernd an das hohenpriesterliche Ephod
mit dem Brustschilde (λογεῖον), ist ein figuren- und
inschriftreiches Meisterwerk spätromanischer Stickkunst,
hervorragend wie durch die Pracht des Materials und
die Feinheit der Ausführung, so durch die geistreiche
Conception der bildnerischen Darstellung. Es gehört
in den Anfang des 13. Jahrh.« (Jakob, Die Kunst im
Dienste der Kirche, 337). Vergl. Priesterkleidung.

Rauchfass, s. Thuribulum.

Raute (Rhombus): verschobenes Quadrat.

Realismus. Bei der realistischen Auffassung
hat der Künstler den Gegenstand in seiner unmittelbaren
Erscheinung oder auch mit den Merkmalen einer wirklichen Gegenwart vor Augen, wobei durch die grössere
oder geringere Theilnahme am Geistes- oder Gemüths-
leben, oder durch die Entfernung davon, die mannig-
fachen Abstufungen, Verbindungen und Gegensätze
möglich werden. Die realistische Auffassung kann sich
bis zur Entgeistigung steigern und zum blossen Naturalismus werden. (Förster, a. a. O., 94 f.).

Refectorium (Remter): der Speisesaal in Klöstern. Nicht selten finden sich zwei Refectorien, eins für den Sommer, das andere, mit einer Heizvorrichtung versehene, für den Winter.

Reflex. Beleuchtete Körper werfen von dem empfangenen Lichte einen Theil zurück. Es entsteht dadurch der Wiederschein oder Reflex. Der auf schattige Stellen wirkende Reflex bringt das Helldunkel (Clair-obscur) hervor, »eines der wirksamsten Zaubermittel der Malerei, durch welches auch da, wo das Licht unmittelbar nicht hinfällt und also nichts zu sehen sein würde, alle Formen deutlich hervortreten«. (Förster, a. a. O., 219).

Reichskleinode. Hauptsächlich sind dies die jetzt in der Schatzkammer der Hofburg zu Wien befindlichen Krönungs-Insignien des römisch deutschen Reichs, welche meist in Sicilien im 12. Jahrh. angefertigt und die dem Kaiser zur Anlegung bei der Krönung in folgender Reihe überreicht wurden: 1) die Tibialien, Strümpfe aus gewebtem Seidenstoffe mit Ornamenten in Goldstickerei; 2) die Sandalen aus rother Seide mit Gold- und Perlenstickerei; 3) der Talar oder Leibrock aus dunkelviolettem Seidenstoffe mit Verbrämung in Gold- und Perlenstickerei, am Aermelbesatz ausserdem auch durch Goldbleche mit Reliefemail verziert; 4) die Alba aus weissem Seidentaffet mit Gold- und Perlenstickerei; 5) der Gürtel zum Aufschürzen der Alba, eine gewebte Goldborte mit grotesken Thiergestalten; 6) die Stola (14. Jahrh.), Goldgewebe mit Arabesken, worin Medaillons mit dem Reichsadler; 7) ein zweiter Gürtel aus blauem Seidenstoffe mit Perlenstickerei und Filigran, zum Festhalten der auf der Brust in's Kreuz gelegten Stola; 8) die Tunicella mit gestickter Verbrämung; 9) der Krönungsmantel

(pluviale, pallium imperiale) mit kufischen Inschriften
und meisterhaft ausgeführter Gold- und Perlenstickerei,
Email-, Filigran- und Nielloarbeit (1163); 10) die
Handschuhe, aus rothem Seidenstoffe zusammen-
genäbet, in ähnlicher Weise verziert; 11) die Krone
Karl's d. Gr.; 12) drei Schwerter; 13) der
Reichsapfel; 14) zwei Scepter; 15) das Evangelistarium, der Tradition nach bei Eröffnung des
Grabes Karl's d. Gr. aufgefunden, ein codex aureus
mit den Bildern der vier Evangelisten (der Einband
gegen 1500) und 16) ein Reliquienkästchen (etwa
aus dem 7. Jahrh.).

Zu den Reichskleinoden gehören noch verschiedene
Reliquien, u. a. die hl. Lanze. (Müller und Mothes,
a. a. O.).

Reiswerk-Kirchen, s. Holzarchitektur.

Relief: eine mit der Grundfläche verbundene
plastische Arbeit. Beim Haut-relief (Hochbildwerk)
heben sich die Gebilde mehr, beim Bas-relief (Flachgebilde) weniger als zur Hälfte ihrer Körperstärke vom
Grunde ab. Zwischen beiden genannten Arten liegt das
Mezzo- oder Halbrelief. Unter Bas-relief en
creux versteht man ein in den Grund versenkt er-
scheinendes Flachgebilde. Vergl. Koilanaglyph.

Reliquiarium: Reliquienbehälter, oft kostbar ausgestattet und in den mannigfaltigsten Formen vorkommend, darunter grosse und kleine Särge, Heiligenfiguren und einzelne aus Metall hergestellte Körpertheile,
Kästchen, Büchsen, Médaillons und Ostensorien (s. diese).
Die prachtvoll ausgestatteten Behälter für die Ueberreste von Heiligen wurden auf besonderen Reliquien-
Altären zu andächtiger Betrachtung ausgestellt.

Reliquiengruft (sepulcrum): eine gewöhnlich mit
einer Marmortafel verschlossene, zur Aufnahme von

Reliquien bestimmte Vertiefung vorn unter der Altar-
platte oder in deren Mitte. S. Altar.

Remter, Reventer = Refectorium (s. dieses). Berühmt ist der Remter im Schlosse der deutschen Hoch-
meister zu Marienburg.

Renaissance, s. Baustil.

Rentoilage (franz.): die Uebertragung eines Gemäldes auf neue Leinwand oder Holz.

Responsorium: Wechselgesang, antwortender Gesang zwischen dem Geistlichen und dem Chore oder
der Gemeinde.

Retabulum: Altaraufsatz in Form einer Rückwand.
Vergl. Altar.

Retouche: Nachbesserung eines Gemäldes.

Revers, s. Avers.

Rez-de-chaussée: Erdgeschoss.

Riemen, s. Glieder.

Riese, s. Fiale.

Rinnleiste, s. Glieder.

Rippen nennt man die zwischen den einzelnen
Gewölbefeldern oder Kappen als deren Widerlager angeordneten, vortretenden und meist profilirten, bogenförmigen Verstärkungen (s. Gewölbe).

Risalit: Vorsprung, besonders ein solcher von
ansehnlicher Länge und in ganzer Höhe der Umfassungs-
wand eines Gebäudes.

Ritus: Feier- oder Kirchengebrauch; Rituale:
die Anordnung kirchlicher Gebräuche, Kirchenordnung;
Ritualbücher: die zum gottesdienstlichen Gebrauch
bestimmten Bücher.

Rocaille: Grottenwerk von Muscheln, Steinen u.s.w.

14*

Rochet: Chorrock, kurzes, mit Aermeln versehenes, weisses Ueberkleid von feinem Leinen oder Batist.

Rococo (Rococco), s. Baustil.

Römische Bäder. Die öffentlichen Bäder (Balneae), Wasser- und Schwitzbäder enthaltend, bestanden aus zwei von einander getrennt gehaltenen Hauptabtheilungen, deren grössere für die Männer, die kleinere für die Frauen bestimmt war.

Zu der grösseren Abtheilung gehörten (nach einem in Pompeji aufgefundenen Beispiele) als wesentliche Bestandtheile: ein offener, mit Säulengängen, an einer Seite jedoch mit Steinsitzen umgebener Hof (Atrium), ein Wartesaal, ein Aus- und Ankleidezimmer (Apodyterium), dieses mit Steinsitzen versehen und sowohl mit den Haupteingängen, als auch mit den Baderäumen in Verbindung stehend, ferner das Kaltbad (Frigidarium), so wie das Warm- und Schwitzbad (Caldarium), letzteres oft an dem einen Ende ein Bad mit heissem Wasser (Alveus), in der Mitte den Schwitzraum (Sudatio, Sudatorium) und an dem andern Ende ein Schwitzbad (Laconicum, s. dieses) enthaltend, dessen hohl gelegter Fussboden (Suspensura) auf niedrigen Backsteinpfeilern ruhend, mit Heizröhren unterzogen war (Hypocaustum) und dessen Hohlmauern ebenfalls solche Röhren enthielten, so dass in dem ganzen Raume durch erhitzte, von einem benachbarten Ofen die Heizröhren durchziehende Luft ein hoher Wärmegrad erzeugt werden konnte. Zwischen dem Kalt- und dem Schwitzbade lag ein mässig erwärmter Raum (Tepidarium), in welchem die Besucher des Schwitzbades vor ihrer Rückkehr in's Freie sich aufzuhalten hatten.

Eine andere Art öffentlicher Bäder, die aber zugleich grossartige Anlagen zu andern Zwecken enthielten, waren die T h e r m e n (s. diese).

Römischer Stil, s. Baustil.

Rohbau. Ein Massivbau, insbesondere ein Back-
steinbau, der das Material der Aussenseiten unverhüllt
zeigt, wird »im Rohbau ausgeführt« genannt. Zutreffen-
der wäre der Ausdruck »im Reinbau ausgeführt«, da es
bei einem derartigen Baue um sorgfältige Herstellung
»reinen« (unverputzten) Mauerwerks sich handelt.

Rolandsfiguren (Rolandssäulen), in mehreren
Städten, besonders in Norddeutschland, auf den Markt-
plätzen als colossale geharnischte Gestalten mit gezoge-
nem Schwerte sich findend, werden — ursprünglich
wohl ein Bild des deutschen Kaisers — als symbolische
Bezeichnung der durch kaiserliche Privilegien erlangten
Marktgerechtigkeit und höheren Gerichtsbarkeit aufzufassen sein.

Rollschicht: Backsteinschicht, bei welcher die
Steine hochkantig (auf die schmale Langseite) gesetzt sind.

Romanischer Stil, s. Baustil.

Romantische Stile nennt man zusammenfassend
alle mittelalterlichen Baustile.

Rondel: Rundwerk, Rundgemäuer, Rundthurm.

Rose, s. Fensterrose.

Rosenkranz (Rosarium), im 12. Jahrh. durch
Peter von Amiens aus dem Orient eingeführt, der Verehrung der hl. Jungfrau geweiht. Der grosse Rosenkranz enthält auf einer Schnur 150 Kügelchen, nach
der Anzahl der Psalmen, und 15 grössere Perlen; der
mittlere hat 63 Knöpfchen, nach der Anzahl der
Lebensjahre der hl. Jungfrau, und 7 grössere Knöpfchen. Bei dem Abbeten des Rosenkranzes kommt auf
jedes Kügelchen der kleineren Art ein Ave Maria, auf
jedes grössere derselben ein Vaterunser; auf 10 Ave
folgt immer ein Vaterunser. Der kleine Rosenkranz,

eine Erfindung der Camaldulenser zur Zeit Leo's X.
(† 1521), enthält nach der Zahl der Lebensjahre Jesu
33 Perlen. Zu jedem abgebeteten Rosenkranze gehört
am Schlusse oder am Anfange ein Credo. (Otte, a. a. O.).

Rosette: kreisförmiges, in seiner einfachsten Gestalt mit der Blüthe des wilden Rosenstocks zu ver-
gleichendes, aus radial aus einander gelegten Blättern
bestehendes Ornament.

Rost, Rostwerk, bei Gründung von Mauerwerk
auf ungünstigem Boden entweder als S c h w e l l r o s t
aus liegenden Bauhölzern und Bohlen, oder als P f a h l -
r o s t, bei welchem letzteren jene Bauhölzer auf ein-
gerammten Pfählen ruhen, zur Anwendung kommend.

Rotuli in pomo, s. Kelche.

Rotunde: Rundgebäude, Rundbau.

Rücklaken, s. Dorsalia.

Rüstung. Unter den Karolingern: der Harnisch,
wie bei den Römern, schuppenartig; das Schwert kurz
und zweischneidig; der Wurfspies ohne Fahne; Streit-
kolben mit Stachelkugel an einer Kette; Schild rund,
in der Mitte mit einem Knopf; Helm gerundet, mit
Schirmen vorn und hinten, so wie mit Backenschienen.
— Unter den sächsischen und salischen Kaisern (Rüstung
der Ritter): Ketten- oder Schuppenhemd, auch den
Kopf — bis auf eine Oeffnung für das Gesicht — so
wie Arme und Hände bedeckend; in gleicher Weise
die Beine geschützt; Helm kegelförmig mit Nasenschirm;
Schwert lang mit gerader Parirstange, an einem um die
Hüften geschlungenen Gürtel; Schild lang, drei- auch
viereckig und gebogen, den Körper halb umschliessend;
an der Lanze ein schmales Kreuzfähnchen; Sporen meist
ohne Räder. — Im 12. u. 13. Jahrhundert: Panzerhemd
(Kettenpanzer) mit einer über die Schultern herabfallen-
den Panzerkappe, auf welche der topfartige Helm ge-

gesetzt wird (für die Knappen Sturmhaube ohne Visier
und Halsberge); Schurz, so wie Arm- und Beinbeklei-
dung aus kleinen, in einander greifenden Ringen;
Waffenrock über der Rüstung; Schwert lang, Scheide
umwickelt; Schild klein, dreieckig, seit der Mitte
des 12. Jahrh. mit dem Wappen geschmückt. — Im
14. Jahrhundert: Panzerhemd mit Verstärkung durch
eiserne Arm- und Beinschienen, unter dem kurzen ledernen
Waffenrocke hervortretend; Gürtel, an der rechten Seite
mit Dolch, an der Linken mit Schwert; Helm mit heral-
dischem Schmuck, Helmdecke und beweglichem Visier;
Schild wie vorhin (jedoch bei dem Fussvolke rund). —
Das Panzerhemd verschwindet allmählich, die Rüstung
aus geschlagenem Eisen, zuerst nur einzelne Theile des
Panzerhemdes verdrängend, nimmt seine Stelle ein und
hat in der Mitte des 15. Jahrh. die Herrschaft erlangt.
Turnier- oder Stechhelm verschieden von dem Kriegs-
helm. — Im 16. Jahrh. erhält die Kriegsrüstung ihre
ganze Vollständigkeit: Helm (ohne Helmdecke) mit
Visier und Federn, Halsberge; Harnisch sowohl vorn,
wo das Bruststück zur Verstärkung gegen den Stoss
die mittlere Schneide erhält, als auch hinten; Schulter-
und Armstücke, Handschuhe; die Hüftgehänge bis auf
die Schenkel lose herabhängend; Schenkelstücke vorn
von Eisen, hinten von Leder, Kniestücke; Beinschienen
längs des Schienbeins bis zu der [in dieser Zeit sehr
abgeplattet erscheinenden] Schuhspitze, hinten von dem
Kniegelenk bis zur Ferse; alle Theile beweglich; Sporen;
Waffenrock bis an die Kniee reichend, in viele Falten
gelegt; Schwert von beträchtlicher Länge; Lanze, am
Handgriff verstärkt und mit einer Eintiefung versehen.
(S. v. Hefner, Trachten des christl. Mittelalters). Grosse
zweihändige Schwerter kommen gegen Ende des Mittelalters vor.

Rundpfeiler, s. Pfeiler.

Rundstab (Stab): halbrund vortretendes Glied.
Vergl. Glieder.

Runen: geradlinige Schriftzeichen der altnordischen
germanischen Stämme. Inschriften an Runensteinen
pflegen auf reich und phantastisch verschlungenen Bändern, denen man den Kopf und Schwanz einer Schlange
gegeben hat, enthalten zu sein.

Russischer Baustil. Er ist aus dem byzantini-
schen Central — und Kuppelbau hervorgegangen, der
Grundriss aber bei grossen Kirchen durch mancherlei
Anhängsel umgestaltet. Seit dem 13. Jahrh. machen
sich asiatische Einflüsse geltend, wohin besonders die
zwiebelförmigen Kuppeln auf hohen Tambouren, der
Eselsrückenbogen und die phantastischen Formen der
Säulen gehören.

Rustik, s. bäuerisches Werk.

Sacellum: im Alterthume jeder kleine dem Gottesdienste oder einer Gottheit geweihte Ort; im Mittelalter
kleines Heiligthum, Reliquienschrein.

Sacramentshäuschen, s. Tabernakel.

Sacrarium: bei den Alten ein Ort im Tempel zur
Aufbewahrung von Gegenständen des Cultus, auch Oratorium in einem antiken Wohnhause; im Mittelalter im
weiteren Sinne ein Heiligthum, heiliger Ort, Kirche u. s. w.,
im engeren Sinne ein kleiner Raum in Form einer bedeckten Grube mit kleinem Einguss unter dem Altar-
platze oder unter der Sacristei zur Beseitigung von
Resten des bei liturgischen Handlungen gebrauchten
Wassers u. s. w. (Müller und Mothes).

Sacristan: Kirchner, Küster, Messner.

Sacristei: Kirchengemach des Geistlichen, Kirchen-
geräthzimmer, vergl. Gerwekamer.

Säule: freistehende Stütze, in der antiken Architektur aus einem runden, cannelirten (ausgekehlten), nach
oben sich verjüngenden Schafte bestehend, der entweder
unmittelbar von der Grundlage oder von einer, auf
dieser ruhenden besondern Basis, dem Säulenfusse, in
sanfter Schwellung (Entasis) aufsteigt und oben mit einem
ausladenden Knaufe (Kapitäl) versehen ist, dessen Deckplatte die zu stützende Last aufnimmt.

Bei der griechisch-dorischen, $5\frac{1}{2}$ bis 6
untere Durchmesser hohen Säule voll Kraft und Adel
hat der straffe, eines gegliederten Fusses nicht bedürftig
erscheinende Schaft, 20 scharf an einander stossende
Cannelirungen und oben einige den Hals umgebende
Einschnitte, die, gleich den dann folgenden, das Kapitäl
unten umsäumenden Ringen, die im Schafte empor-
strebenden Elemente fest zusammenfassen, wie zu
kräftigem Widerstande gegen den Druck, welchen der
darüber gelagerte, trefflich profilirte Wulst (Echinus)
durch Vermittelung des quadratischen Deckstücks (Abacus)
vom Gebälk erhält.

Die griechisch-ionische, $8\frac{1}{2}$ bis 9 Durchmesser hohe Säule von anmuthsvoller Gestaltung zeigt
einen besondern, mannigfaltig gegliederten Fuss, die
Basis, und am Schaft 24 schmale, durch Stege getrennte
Cannelirungen mit halbrunden Endungen. Bei ihrem
Kapitäl liegt zwischen dem als Eierstab (s. diesen)
vortretenden, unterwärts von einem Perlstabe begleiteten
Echinus und dem aus einer dünnen, als Viertelstab
profilirten Platte bestehenden Abacus das diesem Kapitäl
eigenthümliche sog. Polster, welches, an zwei Seiten
überquellend und hier in flachen, durch Stege getrennten Cannelirungen aufgerollt erscheinend, die bekannten in der Mitte ihrer Langseiten gleichsam zu-
sammengeschnürten ionischen Schnecken bildet. Die

Front- und Rückseite des Kapitäls (mit den Spiralen)
sind daher von dessen Seitenansichten verschieden.

Im Fuss und Schaft dieser Säule eng verwandt,
unterscheidet sich von ihr die **griechisch-korin-
thische** Säule im Wesentlichen nur durch das, eine
zierliche Pracht entfaltende Kapitäl, dessen vasen-
förmiger, von einem Rundstabe (Astragal) ausgehender
Kern reicher Schmuck von Akanthusblättern umgiebt,
aus welchem, zur Stütze der Ecken des Abacus und
als Uebergang aus der Rundung in das Viereck, zu
jenen vier Stützpunkten je zwei, am obern Ende sich
vereinigenden Voluten (s. diese) aufsteigen, von denen
jede einen Blumenstengel mit schneckenförmiger En-
dung einer, die Mitte jeder Seite des Abacus zierenden
Palmette zusendet. Der fein gegliederte Abacus erscheint an den Seiten bogenförmig eingezogen und
oberhalb der gedachten Volutenpaare mit abgestumpften
Ecken versehen.

Von den antiken Kapitälen ist hier noch das aus
dem ionischen und dem korinthischen componirte sog.
römische Kapitäl zu erwähnen, bei welchem (wie am
Triumphbogen des Septimius Severus zu Rom) zwei
Reihen von Akanthusblättern den vasenförmigen Kern
umgeben und — statt der zu den vier Ecken des
Abacus leicht aufsteigenden Voluten des korinthischen
Kapitäls — schwerfällige, mit Laubwerk verzierte
Schnecken von der Mitte des Abacus nach seinen Ecken
hin sich ausdehnend, hier bis zum Blätterkelch herab-
hängen. Zwischen den Schnecken tritt unterhalb des
Abacus ein Eierstab hervor, und der Raum unterhalb
desselben bis zum Blätterkelch wird durch spiralförmige
Blattstengel nothdürftig ausgefüllt.

Im Mittelalter, wo auch Säulenschäfte von viel-
eckigem Querschnitt, oder Rundschäfte mit symmetri-

schen Reliefverzierungen und um den Schaft sich win-
denden Ornamenten, selten aber mit Cannelirungen vorkommen, treten um 1200 auch Säulen mit unverjüngtem,
im sog. Uebergangsstile mitunter durch einzelne Ringe
umgürtetem Schafte auf. Ausserdem finden sich in der
romanischen Architektur sog. eingelassene Säulchen,
insbesondere an Pfeilerecken. Die Basis der romanischen Säulen pflegt der attischen (s. diese) nachgebildet,
auch mit quadratischer Plinthe versehen zu sein und
nach 1100 als eigenthümliche Zugabe sog. Eckblätter
(s. diese) zu enthalten.

Byzantinische Kapitäle haben oft die Gestalt
eines nach unten zusammengezogenen Würfels, dessen
trapezförmige Seiten mit flachem Blattwerk von conventioneller Behandlung bedeckt sind. Auf diesem
Kapitäl ruht ein (zur Aufnahme von Bögen bestimmter)
rechteckiger, nach unten verjüngt zugehender Aufsatz.

Bei romanischen Kapitälen sind zwei Formen
vorherrschend, zunächst das dem korinthischen
verwandte Kapitäl, sodann aber das Würfelkapitäl,
dessen einfachste Form — abgesehen von dem quadratischen Abacus — entsteht, wenn auf der nach oben
gekehrten horizontalen Fläche einer Halbkugel ein, mit
den Endpunkten die Peripherie berührendes Quadrat
beschrieben, an jeder der vier Seiten desselben ein
senkrechter Abschnitt gemacht, auch unten von der
Halbkugel ein dem obern Säulendurchmesser ent-
sprechendes Stück durch einen horizontalen Schnitt
abgenommen wird. Die durch die senkrechten Abschnitte erlangten halbkreisförmigen Seiten des Kapitäls
werden in mannigfacher Weise verziert. Mitunter sind,
unter Beibehalt der Würfelform, alle Seiten des Kapitäls
nach einem zusammenhängenden Muster mit Ornamenten
bedeckt. — In der Uebergangsperiode erscheint häufig

der obere rechteckige Theil des Kapitäls als eine starke
Platte, die nicht durch Abrundung, sondern durch Ausrundung (in Vasenform) mit dem Säulenschafte verbunden, übrigens nebst der Ausrundung mit Laubwerk u. s. w. ausgestattet wird. Das sog. Knollenkapitäl
(s. dieses) gehört den Gebäuden aus der Wende vom
sog. Uebergangsstil zur Frühgothik an. Diese und die
romanischen Kapitäle pflegen ein zur Aufnahme der
Bögen geeignetes Kämpfergesims oder einen gegliederten
Abacus zu erhalten.

Das gothische Pfeilerkapitäl besteht aus einer
wenig ausladenden Bekrönung des Pfeilerschafts und der
mit ihm verbundenen Dienste, welche meist zwei Reihen
von Blättern enthält, die mehr angeheftet, als aus dem
Kern hervorwachsend erscheinen und deren Vorbilder
der Natur entnommen sind (Eichenlaub, Weinlaub,
Epheu), oder es bleiben die zwischen den Diensten
befindlichen Einkehlungen am Bündelpfeiler vom Blätter-
schmucke frei. Oben wird dieser Blätterkranz von einer
zierlich gehaltenen Gliederung umsäumt, unten ist derselbe durch ein schmales, scharf profilirtes Glied mit
dem Pfeilerkern verbunden.

Spätgothische Pfeiler zeigen im Querschnitt ein
Achteck, oft mit concaven Seiten, und ermangeln des
Kapitäls, indem die Gliederungen der Bögen und Rippen
entweder ununterbrochen an den Pfeilern herablaufen
oder am Anfangspunkte der Wölbung aus demselben
hervorwachsen.

Halbsäulen, die nur mit der Hälfte ihres Umfangs aus der Mauer vortreten, kommen schon in der
antiken Architektur vor; häufiger finden sie sich in den
späteren Bauweisen, wo sie oft in Verbindung mit freistehenden Pfeilern erscheinen, auch wohl mehr als zur
Hälfte vortreten.

Gewundene Säulen, bei welchen der Schaft
in regelmässigen (korkzieherartigen) Windungen sich
erhebt, sind als eine geschmacklose Abart zu bezeichnen,
und erscheinen nur zulässig in schwachen Dimensionen
als gewundene Stäbe sich anlegend, nicht zum Tragen
dienend.

Säulenordnungen nennt man die aus den antiken
Monumenten abgeleiteten und in Systeme gebrachten
Regeln für die Ausführung der Säulen mit den zugehörigen Gebälken. Ausser dem Vitruv waren hierin
besonders die italienischen Architekten des 16. Jahrh.
und unter diesen namentlich Vignola (1507—1573)
thätig. Er schrieb das bekannte Werk über die fünf
Säulenordnungen des classischen Alterthums, deren erste
die sog. toscanische bildet, welcher dann die dorische,
ionische und korinthische Ordnung sich anreihen,
während die aus den beiden letzteren componirte sog.
römische Säulenordnung den Schluss macht. Die Abmessungen geschehen bei ihm nach dem, die Hälfte des
unteren Säulendurchmessers ausmachenden Model, der
in 12 oder 30 Partes (Minuten) eingetheilt wird.

Säulentrommel, s. Tambour.

Sagum, s. Paludamentum.

Sahs: die Schärfe, Schneide; dann Messer mit
langer Klinge, das von den alten Sachsen am Gürtel
getragen wurde.

Salvator: der Heiland, Erlöser.

Sanbenito, Sacbenito: ein Marterhemd, gelb, mit
Flammen und Teufeln bemalt, womit die von der spani-
schen Inquisition zum Scheiterhaufen verurtheilten Ketzer
bekleidet wurden; auch eine solche Mütze.

Sanctuarium, s. Altar.

Sandalen: Schnürsohlen, Mönchsschuhe.

Santorinerde: ein vulkanisches Product von der griechischen Insel Santorin, wird zu Mörtel bei Wasserbauten gebraucht.

Sargwand, s. Scheidmauern.

Sarkophag: steinerner Sarg bei den Alten, aus einem ätzenden, den Leichnam bald verzehrenden Kalksteine; dann Prunksarg mit bildlichen Darstellungen (vergl. Katakomben); ferner ein aus Stein gearbeitetes sargförmiges Grabmal, anfangs mit schlichten Seitenflächen und dachförmigem Deckel, später mit architektonisch gegliederten Seitenflächen und einem flachen, meist mit einer liegenden Steinfigur des Verstorbenen versehenen Deckel; auch ein aus Metall angefertigter Prunksarg.

Satin: Atlass; satiner: auf Atlassart weben.

Satteldach, s. Dachformen.

Sattelholz (Sattel): ein kurzes, an den Enden gewöhnlich profilirtes, übrigens rechteckiges Holz, welches auf einem Pfeiler (einer Säule) zur Verminderung der Tragweite eines darüber liegenden Unterzugs oder Balkens angebracht wird.

Satyr. Die Satyr–Gestalt, in der Mythologie der Alten als ein Mann mit Ziegenbart und Hörnern, zugespitzten Ohren, Schwanz und Bocksfüssen beschrieben (s. oben Faunen), wird mitunter zur Darstellung des Teufels benutzt. (Piper, Mythol. der christl. Kunst, Abthl. I.).

Scapulier: Kleidungsstück der Klostergeistlichen, anfangs ein kurzer, der Tunica ähnlicher Rock mit weiten Armschlitzen statt der Aermel, hernach an beiden Seiten ganz aufgeschlitzt und dann an einzelnen Stellen durch Knöpfe wieder verbunden, seit dem 12. Jahrh. nur ein Vorder– und ein durch ein Querband damit verbundener Rückenstreifen (s. Priesterkleidung).

Scarabäen: Käfersteine der alten Egypter, Amulete, auch zum Siegeln dienend, sind in der symbolischen Gestalt des hl. Käfers (Ateuchus sacer) mit platter, vertiefte Darstellungen enthaltender Unterseite aus Metall, Stein oder Paste gebildet.

Scene (σκηνὴ, lat. scena): Hütte, Zelt; dann die Bühne, wo die Schauspieler handelnd auftreten, der Auftritt (eines Schauspiels); Handlung, Begebenheit, Bild.

P r o s c e n i u m: die Vorbühne, zwischen Orchester und Scene; bei antiken Theatern aber häufig die ganze Bühne bedeutend.

P o s t s c e n i u m: im antiken Theater der zum Ankleiden der Schauspieler dienende Raum hinter der Bühne.

Scenerie: Bühnenwerk, Landschaft, Gegend.

Schabkunst, s. Schwarzkunst.

Schablone. Darunter versteht man eine in wirklicher Grösse ausgeführte Zeichnung eines Gesimsprofils u. s. w., besonders ein nach einer solchen Zeichnung ausgeschnittenes Brett- oder Blechstück, ferner ein zum Ziehen von Gesimsgliedern angefertigtes Formbrett, wie solches bei Verputz- und Stuckarbeiten gebraucht wird; auch ein starkes geöltes Papier oder ein Blech, woraus Muster ausgeschnitten sind, welche man darnach auf Flächen aufträgt (aufschablonirt). Vgl. Patrone.

Schachbrettmuster, als romanische Verzierung besonders an Friesen vorkommend, aus kleinen Quadraten und mit diesen regelmässig wechselnden quadratischen Vertiefungen bestehend.

Schaft, bei einer Wand: der Mauerpfeiler zwischen zwei Fenstern oder zwischen einer Licht- und einer Thüröffnung; bei einer Säule: der Theil zwischen Basis und Kapitäl.

Schapel: ein schmales, im Mittelalter von beiden Geschlechtern getragenes Kopfband von Zeug oder Metall, im letzteren Falle nicht selten gleich einem Diadem mit Auszackungen oder andern Verzierungen versehen. Auch vertrat ein Blumenkranz die Stelle des Kopfbandes.

Scharren: feststehende Verkaufsbude (Brodscharren, Fleischscharren).

Schaube: ein weiter, vorn offener Ueberzieher mit breitem Umschlag und Kragen (beides oft von Pelzwerk), nebst weiten faltigen Aermeln, diese beim Tragen gepuffter Unterärmel als offene Oberärmel erscheinend; im 15. und 16. Jahrh. beliebt.

Scheidbogen nennt man die das Mittelschiff von den Seitenschiffen trennenden Bögen der Arcaden, auf denen die Scheidmauern ruhen.

Scheidmauern (im südlichen Deutschland auch Sargwände genannt) sind die Seitenmauern des Mittelschiffs in basilikenförmigen Kirchen. Die zwischen den Arcadenbögen derselben befindlichen Mauertheile heissen Spandrillen (s. diese); die oberhalb dieser Bögen durchlaufende, bis zur Unterkante der Fenster hinaufreichende Fläche, aussen meist vom benachbarten Pultdache des Seitenschiffs verdeckt, wird, wenn innen mit einem durch Arcaden erhellten Laufgange oder nur mit kleinen Blendarcaden versehen, Triforium (s. dieses), und der zwischen den beiden Fensterreihen befindliche Theil des Mittelschiffs der Lichtgaden genannt.

Scheitel: der höchste Punkt in der Laibung eines Bogens oder eines Gewölbes. Bei gothischen Gewölben mit vortretenden Rippen pflegt im Scheitel ein runder Schlufsstein angebracht zu sein, gegen welchen die Rippen auslaufen.

Schema: Gestalt, Vorbild, Muster.

Schiefsscharten: Zinnenlücken (Oeffnungen zwischen den Zinnen einer Befestigungsmauer); die nach innen sich erweiternden, zur Vertheidigung mit Schufswaffen dienenden Maueröffnungen; letztere, wenn schmal gehalten, auch S c h u f s s p a l t e n genannt.

Schiff bedeutet im Kirchenbau den Versammlungsort der Gemeinde im Gotteshause. Hierzu werden gerechnet: das Langhaus, welches oft aus Mittelschiff und Seitenschiffen besteht, und das bei grösseren Kirchen nicht selten vorhandene Querhaus, Querschiff (s. dieses).

Schildbogen: der an der Mauer befindliche Begrenzungsbogen eines Gewölbes.

Schild David's, jüdisches Symbol (nach Angabe des Bauraths Oppler), in der Form eines, aus zwei  gleichseitigen und gleich grossen, in einander verschränkten Dreiecken hervorgegangenen Sterns (vielleicht ein Brustschild oder eine Agraffe?); auch an mittelalterlichen Kirchen (u. a. am Thurm der Marktkirche in Hannover) vorkommend.

Schilder (Schildener, Schilderer): Maler.

Schlagschatten: der Schatten, den ein Körper auf einen andern wirft.

Schmiege: als Glied in der Baukunst so viel wie Schräge; schmiegisch: nach einem schiefen Winkel gebildet.

Schnabelschuhe, s. Trachten.

Schnecke (Volute): spiralförmiges Ornament.

Sckneckengewölbe, s. Gewölbe.

Schneusse (Schlinge), wird für die unter der Bezeichnung »Fischblase« bekannte gothische Mafswerksform gebraucht (s. Fischblasenmuster).

Schraffirung: Schattenangabe durch Strichlagen; bei Anwendung einer zweifachen Strichlage entsteht die Gegen- oder Kreuzschraffirung.

Schrotarbeit. Bei Herstellung der sog. Schrotblätter wird die Zeichnung durch sog. Bunzen in eine weiche Metallplatte eingeschlagen und erscheint solche beim Abdruck weiss, während die übrigen Theile der Platte sich schwarz abdrucken.

Schrotbau, s. Holzarchitektur.

Schwalbenschwanz: eine zapfenartige Verbindung, bei welcher der Ansatz des Zapfens schmäler als das Ende desselben ist.

Schwalbenschwanzformen, in nebenstehender Weise an einander gereiht, geben das Schwalbenschwanz-Ornament.

Schwan. Das Vorkommen des Schwans statt des Hahns auf Kirchthürmen (u. a. zu Carolinensyhl in Ostfriesland) oder als Bild in Kirchensiegeln (Groothusen, Lehmke) wird, als zu Luther in Beziehung stehend, und wohl als eine Erinnerung an die, der Volkssage nach von Huss auf dem Scheiterhaufen gesprochenen Worte: »Heute bratet ihr eine Gans (mit Anspielung auf seinen Namen Husso, böhmisch die Gans), aber nach hundert Jahren wird ein Schwan kommen, den werdet ihr nicht tödten können«, aufzufassen sein. (J. Meyer, Gr. Convers.-Lex. — Köhler's Münz-Belustigungen, VII, 41 ff.).

Auf Bauerhäusern, u. a. im Altenlande, erscheinen die Sshwäne auch wohl als Giebelzier, statt der sonst häufiger vorkommenden Pferdeköpfe (s. diese).

Schwarzkunst: eine Art der Vervielfältigung von Zeichnungen, bei welcher, nach Radirung der Umrisse und kräftigeren Stellen, die Platte rauh gemacht und das

Licht nach seinen Abstufungen durch allmähliches Abschaben und Poliren hervorgebracht wird, die rauh gelassenen Stellen aber beim Abdruck die Schattentöne bilden. Der Erfinder ist Ludwig von Siegen; seine frühesten Blätter sind von 1652.

Schwedenkreuze werden zuweilen die mit einem Kreuz versehenen, an Wegen oder in Feldern stehenden Steine genannt, welche in früheren Zeiten — meist indess vor dem dreissigjährigen Kriege — an Stellen errichtet wurden, wo ein Mord begangen oder jemand verunglückt war. Im ersteren Falle machte die Errichtung eines Kreuzes oft einen Theil der, dem Mörder auferlegten Sühne aus.

Schwibbogen: grosser, insbesondere zur Verbindung zweier Räume hergestellter Bogen, wie u. a. der sog. Triumphbogen zwischen Chor und Kirchenschiff.

Sculptur: Bildhauerei.

Seccomalerei (von »secco« trocken). Sie wird mit sog. Leimfarben (Erd - und Pflanzenfarben, deren Bindemittel aus Leimwasser besteht) auf trockenem Grunde ausgeführt.

Sedilien: Sitze (von sedile). Während die Evangelienseite des Chors dem Throne des Bischofs gebührt, gehören die Sitze für den Celebranten und seine Minister auf die Epistelseite.

Seelenmesse: kirchliche Todtenfeier.

Segment: Kreisabschnitt.

Sella: niedriger Sitz ohne Rücklehne und Arme.

Sella curulis: ein zum Zusammenklappen eingerichteter Sitz nach Art der jetzigen Feldstühle, aber mit zwei Paar gebogener Kreuzbeine. Die Benutzung solcher, mit Elfenbein oder Gold reich verzierten Sitze, anfangs nur den römischen Königen zustehend, wurde hernach als ein Ehrenvorzug den Consuln, den Prätoren und den Aedilen gestattet.

Senatorium und **Matronäum.** Zu beiden Seiten des Sanctuariums in altchristlichen Basiliken wurden am Altarende der Seitenschiffe oder in den Flügeln des etwa vorhandenen Querschiffs mitunter besondere Räume durch Schranken abgeschieden, von welchen der eine, das S e n a t o r i u m, zum Aufenthalte der vornehmen Männer diente, der andere, das M a t r o n ä u m, für die vornehmen Frauen bestimmt war.

Sendelbinde: eine shawlartige, im Mittelalter um die Kopfbedeckung gelegte Binde aus Halbseide (Sendel, Sindel, Zindel, fr. cendal) mit lang herabhängenden Enden.

Septizonium: ein vermuthlich in sieben Abtheilungen emporsteigendes (nicht mehr vorhandenes) Mausoleum des Septimius Severus.

Sepulcrum: das Grab, Grabmal; bei christlichen Altären die Reliquiengruft.

Seraph, pl. Seraphim, s. Engel.

Sgraffitto: eine am Aeussern von Gebäuden auf Kalkputz ausgeführte Decoration, zu deren Herstellung dem Putz durch Beimischung von Strohasche eine silbergraue Färbung und hiernächst ein dünner Ueberzug von Kalkmilch gegeben wird, welcher letztere die auszuführende Zeichnung vermittelst Durchpausung aufzunehmen hat. Die Umrisse werden sodann mit einer eisernen Spitze bis auf den dunkeln Grund ausgehoben, und in gleicher Weise geschieht durch Schraffirung die Vollendung der Zeichnung. (De Montigny et Famin. Architecture toscane, 12. Anm. 1).

Sibyllen: heidnische Prophetinnen, pflegen bei

Darstellung derselben im Mittelalter von einem, mit Orakelspruch versehenen Schriftbande begleitet zu sein. Die Anzahl derselben wird verschieden, von 7 bis 12 und darüber angegeben. Im sog. Huldigungszimmer des Rathhauses zu Goslar kommen folgende vor: Cimmeria, Erythraea, Agrippa, Libyca, Persica, Delphica, Phrygia, Europaea, Tiburtina, Cumana, Samia und anscheinend Hellespontica. (Mithoff, Archiv für Niedersachsens Kunstgesch., III. 35).

Siegel: Abdrücke vertieft eingegrabener Stempel in Wachs, Blei, Lack u. s. w., nicht zu verwechseln mit Wappen (ursprünglich bemalte Schilde und Kleinode auf den Helmen).

Fürstliche Siegel des Mittelalters sind rund, seltener in der den Schilden nachgebildeten Dreiecksform, und meist von bedeutender Grösse. Sie enthalten ein Wappenbild, oft aber die Figur des Inhabers zu Ross (sog. Reitersiegel), bei Frauen häufig deren ganze Figur (mit Wappen daneben), auch wohl nur das Brustbild derselben, und zwar entweder in runder oder in spitzovaler Form (Mandorla- oder Fischform). Auf diesen und den übrigen mittelalterlichen Siegeln nimmt die, an ihrem Anfange mit einem † bezeichnete Legende den Rand des Siegels ein, und zeigt solche bis um die Mitte des 14. Jahrh. die gothische Majuskel- und in dem nächstfolgenden Zeitraume, bis zum Auftreten der Renaissance, die gothische Minuskelschrift.

Bei den Dynasten-Geschlechtern finden sich Siegel zu Anfang des 13. Jahrh., nicht viel später auch bei dem niedern Adel. Diese alten Siegel haben in der Regel die Dreiecksform. Letztere erhält sich auch noch neben der im 14. Jahrh. häufig erscheinenden runden Form. Frauensiegel, in welchen nicht selten statt des Wappenbildes das Bild der Inhaberin dargestellt ist, kommen in runder und spitzovaler, zuweilen in dreieckiger, ausnahmsweise auch in viereckiger Form vor.

Auf den Siegeln der Städte, gewöhnlich gross und von runder Gestalt, zeigt sich das allgemeine Städtebild — eine Mauer mit Thor und Thürmen — oder das Wappenbild ihrer Schutzherrschaft. Letzteres ist oft dem ersteren beigegeben oder es ist darin die Figur ihres Herrn (des Kaisers, Bischofs) oder des Schutzpatrons ihrer Kirche und der Stadt aufgenommen.

In den Siegeln der geistlichen Würdenträger, Bischöfe, Aebte, sind gewöhnlich diese selbst in ganzer Figur sitzend oder stehend dargestellt. Die Klöster und Corporationen führen die Bilder ihrer Schutzpatrone im Siegel; Wappenschilde aber erscheinen auf geistlichen Siegeln etwa erst um die Mitte des 14. Jahrhunderts. Die Jesuiten haben als Siegelbild den »Jesum habeo salvatorem« bedeutenden Namenszug. Die Form der Siegel der Domcapitel und Klosterconvente ist in der Regel rund, bei denjenigen der Bischöfe, Prälaten und Pröpste pflegt sie (wenn nicht zum Theil früher) seit dem 14. Jahrh. spitzoval zu sein.

Hochschulen führen meist ein Siegel, worin neben dem Bilde des Stifters oder des Schutzheiligen als Wappenbild ein Buch erscheint.

Handwerkszünfte bedienten sich frühzeitig der Siegel, gewöhnlich mit Emblemen aus ihren, sie besonders kennzeichnenden Werkzeugen oder Erzeugnissen.

Die Siegelstempel wurden im Mittelalter von den Goldarbeitern in Stein oder Metall geschnitten. Eine eigenthümliche Gattung derselben besteht aus antiken Gemmen, in einer metallenen, die Inschrift enthaltenden Fassung.

Siegelerde, s. Terra sigillata.

Siglen: Abkürzungszeichen; die (bei bekannten

Sätzen) statt der ganzen Worte gesetzten Anfangsbuchstaben derselben.

Signaculum: ein als Zeichen der Weihe eingegrabenes, insgemein von einem Kreise umgebenes Kreuz, welches regelmässig auf dem Fusse des Messkelches und auf dem Rande der Patene (s. diese) erscheint, und zugleich bei dem Kelche die Seite bezeichnet, wo der Messpriester den Mund ansetzt und nach der Communion die Ablutio vornimmt, bei der Patene aber die Stelle angiebt, wo solche angefasst wird. Nicht selten nimmt auf dem Kelchfusse ein Crucifix die Stelle des Signaculums ein. (Otte, Handb. d. kirchl. Kunstarchäologie d. deutsch. Mittelalt. I. 161).

Silhouette: Schattenbild, Schattenriss; davon abgeleitet der Umriss, das Profil eines körperlichen Gegenstandes, insbesondere einer architektonischen Gruppirung oder eines Werks der Plastik, in welcher Beziehung von einer vortheilhaften u. s. w. Silhouette die Rede sein kann.

Sima: Karniess oder Rinnleiste, als krönendes Glied des Kranzgesimses, s. Gebälk und Glieder.

Sinnbilder, Symbole, Attribute. Hiervon mögen aufgeführt werden: A n k e r, Zeichen der Hoffnung und des Geheimnisses des Kreuzes; A r c h e N o a h's, s. Schiff; A u g e, in einem Dreiecke stehend: die hl. Dreieinigkeit, von Strahlen umgeben: Allwissenheit Gottes; B a s i l i s k und andere Ungeheuer unter den Füssen Verstorbener und Heiliger, nach Ps. 91, 13: der überwundene Fürst dieser Welt, das gebändigte Fleisch; B u c h: das neue Testament, daher allgemeines Attribut der Apostel, Kirchenlehrer, Bischöfe; C e n t a u r e n: ein Bild der Versuchungen, welche das unbewachte Herz treffen; sie erscheinen mit Bogen und Pfeil, anzudeuten die feurigen Pfeile des Bösewichts (Eph. 6, 16), so an

den Kirchenportalen, als Warnung für die draussen
Stehenden, als Mahnung für die Eintretenden, den
Schild des Glaubens zu ergreifen, um damit jene feurigen
Pfeile auszulöschen (Piper, Mytholog. d. christl. Kunst,
Abthl. I); Drache, s. oben; Dreieck: Bezeichnung
der Trinität (s. oben Auge); zwei gleichseitige, zu einem
sechseckigen Sterne verschlungene Dreiecke: Schild
David's (s. dies); Einhorn: Christus (Luc. 1, 69), ein
Einhorn auf dem Schoosse der Maria: Menschwerdung
oder Empfängniss Jesu; Fisch: Symbol des Heilands;
die einzelnen Buchstaben des Worts ΙΧΘΥΣ (Fisch)
wurden bereits im christlichen Alterthum durch Ἰησοῦς
Χριστὸς Θεοῦ Ὑιὸς Σωτήρ erklärt; Fische: Christen;
Granatapfel, s. oben dessen Erklärung; Greif:
Weisheit und Aufmerksamkeit; Hahn, auf den Kirchthürmen, erinnert die Gläubigen, über sich selbst zu
wachen, damit sie nicht fallen und den Herrn verleugnen;
der Hahn verscheucht nach uraltem Glauben den Spuck
aller nächtlichen Unholde (Kreuser, a. a. O., I. 153);
Halbmond, auf welchem die hl. Jungfrau steht:
Apokalypse 12, 1. Vergl. unten Maria; Hand, aus
den Wolken hervortretend: Dextra Manus Dei Omni-
potentis; Haus, im Bau: die christliche Kirche (I. Petri
2, 5); Hirsch, im Wasser stehend: die heilsbegierige
Seele (Ps. 42, 1); Jonas, von dem Wallfisch aus-
gespieen: Symbol der Auferstehung; Kopf, den verschiedene Heilige als Attribut tragen, bedeutet die
Hingabe ihres Lebens für den Glauben; Kornähren
und Weintrauben: Brod und Wein, Elemente des
eucharistischen Opfers; Kranz, s. Krone; Kreis:
Bild der Ewigkeit; Kreuz: Tod Jesu; Kreuz, auf einer
Halbkugel stehend (im Tympanum romanischer Kirchthüren häufig vorkommend): vielleicht das die Welt
überwindende Christenthum; Krone (Kranz): Sieges-

lohn der Seligen nach vollbrachtem Laufe; Lamm,
mit Buch: Symbol Christi; Lamm, mit dem Kreuze
oder der Siegesfahne: der leidende, bezw. der über den
Tod triumphirende Heiland; Löwe, Sinnbild Christi,
nach Ezech. 1, 10: Träger und Wächter des Heiligthums, nach I. Petri 5, 8: der Teufel (der umhergeht
wie ein brüllender Löwe); ein Löwe, das todtgeborne
Junge durch sein Gebrüll in das Leben rufend oder
durch seinen Hauch zum Leben erweckend: die Auferstehung Jesu; Palmzweig: allgemeine Bezeichnung
des Märtyrerthums; Pelikan, seine Jungen mit dem
eigenen Blute tränkend: der Erlöser; Pentalpha
(Drudenfuss) galt als Schutz gegen böse Geister; Pfau,
bei den alten Christen: Unsterblichkeit (zwei Pfauen aus
dem Kelche des Lebens trinkend); bei dem Kirchenlehrer Hieronymus ein Bild der Juden, später auch den
Teufel bedeutend; Phönix: Auferstehung; Raub-
thiere: die den Christen feindlichen Mächte, im
Gegensatz zu den wehrlosen, das bedrängte Christenthum bezeichnenden Thieren; Säule, einzeln stehend,
zuweilen mit dem Monogramme Christi gekrönt, zwischen
den Aposteln Petrus und Paulus sich erhebend, oder
am Schafte mit 12 Gemmen (Symbolen der 12 Apostel)
versehen und ein Lamm oder eine Taube tragend (nach
I. Tim. 3, 15): die christliche Kirche (Martigny, Dict.
des antiquités chrétiennes); Satyr: der Teufel; Schiff
(Arche Noah's, Schifflein Petri): die christliche Kirche;
Schlange: der Teufel; die erhöhete eherne Schlange:
der gekreuzigte Christus; Schriftrolle: das alte
Testament; daher werden die Propheten mit einer
Schriftrolle in der Hand dargestellt; Schwert: allgemeines Attribut der Märtyrer; Sirenen gelten für das
Sinnbild weltlicher Lockung und Verführung: sie be-
zeichnen den Feind, der durch weltliche Lust die Men-

scheu einschläfert, dass sie ihm zum Raube fallen (Piper, Mythol. d. christl. Kunst, Abth. I.); **Taube**: der hl. Geist; Taube mit dem Oelzweig: Versöhnung, Friedenshringerin; **Thierkreis** (s. diesen); **Weinstock, Weintraube**: Christus, Blut Christi, das heilige Abendmahl; **Wurzel Jesse**, aus welcher Aeste aufsteigen, worauf sieben Tauben sitzen: die sieben Gaben des heiligen Geistes. (Jes. 11, 2. — Apok. 5, 12);

die oben bereits genannten **Evangelistenzeichen**;

die **Attribute der Apostel**: **Petrus** hat den Schlüssel, **Paulus** das Schwert, **Andreas** das schräge Balkenkreuz, **Simon** die Säge, **Judas Thaddäus** die Keule; **Jacobus major** im Pilgerkleide trägt den Pilgerstab und die Pilgermuschel am Hute oder auf der Brust; **Johannes** hält den Kelch, **Bartholomäus** das Messer, **Matthäus** die Hellebarte, **Philippus** den Kreuzstab, **Jacobus minor** den Walkerbaum; **Thomas** erscheint mit der Lanze oder dem Winkelmaſs, **Matthias** mit dem Beile;

endlich einige, in den Darstellungen innerhalb des norddeutschen Gebiets öfter wiederkehrende **Heilige** mit ihren Attributen: **Albanus**, als Bischof mit einem Schwert, einen Kopf in der Hand tragend; **Anna**, Mutter der Maria, letztere als Kind auf dem Arme tragend, häufig selbdritt dargestellt, d. h. mit Maria und Jesus auf den Armen zu einer Gruppe vereint; **Antonius**, der Einsiedler, mit dem egyptischen Kreuz und der Bettlerglocke, ein Schwein neben sich; **Augustinus** mit einem Herzen, dieses von einem Pfeile durchbohrt oder auf einem Buche befindlich; **Barbara** mit dem Schwert, den Hostienkelch in der Hand, einen Gefängnissthurm neben sich; **Blasius**, Bischof mit einem Horne; **Christophorus**, ein Riese, das Christkind auf der Schulter tragend; Cosmas und Damianus mit Arzneigeräthen; Elisabeth, als Franciscaner-Nonne, trägt Brode und einen Krug mit Wein; Gabriel, Erzengel, einen Lilienstengel tragend; Georg, den Lindwurm tödtend; Hubertus, als Jäger, daneben ein Hirsch; Joachim, Vater der Maria, als bärtiger Mann; Johannes, der Täufer, das Lamm Gottes und ein Kreuzpanier tragend; Joseph, Nährvater Jesu, erscheint als Zimmermann; Juliana, in der Linken ein Buch, mit der Rechten einen Teufel an einer Kette haltend; Katharina (von Alexandrien) hat ein zerbrochenes, mit Messern besetztes Rad neben sich; die heiligen drei Könige: Caspar, Balthasar und Melchior (der Mohrenkönig), gewöhnlich ohne Heiligenschein dargestellt, dem Jesusknaben Geschenke darbringend; Margaretha, einen gefesselten Drachen führend; Maria, als Himmelskönigin, gekrönt, mit dem Jesusknaben auf dem Arme, auf einem Halbmonde stehend, von einer Strahlenglorie ganz umgeben (Apok. 12, 1); Maria Magdalena mit einer Salbbüchse; Martin, Bischof, häufig als Ritter zu Pferde, seinen Mantel für einen vor ihm liegenden Armen mit dem Schwerte theilend; Mauritius, ein Mohr, als Ritter mit einer Fahne in der Hand; Michael, Erzengel in ritterlicher Rüstung mit dem Drachen kämpfend; Nicolaus, Bischof, hält ein Buch, worauf drei Brode liegen; Sebastian, nackt an einen Baum gebunden, von Pfeilen durchbohrt (s. Otte, a. a. O.).

Sippe, die heilige, nennt man die zu Ausgang des Mittelalters beliebte Darstellung der zur Familie der hl. Maria gehörenden Personen.

Sirenen, deren Bedeutung an Kirchen oben (s. Sinnbilder) gegeben ist, galten ursprünglich für Vögel mit menschlichem Haupt. Später wurden sie für drei

Jungfrauen mit Flügeln nnd Vogelfüssen gehalten, von
welchen die eine mit Gesang, die andere auf Flöten
und die dritte auf der Leier sich habe hören lassen,
um Schiffende in die Nähe der felsigen Küste zu locken
und in Schiffbruch zu stürzen. Nach einer hiervon
abweichenden Vorstellung waren die, die Schiffer durch
ihre Gestalt und ihren Gesang verlockenden Sirenen
Meerweiber, vom Kopfe bis zum Nabel als reizende
Jungfrau gebildet, unterwärts aber mit einem, im
Wasserstrudel versteckt gehaltenen, schuppigen Fisch-
schwanze versehen. (Piper, Mythol. der christl. Kunst,
Abthl. I.).

In der Zeit der Spätrenaissance finden sich die
Darstellungen von Meerfrau und Meermann oft neben
Seeungeheuern und andern phantastischen Thiergestalten
auch an Wohnhäusern.

Sistrum: eine besonders beim Isis-Cultus gebrauchte Klapper, bestehend aus einer Handhabe und
einem daran befestigten, birnenförmig zusammengebo-
genen Metallreifen mit quer durchgesteckten, an den
Enden umgebogenen beweglichen Metallstäbchen, durch
welche beim Schütteln des Instruments (durch An-
schlagen an den Metallreifen) ein Geräusch hervorgebracht wurde.

Skizze: eine leicht hingeworfene Zeichnung oder
ein plastischer, nur wenig ausgeführter Entwurf.

Smalte (Schmalte): farbiges, pulverisirtes Glas als
Schmelzfarbe, insbesondere Schmelzblau.

Sockel, s. Plinthe.

Söller, s. Solarium.

Soffite: die untere Ansicht einer Hängeplatte,
einer Decke, daher Felderdecke; auf der Schaubühne
die beweglichen Deckenstücke.

Sohlbank: das untere oder Schwellstück einer Thür oder eines Fensters, auf welchem die Gewände (s. diese) ruhen.

Solarium: bei den Alten (ausser anderen, auf die Sonne sich beziehenden Bedeutungen) ein zum Begehen geeignetes, mit einer Brustwehr umgebenes Dach eines Hauses oder eines Porticus. In den altnormannischen Häusern war Solar ein Obergemach neben der Halle (dem Hauptraume des Gebäudes). Söller ist sowohl ein Oberboden, Speicher, als auch ein ebener, erhöheter und daher gewöhnlich mit einer Brustwehr versehener Platz am Hause.

Soutane, s. Sutane.

Souterrain: unterirdischer Bau, Keller.

Spandrillen: Bogenzwickel, wie solche bei den Scheidmauern (s. diese) zwischen den Arcadenbögen oder bei rechteckig umrahmten Rundbogenthüren zwischen den Bogenschenkeln und der rechteckigen Umrahmung sich finden.

Sparrenkopf, s. Gebälk (der sog. röm. Ordnung).

Sphärisch: kugelförmig.

Sphinx- und Widder-Colosse. Die zu dem Haupteingange grosser egyptischer Tempel führenden Strassen sind mit Sphinx- oder Widder-Colossen ausgestattet, die zu den Seiten derselben auf Postamenten lagern. Die Sphinxcolosse bilden Zusammensetzungen von Löwenleib mit Männerkopf (Androsphinxe) oder mit Widderkopf (Kriosphinxe). Der grösste Androsphinx befindet sich bei der Pyramidengruppe von Gizeh.

In der antiken Kunst und in der Periode der Renaissance erscheinen die Sphinxe als Verbindungen von Löwenleib und weiblicher Büste.

Sphragistik: Siegelkunde.

Spiegeldecke, im Haupttheile eine ebene Fläche bildend, welche mit den Umfassungswänden durch eine grosse Hohlkehle in Verbindung steht.

Spiegelgewölbe, s. Gewölbe.

Spina, s. Circus.

Spindel (in der Architektur): Säule einer Wendeltreppe, Helmstange eines Thurms.

Spira (σπεῖρα): Bezeichnung der ionischen Säulenbasis.

Spirale: Schneckenlinie, die, von einem Punkte (dem sog. Auge) ausgehend, diesen in stetig sich erweiternden Abständen umzieht.

Sprengkessel und **Sprengwedel,** s. Weihkessel.

Sprengwerk: Holzverbindung zur Ueberspannung einer weiten Oeffnung mit Seitenunterstützung der Balken durch Streben. Sind — statt solcher Streben von unten — Hängesäulen u. s. w. oberhalb der Balken zum Tragen derselben angebracht, so nennt man die Verbindung ein Hängewerk.

Spruchband, s. Bandrolle.

Stab, s. Glieder; Stabwerk: die senkrechten Fensterstöcke (s. diese) nebst den Quer- oder Kreuzstöcken zur Eintheilung der Fensteröffnungen in Felder dienend.

Stadium: Laufbahn, von στάδιον, einem griechischen, der berühmten Laufbahn zu Olympia zu Grunde gelegten Längenmafse (600 olymp. Fuss, rund 192^m, s. A. Boetticher, Olympia, S. 89 f.). Das Stadium, in welchem ausser den Wettläufen auch andere gymnastische Kämpfe vorgenommen wurden, bildete einen schmalen oblongen Raum für die eigentliche Laufbahn, an seinem, dem Eingange entgegengesetzten Ende mit

halbrundem Abschlusse und hier, so wie au den Langseiten mit Sitzreihen für Zuschauer versehen, und
machte einen wesentlichen Bestandtheil der griechischen
Gymnasien und der römischen Thermen aus.

Staffage: die zur Belebung einer Landschaft,
eines Architektur - oder Marinebildes angebrachten
Menschen oder Thiere.

Staffelgiebel: abgetreppter Giebel.

Staffirmalerei: Bemalung von Stein- oder Holz-
bildwerken.

Stahlstich, s. Kupferstecherkunst.

Stalaktitengewölbe, s. Gewölbe.

Stallum, Stallus: Chorstuhl, s. oben.

Standriss, s. Bauriss.

Stanze (ital. Stanza): 1) Zimmer, insbesondere
werden die von Rafael und seinen Schülern im Vatican
ausgemalten Festgemächer Stanzen genannt; 2) ein mit
einer vertieft gearbeiteten Figur versehenes Stahlstück,
womit erstere in Metallblech gedrückt wird.

Stationen: Stillstands - und Andachtsorte bei
Wallfahrten und Processionen, seit dem spätern Mittelalter zur Bezeichnung der Vorgänge errichtet, die auf
dem Wege vom Richthause des Pilatus nach dem Cal-
varienberge sich zugetragen haben sollen, und deren
Stellen in Jerusalem gezeigt werden. Die Abmessung
der, mit den bezüglichen Darstellungen und Inschriften
versehenen Stationen ist nach Schritten in den zu Jerusalem ermittelten Entfernungen bestimmt.

Statue: Bildsäule; Statuette: eine solche unter
halber Lebensgrösse.

Staven, Stoven: Badstube, s. Heizvorrichtungen
im Mittelalter.

Steg, s. Canälirung.

Steinmetzzeichen, häufig auf den Quadern an Gebäuden u. s. w. sich zeigend. Sie sind nicht als von den Steinmetzen beliebig angenommene Zeichen anzusehen, sondern sie waren ein Rechtsinstitut von entschieden juristischer Bestimmtheit; ihr Gebrauch wurde durch gesetzliche Normen vorgeschrieben, ohne solches Zeichen keiner als wahrer Steinmetz anerkannt und dasselbe — in ähnlicher Weise wie bei den Knappen das Schildzeichen — zunftmässig dem Gesellen, der gelernt hatte, ertheilt. (Michelsen, Die Hausmarke. Eine germanistische Abhandlung, 61 ff.).

Steinschnitt: Lehre von der Gestaltung der Quader für den Verband und Fugenschnitt.

Steinwerte: mittelalterliche Bezeichnung für Steinhauer.

Stele: antiker Denkpfeiler mit giebelartigem Abschlusse; stehender Grabstein mit einer Bekrönung.

Stelzbogen, gestelzter Bogen, s. Bogenformen.

Stereobat: ein gemauerter Untersatz, Tempelunterbau.

Stereochromische Malerei. Sie wird auf Mörtelgrund, dessen Oberfläche von der sich darauf bildenden feinen Haut mit einem Sandsteine zuvor abzureiben ist, mit den bei der Freskomalerei verwendbaren Farben ausgeführt und nach gänzlicher Vollendung mit Hülfe einer feinen Spritze mit Wasserglas (s. dieses) überzogen, welches in den Mörtelgrund sich einsaugt und die Malerei mit diesem so fest verbindet, dass ein Reinigen derselben durch Wasser keinen Nachtheil verursacht. Sie ist leichter als die Freskomalerei auszuführen, besonders weil die Vornahme von Uebermalungen und Nachbesserungen bis dahin, dass sie den Wasserglas-Ueberzug erhält, zulässig bleibt.

Stereotomie: Steinconstruction, Steinschnitt (s. diesen).

Sternbogen, s. Bogenformen.

Sterngewölbe, s. Gewölbe.

Stichbogengewölbe, s. Gewölbe.

Stichkappe: ein z. B. über einem Fenster besonders eingewölbter, in die Rundung eines Gewölbes einschneidender Theil.

Stickerei zu kirchlichen Ornaten. Die Kunst des Stickens war bereits in uralter Zeit bei den kleinasiatischen Völkern, den Babyloniern, Persern, Indern, in Ausübung. Rom bezog seine reichgestickten Stoffe, »pallia Phrygia«, meist von der kleinasiatischen Küste.

Im Zeitalter Constantin's d. Gr. waren Griechen in Byzanz die Anfertiger der oft reich gestickten Gewänder, deren man sich zur Feier des heiligen Opfers bediente. Die darauf angebrachten Darstellungen pflegten mit gestickten Inschriften in griechischen Charakteren versehen zu sein. Griechische Künstler dieser Art kamen im 6. Jahrh. und späterhin mehrfach nach Italien. — Im 7. Jahrh. trat diese Kunstübung in den britischen Eilanden auf und hatte es dort im 10. Jahrh. zur Herstellung grosser Vorhänge und Teppiche mit figürlichen Darstellungen gebracht. — Sicilien und das maurische Spanien wetteiferten schon vor dem 10. Jahrh. in dieser Kunst mit Byzanz. — Im Abendlande leisteten manche Klöster der Benedictinerinnen Ausgezeichnetes in der Stickkunst für kirchliche Zwecke. Hier entfaltete sie sich im 11. Jahrh. immer mehr; selbst fürstliche Personen beschäftigten sich mit dieser Kunstarbeit. Altarvorhänge, Bischofsmützen und Messgewänder, so wie kirchliche Fahnen (auch Theile der Kaiserornate) wurden in dieser Weise hergestellt, ebenso Teppiche in

weniger kunstreicher Stickerei zur Belegung der Altar-
stufen und des Presbyteriums, zur Behängung der
Wände unterhalb der Fenster in der Apsis, der Cancelli u. s. w.   Hierher gehören auch die zur Fastenzeit aufgehängten Leinentücher in Weifsstickerei, die
sog. Hungertücher. — Durch die Kreuzzüge kam die
Ausführung solcher Arbeiten, wozu das Material, als
Seide, Purpur und Goldfäden aus Byzanz und den
orientalischen Provinzen des oströmischen Kaiserreichs,
so wie aus Arabien und Egypten durch Vermittelung
genuesischer, pisaner und venetianischer Kaufleute be-
zogen wurde, noch mehr in Aufnahme.

Die Zahl der liturgischen Gewänder hatte im 12.
und 13. Jahrh. gegen früher ganz erheblich zugenom-
men.   Darunter waren Ornate, deren Seidenstoff gold-
gestickte, meist dem Thier- und Pflanzenreich ent-
nommene Muster ganz bedeckten.   Dann wurden aber
auch grössere Heiligenfiguren, namentlich die Zwölfboten, in deren Mitte der Herr als Richter erscheint,
in Plattstich ausgeführt. — Ganz vorzügliche Goldstickerei lieferte die königliche Gewand-Manufactur im
»hôtel de tiraz« zu Palermo im 12. Jahrh. mit kufischen
und lateinischen Inschriften (insbesondere Kaiserornate).

Die Ornamente der Stickerei in der ersten Hälfte
des 13. Jahrh. zeigen den sog. Uebergangsstil, in der
zweiten Hälfte desselben schon Aneignung gothischer
Formen; jedoch bleiben die des Uebergangsstils noch
lange in Anwendung.   Das »opus anglicanum« oder die
Anbringung kleiner vergoldeter Silberbleche mit getriebenen oder gepressten Darstellungen auf Geweben
von Seide oder Sammt, mit einer Umrandung von Perlen
und die Ausfüllung der Zwischenräume mit Stickerei
tritt bereits im 13. Jahrh. auf, und scheint das ganze
Mittelalter hindurch beliebt gewesen zu sein. Aus diesen

durch Häkchen befestigten vergoldeten Blechen sind
zuweilen grössere oder kleinere Blumen gebildet.

Von der Mitte des 13. Jahrh., von wo ab der
Laienstand in grösserm Umfange der Stickkunst sich
bemächtigte, bis zum Schlusse des 14. Jahrh., war auch
in der Stickerei die Blüthezeit der Gothik. Diese Kunst
fand nun, ausser bei Herstellung liturgischer Ornate,
bei Anfertigung weltlicher Bekleidungsstücke (Waffen-
röcke, Helmzierden, Behänge der Rosse u. s. w.) Anwendung. Es bildeten sich Bild- und Wappensticker-
Zünfte. In den kirchlichen Teppichen verschwanden
die der animalischen oder vegetabilischen Schöpfung
entnommenen Ornamente und traten dafür Gestalten
von Heiligen unter gothischen Baldachinen und in constructiv geformten Medaillons an die Stelle. Man verstand es jetzt, die Incarnationstheile in feinem Plattstiche
herzustellen. — Die spätgothische Periode erstreckt sich
bezüglich der Stickerei zu kirchlichen Zwecken bis zur
Mitte der ersten Hälfte des 16. Jahrhunderts. Die Meisterwerke derartiger, mit der Nadel ausgeführter Leistungen
entstanden hauptsächlich in Flandern, am Rhein und
in Belgien. Die Stickerei wetteiferte in ihrer Platt-
sticharbeit, bei Herstellung von Flügelaltären, als selbstständige Kunst sogar mit der Malerei. Im zweiten
Viertel des 16. Jahrh. trat der durch die Renaissance
herbeigeführte Wechsel in den Formen selbstbewusster
auf. Grosse Muster, besonders in Laubdecorationen,
machen sich geltend. Eine brillante Technik bleibt
anfangs noch vorherrschend; der Plattstich verliert sich
allmählich. Als Ornament wird eine ungeordnete Blu-
menstickerei in naturalistischer Auffassung beliebt (nach
Bock, a. a. O.).

Stiftskirchen: die Kirchen der Stifter, auch wohl
der grösseren Klöster.

Stil: Kunstgeschmack; in der Bildnerei und Malerei
die einfach reine, von Individualisirung oder Wider-
natur freie Formgebung, welche, Wahrheit und Schönheit bergend, aus der idealistischen Auffassung hervorgegangen ist. Der vollkommen reine Stil vereinigt
Strenge und Weichheit, wie u. a. beim Zeus des
Phidias, dessen Formen als lebensvoll und wahr, als
auf einen einfach grossen Ausdruck gebracht, nicht etwa
als unmittelbare Naturnachahmung geschildert werden.
Einen naturalistischen Stil kann es nicht geben, da der
Naturalismus das Gegentheil von Stil ist, wohl kann aber
von streng oder weniger streng stilisirten Formen, insofern sie entfernter oder näher mit der Natur über-
einstimmen, die Rede sein. Formen, welche, ohne
Rücksicht auf die Natur, aus der Willkür und Gewohnheit eines Künstlers hervorgehen, die Züge der
Natur abschwächen oder übertreiben, sind weder stili-
sirt, noch idealisirt, sondern manierirt. (Nach Förster,
a. a. O., 65 f.). Vergl. Baustil.

Stillleben. Mit diesem Ausdrucke bezeichnet man
solche Gemälde, auf welchen leblose Gegenstände,
namentlich Wildpret, Geflügel, Fische, Früchte, Frucht-
schalen, Getränke in Gläsern u. dgl. dargestellt sind.

Stirnbogen: offener Eingangsbogen zu einem Gewölbe, häufig als Archivolte behandelt.

Stirnziegel, s. Antefixa.

Stoa: eine Säulenhalle zu Athen, worin Zeno und
seine Nachfolger lehrten (daher stoische Schule und
Stoiker).

Stoffe liturgischer Gewänder. Kostbare gewebte Stoffe kannte man schon im hohen Alterthume.
Die Anwendung von Seidenzeugen zu gottesdienstlichen Gewändern beginnt etwa mit dem 6. Jahrhundert.

Von diesem Zeitpunkte bis zum 12. Jahrh. war deren Anfertigung — ausser bei den Orientalen — im Occident nur in den Händen der Griechen, so wie der Araber in Sicilien und in dem maurischen Spanien. Die Stoffe dieser orientalisch-byzantinischen Periode, meist schwer und dicht gewebt, sind in der Regel ohne Muster. In der Wahl der Farben bei liturgischen Ornaten herrschen die gelbe, grünliche, rothe und die Purpurfarbe vor. Zeigen sich in diesen alten Stoffen Dessins, so sind es mathematische Figuren, Polygone oder Kreise, die zuweilen zusammenhängende phantastische Thierbildungen einfassen. Die Zwischenräume werden dann durch kleine Ornamente ausgefüllt. Dessins in Gold sind bei ihnen selten und, wenn sie vorkommen, fast nur gestickt, nicht eingewebt. Unter den Thiergestalten finden sich namentlich Löwen, Greife, Adler, das Einhorn, der Pfau und andere Vögel. Diese kostbaren Gewebe dienten besonders zur Ausschmückung der Basiliken, um damit die Mauerfläche unterhalb der Fenster in der Apsis und die Cancelli, sogar Säulen und Wände zu bekleiden. Aus ihnen bestanden die, vorzugsweise mit Darstellungen aus dem Leben des Erlösers versehenen Altarvorhänge (s. Ciborium) und die Altarbekleidungen.

In der zweiten oder arabisch-italienischen Periode werden die Seidenstoffe vielfarbig, leichter und zarter, die Zeichnung erscheint darin schwungvoller und meist in Gold brochirt (s. dieses). Die Kunst des Webens dessinirter kostbarer Zeuge hatte bei den Arabern ihren Höhepunkt erreicht. Stoffe voll der wunderlichsten, originell stilisirten Thiergestalten, oft sich verfolgend oder bekämpfend — wie sie schon in den byzantinischen Seidenzeugen, mit Sprüchen und Kreuzen durchwebt, vorkamen — wurden auch im 12. und 13. Jahrh.

zur Zeit der Herrschaft der Normannen in Sicilien von den dortigen muselmännischen Fabrikanten, so wie von den Mauren in Spanien angefertigt. In denselben ist der saracenische Charakter stark ausgeprägt. Als Ornamente in diesen streifenförmigen Seidenzeugen erscheinen Halbmond, Sterne, Bandverschlingungen und sehr oft in Gold gewirkte kurze Sprüche aus dem Koran mit kufischen Charakteren, mehrfach sich wiederholend. — Die Kunst des Webens von Seidenstoffen hatte inzwischen in den italienischen Städten, Lucca, Florenz, Mailand, Nachahmung gefunden und gelangte dort schliesslich zu so hoher Blüthe, dass sie zuletzt ihre moslimsche Lehrmeisterin überflügelte.

Zu Anfang des 15. Jahrh. — womit die dritte Periode beginnt — fand die Seidenmanufaktur eine weitere Ausbreitung, namentlich in Frankreich, in der Schweiz und in Flandern. — Die Goldfäden in dem Gewebe vor dem 15. Jahrh. unterscheiden sich von den nachherigen Goldgespinnsten. Erstere, als die billigeren, waren als Einschlag, nach der ganzen Breite des Gewebes durchgehend, benutzt; aus letzteren wurden nur Dessins hergestellt. Zu dieser Zeit befanden sich die Kirchen schon häufig im Besitz seidener, nun billiger gewordener Cultgewänder in den vorgeschriebenen liturgischen Farben (s. diese). Besonders kostbare Gegenstände der Art pflegten ihnen zum Geschenk gemacht zu werden. — Der orientalische Einfluss, sowohl bezüglich der Darstellungen, als auch der Farben, war erloschen. Im Anfang dieser Periode finden sich zwar noch, den früheren phantastischen Arabesken verwandte Compositionen aus in einander verschlungenen Thier- und Pflanzenornamenten in veredelter Weise, jedoch wurden zu derselben Zeit in den Manufacturen der Italiener Seidengewänder mit Darstellungen aus dem

Leben des Heilands oder seiner jungfräulichen Mutter angefertigt. Der streng christliche Charakter der Compositionen herrschte selbst in den zu weltlichen Zwecken bestimmten Seidenzeugen vor, obwohl die Luxusstoffe zu Feierkleidern der Grossen häufig auch Wappen, Kampfscenen und Bilder aus dem Bereiche der Minne enthielten. — An Stelle der früheren Dessins wurde nun oft ein einziges Motiv benutzt, welches — mit vielen Modificationen und kleinen Veränderungen — lange Zeit hindurch die Oberhand behielt, nämlich der Granatapfel oder eine Kürbisfrucht von Fruchtkapseln und stilisirtem Laubwerk umgeben und von einer vielblätterigen Rose umrandet.

Seit der Mitte des 15. Jahrh. zeigten die florentinischen Seidengewebe in ihrer Ornamentation schon die Hinneigung zu antiken Bildungen. Namentlich fand im 16. Jahrh. das Akanthusblatt seine Vertretung und bürgerte sich auch in den französischen und flandrischen Seidenmanufacturen ein. Es wechselten nun korinthische, etrurische und römische Pflanzenornamente mit oftmals misslungenen Nachahmungen der früher beliebten orientalischen und mittelalterlichen Vorbilder.

Sammt, ebenfalls ursprünglich ein Product orientalischer Fabrikation, kam als Stoff liturgischer Gewänder seit der zweiten Hälfte des 12. Jahrh. im Occident in Aufnahme. Es war dies ein noch unvollkommenes plüschartiges Gewebe. (Zu weltlichen Zwecken wurde dieser Stoff im 13. und 14. Jahrh. von Vornehmen fast ausschliesslich benutzt). Gegen Schluss des 14. Jahrh. enthielten die Kirchen bereits ansehnliche Vorräthe von Sammtgeweben, von welchen die kostbarsten Arten oftmals mit reichen Goldstickereien versehen oder golddurchwirkt waren. Um die Mitte des zuletzt gedachten Jahrhunderts, zu welcher Zeit in den freien Städten des

nördlichen Italiens die Seidenmanufactur zur Blüthe
gelangt war, trat die Fabrikation des Sammts in ein
neues Stadium. Bis dahin war der Sammt meist einfach, ohne alle Muster gehalten. Der leichte, dünne
Stoff wurde allmählich durch jenen schönen, solide gearbeiteten Sammt mit dicht und niedrig geschnittenem
Einschlag verdrängt, dessen Haltbarkeit seit Jahrhunderten sich bewährt hat. Gegen Ende des 14. Jahrh.
kamen die façonnirten (s. diese) Sammtstoffe in Gebrauch. Der einfache Sammt wurde jetzt häufig mit
reichen Goldmustern brochirt, meistens aber mit geschnittenen Dessins belebt. Letztere stellen sich auf
glattem Satin (s. diesen) vertieft dar, als ob der hoch-
stehende Sammt in diesen Stellen künstlich wegge-
schoren sei. (Heutzutage werden die Dessins im Seiden-
und Wollensammt — weniger haltbar — durch mecha-
nische Pressung hervorgebracht). — Die Verwendung
des Sammts bezüglich kirchlicher Gegenstände geschah
zu Caseln, Dalmatiken, Pluvialen, Antependien, Polstern
und Kissen zum Knieen. (Nach Bock, a. a. O.).

Stola: ein von den römischen Matronen getragenes,
langes, zuweilen mit Aermeln versehenes, unter der
Brust und über den Hüften gegürtetes Gewand, von
welchem an der Rückseite ein besonderer, in Höhe der
untern Umgürtung etwa beginnender, einer Schleppe zu
vergleichender Ansatz herabfiel; dann ein vom Rücken
lang herabwallendes, unten weites, oben enges Gewandstück der Musiker, auch ein Gewand gewisser Priester.

Die Stola wurde später als lang herabwallendes,
mit Aermeln versehenes Gewand in Byzanz von Kaisern,
Beamten und Priestern getragen. Die Stola als litur-
gisches Gewandstück der römisch-katholischen Geistlichkeit (bis gegen das 9. Jahrh. Orarium genannt)
besteht aus einem langen Streifen von Stoff und Farbe

des Messgewandes, welcher über die Schultern gelegt
wird und vorn auf der Alba bis zu den Knieen herabhängt (s. Priesterkleidung).

Stonehenge bei Salisbury, ein kreisförmiges vorgeschichtliches Steindenkmal von bedeutender Grösse,
dessen Aussenring aus hohen Pfeilern mit darauf gelegten, (ursprünglich) zusammen einen Ring bildenden
Deckstücken besteht und Reste mehrerer Einbaue ähnlicher Art umschliesst.

Stofsfugen: lothrechte Fugen in einer Quader-
oder Backsteinschicht, bei einem Bogen rechtwinklig
zur Bogenlinie stehend.

Strebebögen, bei gothischen Kirchen in Basilikenform von den Strebepfeilern der Seitenschiffe ausgehend
und, zur Aufnahme des Seitenschubs der Gewölbe des
Mittelschiffs, bis zu diesem hinüber geschlagen.

Strebepfeiler, bei gothischen Kirchen aussen an
den Umfassungsmauern, und zwar an den Stellen, wo
der Gewölbeschub dieselben trifft, in oblonger Grundform vorgerichtet, absatzweise aufsteigend, oben wasser-
fällig abgeschrägt oder mit giebelartiger Bekrönung versehen. Jedoch giebt es auch, anstatt der äussern, nach
innen vortretende Strebepfeiler.

Stuck (ital. stucco): eine zur Herstellung von Verzierungen, Reliefs u. s. w. dienende, hauptsächlich aus
Gips bestehende Gussmasse, welche an der Luft erhärtet.

Studien der Künstler sind sowohl die zu deren
Ausbildung im Allgemeinen dienenden Arbeiten, als
auch die Vorarbeiten zu besonderen von ihnen zu
schaffenden Kunstwerken. Unter
S t u d i u m (ital. studio) versteht man auch die
Künstlerwerkstätte.

Stupa, indisches kuppelförmiges Bauwerk, s. Tope.

Sturz: der obere horizontale Theil einer Thür- oder Fensteröffnung.

Sturzrinne, s. Glieder.

Styl, s. Stil.

Stylobat: Oberfläche des stufenförmigen Tempel- unterbaus, zusammenhängender sockelartiger Untersatz einer ganzen Säulenreihe, Säulenstuhl.

Subsellium: eine bewegliche Bank ohne Rück- lehne. Auch die Sitzreihen in Theatern, Amphi- theatern u. s. w. wurden »subsellia« genannt. Später gab man diese Bezeichnung der Sitzreihe des Presby- teriums (s. dieses).

Substruction: Unterbau.

Sudatio, Sudatorium: ein zum Schwitzen ein- gerichteter Ort in den römischen Bädern (s. diese). Sudatio concamerata hiess ein derartiger Raum, wenn dessen Heizröhren nicht allein unter dem Fuss- boden, sondern auch in den Mauern angebracht waren.

Superfrontale (oder Retabulum): eine als Rück- wand auf dem Altare stehende Tafel, von Stein, ge- triebenem Metall, Holzschnitzwerk mit Malereien u. s. w.

Superpellicium: Alba, später Chorhemd, s. Priesterkleidung.

Superporte: Thüraufsatz, Thürstück in Schnitz- werk oder Malerei oberhalb der Thüreinfassung.

Suppedaneum (lignum): Fusspflock, Fussbrett am Kreuze Christi, consolenartige Unterstützung der neben einander gestellten Füsse des Gekreuzigten, in den spätern Darstellungen (bei welchen die Füsse über ein- ander gelegt und mit einem Nagel an den Kreuzes- stamm geheftet erscheinen) nicht mehr vorkommend. Vergl. Crucifix.

Sutane (fr. Soutane) ausserdienstliches Kleid der katholischen Geistlichkeit, oben eng anliegend, mit engen Aermeln nebst Taille und Gürtel, vorn in ganzer Länge zugeknöpft, von Wolle oder Halbseide, bei Cardinälen hochroth, bei Bischöfen und päpstlichen Hausprälaten violett, beim Papste selbst weisswollen, bei der übrigen Priesterschaft schwarz.

Symbol: ein Sinnbild, durch welches ein bestimmter, vorzugsweise religiöser Begriff ausgedrückt wird.

Symbolik: die Kenntniss und Lehre der Symbole.

Symmetrie entsteht bei einem Gebäude durch ebenmässige Anordnung in den correspondirenden Theilen desselben; seine Schauseite bildet dann von ihrer Mitte ab zwei gleiche, mindestens im Gleichgewicht erscheinende Hälften.

Symposium (συμπόσιον): Gastmahl (der Griechen), besonders die Unterhaltung beim Nachtisch und dem damit verbundenen Trinkgelage durch Spiel und Scherz, Musik, Tanz und andere Lustbarkeiten.

Synagoge: Judentempel. — Im Mittelalter erscheint das personificirte Judenthum mit der Bezeichnung »Synagoga« als eine weibliche Gestalt mit einer Binde vor den Augen, ein zerbrochenes Panier haltend, und mit einer ihr vom Haupte fallenden Krone.

Tabernakel (tabernaculum): ursprünglich ein Zelt; in Kirchen ein von Säulen getragener Altarüberbau (Ciborium, s. dieses), dann ein für sich bestehender Schrein; ein Sacramentshäuschen. Letztere kommen als thurmartige Bauten in mehr oder weniger reicher Gothik, aber auch als gothisch umrahmte, mit Gitterthür versehene Wandnischen häufig vor, und haben ihren Platz an der Nordseite (Brodseite) des Altars.

Das Alter der Sacramentshäuschen reicht wohl nicht über die Einführung des, zur Verherrlichung des Leibes Christi in der consecrirten Hostie gestifteten Frohnleichnamsfestes hinaus. — Die seit dem Concil von Trident gebräuchlichen, auf den Altären feststehenden Tabernakel pflegen die Gestalt eines kleinen, vorn offenen Rundtempels zu haben, in welchem ein drehbarer Kern sich befindet, der an seiner Peripherie mit drei Nischen zur Aufnahme von Crucifix, Monstranz und Kelch versehen ist.

Tabernakel bedeutet ferner Thronhimmel über dem Sitze des Königs, Bischofs u. s. w. im Kirchenchor, auch ein zur Aufstellung einer Statuette bestimmtes Gehäuse.

Tablinum: das zwischen dem Atrium und dem Peristyl gelegene Gemach des antiken Hauses, dessen nach diesen beiden Räumen hin offene Seiten durch Vorhänge oder leicht versetzbare Wände von Täfelwerk geschlossen werden konnten (s. antikes Haus).

Tabulatum (Tabulat): Holzgetäfel.

Tänie (taenia): Band, Riemen, s. Glieder.

Talar: ein weiter faltenreicher, bis zu den Füssen hinabreichender schwarzer Rock der Geistlichen, von der Sutane (s. diese) zu unterscheiden; ferner ein langes Feierkleid, Schleppkleid, Königsmantel.

Talentum: die Wage, dann das Gewogene selbst und, weil man im Alterthume bei Bezahlungen das Silber sich zuwog, so bedeutet Talentum sowohl ein bestimmtes Gewicht, als auch eine gewisse Summe. So wog u. a. ein Talentum Atticum 60 Minas (oder griechische Pfunde) und galt in Silber 6000 Drachmen oder römische Denare.

Talisman: ein angeblich zauberische Kraft enthaltender, auch als Schutz gegen Zauberei dienender Gegenstand.

Tambour, Trommel: der cylinderförmige (oder dem ähnliche) Unterbau einer Kuppel. Säulentrommeln nennt man bei einem zusammengesetzten Säulenschafte die einzelnen cylinderförmigen Theile desselben.

Tapes, Tapete, Tapetum: bei den Alten langhaariger Wollstoff zur Behängung von Wänden, Belegung von Fussböden u. s. w. Im Mittelalter verstand man unter Tapeten die zu gleichem Zwecke bestimmten gewirkten oder gestickten Teppiche; nachher nannte man Tapeten die festen Wandbekleidungen aus gemustertem Leder, aus gewebten Stoffen (welchen letzteren auch die Gobelins anzureihen sind), ferner aus bemalter Leinwand (vor Einführung des Farbendrucks), endlich aus Papier, welches in einzelnen Bögen mit der Hand patronisirt wurde (s. Patrone).

Tappert (Tabbard, Trappert): ein langes (über den Kopf gezogenes) Oberkleid mit Oeffnungen für Kopf und Arme, oder an beiden Seiten offen (hier auch wohl geknüpft), später (gegen 1400) mit Aermeln versehen und vorn zur Hälfte der Länge geöffnet (um 1500 durch die Schaube verdrängt).

Tartarus (Orcus): das Todten- oder Schattenreich, die Unterwelt.

Tartsche: Schild.

Taufgefässe, s. Baptisterium.

Tauschirarbeit: Stahl- oder Eisenarbeit mit eingelegter Verzierung aus edlem Metall; tritt dabei letzteres aus der Fläche hervor, so nennt man dies Verfahren aufgeschlagene Tauschirarbeit.

Technik. Die Technik im Bauwesen begreift im Wesentlichen alles das, was dem ausführenden, ins-

besondere dem constructiven Theile, nicht der idealen
Gestaltung angehört.

Bei Ausführung eines Kunstwerks überhaupt ist
die Technik die Handhabung des dazu erforderlichen
Materials, die Behandlungsweise, die Art der Ausführung, die »Mache«; somit kann von einer veränderten Technik in einem Kunstzweige, von einer mangel-
haften oder einer brillanten Technik die Rede sein.

Die Termini technici, die sonst als Kunst-
ausdrücke gelten, sind im weiteren Sinne auch die bei
den Gewerken hergebrachten Benennungen.

Techniker. Derselbe befasst sich vorzüglich mit
Anlagen, welche dem constructiven Bereiche der Baukunst, dem Ingenieur–Bauwesen (s. Polytechnikum)
angehören oder der Gewerbthätigkeit dienen, bei denen
hauptsächlich die zweckmässige Einrichtung, nicht die
ideale Gestaltung in Frage steht.

Technologie: Kunst- und Handwerksbeschrei-
bung, Gewerbkunde, Gewerblehre.

Tektonik: Zimmerei, die Kunst des Zusammen-
fügens starrer, stabförmig gestalteter Theile zu einem
in sich unverrückbaren Ganzen (vergl. Semper, der Stil,
II, 209); die künstlerische Ausbildung der Zimmerei,
Tischlerei u. s. w., endlich die Kunst, auf hölzernen
oder metallenen Geräthen Bildwerke anzubringen.

Telamonen, s. Atlanten.

Tempelformen des classischen Alterthums.

Tempel in antis, aus der auf oblonger Grundfläche sich erhebenden, zur Aufstellung des Götterbildes
und eines Altars vor demselben dienenden Cella (Naos)
und einer in deren Verlängerung gegen Osten angeordneten, mit ihr gleich breiten, vorn offenen Vorhalle
(Pronaos) bestehend, das Ganze mit flacher Decke ab-

geschlossen und mit einem, an den schmalen Enden von Giebeln in flacher Dreiecksform begrenzten Dache versehen. Die zu der Eingangsthür der Cella führende Vorhalle bildet mit ihren Anten oder Stirnen der Seitenmauern derselben, welche mit den dazwischen errichteten Säulen und deren Gebälk den Vordergiebel tragen, die Frontansicht des Tempels, der innerhalb des geweihten Bezirks (Peribolos) auf einem massiven, stufenförmig aufsteigenden Unterbaue ruht, und vor welchem (also im Freien) ein für die blutigen Opfer bestimmter Altar seinen Platz erhielt, um welchen der Festreigen aufgeführt wurde. Bei einigen Tempeln findet sich an der Rückseite der Cella noch ein mit derselben gleich breites Hinterhaus (Opisthodomos), wohl zur Schatzkammer bestimmt. Bei andern mit dem Namen

Hypäthros bezeichneten Tempeln von grosser Breite ist die Cella oben offen, und es sind bei diesen vor den Langwänden derselben an der Innenseite Säulenreihen, zuweilen zwei übereinander, angeordnet, von denen die oberen Gallerien angehören, oder (statt der Säulen) nach innen vortretende Wandpfeiler mit Nischen dazwischen angelegt.

Reicher gestaltet sich das Aeussere der Tempel durch die Hinzufügung von Säulenstellungen. Erhebt sich vor der Vorhalle, correspondirend mit ihren Anten und Säulen, eine freistehende Säulenreihe, auf welcher dann der Vordergiebel ruht, so entsteht der

Prostylos, und erhält dieser auch vor der entgegengesetzten Giebelseite eine freistehende Säulenreihe, so wird er zum

Amphiprostylos. Ein Tempel aber, der ringsum von einer solchen Säulenstellung umgeben ist, heisst

Peripteros; kommen dabei jedoch statt der freistehenden Säulen (abgesehen von denen des Prostylos) nur Halbsäulen zur Verwendung, so wird er

Pseudoperipteros (falscher Peripteros) ge-
nannt. — Den reichsten Säulenschmuck hat der
Dipteros, indem er ringsum von einer doppelten
Säulenreihe umgeben ist. Die Form eines
Pseudodipteros entsteht, wenn — unter Bei-
behalt der äussern Säulenreihe eines Dipteros in ihrem
Abstande von den Tempelmauern — die innere Säulen-
reihe fehlt.

Obige Bezeichnungen, denen noch die Benennungen
der Tempel nach der Zahl der Säulen in ihrer Fronte,
als: tetrastylos (viersäulig), hexastylos (sechssäulig), octa-
stylos (achtsäulig), dekastylos (zehnsäulig) und dode-
kastylos (zwölfsäulig), so wie die Bezeichnungen nach
der grösseren oder geringeren Weite zwischen je zwei
ihrer Säulen, als: pyknostylos (dichtsäulig, $1\frac{1}{2}$ Durchmesser), systylos (nahsäulig), eustylos (schönsäulig,
$2\frac{1}{2}$ Durchm.), diastylos (weitsäulig) und aräostylos
(fernsäulig, 4 Durchm.) anzureihen sind, stammen aus
der architektonischen Schule der späteren Zeit des
classischen Alterthums; die antiken Monumente zeigen
häufig Abweichungen von den aufgestellten Schulregeln.

Der etruskische Tempel war dem griechischen
insofern verwandt, als er aus einer Cella oder, wie u. a.
bei dem kapitolinischen Tempel (s. Capitol), aus drei
Cellen und einer Säulenhalle bestand, auch mit je einem
Giebel an der Front- und an der Rückseite gekrönt
war, dagegen zeigte derselbe weit ungünstigere Verhältnisse. Seine Grundform näherte sich dem Quadrate;
er wurde in zwei Hälften getheilt, von denen die vordere
die frei vortretende, aus mehreren hinter einander
stehenden Säulen gebildete Vorhalle, die hintere das
Heiligthum enthielt. Die Säulen waren schlank und
standen entfernt von einander. Das Gebälk bestand aus
Holz, die Giebelform war schwerfällig.

In der römischen Architektur kommen, ausser den besprochenen oblongen Tempelformen auch Doppeltempel (zwei von der Mitte ausgehende Cellen, je mit Vorhalle u. s. w. enthaltend) und Rundtempel vor.

Monopteros bedeutet als Tempelform einen Rundbau ohne Cella, nur aus einer den Altar umgebenden Säulenstellung mit Kuppel darüber bestehend.

Tempelgebälk, s. Gebälk.

Temperamalerei, vor Erfindung der Oelmalerei und bis gegen Ende des 15. Jahrh. zu Tafelmalereien vielfach benutzt, wurde auf Gips- oder Kreidegrund mit Mineralfarben hergestellt, wobei hauptsächlich Eistoff und Leim aus gekochten Pergamentabfällen — beides mit Essig verdünnt — als Bindemittel dienten, nach Anderen die Farben mit der Milch junger Feigensprossen und mit Eigelb gemischt wurden. Die älteren Temperabilder zeigen einen Ueberzug aus, in ätherischem Oel aufgelösetem Wachs, welcher den weniger alten derselben zu fehlen pflegt. (Trautmann, Kunst und Kunstgewerbe, 222).

Tenebrenleuchter, s. Leuchter.

Teocalli heissen die riesigen Bauwerke in Mexico, welche die Gestalt vierseitiger, oben abgeplatteter Pyramiden haben. Sie steigen meist in grossen Absätzen empor. Breite, aber steile Treppen führen zu dem einer Hochfläche zu vergleichenden, abgeplatteten Gipfel, auf welchem der Opferaltar und, je nach der Grösse, umfangreiche oder kleinere Gebäude zu Zwecken des Cultus (Tempel, Hallen u. s. w.) sich erheben. Umgeben waren diese pyramidalen Bauten insgemein mit grossen Höfen, in welchen die Wohnungen der Priester und andere zu dem Opferdienste in Beziehung stehende Räume sich befanden.

Tepidarium: ein mässig erwärmtes Gemach in den römischen Bädern (s. diese), in welchem man nach genommenem Schwitzbade einige Zeit verweilte, bevor man sich der freien Luft aussetzte.

Terme: Grenzstein in Form eines freistehenden schlanken Pfeilers von rechteckigem Querschnitt, nach unten mitunter sich verjüngend, oben als Büste endend. (Vergl. Herme).

Termini technici, s. Technik.

Terpentin: flüssiges Harz der Terebinthe auf den Inseln Chios und Cypern, woraus durch Destillation das Terpentinöl erlangt wird.

Terracotten: auf der Scheibe gedrehte oder frei plastisch gebildete Arbeiten aus feiner, sorgfältig vorbereiteter und dann gebrannter Thonerde, auch mit Farben oder Vergoldung versehen, erstere theils nicht fixirt, theils eingebrannt. (Trautmann, a. a. O. 376).

Terra sigillata: Siegelerde (Bolus), in alter Zeit als Heilmittel gebraucht, auch zu Gefässen von gelblicher oder bräunlicher Farbe mit bunter, nicht eingebrannter Malerei und mit Siegelabdruck verarbeitet. Irrthümlicherweise werden ebenfalls die rothen römischen, gallischen u. s. w. Gefässe terra sigillata genannt. (Bucher, a. a. O.).

Terrasse: eine mit Böschungen versehene oder durch Futtermauern gehaltene Erderhöhung.

Terrazzo: Estrich mit eingewalzten verschiedenfarbigen Steinchen.

Tessella: ein kleiner Würfel von Marmor, Stein u. dgl. zu musivischen Arbeiten.

Tessera: ein rechteckiges Plättchen von Holz, Stein u. s. w. zu eingelegten Arbeiten; ein Würfel zum

Spiel; eine Marke zu verschiedenen Zwecken, als zur Austheilung des Losungswortes (Parole) im Felde, als Billet beim Besuche von Schauspielen u. s. w.

Tetramorph: die als Viergestalt dargestellten vier Evangelisten; das »animal ecclesiae« mit den vier Köpfen der Evangelistenzeichen und vier den bezüglichen Thieren entnommenen Beinen.

Tetravelum: Vorhang, der alle vier Seiten des Ciboriums umschloss, s. Altar.

Textile Kunst: Webekunst, Stickerei, auch Flechtwerk.

Theater der Griechen und Römer, zur Darstellung von Schauspielen (Dramen) und mimischen Scenen dienend. Die Hauptform derselben war, seitdem solche (statt der hölzernen, nur zu vorübergehender Benutzung hergestellten Schaubühnen) feststehend, mit Sorgfalt und Luxus errichtet wurden, fast dieselbe. Der Zuschauerraum (cavea) erhielt in beiden Fällen die Halbkreisform, und die Sitze nebst den nach dem Mittelpunkte gerichteten Treppen, die bei dem griechischen Theater, unter Benutzung eines dazu geeigneten, an einem Hügelabhange gelegenen Platzes, häufig aus dem Felsen herausgearbeitet waren, bei den römischen aber auf Unterwölbungen ruheten, hatten die Anordnung wie bei dem Amphitheater (s. dieses). Nur war der in der Mitte der Basis der Sitzreihen befindliche freie Platz (orchestra), der im römischen Theater genau einen Halbkreis ausmachte und die Sitze des Magistrats und sonstiger Personen von hohem Ansehen enthielt, bei dem griechischen Theater noch etwas über den Halbkreis (aber in gerader Linie und unter Vorschiebung der Sitzreihen) fortgeführt, um hier einen grösseren, für Aufstellung eines Altars, so wie des um denselben den

Reigen ausführenden Chors bestimmten, daher nicht zu
Sitzen dienenden Raum zu gewinnen. Diese Orchestra
erstreckte sich in beiden Theatern bis zu der, in einigem
Abstande von derselben aufgeführten Mauer des Prosce-
niums (s. dieses), und im Hintergrunde der Bühne (scena)
erhob sich eine höhere, mit Nischen und Säulen geschmückte, auch die Ein- und Ausgänge für die Schauspieler enthaltende Wand, welche die einem Wechsel
nicht unterworfene Decoration des Hintergrundes ausmachte. Die Scena war überdeckt; hinter derselben
lagen die Räume zum Ankleiden der Schauspieler (bei
den Römern »postscenium« genannt), auch waren zu
den Seiten der Scena und der Orchestra noch einige
kleine Räumlichkeiten vorhanden.

Lag das griechische Theater in üblicher Weise an
einem Hügelabhange, so bot dasselbe keine Gelegenheit
zur Entwickelung einer äusseren Architektur dar. Bei
den im Innern der Städte errichteten römischen Theatern
dagegen setzte sich das Aeussere des Zuschauerraums
aus zwei oder drei mit Säulen und Arcaden ausgestatteten, durch Gesimse getrennten Geschossen zusammen, und an der äussern Langseite des Postsceniums
erhob sich ein Porticus.

Beide vorhin beschriebene Arten von Theatern
waren ohne feste Bedachung; nur ein über dem Zuschauerraum ausgespanntes Velarium (s. dieses) gewährte
Schutz gegen Sonne und Regen.

Theatrum nannte man im Mittelalter auch das
Rathhaus, vulgo »Spelhus«, wo die Gerichte gehalten
wurden.

Theca, Kapsel, Reliquienkasten.

Thermen (Thermae): heisse Quellen, dann warme
Bäder und Badeanlagen überhaupt. Von den öffentlichen, »Balneae« genannten römischen Bädern (s. diese)

unterscheiden sich die nach dem Zeitalter des Kaisers
Augustus angelegten Thermen durch ihre Grossartigkeit
und Pracht, insbesondere aber dadurch, dass man bei
ihrer Anlage, von dem Plane des griechischen Gym-
nasiums ausgehend, den eigentlichen Badeeinrichtungen
der bisherigen Art noch Saalbauten für Unterhaltung
und gelehrte Erörterungen, für Bücher- und Gemäldesammlungen, für Spiele und Uebungen aller Art, ferner
offene und schattige Wandelbahnen, bedeckte Verbin-
dungsgänge, so wie Säulenhallen für gymnastische
Zwecke hinzufügte, und auf alles Bedacht nahm, was
zur Erhöhung der geistigen und materiellen Genüsse
einer reichen, an Luxus gewöhnten Bevölkerung geeignet erschien.

Themis: Göttin des Rechts, der Ordnung und
Gerechtigkeit; in der römischen Kunst als Justitia mit
Füllhorn und Wage dargestellt (wenn nicht etwa die
mit denselben Attributen versehene Moneta gemeint ist).
In Darstellungen aus der Zeit der Renaissance erscheint
die Justitia mit einer Binde vor den Augen, Schwert
und Wage haltend.

Thesauren: Schatzhäuser, in Berichten des griechischen Alterthums mehrfach erwähnt. Einige derselben, darunter das Schatzhaus des Atreus in Mykenä,
sind auf unsere Zeit gekommen. Sie haben einen Kreis
zur Grundfläche und erheben sich kuppelartig. Die
Kuppel besteht aber nicht aus keilförmigen Wölbsteinen,
sondern aus horizontalen Steinschichten, deren jede,
nach oben hin allmählich vortretend, den innern Kreis
verengt, bis zuletzt eine kleine Oeffnung verbleibt, die
mit einer Steinplatte zugedeckt ist. Diese Construction
wird Tholus (ϑόλος) genannt.

Thierkreis (Zodiacus): breiter, am Himmel gedachter Gürtel mit den meist als Thiergestalten dar-

gestellten 12 Sternbildern: Widder, Stier, Zwillinge,
Krebs, Löwe, Jungfrau, Wage, Scorpion, Schütze, Stein-
bock, Wassermann und Fische, welche die Sonne jähr-
lich scheinbar durchläuft, vielfältig als Sinnbild (so der
Weisheit Gottes, des Universums, der hl. Zwölfboten,
als Patrone der 12 Monate), oder decorativ angebracht.

Tholus: Kuppelgebäude, insbesondere in der oben
bei den Thesauren gedachten Construction.

Thorax: Brustharnisch.

Thuribulum (Turibulum), als Weihrauchgefäss zum
Räuchern schon bei den Alten vorkommend. — In der
altchristlichen Kirche stand neben dem Altare ein solches
Gefäss, ein von der griechischen Kirche beibehaltener
Gebrauch. Das tragbare Räucherbecken, deren jede
Kirche der Katholiken mindestens zwei, eins von edlem
Metall und ein einfacheres, besitzen soll, besteht aus
einer kelchartigen Schale mit Deckel, beides in Kettchen
hängend. In der Schale befindet sich ein kleines
eisernes Kohlengefäss, die Weihrauchpfanne. Die kostbaren Räucherbecken aus der Zeit des romanischen und
gothischen Stils sind oft von vorzüglicher Arbeit; die
einfachen dienen zur Beräucherung der Gräber.

Thyrsus (Bacchusstab): ein langer, mit einem
Pinienzapfen oder einem Büschel von Epheu oder Weinlaub bekrönter Stab, der bei Bacchusfesten getragen
wurde.

Tiara: eine morgenländische biegsame Mütze von
Baumwollenstoff, das Haupthaar nicht ganz bedeckend.

Tiara recta: eine Kopfbedeckung morgenlän-
discher Könige, in Form einer hohen und steifen, oben
ausgezackten, unten von einem Bande umsäumten Binde,
deren Enden, an der Rückseite herabhängend, den Hals
bedeckten.

Tiara phrygia: eine weite Zipfelmütze, welche unter dem Kinne zugebunden wurde.

Die päpstliche Tiara, eine hohe kegelförmige Kopfbedeckung, anfangs ohne, hernach mit Stirnreif, erhielt später zwei und zuletzt drei goldene Kronreife, dazu auf der Spitze den Reichsapfel und unten zwei zu den Seiten herabfallende Bänder. Vergl. Priester-kleidung.

Tinktur: heraldische Farbe.

Tinte (ital. tinta): flüssiger Farbstoff; daher in der Malerei Tinten: die Abstufungen der Farbentöne vom Dunkeln zum Hellen.

Titanen: ein früheres Göttergeschlecht, welches in Verbindung mit den Giganten den Himmel zu er-stürmen suchte, aber gleich diesen vom Zeus in den Tartarus gestürzt wurde.

Tobalea: Altarbücher. (Jakob, Die Kunst im Dienste der Kirche, 331).

Todsünden. Den sieben Haupttugenden gegen-über werden als die sieben Todsünden aufgeführt: Inanis gloria, Invidia, Ira, Acedia, Avaritia, Gula, Luxuria.

Todtenleuchte: Säule oder Pfeiler auf einem Kirchhofe als Träger eines, zur Aufnahme des geweihten Lichts bestimmten Gehäuses dienend.

Todtenmaske, s. Maske.

Todtentänze: Bilder des Todes, aus einem Cyclus verwandter Scenen bestehend, in welchen der als Ge-rippe erscheinende Tod die verschiedenen Stände der menschlichen Gesellschaft zum unwillkommenen Tanze fortschleppt.

Todtlaufend, sich, sagt man u. a. von einem

Gesimse, welches durch einen Vorsprung in seinem
Laufe unterbrochen wird, ohne sich um den Vorsprung
herumzukröpfen. Vergl. Verkröpfungen.

Toga: das den Römern eigenthümliche, gewöhnlich weisswollene Obergewand, anfangs halbrund, dann
einen grösseren Theil der Kreisfläche einnehmend,
welches über der Tunica (s. diese) getragen und meist
so umgeworfen wurde, dass der rechte Arm frei blieb.
Sie erhielt — im Gegensatze zu dem griechischen
Pallium — keine Befestigung durch eine Broche. Die
zur Zeit des Kaisers Augustus üblich gewordene sehr
weite »toga fusa« legte man auf die linke Schulter in
der Weise, dass etwa ein Drittel ihrer ganzen Länge
die linke Seite des Körpers bedeckte und vorn bis zu
den Füssen herabhing, dann zog man den andern Theil
der Toga über den Rücken hin unter den rechten Arm
durch, bedeckte zunächst damit in schöner Faltenlage
die Vorderseite des Körpers und warf den Rest über
die linke Schulter.

Die »toga praetexta« war mit Purpur verbrämt,
und wurde von den Consuln und andern hochgestellten
Personen, so wie von den freigeborenen Kindern beiderlei Geschlechts getragen.

Die unverbrämte »toga pura« oder »virilis« erhielten die in ihr männliches Alter tretenden Söhne.
Die um eine Ehrenstelle sich bewerbenden »Candidati«
legten eine glänzend weisse Toga an.

Eine »toga picta«, die mit Stickerei verziert war,
trug (über der »tunica palmata«) der einen Triumphzug haltende Feldherr; hernach bedienten sich einer
solchen Toga auch die Consuln und Praetoren, wenn
sie den Vorsitz bei den öffentlichen Festen im Circus
führten.

Als die Toga unter den Kaisern verächtlich ward,

sah man nur geringe Leute und gemeine Frauen damit
bekleidet.

Tondruck nennt man das Verfahren, bei welchem
der Abdruck von Lithographien oder Holzschnitten auf
einem (schwach) gelblich oder grau gefärbten Grunde
(Tone) erfolgt, wodurch der Gegensatz zwischen dem
Weiss des Papiers und der schwarzen Druckfarbe gemildert wird. Auch kann durch Aussparung der
höchsten Lichter auf der fraglichen Tonplatte eine besondere Lichtwirkung erzielt werden.

Tonnengewölbe, s. Gewölbe.

Tonsur, s. Priesterkleidung.

Tope (im Sanskrit Stupa, im Allgemeinen Hügel
oder Thurm bedeutend) ist die Bezeichnung für ein
indisches, als Dagop (s. diesen) zur Beisetzung von Reliquien des Buddha oder von heilig gehaltenen indischen
Priestern und Königen dienendes Monument. Diese
mitunter grossartigen Werke sind einfach kuppelartige
Rundbauten von fast halbkreisförmigem Durchschnitt,
auf einem niedrigen Unterbaue und gewöhnlich mit
einer Art Plateforme abschliessend, auf der, gleichsam
als Thurmknopf, der Schirm (das Erinnerungszeichen
an Buddha's hl. Feigenbaum) sich erhob.

Der grösste Tope in der Gruppe derartiger Monumente bei Bhilsa in Hindostan findet sich in der Nähe
von Sanchi. Ueber einem Unterbaue von 4,08 m Höhe
und etwa 35,05 m Durchmesser, zu dessen 1,75 m
breitem Umgange eine stattliche Doppeltreppe führt,
erhebt sich die Kuppelform bis zu einer Höhe von etwa
16,36 m. Sie ist aus Ziegeln, aber nicht hohl, sondern
als volle Masse, mit äusserer Hausteinverkleidung hergestellt. Den Bau umgiebt in einem Abstande von
2,92 m eine aus Pfosten, Querlatten und Deckholmen

zusammengesetzte Steinbefriedigung, durch welche (von
den vier Himmelsgegenden) vier eigenthümlich ver-
schnörkelte, im Ganzen 9,64 ^{m} hohe Portalgerüste aus
steinernen, reich mit Sculpturen bedeckten Pfosten,
Balken und senkrechten Leisten führen. Vor den Portalen im Norden und Süden erheben sich freistehende
colossale Säulen in Form der vom Könige Açoka (im
3. Jahrh. v. Chr.) errichteten, je mit einem sitzenden
Löwen bekrönten Sieges- oder Ehrensäulen.

Auch in Ceylon giebt es eine ansehnliche Zahl von
kleineren oder grösseren Gebäuden dieser Art, deren
Kuppel mitunter in eine kegelförmige Spitze ausgeht,
und die zuweilen am Fusse von mehreren Reihen hoher
Steinpfeiler umringt sind. (Schnaase, Gesch. d. bild.
Künste, II. Aufl., Bd. I, S. 105 ff.).

Topfgewölbe: Kuppel- oder Tonnengewölbe aus
topfähnlichen Thongefässen. Vergl. Amphora.

Toreutik. »Die Bearbeitung der Metalle mit
scharfen Instrumenten, die Sculptur in Metall, ist es,
was die Alten Toreutik nennen; womit sich, nach Er-
forderniss der Aufgabe, auch ein theilweises Giessen
in Formen, besonders aber das Herausschlagen oder
Treiben mit Bunzen vereinigt«. Bem. 1. »Die τορευ-
τικὴ entspricht ganz der caelatura (Plin. XXXIII. Sal-
mas. Exerc. Plin. p. 737), welche Quintil. II, 21, auf
die Metalle beschränkt, während die Sculptur ausserdem Holz, Elfenbein, Marmor, Glas, Gemmen befasse«.
(K. O. Müller, Handb. d. Archäol. d. Kunst, Aufl. III,
432 f.). »Mit der Toreutik hing in den Werkstätten der
Alten auch die Arbeit in Elfenbein zusammen,
welches man das ganze Alterthum hindurch in Statuen,
so wie an allerlei Geräthen, mit Golde zu verbinden
liebte«. (Daselbst, S. 436).

Torso (ital.): Rumpf einer (verstümmelten) Statue.

Torus: Pfühl, s. Glieder.

Trachten (weltliche): Die Männer trugen im 8. und 9. Jahrh. eine bis zu den Knieen reichende, um die Hüften gegürtete Tunica, lange unter dem Knie gebundene Beinkleider, einen auf der rechten Schulter mit einer Spange oder durch einen Knoten befestigten Mantel, Halbstiefel oder Sandalen, auch wohl kreuzweis umschnürte Strümpfe, so wie langes Haar und vollen Bart.

Diese einfache Tracht erhielt sich im Wesentlichen während des 10. und 11. Jahrhunderts, nur wird der Besatz des Mantels oft kostbarer, und es kommen farbige Schuhe auf. — Im 12. und besonders im 13. Jahrh. nahm der Luxus in der Kleidung zu. Vornehme trugen einen langen Talar, den Mantel vorn auf der Brust mit einer Schnur oder Spange befestigt, lange und enge Beinkleider, Schuhe, bis zu den Knöcheln hinaufreichend; Bart kurz, zuletzt abrasirt, Haare lang, oft von einem goldenen Kopfreif umgeben. — Im 14. Jahrh. bestand die Tracht aus einem langen, bis auf die Erde reichenden Rock mit engen, vom Ellbogen an zugeknöpften Aermeln, einem Gürtel, dem über der Brust mit einer Schnur befestigten Mantel und einer Kappe als Kopfbedeckung; bei dem gemeinen Volke aus einem kurzen, oft mit einer Kapuze versehenen Rock, engen Beinkleidern, hohen Schuhen. Um die Mitte dieses Jahrhunderts kommen viele neue Moden und Sonderbarkeiten in der Kleidung auf: sehr kurze, etwa eine Spanne unter den Gürtel reichende Röcke, von den Aermeln lange Strupfen herabhängend, Aermel oft weiter als der Rock; jede Hälfte der Kleidungsstücke von anderer Farbe (mi-parti); Schellen am Kleidersaum, Halskragen, Gürtel und an den Schuhen, letztere vorn mit langen Schnäbeln versehen. — Im 15. und

16. Jahrh. waren die Trachten luxuriös und mannigfaltig; an den Oberkleidern häufig Pelzbesatz, auch an
den Aufschlägen der Mützen; enge Beinkleider, zugleich
die Füsse bedeckend; Halbstiefel oder hohe Schuhe,
diese die langen Schnäbel allmählich verlierend; Gürtel
mit Dolch. Hernach war spanisches Costüm beliebt:
weite Puffhosen und Aermel mit vielen Schlitzen und
Bändern; Haupthaar kurz; Bart lang (hernach wieder
kurz beschnitten); Barett mit Federn, Mantel bis zu
den Knieen reichend; krauser Hemdkragen; Schuhe
vorn sehr breit.

Die Frauentracht in Deutschland bis gegen
Ende des Mittelalters sehr einfach — bei vornehmen
Frauen allerdings von kostbaren Stoffen — und züchtig;
enges Unterkleid und weites Oberkleid, darüber ein
Mantel und auf dem Haupte ein Schleier. Gegen Ende
des 12. Jahrh. ist das Oberkleid ohne Aermel und fällt
ohne Gürtel bis auf die Füsse herab; der Mantel sehr
lang, durch eine Schnur über die Brust befestigt; Haare
gekräuselt; auf die Schultern herabfallend. — Im
14. Jahrh. hat das Oberkleid oft eine Schleppe, das
Haar wird in einer herabhängenden Haube (Gugel) ge-
borgen. — Im 15. Jahrh. ist das Haar geflochten, oben
an den Seiten befestigt, mit einer Haube umschlossen,
von welcher ein Schleier herabfällt, oder nur gescheitelt
herabhängend, nach hinten in die Höhe gezogen, der
Kopf dann von einer Schnur umringt, mit einem Edelsteine auf der Stirn; die Kleider oben eng anschliessend,
nach unten weit, aber nur bis auf die Knöchel reichend;
die Aermel vom Ellbogen bis zum Handgelenk geschlitzt und an einzelnen Stellen wieder geheftet, so
dass der weisse Hemdärmel sichtbar wird. Der bei der
Männertracht erwähnte Schellenbesatz findet sich gleichzeitig im Costüm der Frauen. — Während des 16. Jahrh.

häufiger Wechsel der Moden: anliegendes, bis auf die
Füsse reichendes Unterkleid, enges Mieder mit Puffen
an den Aermeln, weit schleifender Rock, welcher vorn
mit der Hand aufgehoben wird; Hals, bald frei und
reich mit Perlen u. s. w. geschmückt, bald von einer
Krause umgeben, bis zu welcher dann das Kleid reicht,
Kopfbedeckung aller Art: Haube, netzförmig gesteppt
und mit Perlen besetzt, oder runde Hütchen mit
schmalem Rande, einigen krausen Federn und Schleier;
Haar von einem Netz umschlossen, darauf Haube oder
Hut (Jungfrauen trugen langes Haar, oft in Flechten
und mit leichter Mütze bedeckt). Die Frauenhüte um
die Mitte des 16. Jahrh. sehr flach und breit, ringsum
mit Federn besetzt; die Aermel überaus weit. Zuletzt
kommt der hohe Kragen (Stuartskragen) auf. Tragen
von Schmuck in Gold, Perlen und Edelsteinen sehr beliebt (s. J. v. Hefner, Trachten d. christl. Mittelalters).

Abzeichen einzelner Stände: Krone, Scepter und
Reichsapfel sind Insignien des Kaisers, während
Königen meist nur Krone und Scepter gegeben
werden; Fürsten erscheinen gewöhnlich in ritterlicher
Rüstung, auch wohl im Staats- oder Hauskleide;
Kreuzfahrer werden auf Denkmalen oft mit über
einander liegenden Beinen dargestellt; Juden tragen
den Spitzhut, haben im spätern Mittelalter auch einen
auf den Mantel genäheten gelben Ring; Häscher und
Henker werden durch eine an der Mütze befestigte
lange Hahnenfeder gekennzeichnet (Otte, a. a. O.).
Herolde tragen als Amtstracht den Wappenrock in
Form eines Messgewandes mit kurzen Aermeln, vorn
und hinten mit dem Wappenbilde ihrer Herren geschmückt, ausserdem einen kurzen Stab.

Tragaltäre, auch Reisealtäre genannt (altaria
viatica), seit dem 8. Jahrh. von hohen Geistlichen,

Missionaren und andern bevorrechteten Gliedern des
Clerus bei Feld- und Privatgottesdiensten benutzt, jetzt
nur zur Ertheilung des Viaticums an Sterbende und
den Bischöfen bei Weihung von Kirchen u. s. w. gestattet. Sie bestehen im Wesentlichen aus einem in
Holz oder Metall gefassten werthvollen Steine von der
Grösse, dass auf demselben nur für Hostie und Kelch
genügender Raum ist, so wie aus einem damit verbundenen Reliquienbehälter in Form eines Sarkophags,
Kästchens oder Flügelaltars. Es giebt sehr reich ausgestattete, mit verzierten Elfenbeinplatten oder mit vergoldeten Kupferplatten und Email geschmückte Tragaltäre.

Transept, Transsept: ein durch Schranken ab-
getrennter Kreuzarm einer Kirche, ein Kreuzflügel, auch
(im Plur.) das ganze Querhaus, Querschiff.

Transfiguration: Darstellung der Verklärung
Christi.

Transparent: durchsichtig.

Trapez: eine Fläche, deren Form entsteht, wenn
von einem regelmässigen Dreiecke dessen Spitze parallel zur Basis abgeschnitten wird. Diese Form hat
in der byzantinischen Architektur bei Säulenkapitälen
mehrfach Anwendung gefunden, auch bei spätromanischen Backsteinkapitälen — statt der Würfelkapitäle —
und zwar hier in der Weise, dass die unten abgerun-
deten Seiten der letztgedachten Kapitäle durch trapezförmige, mit der abgestumpften Dreieckspitze nach
unten gerichtete und bis zum Astragal der Säule reichende Flächen ersetzt sind. Derartige Kapitäle nennt
man wohl Trapezkapitäle.

Trass, aus dem Brohlthal am Rhein, ein durch
vulkanische Hitze bereits aufgeschlossenes Product, wird

gepocht und gemahlen und giebt mit Kalk, auch Ziegel-
mehl gemischt, einen vorzüglichen Wassermörtel. Auch
dient der Trass zur Bereitung von Béton (s. diesen).
Aus backsteinartig zugehauenem »Tuffstein oder Trass«,
woraus im 12. Jahrh. »die rheinischen Kirchen gebaut
wurden« (vergl. v. Quast, Bonner Jahrb. X. 191 ff.) sind
auch verschiedene Kirchen an der Weser, im Olden-
burgischen und in Ostfriesland errichtet.

Travée: Balkenfach, Jochspannung einer Brücke;
bei Kirchen: Gewölbjoch, ein von einem Hauptpfeiler
bis zum andern reichender Abschnitt des Langhauses.

Travertin: der Lapis tiburtinus der Alten, die ihn
auch Tophus nannten, ist der Gesammtname für die
weit verbreiteten und mächtigen Kalktuffbildungen in
Italien. Die dort befindlichen, meist abgebauten Tra-
vertinbrüche lieferten den Römern das Material zu
ihren grossen architektonischen Schöpfungen. Der Travertin enthält zahlreiche Höhlungen und Blasenräume
und ist von gelb-röthlicher Farbe, welche den impo-
santen Eindruck der antiken Monumente wesentlich
erhöht. Derselbe nimmt an der Luft eine bedeutende
Festigkeit an.

Treiben heisst bei Metallarbeiten: Blech durch
Hammerschläge direct oder durch Vermittelung von
Bunzen an bestimmten Stellen auszudehnen, so dass
erhabene Formen entstehen. Das anzuwendende Verfahren, unter Benutzung anderweiter Hülfsmittel, richtet
sich nach der Stärke der Metalle, so wie danach, ob
die Herstellung von Verzierungen oder Gefässformen
u. s. w. vorliegt. (Bucher, a. a. O.).

Treskamer (auch Trostkammer): Schatzkammer,
Aufbewahrungsort für kirchliche Geräthe und Gewänder,
Sacristei, Archiv.

Tribunal: ein erhöheter Sitzplatz an einem Ende einer antiken Basilika, auf welchem die Stühle der Richter und anderer angesehener Personen sich befanden, s. Basiliken. Auch heisst so oder **Tribuna** (Concha) die Apsis der christlichen Basilika, während **Tribüne** gewöhnlich einen erhöheten Platz in einem grösseren Raume, z. B. Rednerbühne, Empore, bezeichnet.

Triclinium: Lagerstätte der Römer bei ihren Mahlzeiten. Drei Seiten eines für die Tafel bestimmten rechteckigen Platzes in der Mitte des Speisezimmers waren mit solchen beweglichen oder festen Lagern umstellt, deren jedes für drei Personen Platz gewährte, während die vierte Seite des Rechtecks frei blieb und den Zugang für die Bedienung bildete. Die Bezeichnung Triclinium wurde auch dem Speisezimmer selbst gegeben (s. antikes Haus).

Trifolium: Dreiblatt, Kleeblatt.

Triforium: Arcade mit dreifacher Oeffnung; besonders aber ein Mauergang mit solchen Oeffnungen, als Wehrgang in Burgen oder als Laufgang in Kirchen (s. Scheidmauern), der im letzteren Falle vom Innern des Mittelschiffs durch kleine, zu zwei, drei oder vier gekuppelte Bogenöffnungen Licht empfängt, nach aussen, wenn das Pultdach des benachbarten Seitenschiffs dagegentrifft, mit fester Rückwand, sonst auch wohl mit Lichtöffnungen (trifoire à claire voie) versehen ist. Zuweilen sind, an Stelle des fehlenden Mauerganges, Blendarcaden oder Arcaturen vorhanden.

Triglyphen und **Metopen**, im Friese des dorischen Hauptgesimses erscheinend, erstere, die Stützpfeiler des Kranzgesimses, über jeder Säulenachse und je in der Mitte der Säulenweiten in Balkenkopfsform etwas vortretend, als sog. **Dreischlitze**, an der Stirn mit zwei ganzen und an den Kanten mit zwei halben Schlitzen (senkrechten flachen Rinnen), auch unterhalb der Leiste an der Oberkante des Architravs mit einem Riemchen und daran hängenden Tropfen (s. diese) versehen, letztere, die Metopen, (nahezu) quadratische, mit Platten ausgesetzte, häufig mit plastischen Darstellungen geschmückte Vertiefungen zwischen den Triglyphen bildend (s. Gebälk).

Trinitas, S. (Trinität), heil. Dreieinigkeit. Die Darstellung der drei Personen der Gottheit in einer Gruppe findet sich schon in den Mosaiken der altchristlichen Basiliken; sie ist häufig im Mittelalter, seltener in den späteren Jahrhunderten. Geschieht dieselbe durch menschliche Gestalten, so erscheint Gott Vater meist in der Mitte sitzend, mit der Tiara auf dem Haupte und die Weltkugel tragend; Christus zu seiner Rechten hält das Kreuz oder die Dornenkrone, der hl. Geist zur Linken ist durch eine Flammenlocke gekennzeichnet. In manchen anderen Fällen sind statt der menschlichen Figuren rein symbolische Zeichen gewählt. (Näheres bei Müller u. Mothes a. a. O., wo auch interessante Abbildg. zu finden).

Trinkhörner. In grauer Vorzeit benutzte man dazu Stier- und Büffelhörner. Die Griechen, denen auch das Trinkhorn bekannt war, bildeten nach dessen Muster eine Gefässart (Rhyton), unten am schwachen Ende mit dem Kopfe eines Thiers, weiter aufwärts oft mit einem Henkel versehen, am oberen Ende weit und offen. Im Mittelalter und zur Zeit der Renaissance fanden zu obigem Zwecke Büffelhörner, selten Hörner aus Elfenbein, Glas oder Metall, Anwendung, oft aber nur als Schaustücke, und dann mit Standfuss und Deckel von edlem Metall ausgestattet.

Tripes, Tripus: dreifüssig, Dreifuss (s. diesen).

Triptychon, s. Altarschrein.

Triquetrum, Triquetra (lat. triquetrus, a, um =  dreieckig): 1) eine aus einem Kreise und drei gleichen, mit einander und mit dem Kreise verschlungenen Bogenstücken gebildete, drei Ecken zeigende mystische Figur, Symbol der hl. Dreieinigkeit? (Müller u. Mothes, a. a. O.); 2) Dreibein, Dreischenkel (Triskele): drei völlig sich gleichende gebogene Beine, deren Schenkel von den Seiten eines gleichseitigen Dreiecks ausgehen, an das antike Wappenbild von Sicilien erinnernd.

Tritonen: Meergötter, die oberhalb eine menschliche, grösstentheils mit kleinen Schuppen besetzte Gestalt, unterhalb aber den Leib und Schwanz eines Delphins haben.

Triumphbogen: bei den Römern die dem siegreich heimkehrenden Feldherrn errichtete Ehrenpforte oder das zum Andenken an seine Siege erbaute Prachtthor; in der altchristlichen Basilika der den Eintritt des mittleren Langschiffes in das Querschiff überwölbende Bogen, »auf den Sieg Christi über den Tod, den das Mahl des Altars feiert« — wie Kugler sagt — hinweisend; in späteren Gotteshäusern auch der zwischen dem Querhause und Chore befindliche Bogen (s. Basiliken und Altar).

Triumphkreuz, s. Altar S. 8.

Trochilus: Einziehung, s. Glieder.

Troglodyt: Höhlenbewohner.

Trompetergang: ein langer Balcon oder offener, auf Consolen ruhender Verbindungsgang in Burghöfen.

Tropfen (guttae). Die am dorischen Tempelgebälk befindlichen Tropfen haben die Gestalt eines kurzen hängenden Cylinders oder oben stark abgestumpften Kegels; vergl. Triglyphen.

Tropfsteingewölbe, s. Gewölbe.

Trophäen: Siegeszeichen, die anfangs auf dem Schlachtfelde aus eroberten, an einem Holzgerüst aufgehängten Waffen bestanden, dann in ähnlicher Anordnung, in Marmor oder Bronze nachgebildet, als dauernde Erinnerung an erfochtene Siege an andern Plätzen angebracht wurden. — Derartige Nachbildungen von Waffen und Kriegsgeräthen haben besonders seit der Zeit der Renaissance wieder Anwendung gefunden und dienen bekanntlich noch jetzt zur Charakterisirung von Gebäuden zu kriegerischen Zwecken und Siegesdenkmalen.

Truhe: hölzerner kofferartiger Kasten, oft mit Schnitzwerk verziert, zum Aufbewahren von Kleidern oder kostbarem Hausrath dienend, innen auch wohl an einem Ende mit einer kleinen, die **B e i l a d e** genannten Abtheilung versehen.

Tudorbogen, s. Bogenformen.

Tufsteinkirchen. Tufstein, Tuff, bekanntlich ein vulkanisches Product, hat in backsteinartiger Form bei Erbauung mittelalterlicher Kirchen mitunter Anwendung gefunden. Vergl. Trass.

Tuilerien, s. Louvre.

Tumba: aufgemauertes, mit einer Stein- oder Metallplatte bedecktes, auch ganz aus Metallplatten zusammengesetztes, über den Fussboden sich erhebendes Grabmal.

Tunica: das hauptsächlichste Unterkleid der Römer beiderlei Geschlechts, wie dies der Chiton (s. diesen) bei den Griechen war. Die gewöhnliche Tunica (colobium) war ein einfaches, bis zu den Knieen reichendes, über den Hüften zusammengezogenes und mit kurzen Oberärmeln versehenes Hemd von Wolle. Sie wurde

von Handwerkern bei ihrer Beschäftigung ohne Ueberkleid getragen; aber angesehene Personen trugen über
der Tunica immer, und auch die Bürger an Festtagen,
wie bei den Griechen das Pallium, so bei den Römern
die Toga (s. diese). Man hatte verschiedene Arten der
Tunica, u. a. die Tunica mit langen Aermeln, ferner
die unter der Brust, nicht über den Hüften gegürtete
»tunica muliebris«; dann die »tunica interior« oder
»intima«, die oft von beiden Geschlechtern unter der
gewöhnlichen Tunica getragen wurde, lange Aermel
hatte und bis zu den Waden reichte, während die
Tunica darüber mit kurzen Aermeln versehen war und
bis zur Mitte der Schenkel sich erstreckte; beide wurden
dann mit ein und demselben Gurt über den Hüften
zusammengehalten, jedoch hatte die »tunica intima« der
Frauen gewöhnlich kurze Aermel und glich dem jetzigen
Frauenhemde.

Die schon bei der »toga picta« erwähnte »tunica
palmata« war gestickt, wahrscheinlich in palmettenartigen Mustern.

Die in das höchste Alterthum hinaufreichende
»tunica talaris«, die bis zu den Fussknöcheln sich erstreckte, wurde das Vorbild der Messhemden (s. Alba).

Tunicella: eine kleine Tunica, ein kurzes Unterkleid.

Turnier: ritterliches Waffenspiel französischen
Ursprungs. Die Erfindung desselben, d. h. wohl die
Umwandlung der Waffen- und Reitübungen zu einem
glanzvollen Feste höfischer Feinheit und die Aufstellung
der Turnier-Gesetze und Gebräuche, wird dem Gode-
froi de Preuilly (1066) zugeschrieben. Das Turnier
unterscheidet sich von dem ritterlichen Stechen (der
Tjost) dadurch, dass hier nicht Mann gegen Mann,
sondern Schaar gegen Schaar kämpft; es ist das Ab-

bild einer wirklichen Reiterschlacht. (Schultz, Das höfische Leben zur Zeit der Minnesinger, II. 91. 113).

Twistgold: Halbgold, Gold auf Silber.

Tympanum (τύμπανον): Handpauke; in der Architektur: Giebelfeld, Bogenfeld über einer Thüröffnung.

Typologie: Lehre von den Vorbildern im alten Testamente, deren Darstellungen insgemein als Typen auf das neue Testament zu deuten sind. Häufig findet sich — wie in der Biblia pauperum — der alttestamentliche Typus mit dem neutestamentlichen Antitypus zusammengestellt, z. B. die Opferung Isaak's oder die eherne Schlange: die Kreuzigung; Simson, die Thorflügel von Gaza tragend: Christus, die Pforten der Vorhölle zerbrechend; Jonas steigt aus dem Wallfisch: die Auferstehung Christi.

Typus: die durch Satzung oder Gewohnheit festgestellte, der freien Kunstthätigkeit Schranken setzende Form; **typisch**: vorbildlich, von stehender Form.

Uebereck gestellt sagt man z. B. von Quadraten, die, wie die oben (s. Opus reticulatum) gegebene Figur zeigt, auf einer ihrer Ecken stehen.

Ueberfangglas, s. Glasmalerei.

Uebergangsstil, s. Baustil.

Ueberschneidung zweier Bauglieder entsteht, wenn solche sich kreuzen, wobei das eine durch das andere hindurchgesteckt erscheint. Constructionstheile überschneiden sich oft in der Weise, dass das eine über dem anderen hinweggeht und dabei etwas eingelassen wird.

Uncialbuchstab (litera uncialis, eigentlich von der Länge eines Zolls): Grossbuchstab, Anfangsbuchstab;

Uncialschrift: aus (eigentlich einen Zoll hohen) Grossbuchstaben (Majuskeln) bestehend.

Unterschneidung: die an der Unterseite eines
wagerechten Baugliedes angebrachte Austiefung (vergl.
Wassernase).

Unterzug: ein horizontal angebrachtes starkes Holz
unter einer Balkenlage, ein Träger.

Urne: ein gewöhnlich aus sandhaltigem Thone
hergestelltes bauchiges Gefäss, anfangs nur mit den
Händen geformt und am Feuer getrocknet, später auf
der Drehscheibe angefertigt und gebrannt.

Urnenfriedhöfe enthalten oft Hunderte von
derartigen Urnen in mannigfaltiger Form, zum Theil
mit Henkeln, seltener mit Fuss versehen; in denselben
finden sich neben Resten verbrannter Knochen auch
wohl Beigaben aus Metall, Glas u. s. w., ferner kleinere
Gefässe in Näpfchen- oder Tassenform. Die Verzierungen
solcher prähistorischen Urnen pflegen nur eingeritzt oder
punktirt zu sein.

Vasa sacra: heilige Gefässe, die für den Altar-
dienst bestimmten Gefässe und Geräthe.

Vasen: Gefässe mancherlei Art. Im engeren und
künstlerischen Sinne versteht man unter Vasen die
antiken, in Griechenland, Kleinasien und Italien aufgefundenen, durch ihre schöne Form und Verzierung
sich auszeichnenden Thongefässe, deren Malereien
namentlich für die Kunstarchäologie von hoher Bedeutung sind. Die ältesten dieser Vasen wurden aus
gelblichem Thon mit bräunlichen oder schwarzen geometrischen Ornamenten, hiernächst mit in Zonen geordneten Thiergestalten, sowie mit phantastischen menschlichen Figuren und mythologischen Darstellungen angefertigt. Hierauf folgen die in den Formen, so wie in den
Ornamenten und Figuren höher entwickelten Vasen aus
rothem Thon mit schwarzer Malerei, dann diejenigen

mit schwarzem Grunde und roth ausgesparten Figuren, welche schwarze Innenlinien zeigen oder mit, in mehrfarbiger Weise ausgeführten Figuren. Einige Vasen haben Ornamente in schwachem Relief mit Vergoldung.

Vatican: der bei St. Peter in Rom sich erhebende päpstliche Palast, worin u. a. die herrlichen, von Rafael 1508 begonnenen und von ihm und seinen Schülern unter Julius II. und Leo X. ausgeführten Fresken in den Stanzen (Prachtgemächern), so wie die von Bramante angefangenen, den Hof des hl. Damasus an drei Seiten umziehenden Logen sich befinden, deren obere Reihe unter Rafaels Leitung ausgemalt wurde. Zum Vatican gehört auch die sixtinische Kapelle, welche Michel Angelo's berühmtes (1508 begonnenes) Deckengemälde und dessen 1534 — 1541 ausgeführtes jüngstes Gericht, so wie Gemälde verschiedener anderer Meister enthält.

Vedute: eine nach der Natur aufgenommene (nicht vom Künstler componirte) Ansicht einer Stadt oder Gegend. ·

Velarium nannte man das zum Schutze gegen Sonne und Regen über dem Zuschauerraume eines antiken Theaters oder Amphitheaters ausgespannte grosse Tuch.

Velum: Vorhang, Hülle. Beim Gebrauch der hl. Gefässe das seidene Kelchtuch; es bedeckt den zum Anfange des Messopfers zubereiteten Kelch, hat jedesmal mit dem Messgewande gleiche Farbe, und ist oft mit goldenen Tressen, Troddeln oder Stickereien geziert. Velum pyxidis, für das Ciborium. Velum offertorii, vom Halse des Diakons herabhängend, wenn er dem Priester beim Hochamte den Kelch darbringt, auch vom Subdiakon getragen, wenn er am Ende des Vater-

unsers dem Diakon die Patene darreicht (Siegel, a. a. O.
I. 67). Nach Otte (Archäolog. Katechismus, 96) ist das
»Schultervelum« ein langer Streifen Zeug von Stoff und
Farbe der Casula, welcher dem Priester, wenn er den
Segen mit der Monstranz ertheilen will, um den Hals
gelegt wird, mit dessen vorn zusammengenommenen
Enden er die Monstranz hält. Verschieden hiervon ist
(nach derselben Quelle) das Altarvelum, ein vier-
eckiges Stück Seidenzeug, welches an einem Gestelle
ausgespannt, einem Lichtschirme ähnlich, während der
Predigt vor die offen auf dem Altar stehende Monstranz gestellt wird.

Venezianisches Fenster: ein in der Zeit der
Renaissance auftretendes dreitheiliges Fenster, dessen
mittlere halbrund überwölbte Lichtöffnung breiter und
höher ist, als die beiden sie beseitenden, wagerecht
überdeckten Fenstertheile.

Verblendung: die aus werthvollem Material (z. B.
Quader) hergestellte Schale des, im Kern aus gewöhnlichen Steinen bestehenden Mauerwerks.

Verjüngt werden Körper genannt, deren Quer-
schnitt-Dimension in Bezug auf ihre Höhe oder Länge
allmählich abnimmt; ein verjüngt zugehender Säulenschaft ist daher oben schwächer als an seiner Basis.

Verkröpfungen entstehen, wenn Gliederungen um
einen eckigen Vorsprung herumgeführt, daher diesem
Vorsprunge folgend, von ihrer ursprünglichen Richtung
abgelenkt werden.

Verlorene Form nennt man eine, nur zu einem
einmaligen Abgusse brauchbare Form.

Vernieten, s. Nieten.

Veronicatuch: das Schweisstuch der hl. Veronica,
womit sie der Sage nach dem kreuztragenden Heilande

sein Antlitz abgetrocknet und wobei dieses, das wahre
Abbild (vera icon) des Erlösers, sich abgedruckt
haben soll.

Verzahnung. Sie entsteht bei einer Mauer entweder in abgetreppter Form der Endschichten oder
durch Stehenlassen von Lücken in einem senkrechten
Mauerende. Auch werden starke, auf einander gelegte
Hölzer durch Verzahnung, d. h. durch zahnartige, mit
einander correspondirende Ausschnitte zu einem Stück
verbunden.

Verzapfung: eine Holzverbindung, bei welcher
(wie namentlich in Fachwerkwänden) Hirnenden von
Hölzern mit Langseiten anderer Hölzer zusammengefügt
werden, zu welchem Ende erstere je einen Zapfen (der
aus der Mitte des Hirnholzes in geringerer Stärke meist
rechtwinklig vortritt) erhalten, letztere aber zu deren
Aufnahme mit entsprechenden Zapfenlöchern versehen
werden. Nach dem Einsetzen der Zapfen erfolgt deren
weitere Befestigung durch runde Holznägel.

Vesper: Nachmittags-Gottesdienst, Abendmesse.

Vesperbilder heissen die Darstellungen der am
Abend auf den Tod Jesu folgenden Scenen: die Abnahme vom Kreuz, die Beweinung des Gekreuzigten,
insbesondere die Pietas genannte Darstellung (s. oben)
und die Grablegung.

Vestiarium: Ort der Aufbewahrung der Cultus-
gewänder und wo diese von den Geistlichen an- und
wieder abgelegt werden.

Vestibulum: Vorhof, Vorplatz, Eingang, dann Vorhalle, Hausflur.

Vexillum: Fahne, deren kirchlicher Gebrauch von
dem Labarum Constantin's d. Gr. abgeleitet wird (s.
Labarum), welches als Hauptinsignie das Zeichen des

Kreuzes trug. — Eine beim Begräbniss der Brüder von der Fischerzunft zu Parchim um 1230 gebrauchte Fahne wird urkundlich Vexillum genannt. (Mecklbg. Urkdb. I. Nr. 384).

Vierblatt: gothisches Maſswerk in Gestalt von vier gleichen Spitzbögen, welche mit ihren Scheiteln den Umfang eines Kreises, in welchem sie zusammengestellt sind, berühren.

Vierpass: eine Maſswerksform, aus vier gleichen Zweidrittelkreisen so zusammengesetzt, dass um die Scheitelpunkte derselben eine Kreislinie gezogen werden kann.

Vierung: in einer Kreuzkirche dasjenige Rechteck (mit seinem Ueberbaue), dessen Seiten von dem Chore, den beiden Kreuzflügeln und dem Langhause begrenzt werden.

Vigilien: in der römischen Kirche Vorabend der hohen Feste; Seelmessen, Sterbe- oder Todtenfeier.

Vignette: eine (ursprünglich aus Weinreben gebildete) kleine Verzierung zu Anfang oder Ende eines Buches.

Titel-Vignette: ein auf dem Titelblatte abgedrucktes Bildchen.

Viridarium (Viridiarium): Garten, Lustgarten; im Mittelalter der vom Kreuzgange eines Stifts oder Klosters umschlossene Friedhof.

Visirung: früher gebräuchlicher Ausdruck für eine Werkzeichnung oder einen Carton.

Vogelperspective: eine Perspective aus der Vogelschau, d. h. von einem sehr hohen Standpunkte aus.

Volute: schneckenförmig gerolltes Band; Voluten

heissen insbesondere die Schnecken am ionischen und am korinthischen Kapitäl.

Vorhangbogen, s. Bogenformen.

Votivbild: ein in Folge eines Gelübdes in einer Kirche gestiftetes Bild.

Votivkreuze. Unter diesen Steinkreuzen ist die sog. Predigersäule vor dem Weihsanctpetersthore zu Regensburg hervorzuheben, welche, auf einem Unterbaue in Kreuzesform sich erhebend, auf den vier Seiten mit biblischen Darstellungen in Relief geschmückt ist, und auf der Spitze das »Kreuz mit Maria und Johannes« trägt. (Jakob, Die Kunst im Dienste der Kirche).

Wachsbildnerei, s. Ceroplastik.

Wachsmalerei, s. Enkaustik.

Waffenrock: ein weitfaltiger, gegürteter, mehr oder weniger verzierter, ärmelloser Rock aus Leinen, Wollstoff, auch wohl aus Seide, der über dem Panzerhemde, nach Einführung der Plattenrüstung aber unter derselben getragen wurde und dann, unter dem Brust- und Rückenharnisch hervortretend, die Schenkel umgab. Vergl. Lendner.

Walhalla: nach der nordischen Mythe die Halle der in der Schlacht gefallenen Könige und edlen Helden, wohin sie von den Walküren geführt, dort von Odin (dem Haupte des Göttergeschlechts) empfangen und der ihnen zum Lohne ihrer Tapferkeit verheissenen Freuden theilhaftig wurden.

Walküren: die Schicksalsgöttinnen der Kämpfenden, Botschafterinnen Odin's, die mit dem Todeskuss die gefallenen Helden weihen, sie nach Walhalla emportragen und ihnen dort den Trank der Götter reichen, s. Walhalla.

Walmdach, s. Dachformen.

Wandelaltar, s. Altarschrein.

Wandung: Wandfläche, besonders innere Fläche einer Wand.

Wange: abschliessende Seitenwand z. B. beim Chorgestühl; T r e p p e n w a n g e n: die an den Stufenenden befindlichen Seitentheile.

Wappen, als den Geschlechtern eigenthümlich und bei ihnen sich forterbend, kommen um die Mitte des 12. Jahrh. auf. Die Entstehung einer Heraldik, eines bestimmten Systems in diesen Wappen, ihren Regeln und Rechten kann erst dem 13. Jahrh. zugesprochen werden. Bei Epitaphien von Rittern zeigen sich die Wappen zu Anfang des 13. Jahrhunderts; bei ihnen wurde das Wappenbild auf einem dreieckigen Schilde dargestellt. Bald hernach erscheinen Wappen auch auf Gewändern und Fahnen, sodann selbstständig, so wie auf Denkmalen aller Art.

Wappen auf Grabdenkmalen beziehen sich auf den Verstorbenen, seine Frau und die beiderseitigen Ahnen, auch auf die von dem Verstorbenen bekleidete Würde; bei andern Denkmalen pflegen sie die Stifter und Donatoren zu bezeichnen.

Etwa seit der Mitte des 14. Jahrh. finden sich Wappen auf den Denkmalen geistlicher Würdenträger; in der Regel sind dann zwei Schilde vorhanden, einer mit dem Stifts-, der andere mit dem Familien-Wappen, und vom Ende des 15. Jahrh. an beide Wappen meist zu einem quadrirten Schilde in der Art vereinigt, dass jedes derselben zweimal in je zwei diagonal liegenden Feldern enthalten ist.

Zu dem Wappenschilde gehört der Helm mit dem Helmschmuck; jedoch enthalten die alten Darstellungen oft nur den Schild, auch zuweilen nur den Helm. Aus der im 14. Jahrh. gebräuchlichen Helmdecke sind die später üblich gewordenen laubartigen Verzierungen an den Seiten des Helms und des Schildes hervorgegangen.

Eintheilung des Schildes in Felder: längs getheilt, quer getheilt, schräg rechts, schräg links getheilt und in vier Felder zerlegt (quadrirt). In der Heraldik versteht man unter **rechts** die rechte Seite des Schildträgers, unter **links** die linke Seite desselben (nicht des Beschauers). Die Wappenbilder sind bekanntlich höchst verschieden.

Die Zahl der Wappen auf Grabsteinen und Epitaphien adelicher Personen beträgt — wenn nicht etwa nur das Wappen des Verstorbenen darauf erscheint — 2, 4, 8, 16 oder 32 (sehr selten 64). Im ersten Falle steht links (vom Beschauer) oben oder unten das väterliche, rechts oben oder unten das mütterliche Wappen; im zweiten Falle, wobei die 4 Ahnenwappen dargestellt werden, oben links (vom Beschauer) das Wappen des väterlichen Grossvaters, rechts das des mütterlichen Grossvaters, unten links das der väterlichen, unten rechts das der mütterlichen Grossmutter. — Auf Denkmalen verheirathet gewesener Damen ist zuweilen zwischen den beiden erstgedachten Wappen dasjenige des Gemahls angebracht. — Bei 8 Wappen stehen an jeder Seite vier unter einander: links (vom Beschauer) die Ahnenwappen väterlicher, rechts diejenigen mütterlicher Seits. Aehnlich verhält es sich in den Fällen, wo 16 u. s. w. Ahnenwappen gegeben sind.

Nach dem Muster der Adelswappen begannen bald auch die Städte, namentlich Reichsstädte, bestimmter Wappen sich zu bedienen. Später noch als die Städte mögen die Wappen geistlicher Gemeinden, Bisthümer, Klöster u. s. w., so wie die der Zünfte entstanden sein.

Wappenherold: ein mit der Einrichtung und Be-
aufsichtigung der Turniere u. s. w. beauftragter Herold,
der auch die Aufsicht über das Wappenwesen hatte.

Wasserburg: eine Burg im flachen Lande, auf
einem Platze angelegt, welcher entweder von Natur mit
Wasser umgeben war oder doch leicht mit Wasser versehen werden konnte.

Wasserglas: eine glasartige, in kochendem Wasser
lösliche chemische Verbindung von Kieselsäure mit
Kali oder Natron.   Vergl. stereochromische Malerei.

Wassernase: der vordere, von einer etwas zurücktretenden Aushöhlung (Unterschneidung) begleitete,
zum Abtropfen des Regenwassers dienende Rand an der
Unterseite einer vortretenden Platte (s. Kranzleisten).

Wasserschlag: stark geneigte Abdachung eines
Gesimses, Abschrägung eines Absatzes bei gothischen
Strebepfeilern.

Wasserspeier: Ausgüsse zur Ableitung des Dach-
wassers, insbesondere die an gothischen Kirchen zu
diesem Zwecke angebrachten steinernen Ausgüsse, oft
in Form fratzenhafter Menschengestalten oder phantastischer Thiergebilde, die aber eine symbolische Deutung zulassen.

Weihel, s. Priesterkleidung (u. zwar unter Trachten
geistlicher Orden).

Weihkessel: tragbares Gefäss in Form eines
Eimerchens mit Weih- oder Sprengwedel (Aspergillum,
Aspersorium) für Weihwasser.

Weihrauchbecken (Rauchfass), s. Thuribulum.

Weihrauchpfanne: die im Rauchfasse stehende
Pfanne für die Kohlen und den Weihrauch.

Weihrauchschiffchen: ein kleiner Behälter, aus
welchem der zu benutzende Weihrauch mit einem Löffel

herausgenommen wird. Der so bezeichnete Behälter hat die Gestalt eines auf einem Fusse ruhenden Schiffchens, an dessen spitz zulaufenden Enden kleine Handhaben sich befinden und einen flachen, in der Mitte mit Scharnier versehenen zweiklappigen Deckel.

Weihwasserbecken (Weihbecken), aus dem Reinigungsbrunnen im Vorhof der altchristlichen Basiliken hervorgegangen, an den Eingängen der Kirchen der Katholiken zur symbolischen Reinigung des Eintretenden angebracht, haben die Gestalt kleiner Taufsteine oder treten in Form einer Muschel oder consolenartig aus der Wand hervor.

Weihwedel, s. Weihkessel.

Wer (Wehrgang): Mauergang mit den Zinnen bei mittelalterlichen Befestigungen.

Werkriss, s. Bauriss.

Werkstück, s. Haustein.

Wimpel, s. Priesterkleidung (u. zwar unter Trachten geistlicher Orden).

Wimperg, Wimberg: Uebersetzung (Bekrönung) einer gothischen Bogenöffnung mit einem Giebel oder einem geschweiften Spitzbogen, an dessen Seiten je eine Fiale aufzusteigen pflegt; gothischer Ziergiebel. Verschieden hiervon erscheint der Ausdruck Windberg (Schutz gegen Wind), worunter die Zinnen mittelalterlicher Befestigungen zu verstehen sein werden.

Windelstein: Wendeltreppe von Stein.

Wintperg, Windberg, s. Wimperg (am Schluss).

Wirtel: Spindelstein; Schnurrolle an Spinnrädern u. s. w.

Würfelkapitäl, s. Säule.

Wulst (Viertelstab), s. Glieder; in der Heraldik: der aus verschiedenfarbigen Bändern gewundene Bausch auf dem Helme, auf welchem die Helmzier (das Helm-kleinod) ruhet.

Xenodochium: Pilgerhaus, Pflegehaus, Siechenhaus.

Xyloglyptik: Holzschnitzkunst.

Xylographie: Holzschneidekunst, s. Holzschnitt.

Xystus (ξυστός): bei den Griechen ein bedeckter Säulengang in einem Gymnasium für die Winterübungen der Athleten; bei den Römern ein offener Spaziergang im Garten, ein Laubengang.

Zackenbogen, s. Bogenformen.

Zaddel, Zattel = Zacken. Daher bedeutet aus-gezaddelt oder mit Zattelwerk versehen so viel wie zackenförmig ausgeschnitten oder mit Zacken besetzt; im Mittelalter bei Helmdecken, besonders aber bei Kleidungsstücken (als Gugel, Hoike, Tappert) vor-kommend.

Zahnfries, bei Gebäuden romanischen Stils vor-kommend, meist aus Backsteinen hergestellt, und dann aus einer (oben und unten durch eine Plattschicht ein-gefassten) Rollschicht diagonal gestellter Backsteine be-stehend, deren Köpfe im Horizontalschnitte als an ein-ander gereihte Zähne einer Säge sich darstellen.

Zahnschnittreihe in griechisch-ionischen und korinthischen Tempelgebälken: eine in kleinen Abständen mit Einschnitten versehene Platte, s. Gebälk.

Zapfen: Theil einer Holzverbindung, s. Verzapfung; dann die vortretenden in Pfannen eingelagerten, cylindrischen Enden der Wellen oder Walzen; endlich die oben bei dem griechisch–dorischen Gebälk genannten Tropfen.

Zeche ist — ausser den gewöhnlichen Bedeutungen, wie Wirthsrechnung und Grube in Bergwerken — eine Bezeichnung für Genossenschaft, Gilde, Innung, Zunft.

Zellenschmelz, s. Email.

Zeltdach, s. Dachformen.

Zickzackfries, s. Fries.

Zierrippen, s. Gewölbe.

Zingel scheint bei Städten ein eingefriedigter Raum ausserhalb des äussersten Grabens gewesen zu sein. Bei Burgen von umfassender Anlage wurden die Mauer- oder Pfahlwerke der äussersten Umfassung Zingel genannt.

Zinkographie, Zinkogravüre, s. Aetzen.

Zinne: Schutzwehr des Mauerganges, in kurzen Zwischenräumen zur Bildung von Schiefsscharten durchbrochen.

Zinnenfries: rechtwinklig gebrochener Stab, als Verzierung an normannischen Bauten horizontal laufend oder an Bögen vorkommend.

Zisa: Name eines kleinen Saracenenschlosses bei Palermo.

Zither (Synter, Sytere): kleines festes Gemach einer Kirche zur Aufbewahrung kostbarer Gegenstände. Diese Bezeichnung führt namentlich ein derartiger Raum in der Schlosskirche zu Quedlinburg.

Zone: Gürtel, gürtelartiger Streif.

Zophorus (ζωοφόρος): Bilderträger, der zwischen dem Architrav (Unterbalken) und dem Kranzgesimse befindliche **Fries** in der antiken Baukunst. Die griechische Bezeichnung Zoophoros, Träger von Thieren (Thierbildwerken), rührt wohl zunächst von den, unter dem Schmucke des Frieses beim korinthischen Gebälk vorkommenden fabelhaften Thiergestalten (Greifen) her.

Zunft: Verbindung von Personen gleichen Handwerks oder Gewerbes zu dessen Betreibung nach bestimmten Statuten, unter selbstgewählten Vorstehern, und mit der Befugniss, alle anderen Personen in dem betreffenden Bezirke davon auszuschliessen (Zunftzwang). Alte **Zunfthäuser**, die von dem Wohlstande ihrer Erbauer Kunde geben, sind noch in vielen Städten anzutreffen.

Zusammenzinken: zwei Bretter — wie bei Schiebladen — zu einer Ecke dadurch verbinden, dass schwalbenschwanzartige Zapfen (Zinken) des einen in damit correspondirende Ausschnitte des andern eingreifen.

Zwerch = quer.

Zwickel: bei Kleidungsstücken ein eingesetztes dreieckiges Stück, z. B. zur Erweiterung des untern Umfangs einer Tunica; in der Architektur ein dem ähnliches, aber mit der Spitze nach unten gerichtetes, insbesondere ein seitlich von zwei Bogenanfängern begrenztes Mauerfeld. Vergl. Spandrillen (Bogenzwickel) und Pendentif (Gewölbzwickel).

Zwinger (Zwingolf): bei Burgen der freie Raum zwischen den Zingeln und der inneren Burgmauer, von welchem oft ein Theil mit Ställen und Wirthschaftsgebäuden umschlossen war und den Viehhof bildete, der durch einzelne in der Umfassung angebrachte

Thürme eine Wehr hatte und von der Burgmauer durch
einen Graben getrennt war. Zuweilen gab es einen
zweiten, den inneren Zwinger, einen gürtelartigen, durch
Mauern eingeschlossenen Raum von geringer Breite,
welcher mitunter nur einen Theil der Burg umgab. —
Den Namen Zwinger führen auch wohl solche, im
späteren Mittelalter errichtete Befestigungsthürme der
Städte (z. B. Goslar und Hannover), welche durch besondere Stärke sich auszeichnen.

— S. Seite 144 f. —

„In der Entfernung erfährt man nur von den ersten Künstlern, und oft begnügt man sich mit ihren Namen; wenn man aber diesem Sternenhimmel näher tritt und die von der zweiten und dritten Grösse nun auch zu flimmern anfangen, und jeder auch als zum ganzen Sternbild gehörend herantritt, dann wird die Welt weit und die Kunst reich".

Goethe, in seiner Reise nach Italien.

Alphabetisches Verzeichniss

von

Künstlern der Vorzeit

mit kurzen Angaben aus ihrem Leben und Wirken.

— Zu S 144. —

Abel, Gregor, und **Peter Abel,** Meister der Bildnerei aus Köln, arbeiteten um die Mitte des 16. Jahrh. vier Reliefs am Grabmale des Kaisers Maximilian I. in der Hofkirche zu Innsbruck. Vergl. Colins.

Aëtion, Maler zur Zeit des (117—138 n. Chr. regierenden) Kaisers Hadrian. Sein Bild des Alexander und der Roxane wird als ein ausgezeichnetes Werk geschildert.

Agasias von Ephesus, Bildhauer. — Statue des sog. borghesischen Fechters.

Ageladas von Argos, Bildhauer (um 510—460 v. Chr.), Lehrer der berühmt. Künstler: Phidias, Polyclet und Myron.

Agesander, Polidorus und **Athenodorus,** rhodische Künstler, verfertigten u. a. die Gruppe des Laokoon mit seinen Söhnen.

Agoracritus, Bildhauer, vorzüglicher Schüler des Phidias.

Albani, Francesco, 1578—1660, Maler idyllischer, halb der Landschaft angehörender Gegenstände, mythologischer Scenen u. dgl. in zierlicher Ausführung.

Albert von Soest, Verfertiger des schönen, 1566—1583 ausgeführten Schnitzwerks im Rathhause zu Lüneburg.

Alberti, Leone Battista, Architekt, geb. wahrscheinlich 1404 zu Genua (nach Andern zn Venedig oder Padua), gest. 1472 zu Rom, Verf. des von gelehrten Studien des classischen Alterthums zeugenden Werks: De re aedificatoria. Er schuf zwei Paläste Rucellai und den Chor von S. Annunziata zu Florenz, die Kirche S. Andrea zu Mantua, und, als sein Hauptwerk, die Decoration des Aeussern der Kirche S. Francesco zu Rimini, deren Langseiten mit trefflichen Pfeilerarcaden geschmückt sind, während die (unvollendete) Frontseite in Formen eines römischen Triumphbogens sich erhebt.

Alcamenes, vorzüglicher Schüler des Phidias. — Die ihm (von Pausanias) zugeschriebenen Statuen im westlichen Giebelfelde des olympischen Zeustempels werden, wie die Funde zu Olympia ergeben haben, älteren Ursprungs sein. (Boetticher, Olympia, S. 289 ff.).

Aldegrever, Heinr., Goldschmied, Maler, geschickter Kupferstecher und Prägschneider, geb. 1502 zu Paderborn, starb 1562 in Soest.

Alessi, Galeazzo, Architekt, 1500—1572. — Paläste in Genua, Kirche S. Maria da Carignano daselbst.

Allegri, Antonio, nach seinem bei Modena gelegenen Geburtsorte Correggio genannt, 1494—1534, ein »mit dem tiefsten Empfindungsvermögen« begabter Maler, der »die seligste Lust einer paradiesischen Welt, die vollste Inbrunst der Liebe (der göttlichen, wie der irdischen) und nicht minder den erschütterndsten Schmerz« darzustellen wusste (Kugler), Meister in der Kunst der Modellirung und des Helldunkels. Ueber seinen Bildungsgang liegen bestimmte Nachrichten nicht vor; 1512 war er in Mantua, wo Mantegna gewirkt hatte; 1518 wurde er nach Parma berufen. — Fresken zu Parma: im Nonnenkloster S. Paolo (Scenen aus der antiken Mythologie; 1518), in der Kuppel von S. Giovanni Evang. (Himmelfahrt Christi; 1520—1524), in der Kuppel des Doms (Himmelfahrt der hl. Maria; 1522—1530); diese Kuppelgemälde mit den kühnsten, die Würde der Vorgänge beeinträchtigenden Verkürzungen. — Tafelbilder: hl. Familie, mit Joseph als Zimmermann (Nat.

Gall. London), Vermählung des Jesusknaben mit der hl. Katharina (1517; im Louvre), Madonna, wegen ihres Kopfputzes »la Zingarella« genannt (Mus. in Neapel), Ruhe auf der Flucht nach Egypten (Uffizien in Florenz), »der Tag« (1528; Gall. zu Parma), »die hl. Nacht« (1530; Dresden), Christus im Garten von Gethsemane (Aspleyhouse zu London). Das von jeher als ein Wunderwerk Correggio's geltende kleine Bild, »die büssende Magdalena« (Dresden), wird in neuerer Zeit, hauptsächlich weil auf Kupfer gemalt, von einigen kritischen Stimmen dem Meister abgesprochen. — Bilder aus dem Kreise der antiken Mythe: Leda, mit ihren Gespielinnen badend (Berlin), Danaë (Gall. Borghese) und Io, welche von einer Wolke umarmt wird (Wien). Unter seinen Nachfolgern ist

Francesco Mazzola, gen. il Parmigianino, 1504—1540 hervorzuheben, jedoch tritt in den Werken desselben, statt der seelenvollen Grazie des Correggio, ein gefallsüchtiges Wesen zu Tage. Wo dies, wie in seinen Bildnissen, nicht der Fall ist, erscheint Parmigianino wahrhaft bedeutend.

Allori, Cristofano, vorzüglicher Maler, 1577—1621. — Judith, im Pal. Pitti zu Florenz.

Altdorfer, Albrecht, Maler und Kupferstecher, auch Architekt, spätestens 1480 geboren, entwickelte sich unter dem Einflusse Dürer's, erhielt 1503 das Bürgerrecht zu Regensburg und starb daselbst 1538 als Rathsherr und Baumeister. (Woltmann u. Woermann, Gesch. d. Malerei, II. 414 ff.). — Kreuzigung Christi (Gall. zu Augsburg v. 1517); Hubertusbild mit schöner Landschaft (Glasgow, öffentl. Samml.); Hauptbild v. 1529: die Alexanderschlacht, mit einer grossen Menge von Figuren in weiter Landschaft (Pinakothek in München). — Zahlreiche Kupferstiche und Radirungen in kl. Formate.

Altichiero da Zevio, aus der Nähe von Verona, und Jacopo d'Avanzo arbeiteten gemeinschaftlich, den Stil Giotto's durch freiere und tiefere Naturwahrheit vollendend, die Gemälde der Kapelle S. Felice (ehemals S. Jacopo) im Santo zu Padua, welche 1376 bis 1379 mit Fresken völlig ausgeschmückt wurde. Von Jacopo d'Avanzo scheint auch

der Haupttheil der Ausmalung der neben dem Santo gelegenen Kapelle S. Giorgio herzurühren.

Alunno, Niccolò, von Foligno, Maler, in dessen Leistungen zuerst die mit schwärmerischer Weichheit verbundene
religiöse Grundstimmung der umbrischen Schule zum Ausdruck kommt. Datirte Werke desselben von 1458—1499,
darunter die Verkündigung (1466), zwar noch alterthümlich
befangen, aber von liebenswürdiger Reinheit der Empfindung (jetzt in der Pinakothek zu Perugia).   Vergl. Vanucci.

Amel, Jean, begann 1422 den Bau des Domthurms
zu Antwerpen.

Ammanati, Bartolommeo, Architekt und Bildhauer,
1510—1592.   Vollender des von Filippo Brunelleschi erbauten Pal. Pitti.   Brücke S. Trinità zu Florenz.

Anderloni, Pietro, s. Morghen.

Andrea di Jacopo d'Ognabene, Goldschmied, arbeitete
1316 Scenen des alten Testaments in Silber als Tafel an
der Vorderseite des Altars in S. Jacopo zu Pistoja, Piero
aus Florenz 1357 dergleichen Scenen als Tafel an der
linken Seite dieses Altars und Lionardo di Ser Giovanni ebendaher Scenen aus dem neuen Testamente zur
rechten Seite desselben.

Andrea Pisano, Bildhauer, aus Pontedera, 1270 bis
nach 1349, in Pisa gebildet, arbeitete, nach Florenz berufen, an den von Giotto entworfenen Sculpturen des beim
dortigen Dome stehenden Glockenthurms und verfertigte
1330 die ursprünglich an dem Haupt- jetzt an einem
Seiteneingange befindlichen Bronzethürflügel des Baptisteriums daselbst.   Auch entwarf er 1337 die Taufkirche
S. Giovanni in Pistoja.

Anthemius von Tralles in Lydien, Baumeister unter
K. Justinian, schuf in dem 537 vollendeten Wiederaufbau
der (530 abgebrannt gewesenen) St. Sophienkirche zu Constantinopel das grossartigste Vorbild des byzantinischen
Baustils.   Bei der Ausführung waren ausserdem sein Gehülfe Isidor von Milet und der Baumeister Ignatius
thätig.

Antonello da Messina, s. Vivarini (Bart.).

Apelles, hervorragender Meister in der griechischen Malerei, wusste die strenge Zeichnung der sikyonischen mit dem weichen Colorit der ionischen Schule in seinen Werken zu vereinigen, 356 — 308 v. Chr. blühend. Er schuf anmuthige Bilder der Venus und der Grazien, und war bevorzugter Maler Alexander's d. Gr., dessen Bild, den König mit dem Blitze in der Hand darstellend, hohen Ruhm errang.

Apollodorus, griechischer Maler, gegen den Schluss des 5. Jahrh. v. Chr. als der erste genannt, der in seinen Bildern eine eigentlich malerische Wirkung erstrebte.

Apollodorus von Damascus, Architekt, leitete die grossen Bauunternehmungen Trajan's zu Rom und in den Provinzen.

Apollonius und **Tauriscus**, aus Tralles in Lydien, arbeiteten die Gruppe des sog. farnesischen Stiers, der spätern Zeit der griechischen Sculptur angehörend.

Arens, Marten, aus Delft in Holland, baute 1574 — 1576 das Rathhaus zu Emden.

Aretino, Spinello, s. Spinello.

Arler, Peter, s. Matthias von Arras.

Arnolfo di Cambio, 1232—1310, Schüler des Nicola Pisano, zuerst als Bildhauer thätig — Tabernakel in S. Paolo bei Rom (1285), Grabmal des Cardinals de Braye († 1280) in Orvieto —, wird als Baumeister der Kirche S. Croce (1294), des Pal. Vecchio, des Bargello und der Loggia von Or San Micchele zu Florenz genannt. Er schritt 1296 zum Bau des von ihm entworfenen Doms S. Maria del fiore daselbst (dessen Vollendung durch die von Filippo Brunelleschi ausgeführte Kuppel erst 1444 erfolgte). Durch seine Bauten verschaffte er dem gothischen Styl in selbstständiger Umbildung Eingang in Toscana.

Athenodorus, s. Agesander.

Audran, Gérard, ausgezeichneter Kupferstecher, 1640 bis 1703.

Avanzo, Jacopo d', s. Altichiero da Zevio.

Baccio della Porta, bekannter unter seinem Kloster-
namen Fra Bartolommeo, um 1475 in der Nähe von
Florenz geboren, † 3. August 1517. »Er ist einer der
edelsten Meister der goldenen Zeit, der an einfacher Grösse
und reiner Schönheit kaum einem andern weicht, besonders
aber an Innigkeit religiöser Empfindung Niemandem nach-
steht« (Lübke, Gesch. d. ital. Malerei, II, 154). Er trat
bei Cosimo Rosselli in die Lehre, studirte dann die
Werke Masaccio's, Ghirlandajo's und Perugino's, allmählich
zu einem freieren Stil sich heraus arbeitend. In den
Gruppirungen seiner Compositionen herrscht der symme-
trische Aufbau.

Seine Verbindung mit Savonarola, den er bei dem
Volkssturme auf das Kloster S. Marco in Florenz (1498)
vertheidigen half, hatte zwei Jahre später seinen Eintritt
in den Dominikaner-Orden zur Folge. Bald nachher malte
er im Klosterhofe von S. Maria Nuova daselbst das jüngste
Gericht al fresco, ein Gemälde, welches den neuen grossen
Stil in der florent. Kunst ankündigt. Als Rafael nach
Florenz kam und ihn dort kennen lernte, fanden sich beide
Künstler bald zu einander hingezogen, ein Verhältniss, das
für deren Kunstleistungen nur von günstigem Einflusse sein
konnte.

Zu den vorzüglichsten Werken des frommen Frate, in
welchen der Geist lauterer Innigkeit und Schönheit waltet,
gehören: eine thronende Madonna, von den Heiligen Johannes d. T. und Stephanus verehrt, in S. Martino zu
Lucca (1509); das herrliche Altarbild in S. Romano daselbst, Gott Vater, der hl. Magdalena und der hl. Katharina
von Siena erscheinend; eine thronende Madonna mit vier
Heiligen in S. Marco; die Verlobung der hl. Katharina
(1511), so wie die Verkündigung (1515, beide im Louvre),
und, als Hauptwerke, die Auferstehung Christi (1516, Pal.
Pitti) und die hl. Familie mit zehn Patronatsheiligen der
Stadt Florenz (Uffizien), so wie mehrere treffliche Madonnen
(in S. Romano zu Lucca, Petersburg und Rom).

Backhuyzen, Ludolf, 1631—1708, holländ. Marinemaler.

Baider, Simon, aus Constanz, in Schnitzarbeiten sehr
geschickt. -- Schnitzwerk an den Thürflügeln des Haupt-

portals vom dortigen Dome, Scenen aus der Passion enthaltend (1470).

Baldini, Baccio, geb. 1436 in Florenz, der erste namhafte Meister unter den italien. Kupferstechern; dessen
erste datirte Arbeit von 1465. (Bucher, Gesch. d. techn.
Künste, II. 35 f.).

Baldovinetti, Alesso, s. Ghirlandajo.

Baldung, Hans, s. Grien.

Bandinelli, Baccio, Bildhauer, 1487—1559. In seinen
Werken, mit denen er den grossen Michelangelo zu be-
siegen glaubte, zeigt er sich als »einer der befangensten
Nachtreter der Schwächen und Manieren desselben« (Lübke,
Gesch. d. Plastik, 733). — Hercules und Cacus vor dem
Palazzo vecchio in Florenz.

Barbarelli, Giorgio, von Castelfranco, gen. G i o r -
g i o n e, (um) 1477—1511, Schüler des Malers Giov. Bellini.
Durch grossartig lebensvolle und breite malerische Behandlung bald sich auszeichnend, wurde er der Begründer des
grossen freien Stils der Venezianer. Er schuf treffliche
Madonnen- und Altarbilder — darunter dasjenige zu Castelfranco — poetisch aufgefasste biblische Erzählungen und
der Allegorie sich nähernde, mit grossartig freier Phantasie
behandelte Scenen. Vergl. Vecellio.

Barbieri, Giov. Francesco, gen. G u e r c i n o, Maler,
Anhänger der Caracci, 1590--1666. — Fresken im Dome
zu Piacenza; schöne Cleopatra im Pal. Brignole zu Genua.
(Kraus, Synchronist. Tabellen d. christl. Kunstgesch., 211).

Bardi, Donato di Betto, gen. D o n a t e l l o, Bildhauer,
1386—1468, eine ungestüme Natur, wandte sich, die Gothik
verlassend, der auf das Studium der Antike sich gründenden
Renaissance zu. Seine Schöpfungen zeigen lebensvolle,
oft leidenschaftlich bewegte Gestalten, mitunter unschön
und herb, oder von übertriebener Charakteristik. — Marmorkanzel mit Reliefs zu Prato; grossartig aufgefasste
Figuren an Or San Micchele und am Glockenthurme des
Doms zu Florenz; Bronzestatue der Judith (in der Loggia
de' Lanzi) und Statue des David daselbst. Eherne Reiterfigur des Gattamelata vor S. Antonio in Padua.

Bardi, Simone di Betto, Bruder Donatello's, arbeitete 1429—1447 mit **A n t o n i o F i l a r e t e** (s. diesen) die Bronzethüren des Haupteingangs von St. Peter zu Rom.

Barisanus, Erzgiesser, anscheinend in der zweiten Hälfte des 12. Jahrhunderts. — Eine Bronzethür zu Trani und eine solche am Dome zu Monreale (in Sicilien).

Baroccio, Federigo, von Urbino, Maler, 1528—1612, an Correggio sich anschliessend. — Abnahme vom Kreuz im Dome zu Perugia.

Barozzi, Giacomo, gen. **V i g n o l a**, Architekt, 1507—1573, strebte die Formen des classischen Alterthums zur Geltung zu bringen und wirkte in diesem Sinne besonders durch sein Werk über die fünf Säulenordnungen. — Schloss Caprarola (auf dem Wege von Viterbo nach Rom).

Bartolo, Taddeo di, geb. um 1363, gest. 1422, sienesischer Maler, welcher noch die mittelalterliche Weise in die anbrechende neue Zeit hinüber nahm und im Wesentlichen daran festhielt. Seine Gestalten erscheinen oft feierlich streng, jedoch dabei nicht ohne Anmuth. Er war sehr fruchtbar und arbeitete mitunter flüchtig. — Wandmalereien in der Kapelle des Stadthauses zu Siena, um 1407.

Bartolommeo, Fra, s. Baccio della Porta.

Bartolozzi, Francesco, Kupferstecher, 1730—1813, besonders in England thätig, vorzüglich in geätzten Blättern, »aber durch die umfassendere und einseitige Einführung der weichlichen Punktirmanier von verderblichem Einfluss« (Kugler).

Baseggio, Pietro, Architekt, leitete um 1340 den Umbau des Dogenpalastes zu Venedig. Ihm zur Seite stand **F i l i p p o C a l e n d a r i o**. Dieser wurde beim Tode Baseggio's (um 1354) zum Werkmeister des Palastes ernannt, aber schon 1355 als Verschwörer hingerichtet. (Lübke, Gesch. d. Plastik, 515 f.).

Bassano, s. Ponte (Jacopo da).

Bazzi, Gianantonio, gen. il **S o d d o m a**, geb. um 1477 in Vercelli. Von seiner Heimath wandte er sich nach einigen Vorstudien und einem anscheinend zu Mailand genommenen kurzen Aufenthalte i. J. 1500 nach Siena. Seine Wandgemälde im benachbarten Klosterhofe von Monte Oliveto (1505), Scenen aus dem Leben des hl. Benedict darstellend, zeigen bei manchen Schönheiten noch eine flüchtige Behandlung. Ein Tafelbild seiner Hand aus dieser Zeit, die Abnahme vom Kreuz (Academie zu Siena), ist dagegen von grossartiger Composition, stilvoller Durchbildung und warmer harmonischer Färbung. Bei seinem dann folgenden ersten Aufenthalte in Rom (1507) begann er einige Deckenmalereien in den Stanzen des Vaticans, und bei seinem zweiten Aufenthalte daselbst (1513) führte er einige Fresken in der Farnesina (darunter Alexander's Vermählung mit der Roxane) aus. Im J. 1515 arbeitete er wiederum in Siena, und zwar an den Fresken im obern Oratorium von S. Bernardino. Aus d. J. 1525 stammt sein köstlicher, als Kirchenfahne gemalter S. Sebastian (Uffizien in Florenz). Dann folgen seine Wandgemälde in der Katharinenkapelle von S. Domenico zu Siena, ferner die zu seinen besten Werken dieser Zeit (1529) gehörenden Fresken im Palazzo pubblico und in einer Kapelle von S. Spirito daselbst. Seine späteren Leistungen sind weniger bedeutend. Er starb 1549. (Lübke, Gesch. d. ital. Malerei, II, 397 ff.).

Beaunevreu, André, ausgezeichneter Miniaturmaler zu Anfang des 15. Jahrhunderts.

Beham, Barthol., bedeutender Maler und Kupferstecher, geb. 1502. Derselbe gehört zu den 1524 aus Nürnberg ausgewiesenen »gottlosen Malern«. Er trat dann in den Dienst des Herzogs Wilhelm von Baiern, und taucht 1527 in München auf; später schickte ihn der Herzog nach Italien, wo er 1540 starb. — Treffliches Bildniss des Pfalzgrafen Otto Heinrich (1533; Gall. in Augsburg); Auffindung des hl. Kreuzes, mit reicher Architektur im Hintergrunde (Pinakothek in München). Schüler des Kupferstechers Marcantonio Raimondi.

Beham, Hans Sebald, Maler und Kupferstecher, geb. 1500, älterer Bruder des vorstehend genannten Barthol.

Beham. Sebald wurde nach seiner Ausweisung aus Nürnberg (1525) zu Gnaden wieder aufgenommen, führte aber hernach ein Wanderleben und starb 1550 zu Frankfurt a. M., wo er 1534 sich niedergelassen hatte. Sein wilder unruhiger Geist spiegelt sich in seinem mit der Feder gezeichneten Selbstbildnisse (Albertina zu Wien). — Miniaturen eines Gebetbuchs (Schlossbiblioth. zu Aschaffenburg). Zahlreiche Kupferstiche, darunter die Hochzeit zu Cana, die Geschichte vom verlorenen Sohn, Darstellungen aus dem Bauern- und Wirthshausleben. (Woltmann u. Woermann, Gesch. d. Malerei, 407 ff.).

Belli, Valerio, gen. Valerio Vicentino, geb. 1468 oder 1478, † 1546, Medailleur und Steinschneider. — Scenen aus dem Leben Christi von gediegener plastischer Behandlung, eingeschliffen in Krystallplatten eines für den Papst Clemens VII. angefertigten Kästchens.

Bellini, Gentile, s. Vivarini.

Bellini, Giovanni, s. Vivarini.

Beltraffio, Giov. Ant., auch Boltraffio geschrieben, 1467—1516, Schüler Lionardo's da Vinci, aber mehr noch die Richtung der alterthümlich lombard. Schule festhaltend. — Brustbild eines jugendlichen Christus (Mailand); grosse Altartafel mit der hl. Barbara (Berlin).

Benedetto da Majano, florent. Architekt und Bildhauer, 1442—1498, erbaute 1489 den Pal. Strozzi, dessen Hauptgesims aber erst 1533 durch Simone Cronaca ausgeführt wurde. Von Benedetto rührt auch das Grabmal des Filippo Strozzi in S. Maria Novella in Florenz her. Ein älterer Bruder desselben

Giuliano da Majano baute in Rom den venezian. Palast; auch wird ihm die Erbauung der mit Bildwerken reich geschmückten Porta Capuana in Neapel zugeschrieben.

Benno II., Bischof zu Osnabrück 1068—1088, in der Baukunst erfahren, leitete u. a. den Bau der Burgen K. Heinrich's IV. und die Sicherung des Doms in Speier gegen Unterwaschung durch die Fluthen des Rheins.

Bergamasco, Guglielmo, erbaute 1525 den in ansprechenden Verhältnissen ausgeführten Pal. dei Camerlinghi neben Ponte Rialto in Venedig.

Berchem, Nic., s. Cuyp.

Bernini, Lorenzo, von Neapel, Bildhauer und Architekt, 1598—1680, in seinen lebendig bewegten figürlichen Darstellungen meist ein affectirtes Wesen zeigend und in ihrer malerischen Behandlung über die Gesetze der Plastik hinausgehend, wirkte in seiner einflussreichen Stellung zu Rom verderblich für die Kunst. — Raub der Proserpina (Villa Ludovisi), Constantin zu Pferde (im Vatican), die hl. Therese und die hl. Bibiana; pomphaftes Grabmal des Papstes Urban VIII., grosses Tabernakel über dem Grabe des hl. Petrus, ein 26 m hohes Decorationswerk mit gewundenen Säulen, wozu die Bronze von der antiken Deckenverkleidung der Pantheons-Vorhalle genommen wurde. — Colonnaden vor St. Peter, Scala Regia im Vatican; Pal. Barberini (Rom).

Bernward, Bischof von Hildesheim, † 1022, in der Architektur bewandert, in der Kunst des Erzgusses erfahren und geschickt in Goldschmiedearbeiten. — Bau des St. Michaelsklosters, Erzthüren des Doms, Bronzesäule auf dem Domhofe zu Hildesheim. Prachtgeräthe.

Berreguete, Alonso, span. Architekt, Bildhauer und Historienmaler, 1480—1561. Eine Zeit lang war er als Gehülfe Michelangelo's in Rom beschäftigt. — Er erbaute den unvollendet gebliebenen Palast Karl's V. in Granada, und schuf als Bildhauer das Grabmal des Grossinquisitors Don Juan Cavera zu Toledo. In seinen Malereien giebt sich ein Streben nach idealer Auffassung kund. (Müller, Lexik. d. bild. Künste, 105).

Betto, Bernardino di, aus Perugia, gen. il. Pinturicchio, geb. 1454, gest. 1513. Er kam schon früh als Gehülfe Perugino's nach Rom, und wie er sich diesem Meister anschloss, so zeigen auch späterhin seine eigenen Compositionen die der umbrischen Schule verwandte Richtung. Sie entbehren meist der Tiefe der Auffassung und Charakteristik, zeichnen sich aber, bei häufiger Anwendung der anmuthigen antiken Ornamentformen durch glänzende decorative Wirkung und eine vorzügliche Technik aus. — Fresken in S. Maria del Popolo zu Rom, darunter besonders diejenigen am Chorgewölbe von grossem Reiz der

Ornamentik; Fresken im Vatican (1492) und in einer Kapelle in S. Maria maggiore zu Spello (1501); umfangreiche Fresken in der Libreria des Doms zu Siena (1502—1507).

Bewick, Thomas, 1753—1828, gründete in England eine vorzügliche Schule, durch welche die heutige glänzende Entwickelung des Holzschnittes eingeleitet wurde.

Bodt, Joh. de, vollendete das 1685 vom Baumeister Nehring begonnene Zeughaus in Berlin.

Bol, Ferd., 1611—1680, Nachfolger Rembrandt's, ausgezeichnet im Fache der Portraitmalerei.

Boltraffio, s. Beltraffio.

Bonannus und **Wilhelm von Innsbruck** sollen 1174 den schiefen Thurm zu Pisa erbaut haben. Ersterer goss 1180 eine Bronzethür für den dortigen Dom und 1186 eine solche für den Dom in Monreale (Sicilien).

Bondone, Giotto di, s. Giotto.

Bonino da Campiglione, Bildhauer, arbeitete u. a. das Grabmal des Can Signorio della Scala (✝ 1375) in Verona.

Bonneuil, Etienne de, soll 1287 die Kathedrale von Upsala in Schweden erbaut haben.

Bonvicino, Alessandro, gen. il Moretto, geb. um 1498 in Rovato bei Brescia, gest. anscheinend bald nach 1556, ein ausgezeichneter Maler, dessen Arbeiten, an die Werke der Venezianer erinnernd, von grossartiger Auffassung sind und durch ihre edlen, würdevollen und schönen Gestalten, so wie durch ihr treffliches Colorit den Beschauer fesseln. Von seinen vielen Altarbildern mögen hier nur die Krönung der hl. Maria in S. Nazario e Celso zu Brescia, die für Galeazzo Rovelli ausgeführte Votivtafel der Madonna in S. Maria de' Miracoli daselbst (1539) und ein sehr schönes, die Madonna und vier weibliche Heilige darstellendes Bild in S. Giorgio zu Verona (1549) aufgeführt werden. Die von ihm gemalten Bildnisse sind von meisterhafter Auffassung und Behandlung (Lübke, Gesch. d. ital. Malerei, II, 612 ff.).

Borch, Ter, s. Terborch.

Bordone, Paris, venezian. Maler, geb. zu Treviso 1500,

† 1571, ausgezeichnet durch die »zarteste Ausbildung des Colorits«, besonders in weiblichen Bildnissen. Unter seinen grösseren Werken erscheint als historisches Ceremonienbild die Darstellung des Dogen von Venedig, in glänzender Rathsversammlung thronend und den Ring des hl. Marcus durch einen Fischer empfangend, von Bedeutung.

Borromini, Francesco, Architekt, 1599—1667, gelangte, die Richtung Bernini's verfolgend, zu den abenteuerlichsten und launenhaftesten Combinationen. So ersetzte er in den Grund- und Aufrissen häufig die gradlinigen durch geschwungene Formen und führte bei seinen Decorationen das Schnecken- und Schnörkelwesen ein. — Façade von S. Carlo alle quattro fontane in Rom.

Both, Jan, niederl. Landschaftsmaler, geb. 1610, gest. nach 1650, Nachfolger des Claude Lorrain.

Botticelli, Sandro, eigentlich A l e s s a n d r o d i M ar i a n o F i l i p e p i, geb. in Florenz 1446, † 1510, Schüler des Fra Filippo Lippi. — Fresken in der sixtinischen Kapelle zu Rom (1481—1484), Altarwerke und Andachtsbilder, diese häufig in Rundform, darunter die Krönung der hl. Maria (Uffizien in Florenz), auch Tafeln mit Gestalten der antiken Mythe. Illustrationen zu Dante (Bilderhandschrift der für Berlin erworbenen Hamilton'schen Manuscriptensammlung).

Boucher, François, s. Lebrun.

Bouts, Dirk, Maler aus Haarlem, später in Löwen ansässig, hier 1460 zuerst urkundlich erwähnt, † 1475. Sein Hauptwerk ist der für die Kapelle der Brüderschaft des Sacraments in St. Peter zu Löwen angefertigte Altar mit dem hl. Abendmahle im Mittelbilde. Er wurde nach dessen Vollendung 1468 zum Stadtmaler ernannt und erhielt dann zwei grosse Aufträge für das dortige Rathhaus, von denen die 1472 ausgeführte Darstellung des jüngsten Gerichts verschollen ist, und nur zwei für die Kammer der Schildereien angefertigte Bilder erhalten sind (Mus. in Brüssel), (Woltmann und Woermann, Gesch. d. Malerei, II, 40 ff.).

Bramante, s. Lazzari.

Breughel oder **Brueghel, Pieter,** d. Aelt., geb. um 1520, niederl. Maler, in wüsten Darstellungen des Bauernlebens sich gefallend, daher der B a u e r n b r e u g h e l genannt, † 1569. Sein Sohn

P i e t e r B r e u g h e l d. J. liebte es, nächtliche Flammenbilder, ganze Scenen der Unterwelt, zu malen, daher sein Beiname: H ö l l e n b r e u g h e l, † 1637 oder 1638. Dessen Bruder

J a n B r e u g h e l, 1568—1625, erhielt von seinen Darstellungen den Beinamen: S a m m t – oder B l u m e n - b r e u g h e l.

Bril, Paul, 1556—1626, niederl. Landschaftsmaler, der italien. Richtung in diesem Fache sich zuwendend und der Entfaltung derselben in Beziehung auf Licht- und Luftwirkung förderlich.

Briosco, s. Riccio.

Brosse, Jaques de, Erbauer des Pal. Luxemburg in Paris (1611).

Brouwer, Adriaen, geb. 1605 oder 1606, seit 1631 urkundlich in Antwerpen, gest. 1638, vorzüglicher holländ. Genremaler, voll Laune und Mannigfaltigkeit in seinen Darstellungen. — Scenen aus dem Wirthshausleben.

Brügge, Rogier van, s. Weyden (Rogier van der).

Brüggemann, Hans, aus Husum, verfertigte 1515—1521 den vortrefflichen, jetzt im Dome zu Schleswig befindlichen Schnitzaltar und 1523 zwei Statuen zu den Seiten desselben, auch eine ausgezeichnete Holzstatue des heil. Christoph.

Brueghel, s. Breughel.

Brun, Le, Maler, s. Lebrun.

Brunelleschi, Filippo, 1377—1446, grösster Architekt seiner Zeit, den auf die Formen der römischen Antike sich stützenden Renaissancestil einführend. Dieser spricht sich in seinem Kuppelbau des (übrigens gothischen) Doms zu Florenz, entschiedener aber in der dortigen Kirche S. Spirito und in dem Pal. Pitti, dem Vorläufer der florent. Palast-Architektur, aus.

Brunsberg, Heinr., von Stettin, erbaute 1401 die durch reiche Backstein-Architektur sich auszeichnende S. Katharinenkirche zu Brandenburg.

Bruyn, Barthol. de, namhafter Meister der köln. Malerschule. — Gemälde über dem Hochaltare der St. Victorskirche zu Xanten (1536).

Bryaxis, Leochares und **Thimotheus**, von denen die Bildwerke am Mausoleum zu Halicarnass gearbeitet wurden, gehörten zu den, an Scopas und Praxiteles sich anreihenden, den Glanz der attischen Schule des 4. Jahrh. v. Chr. bildenden Bildhauern.

Buchsbaum, Hans, vollendete 1433 den südlichen Thurm des St. Stephansdoms zu Wien.

Bullant, Jean, Architekt, 1515—1578, Erbauer des Schlosses Ecouen, um 1540. Fortsetzung des Tuilerienbaus seit 1570.

Buonarroti, Michelangelo, geb. zu Caprese im Florentinischen 1475, gest. zu Rom 1564. Er wurde zuerst durch Ghirlandajo zu Florenz in der Malerei unterrichtet, fand aber bald hernach auch Gelegenheit zu Studien in der Bildhauerei und erwarb sich durch anatomische Untersuchungen eine genaue Kenntniss des menschlichen Körpers. Von günstigem Einflusse auf ihn war ein vierjähriger Aufenthalt im Hause der Medici, der mit dem Tode seines Wohlthäters Lorenzo († 1492) aufhörte. Eine Zeit lang lebte er dann, durch Furcht vor einem drohenden Volksaufstande zur Flucht veranlasst, in Venedig und Bologna, und kehrte erst 1495 in das väterliche Haus nach Florenz zurück.

Im Jahre 1505 wurde er auf Sangallo's Empfehlung nach Rom berufen, wo er in der Zwischenzeit schon mehrere Jahre mit Bildhauerarbeiten beschäftigt gewesen war, und wo nun seiner die hernach anzuführenden grossen Aufgaben harrten. Wenn diese auch durch Ungunst der Verhältnisse nicht immer zur Vollendung gelangten, so leistete er doch, sei es in der Architektur, in der Sculptur, so wie in der Malerei Ausserordentliches. Dabei gerieth er in seiner Neigung zur Entfaltung einer ungebändigten

Thatkraft und in dem Streben nach ergreifendem Ausdruck
freilich auch in das Uebertriebene, Willkürliche und Un-
schöne.

In seinen architektonischen Leistungen zeigt sich —
im Gegensatze zu den früheren Meistern — nicht selten
eine der Antike untreu werdende Bildung der Formen. Er
schuf in Rom das Capitol mit den beiden Seitengebäuden,
die Kirche und den Klosterhof von S. Maria degli Angeli,
die Porta pia (diese in ihren Formen am wenigsten befriedigend) und die gewaltige St. Peterskirche, welche er,
den Plan des Sangallo verlassend, nach seinem eigenen
Entwurfe bis zur Wölbung der Kuppel noch unter seiner
Leitung aufführte, während letzterer Bautheil erst zehn
Jahre nach seinem Tode zur Vollendung gelangte.

Von seinen Sculpturen sind hervorzuheben: seine
durch hohe Würde sich auszeichnende Pietà in Rom (1498),
seine lebensvoll bewegte Statue des David zu Florenz (1504),
sein Grabmonument des Papstes Julius II. mit der colossalen Mosesfigur in S. Pietro in Vincoli zu Rom, welchem auch zwei nackte Statuen gefesselter Männer angehören (diese im Louvre), sein Christus in S. Maria sopra
Minerva (1521) und, als sein Meisterwerk in der Sculptur,
die beiden ihm vom Papste Leo X. († 1521) übertragenen
Grabmonumente für dessen Bruder Giuliano de' Medici und
dessen Neffen Lorenzo, Herzog von Urbino, in der Sacristei
von S. Lorenzo zu Florenz.

Seine Leistungen in der Malerei, denen auch der ausgezeichnete, im Wettstreite mit Lionardo da Vinci angefertigte Carton mit badenden, den plötzlich anrückenden
Feind gewahrenden Kriegern (1504), sich anreiht, glänzen
mehr durch grossartige Auffassung und plastische Durchbildung der Gestalten als durch malerisch-harmonische
Wirkung. Hochberühmt sind: die Ausmalung der Decke
der sixtinischen Kapelle im Vatican (1506), welche umfangreiche Arbeit als seine erhabenste Leistung erscheint,
und binnen wenigen Jahren von ihm eigenhändig ausgeführt wurde, so wie die seine gewaltige Kraft offenbarende
Darstellung des jüngsten Gerichts an der 17,50 m hohen
Altarwand der eben gedachten Kapelle (1534--1541).

Buono, M. Bartol., Bergamasco, Erbauer der zu Ende des 15. Jahrh. ausgeführten Procurazie vecchie zu Venedig. Im J. 1517 war er bei dem Baue der Scuola di S. Rocco daselbst thätig; die brillant-phantastische Façade derselben rührt indess von Scarpagnino her.

Burgkmair, Hans, Maler, geb. 1472 (nach anderen 1473 oder 1474) zu Augsburg, gest. 1531, mit Dürer befreundet, einer der bedeutendsten Künstler seiner Zeit, der auch Italien besuchte, lieferte viele Gemälde und Holzschnitte, unter letzteren die (mit Beihülfe anderer Künstler ausgeführten) im Weisskunig und im Teurdank.

Calendario, Filippo, s. Baseggio.

Caliari, Paolo, gen. Paolo Veronese, venez. Maler, 1528—1588. Er liebte es, Vorgänge aus der hl. Schrift im Glanze des reich gestalteten Lebens seiner Zeit in prächtig ausgestatteter architektonischer Umgebung darzustellen, und verband damit ein meisterhaftes Colorit. — Hochzeit zu Cana, Christus an der Tafel des Levi, Anbetung der hl. drei Könige. — Zahlreiche mythologische und allegorische Decken- und Wandmalereien in Venedig (ohne die edle Sinnlichkeit und die reinen Formen Tizian's).

Callicrates, s. Ictinus.

Callimachus, Bildhauer, angeblich Erfinder des korinth. Kapitäls. Ihm wird ein Uebermaſs von Fleiss in der Ausführung seiner Werke vorgeworfen.

Callot, Jacques, geb. 1594 in Nancy, † 1635, Maler und Kupferstecher, lieferte namentlich viele mit dem Grabstichel ausgeführte Compositionen.

Cambio Arnolfo di, s. Arnolfo di Cambio.

Campen, Jacob van, begann 1648 den Bau des Rathhauses in Amsterdam, † 1658.

Campiglione, Bonino da, s. Bonino.

Canale, Antonio, gen. Canaletto, 1697—1768, Maler, zeichnete sich aus in der (wenn auch etwas decorativ behandelten) Darstellung von Stadtprospecten, insbesondere aus Venedig.

Cano, Alonso, 1601—1667, span. Architekt, Bildhauer
und Maler, der sich nach der Antike bildete. — Madonna
in Sevilla, la Virgen del rosario in Malaga. — Bemalte
Holzschnitzwerke. Nach ihm die Schule von Granada.
(Kraus, Synchronistische Tabellen z. christl. Kunstgesch.
208 f.).

Caracci, Ludovico, in Bologna, 1555—1619, begründete die dem Eklekticismus huldigende Malerschule. — Er
war mehr Lehrer, als ausübender Künstler. Ihm schlossen
sich zunächst seine beiden Neffen an, von denen

Agostino Caracci (1557—1602) nicht bedeutend
war, der andere

Annibale Caracci (1560—1609) aber als das her-
vorragendste Talent und werkthätigste Glied dieser Maler-
familie erscheint, obwohl es ihm nur selten gelang, von
dem Studium der älteren Meister und dem der Natur zu
freier Entfaltung des eigenen Geistes zu gelangen. Unter
seinen zahlreichen Gemälden sind die der antiken Mythe
entnommenen Fresken im Pal. Farnese zu Rom hervorzuheben. Seine landschaftlichen Darstellungen wusste er
in grossen Linien und einfachen Massen anzuordnen und
ihnen eine ernste ruhige Haltung zu geben. Aus dieser
Schule ging eine namhafte Reihe von Meistern hervor, zum
Theil eine höhere Stufe der Entwickelung erreichend. Zu
diesen gehört

Domenico Zampieri, gen. Domenichino (1581
bis 1641), der, zwar nicht reich an Phantasie, mit nüchterner
Berechnung componirte, aber mit einem naiven Schön-
heitssinne begabt war. — Fresken aus der Geschichte der
hl. Maria im Dome zu Fano.

Caravaggio, Michelangelo Amerighi da, 1569—1609,
Maler, folgte der naturalistischen Richtung und seinem
individuellen Gefühle, fasste aber die Gebilde des Lebens,
wie in einem glänzenden Spiegelbilde auf und stellte sie
in greller Beleuchtung und kräftiger Färbung effectvoll dar.
Von der idealeren Sinnesweise seiner eklektischen Zeitgenossen ist nichts in seinen Bildern, dafür aber auch nichts
von deren nüchterner Absichtlichkeit (Kugler). Ein be-

deutender Einfluss dieses Meisters zeigt sich bei den Künstlern in Neapel.

Caroto, Gianfrancesco, vorzüglicher Maler aus Verona, um 1470—1546. — Zahlreiche Werke seiner Hand in der Gallerie des Rathspalastes und in den Kirchen zu Verona, darunter ein herrliches Altarbild in S. Fermo (1528).

Carpaccio, Vittore, geschickter venez. Maler. — Reihefolge von 9 Bildern aus der Geschichte der hl. Ursula (1490—1495; in d. Acad. zu Venedig). Scenen aus den Legenden der Heiligen Georg, Hieronymus und Thiphonius in 9 friesartigen Bildern in S. Giorgio de' Schiavoni (1502 f.).

Carpi, Ugo da, geb. um 1455 zu Carpi (Oberitalien), gest. 1523 zu Rom, Schüler Rafaels, besonders als geschickter Holzschneider bekannt. Derselbe führte die (in Deutschland bereits bekannte) Kunst des Drucks von Holzschnitten mit verschiedenen Schattentönen (Chiaroscuro; vgl. oben Holzschnitt) in Italien ein, für welches Verfahren er 1516 in Venedig ein Privilegium nahm.

Castagno, Andrea del, geb. bei Florenz 1390, † 1457, schwang sich vom Hirtenknaben zum Maler auf. »In ihm lebte ein energischer trotziger Geist, der sich in seinen wenig anziehenden, aber bisweilen zu herber Grossartigkeit sich erhebenden Werken spiegelt«. Hl. Abendmahl im Refectorium von S. Apollonia in Florenz. (Lübke, Gesch. d. italien. Malerei, I, 279 ff.).

Cavallini, Pietro, Mosaikarbeiter, verfertigte nach Giotto's Zeichnung ein grosses Mosaik in der Vorhalle von St. Peter zu Rom, die Kirche als Schiff auf sturmbewegtem Meere darstellend (Kugler). Um 1290 führte er kleinere Mosaikbilder in S. Maria in Trastevere aus (Lübke, Gesch. d. italien. Malerei, I, 97 f., wo S. 113 des grossen Mosaiks in St. Peter zwar auch gedacht, dessen Verfertiger aber nicht angegeben ist).

Cellini, Benvenuto, 1500—1572, ursprünglich Goldschmied, lieferte aber auch, in der Sculptur der Richtung Michelangelo's folgend, grosse Werke der Bildnerei in Silber und Bronze. Franz I. berief ihn nach Frankreich.

— Bronzerelief der Nymphe von Fontainebleau von zarter Ausführung (im Louvre); zierlich in Gold gearbeitetes, mit figürlichen Darstellungen geschmücktes Salzfass (Ambraser Sammlung zu Wien); Ritterschild mit Figuren, Masken und Arabesken in getriebener Arbeit (Windsor Castle); lebensgrosse Silberstatuen. Nach Italien zurückgekehrt, arbeitete er die Bronzestatue des Perseus (Loggia de' Lanzi in Florenz), die treffliche Bronzebüste Cosimo's I. (Museum daselbst); eine durch seine Ornamentik sich auszeichnende Fassung eines Gebetbuchs (Biblioth. in Neapel); eine grosse Anzahl von Stempeln zu Münzen und viele in Gold getriebene Schaumünzen.

Eine Selbstbiographie dieses Künstlers gelangte erst fast 200 Jahre nach seinem Tode zur Veröffentlichung.

Cesati, Alessandro, gen. il G r e c o, aus dem Mailändischen, ausgezeichneter Medailleur, dessen Medaille auf den Papst Paul III. als das Meisterwerk des ganzen Kunstzweiges gilt.

Chares von Lindus auf Rhodus, zu Anfang des 3. Jahrh. v. Chr. blühend, Schüler des Lysippus, arbeitete die am Hafen zu Rhodus aufgerichtete, an 30 m hohe Erzstatue des Sonnengottes.

Chersiphron, Architekt, s. Theodorus.

Cimabue, Giov., florent. Maler, geb. 1240, gest. bald nach 1300, zeigt in seinen Werken als bahnbrechender Künstler die Umbildung des byzantinischen Typus zu grösserer Freiheit. — Colossale Madonna in S. Maria Novella zu Florenz. Wand- und Deckengemälde in S. Francesco zu Assisi. Zu voller Entfaltung dieser Richtung gelangte der sienesische Meister

D u c c i o d i B u o n i n s e g n o, als dessen Hauptleistung eine 1308 begonnene, für den Altar des Doms zu Siena gemalte grosse Tafel gilt.

Cione, Goldschmied, Vater des O r c a g n a und Lehrer des L i o n a r d o d i S e r G i o v a n n i, arbeitete den alten Theil des in Silber u. s. w. ausgeführten (erst 1477 vollendeten) Altarwerks für die Sacristei des Baptisteriums zu Florenz.

Cione, Andrea di, gen. O r c a g n a , Maler, Bildhauer
und Architekt, geb. um 1320, wurde 1352 in die Stein-
hauerzunft zu Florenz aufgenommen, widmete sich anscheinend erst später der Malerei, † 1368. — Paradies und
jüngstes Gericht in trefflichen, die Fortbildung des Stils
Giotto's zeigenden Wandmalereien in der Kapelle Strozzi
in S. Maria Novella zu Florenz, auch das Altarbild daselbst
(1357). Prächtiges, mit Sculpturen reich geschmücktes
Tabernakel in Or San Micchele zu Florenz (1359), bei
welcher Kirche, die durch den Umbau des Speichers
»Horreum Sancti Michaelis« entstanden sein soll, Orcagna
1355—1359 als Werkmeister angestellt war. Auch schreibt
man ihm den Entwurf zu der 1376, also nach seinem Tode
begonnenen Loggia de' Lanzi daselbst zu.

Clussenbach, Martin und **Georg von**, gossen 1373 die
Reiterstatue des hl. Georg auf dem Schlosshofe vor dem
Dome zu Prag, ein zwar nicht grossartiges, aber von einer
lebendigen Auffassung und guten Naturstudien zeugendes
Werk.

Colins, Alexander, Bildhauer von Mecheln, 1526 bis
1612, formte zum Denkmal des Kaisers Maximilian I. in
der Hofkirche zu Innsbruck die knieende, 1582 von L u -
d o v i c o S c a l z a d e l D u c a gegossene Bronzestatue des
Kaisers, die zuerst 1516 durch Gilg Sesslschreiber geformt
war, deren Guss aber anscheinend mehrfach misslang, indem solcher 1553 von Georg Löffler übernommen wurde,
und zu dessen Ausführung nochmals 1570 Hans Lendenstrauch aus München sich einfand.

Ausserdem formte Colins vier diesem Denkmale angehörende Erzgestalten der Cardinaltugenden, und arbeitete
20 der den Sarkophag des Kaisers schmückenden, meisterhaft ausgeführten Marmorreliefs, während die übrigen
vier Reliefs durch Gregor und Peter Abel aus Köln hergestellt wurden. (Lübke, Gesch. d. Plastik, 676), Colins
wird auch als Schöpfer des figürlichen Schmucks am Otto-
Heinrichs-Bau des Schlosses zu Heidelberg bezeichnet.

Contucci, Andrea, nach seinem Geburtsorte Monte San
Savino gewöhnlich S a n s o v i n o genannt, 1460 — 1529,

Bildhauer, in der Schule Pollajuolo's gebildet. Um 1491 ging er von Florenz nach Portugal und kehrte erst nach neunjährigem Aufenthalte nach Florenz zurück. Im Jahre 1500 schuf er für das dortige Baptisterium die Taufe Christi durch St. Johannes, eine Marmorgruppe von hoher Reinheit und Einfalt. Nach Rom berufen, arbeitete er in S. Maria del Popolo die schönen Marmorgräber der Cardinäle Ascanio Maria Sforza (1505) und Girolamo Basso della Rovere (1507), so wie in S. Agostino eine liebliche, die hl. Anna selbdritt darstellende Gruppe (1512). Den Beschluss seiner künstlerischen Thätigkeit machte er mit dem von Bramante begonnenen, von ihm fortgeführten und mit Bildwerken geschmückten Neubau der Casa Santa in der Kirche zu Loreto, jedoch wurde ein Theil dieser Sculpturen erst nach seinem Tode durch seine Schüler und Gehülfen vollendet.

Correggio, s. Allegri.

Corticelli, Giov. Ant., s. Pordenone.

Cosmaten: Glieder einer römischen Künstlerfamilie, von welchen mit ihren Anhängern zu Ausgang der Periode des romanischen Stils jene Tabernakel, Ambonen und Klosterhofs-Arcaden in Rom und dessen Umgegend geschaffen wurden, die durch zierliche Architektur in theils antikisirenden, theils phantastisch-decorativen Formen, unter Beifügung reichen musivischen Schmucks, sich auszeichnen. Dahin gehören: Tabernakel-Architekturen über dem Hauptaltare in S. Lorenzo fuori le mura v. 1148 und über demjenigen in S. Clemente zu Rom, Ambonen in S. Maria Araceli und in S. Maria in Cosmedin, Klosterhöfe S. Benedetto in Subiaco — 1235 von dem Römer Cosma und seinen vier Söhnen erbaut —, so wie von S. Paolo fuori le mura — durch die Meister Petrus und Johannes ausgeführt — und von S. Giovanni in Laterano zu Rom.

Cousin, Jean, † 1589, vielseitiger Künstler, berühmt als Glasmaler. — Arbeiten in der Kirche S. Gervais zu Paris. — Als Bildhauer der Schule von Fontainebleau angehörend. — Ein von ihm in Oel gemaltes jüngstes Gericht (Museum zu Paris) ist von zarter Vollendung, zeigt jedoch ein manieristisches Gepräge.

Crabeth, Walther und **Theodor**, Glasmaler in Holland, in der zweiten Hälfte des 16. Jahrhunderts, die vorzüglichsten Meister der Glasmalereien in der St. Johanniskirche zu Gouda.

Cranach, Lucas, der Aeltere. Sein Familienname war Müller, jedoch wurde er von seinem Geburtsorte Cronach in Franken, wo er 1472 das Licht der Welt erblickte, gewöhnlich Cranach genannt (Warnecke, Lucas Cranach d. Aelt., Görlitz 1879). Seit 1504 war er als Hofmaler des Kurfürsten Friedrich d. Weisen, der ihm 1508 einen Wappenbrief verlieh, in Wittenberg ansässig, wo er eine grosse Malerwerkstatt und verschiedene Officinen gründete, mehrfach städtische Aemter, auch zweimal die Stelle eines Bürgermeisters bekleidete, und wo die geistigen Strömungen der Zeit, so wie der Universität auf ihn einwirkten. Auch bei Johann d. Beständigen, besonders aber bei dessen Sohne Johann Friedrich stand er in Gunst. Letzterem folgte er, als hochbetagter Mann, nach der Schlacht bei Mühlberg in die Gefangenschaft nach Augsburg, dann, nach dessen Freilassung (1552), nach Weimar, wo er, im Begriff ein grosses Bild zu malen, 1553 starb.

Er war nicht allein Maler, sondern auch Kupferstecher und »Reisser« für Holzschnitte. Von seinen religiösen Bildern sind die älteren, zum Theil noch nach dem Auftreten Luthers angefertigten, ganz im Geiste der katholischen Kirche gemalt, so das jüngste Gericht in der St. Johanniskirche zu Neustadt a. d. Orla (1511), die Kreuzabnahme in der St. Marienkirche zu Lübeck, ein Altarwerk (Madonna und Heilige) in der Liebfrauenkirche zu Halle (1529); in den späteren zeigt sich aber eine deutlich ausgesprochene reformatorische Tendenz, u. a. in dem Altarbilde der Stadtkirche zu Schneeberg, zum Theil biblisch allegorische Darstellungen enthaltend, und in dem Altarbilde der Stadtkirche zu Wittenberg. Dazwischen entstanden andere, Vorgänge aus dem alten und neuen Testamente veranschaulichende Gemälde, als Adam und Eva (1528; Uffizien in Florenz), Judith und Holofernes (1531; Gall. zu Gotha), die Ehebrecherin vor Christus.

Nicht selten wählte der Meister zu seinen Gemälden

auch Stoffe aus der Mythologie mit landschaftlichem Hintergrunde, wie Venus und Amor, das Urtheil des Paris (dieser
im Rittercostüme), oder solche aus der altrömischen Geschichte, z. B. den Selbstmord der Lucrezia. Sein figuren-
reichstes Bild ist der »Jungbrunnen«, in welchem die
Weiber sich verjüngen, eine von volksthümlichem Humor
übersprudelnde Composition (1546; Mus. zu Berlin). Endlich
war der Meister sehr fruchtbar in der Portraitmalerei;
namentlich stellte er in treuherzig schlichter Weise Mit-
glieder des sächsischen Fürstenhauses, so wie Männer der
Reformation dar.

Vieles in seinen grossen Altarwerken ist durch Schüler-
oder Gesellenhände ausgeführt und manche Bildnisse sind
als Wiederholungen in gleicher Weise aus seiner Werkstatt
hervorgegangen. Seine Compositionen zeigen eine sichere
Zeichnung und klare Anordnung, die Figuren bei ernsten
Vorgängen Hoheit, Würde und Sinnigkeit, wenn auch nicht
immer Formenschönheit, bei anderen Scenen Schalkhaftig-
keit und Heiterkeit, während die Züge niederer Gestalten
oft an Caricatur streifen. Sein Farbenauftrag ist glatt, mit
geringer Schattengebung und mangelhafter Abtönung der
Luftperspective. (Woltmann und Woermann, Gesch. der
Malerei, Bd. II, 418 ff.). Sein Sohn

Lucas Cranach d. J., 1515—1586, widmete sich
ebenfalls der Malerei; er arbeitete in der Weise seines
Vaters, ohne dessen Geschicklichkeit ganz zu erreichen. —
Bilder in der Stadtkirche zu Wittenberg und in verschiedenen Gemäldesammlungen.

Credi, Lorenzo di, 1459—1537, Sohn des Goldschmieds
Andrea di Credi, zuerst von diesem unterrichtet, hernach Schüler des Andrea Verrocchio. Lorenzo zeichnete
sich durch höchst gewissenhafte Ausführung von kirchlichen Tafelgemälden aus. Wiederholt stellte er die Anbetung des Jesusknaben dar, darunter ein liebliches Rundbild in den Uffizien zu Florenz.

Cresilas, s. Polycletus.

Cronaca, Simone, florent. Architekt, s. Benedetto da
Majano.

Cuyp, Aelbert, 1605—1691, Maler, besonders idyllischer Zustände in edler Darstellungsweise. Dasselbe gilt von

Adriaen van de Velde, 1639—1672, und

Nicolaas Berchem, 1620—1683, obschon dieser, bei grosser Vielseitigkeit, nicht immer rein im Gefühle ist. Letzterer lieferte auch Radirungen (meist Thierstücke).

Daniel da Volterra, s. Ricciarelli.

David, Gérard, aus Oudewater in Holland, seit 1484 Mitglied der Malergilde in Brügge, † 1523. Er gehört zu den Nachfolgern Memling's. — Malereien in der Schöffenkammer des Rathhauses zu Brügge, zwischen 1487 und 1499 (das jüngste Gericht, nicht mehr vorhanden), nebst zwei Tafeln von 1498 (Bestrafung des ungerechten Richters, jetzt in der Academie). Symmetrisch angeordnetes Madonnenbild, 1509 im Carmeliterinnen-Kloster zu Brügge (Museum zu Rouen). Triptychon in Saint-Basile in Brügge (Beweinung Christi). (Woltmann u. Woermann, Gesch. d. Malerei. II, 55 ff.).

Delorme, Philibert, Erbauer des älteren Theils der Tuilerien in Paris.

Demetrius, Architekt, s. Theodorus.

Denner, Balthasar, 1685—1747, Maler, bekannt durch seine mit peinlicher Sorgfalt ausgeführten Köpfe.

Deutsch, s. Manuel Niclaus.

Dioscorides, berühmter Steinschneider, schnitt u. a. den Kopf des Kaisers Augustus als dessen Siegel.

Diotisalvi erbaute 1153 das Baptisterium zu Pisa.

Dolci, Carlo, 1616—1686, Schüler des Malers Matteo Rosselli, suchte in seinen Gemälden die grösste Zartheit zu erreichen, gerieth in diesem Bestreben aber auch bis zur äussersten Spitze, selbst zur Sentimentalität.

Domenichino, s. Caracci.

Donatello, s. Bardi.

Dorigny, Nicolas, 1657—1746, ausgezeichneter franz. Kupferstecher, der u. a. die Cartons von Rafael in vortrefflicher Weise stach.

Dossi, Dosso, Maler, geb. zu Dosso um 1474, gest. 1541 in Ferrara. In seinen Compositionen herrscht Gedankentiefe; in den Charakteren kommt er oft dem Giorgione nahe. Seine Gemälde sind von prächtiger Färbung; ausgezeichnet darunter eine Madonna mit vielen Heiligen und dem auferstandenen Christus im Ateneo civico zu Ferrara. Nicht selten malte er in Gemeinschaft mit seinem Bruder

Giambattista Dossi, u. a. mythologische Scenen im herzogl. Palaste zu Ferrara.

Dou, Gerhard, (auch Dov und Dow geschrieben) 1613 bis 1675, Schüler Rembrandt's, wandte sich der Genremalerei zu. Seine meist dem gemüthlichen häuslichen Verkehr entnommenen Darstellungen sind von hohem Reize und vorzüglicher Vollendung. Weniger gelang ihm die Vorführung vornehmer Situationen und idealer Gestalten. Ausgezeichnete Künstler derselben Richtung sind

Gabriel Metsu, 1630—1669;

Caspar Netscher, 1639—1684 und

Frans van Mieris, 1635—1681, jedoch macht sich bei ihnen, namentlich bei Letzterem, eine Bevorzugung der eleganten Technik auf Kosten des geistigen Gehalts bemerklich. Zum höchsten Gipfel steigert sich diese Eleganz der Behandlung bei

Adriaen van der Werff, 1659—1722, und seinem Bruder

Pieter van der Werff, 1665—1718, die sich indess vorzugsweise der Darstellung heiliger oder mythischer Gegenstände zuwandten und in solchen Bildern den Mangel an geistigem Gehalt um so mehr empfinden lassen.

Drevet, Pierre Imbert, 1697—1739, vorzüglicher franz. Kupferstecher, ausgezeichnet in Bildnissen.

Duca, Ludovico Scalza del, italien. Erzgiesser, s. Colins.

Duccio di Buoninsegno, s. Cimabue.

Dughet, Gaspard, s. Poussin.

Duquesnoy, François, Bildhauer aus Brüssel, daher il Fiammingo genannt, 1594—1644. Er schuf u. a. die von edler Auffassung zeugenden Statuen des hl. An-

dreas in St. Peter und der hl. Susanna in S. Maria di
Loreto zu Rom, ferner Kinder-Figuren (Maneken-Pis in
Brüssel) und Genien, in denen er eine derb fröhliche Natur
trefflich auszudrücken wusste. Auch verfertigte er Prachtgeräthe aus Elfenbein.

Dürer, Albrecht, geb. am 21. Mai 1471 zu Nürnberg,
wo 1455 sein gleichnamiger, aus Ungarn stammender
Vater als Goldschmied sich niedergelassen und mit der
Tochter des berühmten Goldschmieds Hieronymus Holper
sich verheirathet hatte. Albrecht wurde anfangs zu gleicher
Beschäftigung vom Vater angehalten, ging aber mit dessen
Zustimmung zur Malerkunst über, und kam 1486 bei
Michael Wohlgemuth in die Lehre. Als er ausgelernt
hatte, schickte ihn sein Vater Ostern 1490 auf die Wander-
schaft. Er besuchte, so weit die dürftigen Nachrichten
reichen, einen Theil der Schweiz (Basel) und vom Elsass
(Kolmar), und kehrte 1494 nach Pfingsten heim. »Und
als ich anheimbs kommen war«, schreibt Dürer, »handelt
Hans Frey mit meinem Vater und gab mir seine Tochter
mit Namen Jungfer Agnes«, mit der er das jetzt noch bekannte »Dürerhaus« bezog. Ohne den überlieferten Erzählungen, welche Agnes Frey als eine Xanthippe zu schil-
dern pflegen, beizutreten, darf doch gesagt werden, dass
sie geistig zu tief unter dem edlen reichbegabten Dürer
stand, um ihn begreifen und würdigen zu können. Licht-
blicke in seinem Leben waren die unten erwähnten Reisen,
auf welchen er manche Anerkennung fand. Auch erfreute
er sich in Nürnberg des Umgangs mit gelehrten hoch-
gebildeten Männern, die er besonders im Hause seines,
an der Spitze der dortigen humanistischen Gesellschaft
stehenden Jugendfreundes Willibald Pirkheimer kennen
lernte. Fürstliche Personen, besonders K. Maximilian I.,
schenkten ihm ihre Gunst. Sein Tod erfolgte am 6. April
1528.

Dürer's Werke offenbaren grossen Reichthum der
Ideen, Tiefe der Empfindung und Charakteristik, ein echt
deutsches Gemüth, einen klaren Blick in die Formen des
Lebens und dessen wechselnde Aeusserungen. Seine Bildungen haben, ungeachtet der nicht selten in ihnen sich

kundgebenden Herbheit, ein würdiges Gepräge. Die Gewandungen leiden oft an eckigen Brüchen, das Colorit ist
lebhaft, wenn auch nicht immer harmonisch. — Madonna
mit Engeln und vielen Verehrern (1506), Marter der zehn-
tausend Heiligen (1508), Anbetung der Weisen (1509),
Verehrung der hl. Dreieinigkeit, schöne figurenreiche Composition (Belvedere in Wien, 1511). Sein von ihm gemaltes Portrait (1500) und dasjenige des Hieronymus Holzschuher in Nürnberg (1526). Die vollendetsten seiner
Malereien sind vier, im Gepräge der vier Temperamente
in grossartig erhabener Auffassung dargestellte Apostel-
gestalten (München, 1526). — Dürer hatte in der, zwischen
seiner Reise nach Venedig (1505), und seinem Aufenthalte
in den Niederlanden (1520 und 1521) liegenden Zeit die
Fesseln der mittelalterlichen Weise allmählich abgestreift
und die moderne Richtung in der Kunst sich zu eigen
gemacht. — Derselbe war auch vorzüglicher Kupferstecher
und lieferte viele Zeichnungen zu Holzschnittwerken. (Die
Blätter zur Apokalypse, 1498, das Leben der hl. Maria,
die sog. grosse und kleine Passion, 1507—1513; Kaiser
Maximilian's Ehrenpforte und Triumphwagen, 1522). Berühmt sind ferner zwei von ihm in Speckstein geschnittene
Hautreliefs. Endlich machte er sich auch als Schriftsteller
verdient, indem er eine Abhandlung über die Messkunst,
ein Buch vom Festungsbau und ein Werk über die Proportionen des menschlichen Körpers verfasste.

Dyck, Anton van, geb. zu Antwerpen 1599, der bedeutendste Schüler von Rubens, fand schon 1618 als Meister
in der dortigen Malergilde Aufnahme. Im J. 1621 trat er
in den Dienst des K. Jacob von England; 1623 ging er
nach Italien, kehrte, anscheinend gegen Ende des J. 1626,
nach Antwerpen zurück, trat 1632 in die Dienste des K.
Karl I. von England, der ihm die Ritterwürde ertheilte, und
starb 1641. Er stand seinem Meister in der Erfindung,
in der Darstellung des augenblicklich lebhaft Bewegten
(Furchtbaren), so wie in der Kraft und Brillanz der Färbung nach, übertraf ihn dagegen in der Zeichnung, im
Ausdruck stillen Schmerzes, an Adel und Innigkeit des
Gefühls, in der Wahrheit des Colorits. Seine Portraits,

die wohl den grössten Theil seiner Leistungen ausmachen, wetteifern an Vortrefflichkeit mit denen von Tizian und Velasquez. — Verzückung des heil. Franciscus (Wien), Kreuzigung (1627; Kathedr. von Mecheln), Beweinung Christi (Pinakothek in München), letztere beiden Vorgänge mehrfach dargestellt. Unter den Portraits: die Bildnisse der Familie Brignole in Genua, das des Generalissimus der span. Truppen in den Niederlanden, Franz von Moncada, zu Pferde; mehrere Bildnisse Karl's I., so des Königs auf der Jagd (Louvre) und zu Pferde in Begleitung des Oberstallmeisters, Herrn von St. Antoine (Windsorcastle), Bildnisse der Maria Luisa de Tassis (Gall. Liechtenstein) und die zu einer Gruppe vereinten drei Kinder Karl's I. (Dresd. Gall.). (Waagen, Handb. d. Gesch. d. Malerei, II, 31 ff.).

Edelinck, Gérard, 1640—1707, geschickter Kupferstecher, aus Antwerpen, später in Paris ausgebildet, wusste die verschiedenen Vorzüge der franz. und niederl. Stecherschulen in sich zu vereinigen.

Eckhout, Gerbrand van den, 1621—1674, Maler, zeichnete sich unter Rembrandt's Schülern vortheilhaft aus.

Egl, Andreas, gründete 1275 den Dom zu Regensburg.

Eisenhoidt, Anton, Goldschmied und Kupferstecher, geb. 1554 zu Warburg bei Paderborn, 1603 noch thätig. Sein Hauptwerk ist der (jetzt nach Berlin verkaufte) vom Fürstbischof Theod. von Fürstenberg für die Privatkapelle zu Schnellenberg gestiftete Silberschatz.

Elsheimer, Adam, geb. im März 1578 zu Frankfurt a. M., wo er den ersten Unterricht in der Malerei genoss, ging um 1600 nach Rom, wurde Mitglied der dortigen Malergilde und starb daselbst anscheinend bereits i. J. 1620. Seine Gemälde, welche das Studium der Natur und der alten Meister Italiens, so wie liebevolle Auffassung und hohe Durchbildung bekunden, zeigen häufig biblische Scenen (Flucht nach Egypten, München; Christus zwischen den beiden Jüngern auf dem Wege nach Emmaus, Aschaffenburg; Joseph's Versenkung in den Brunnen, Dresden) oder mythologische Motive (Syrinx und Pan, Berlin; Reich der Venus, Wien; Verspottung der Ceres, Madrid), und sind meist in kleinem Formate und miniaturartiger Behandlung auf Kupfer ausgeführt. Von Bedeutung war Elsheimer's Einfluss auf verschiedene Richtungen und Schulen der Malerei, insbesondere auf die holländischen Maler. (Bode, Studien z. Gesch. d. holländ. Malerei, 238 ff.).

Ensinger, Name einer Künstlerfamilie aus Bern, welcher grösstentheils die Baumeister des 1377 gegründeten Münsters zu Ulm angehörten.

Erwin von Steinbach, Erbauer der 1277 begonnenen Westfronte des Münsters zu Strassburg, † 1318.

Euphranor, vom korinth. Isthmus, Zeitgenosse des Praxiteles, als Bildhauer und Maler rühmlich bekannt.

Eupompus von Sikyon, Begründer der sikyonischen Malerschule.

Everdingen, Allart van, 1621—1675, Landschaftsmaler, dessen Darstellungen meist auf seinen Studien der norwegischen Gebirgsnatur beruhen.

Eyck, Hubert van, um 1366—1426, und

Eyck, Jan van, geb. nach 1380, † 1440, Gebrüder, aus Maaseyck bei Mastricht. Von Hubert's Lebensumständen weiss man nur, dass er 1424 als angesehener Maler in Gent lebte und dort zwei Jahre später am 18. Septbr. starb. Jan war von 1422—1424 im Haag als Maler und Diener des Herzogs Johann von Baiern und trat, nach dessen Tode, 1425 in eine gleiche Stellung bei dem Herzog Philipp d. G. von Burgund, der ihn 1428 nach Portugal schickte, um dort die Prinzessin Isabella zu malen. Nach seiner Rückkehr (1429) ging er nach Gent (s. unten), 1432 aber siedelte er mit Familie nach Brügge über, wo er sich ein Haus erwarb und 8 Jahr später am 9. Juli starb. (Woltmann und Woermann, a. a. O., II, 9).

Die Gebrüder Eyck stehen an der Spitze der sog. modernen Richtung der flandr. Malerschule, in welcher ein naturalistisches, der Wahrheit und Treue huldigendes Element, eine sorgliche Beachtung und Darstellung alles dessen, was den Menschen, sei es im häuslichen Verkehr, oder im heitern Leben der Natur, umgiebt, sich offenbart. Dabei verbreitet sich über alles ein stiller Gottesfriede; das Ganze ist vom höchsten religiösen Geiste durchdrungen. Von ihnen rührt die Einführung der Oelmalerei her, deren Technik zwar nicht unbekannt war, aber von ihnen wesentlich verbessert wurde. — Als ihr wichtigstes Werk in der Kleinmalerei erscheinen die Miniaturen eines Breviers für den Herzog von Bedford, bei denen auch ihre Schwester **Margarethe van Eyck** thätig gewesen sein soll. Das Hauptwerk der beiden Brüder ist aber der von ihnen angefertigte Flügelaltar für die Kirche des hl. Johannes, jetzt St. Bavo, in Gent. Derselbe, eine umfangreiche und herrlich ausgeführte Composition, wurde von Hubert begonnen und sechs Jahre nach dessen Tode, also 1432, von Jan, nach seiner Rückkehr aus Portugal, vollendet. Die Ausführung der vorzüglichsten Bilder desselben, namentlich der drei Hauptfiguren: Gott Vater, St. Maria und St. Johannes, wird dem Hubert, die der übrigen, durch einen »bereits ungemein vollendeten Naturalismus« sich von jenen unterscheidenden Darstellungen dem Jan van Eyck zugeschrieben (Kugler), von dem auch mehrere, in verschiedenen Sammlungen befindliche Gemälde, namentlich ausgezeichnete Bildnisse, herrühren.

Fabriano, s. Gentile da Fabriano.

Ferrari, Francesco Bianchi, Maler der älteren lombard. Schule. — Verkündigung in der Gallerie von Modena.

Ferrari, Gaudenzio, 1484—1549, Maler, sehr fruchtbar in kirchlichen Tafelgemälden und Fresken, zum Theil von hoher Schönheit. Er stellte u. a. in der Kapelle del Sacro Monte zu Varallo den Opfertod Christi in einer umfangreichen Composition dar, und zwar die Hauptfiguren als freie naturgemäss bemalte Statuengruppe, an den Wänden aber in Malerei eine Menge von Zuschauern und an den Gewölben klagende Engel (Kugler).

Fiammingo, il, s. Duquesnoy.

Fiesole, Fra Giovanni Angelico da, Dominicanermönch, 1387—1455. Er trat, nachdem er schon in den Dominicanerklöstern zu Fiesole und Cortona verweilt hatte, 1436 in das Kloster von S. Marco in Florenz ein. Damals war

er bereits ein ausgezeichneter Maler; von wem er die
Malerei erlernte, lässt sich jedoch mit Bestimmtheit nicht
nachweisen. Ihm ist — wie Kugler sagt — die »Zartheit
der Auffassung, jenes tiefe innerliche Sehnen, jene religiöse
Hingebung und liebevolle Durchführung« eigen, welche in
der Richtung der sienesischen Schule sich zeigt, jedoch
weiss er die Gemüthszustände entschiedener zu individuali-
siren. Er lebt, das Irdische vergessend, in der verklärten
seligen Welt; die Darstellung des Gewaltigen, Heroischen,
Leidenschaftlichen liegt ausserhalb seiner Sphäre. Seine
kleinen Tafelbilder zeigen in ihrem leichten Colorit die
sorgsamste Vollendung; seine Fresken sind von meisterhafter Ausführung. Unter letzteren nehmen die (1438
begonnenen) im Kloster S. Marco zu Florenz eine hervor-
ragende Stelle ein, namentlich die grosse Kreuzigung im
Capitelsaale, ebenso diejenigen in der Capella Nuova des
Doms zu Orvieto (1447) und in der Hauskapelle des Papstes
Nicolaus V. im Vatican. Von den Tafelbildern sind die
meisten der Verherrlichung der hl. Jungfrau gewidmet;
darunter die grosse Madonna (1433) und die Krönung der
hl. Maria (beide in den Uffizien).

Filarete, Antonio, eigentlich Antonio di Pietro Aver-
lino, Architekt und Bildhauer, erbaute 1456 die reich geschmückte, den Uebergang der Gothik in die Renaissance
ankündigende Schauseite des grossen Hospitals zu Mailand.
Er schrieb einen (im Jahrb. d. K. Preuss. Kunstsamml. I. 225
besprochenen) »Trattato di architettura«. S. auch Bardi
(Simone di Betto).

Finiguerra, Maso, Goldschmied zu Florenz, um die
Mitte des 15. Jahrhunderts, wird in der Anfertigung von
Nielloarbeiten gerühmt.

Fischers von Erlach, Johann Bernhard, kaiserl. Hof-
Architekt in Wien, geb. 1650 zu Prag, gest. 1723 in Wien,
von dem ein grosses Werk: »Entwurff einer Historischen
Architektur, in Abbildung unterschiedener berühmten Gebäude des Alterthums und fremder Völker« (Wien, 1721)
herrührt, führte dort in der barocken Bauart Borromini's
mehrere Paläste u. s. w. aus, war auch der Erbauer des
Schlosses Schönbrunn (1696—1700) und der effectvollen

Karl-Borromäuskirche in Wien (beg. 1716), die von seinem (1725 in den Freiherrnstand erhobenen) Sohne

Joseph Emanuel 1757 vollendet wurde. Letzterer gab (um 1715) ein Werk: »Anfang einiger Vorstellungen der vornehmsten Gebäude so wohl innerhalb der Stadt als in deren Vorstädten von Wien«...... heraus. (Vergl. v. Lützow's Zeitschr. f. bild. Kunst, Bd. XVIII, S. 333 ff.).

Floris, Frans, s. Vriendt.

Fontana, Domenico, in Rom, 1543—1607, Erbauer des lateranensischen Palastes, der Façade des Quirinals u. s. w. Von ihm wurde auch der Obelisk vor St. Peter aufgerichtet (1586).

Fra Bartolommeo, s. Baccio della Porta.

Francesca, Piero della, aus Borgo S. Sepolcro in Umbrien, geb. um 1439, gest. anscheinend 1509, sehr geschickter, durch eine lebensvolle Auffassung sich auszeichnender und in Darstellung schwieriger Verkürzungen und reicher Renaissancebauten gewandter Maler. Seine Hauptwerke: ein Freskencyclus im Chor von S. Francesco zu Arezzo und zwei grosse Altarwerke, so wie ein Freskobild der Auferstehung Christi in Borgo S. Sepolcro. Sein bedeutendster Schüler war Luca Signorelli.

Francesco, Sohn des Domenico Livi da Gambasso (bei Volterra), erlernte in Lübeck die Glasmalerei. Er wurde 1436 nach Florenz berufen, um Fenster im dortigen Dom mit Glasmalerei zu schmücken.

Francia, Francesco, s. Raibolini.

Gaddi, Gaddo, aus Florenz, arbeitete gegen Ende des 13. Jahrh. in grossen, noch den byzantinischen Typus zeigenden Mosaikbildern eine Krönung der hl. Maria im Dome zu Florenz und eine Himmelfahrt der hl. Jungfrau im Dome zu Pisa. Eine, die byzantinische Art verlassende Richtung zeigt der Franciscaner

Jacopo Torriti in seinen 1288—1293 ausgeführten Mosaiken in den Altartribunen von S. Giovanni in Laterano und S. Maria maggiore zu Rom. (Bucher, Gesch. d. technischen Künste, 125 f.).

Gaddi, Taddeo, geb. um 1300, Sohn des oben genannten Gaddo Gaddi, Schüler Giotto's in der Malerei,
† 1366. Er schuf die Wandgemälde aus dem Leben der
hl. Maria in S. Croce zu Florenz; auch wird ihm die
Composition der grossartigen Malerei im Capitelsaal von
S. Maria Novella, jetzt Capella degli Spagnuoli zugeschrieben
Nach Giotto's Tode wurde ihm die Stelle des Dombau-
meisters übertragen, ein Beweis, dass er auch als Architekt
in Ansehen stand. Sein Sohn
    Agnolo Gaddi war ebenfalls Maler. Auch dieser
folgte der Richtung Giotto's, vereinigte aber damit mehr
Anmuth und Lieblichkeit. Er lebte bis 1396. — Gemälde
aus der Legende des hl. Kreuzes im Chor von S. Croce
zu Florenz, so wie aus der Geschichte der hl. Maria und
ihres Gürtels in der Capella della Cintola im Dome zu
Prato.

Gainsborough, Thomas, 1727—1788, Landschaftsmaler,
dem Caspar Poussin nachstrebend.

Garavaglia, Giovita, Kupferst., s. Morghen.

Garofalo, s. Tisio.

Gelée, Claude, s. Poussin.

Gentile da Fabriano, sehr geschickter Maler, in der
ersten Hälfte des 15. Jahrh. blühend. Er erinnert in seinen
Werken hinsichtlich des Colorits und der feinen Ausführung
an Fiesole, bewahrt aber mehr die alterthümliche Richtung
und zeigt, statt der Gottinnigkeit dieses frommen Kloster-
bruders, eine Neigung zur Schilderung der Wirklichkeit in
ihrer glänzenden ritterlichen Seite. Im Jahre 1421 tritt
er in Florenz in der Gildenrolle auf, bis 1424 dort ver-
weilend. Aus dieser Zeit stammt das köstliche Bild, die
Anbetung der hl. drei Könige darstellend (jetzt in der
dortigen Academie). Später arbeitete er in Siena, Orvieto
und Rom, jedoch sind die meisten seiner Arbeiten untergegangen. Die Brera zu Mailand bewahrt ein anziehendes,
einst der Kirche der Osservanten in Valle Romita bei Fabriano gehörendes, der Verherrlichung der Madonna ge-
widmetes Altarwerk. (Lübke, Gesch. der italien. Malerei,
I, 213 ff.).

Gerhard, Meister, wird kurz nach der 1248 erfolgten Gründung des Doms zu Köln als dessen Baumeister genannt.

Gerhard, Hubert, ein Niederländer, der seine Studien in Italien gemacht hatte; arbeitete 1584—1589 für den kunstsinnigen Hans Fugger eine 100 Ctr. schwere Colossalgruppe grossartigen Stils und verfertigte 1594 den mit reichen Bronzewerken versehenen »Augustus-Brunnen« zu Augsburg (v. Lützow's Zeitschr. f. bild. Kunst, Bd. XVII, 1882).

Ghiberti, Lorenzo, aus Florenz, geb. 1378 (nach Lübke, Gesch. d. Plastik, S. 531: 1381), gest. 1455, ursprünglich Goldschmied, schwang sich zu einem Hauptmeister der toscanischen Bildnerei auf. Er lässt, besonders in seinen Bronzewerken, den entschiedenen Uebergang von der Gothik zur Renaissance erkennen, und offenbart in seinen späteren, von der Antike beeinflussten Leistungen hohen Adel und zarte Anmuth. Am berühmtesten unter seinen Werken sind seine Bronzethüren am Baptisterium zu Florenz, von denen die einfachere des Seitenportals 1403—1424 ausgeführt, die andere am Hauptportale in der Zeit von 1424 bis 1447 angefertigt und 1452 eingesetzt wurde. Bei letzterer verliess er im Streben nach malerischer Wirkung die im Wesen des Reliefs begründeten stilistischen Gesetze, wusste aber der Gefahr einer solchen Ausschreitung durch Geschmack und feinen Sinn in einer Weise zu begegnen, dass Michelangelo beim Anblick dieser Thür ausgerufen haben soll, sie sei würdig, den Eingang des Paradieses zu schmücken.

Ghirlandajo, Domenico, eigentlich Domenico Bigordi, geb. 1449 zu Florenz, gest. 1494, Schüler des 1427 geborenen, 1499 noch thätigen Malers Alesso Baldovinetti, welcher der damals in Italien Eingang gefundenen flandrischen Weise gefolgt war. Ghirlandajo, hiervon zwar auch beeinflusst, wandte sich später der von Masaccio begründeten sog. modernen Richtung der florent. Schule zu und führte solche zu gediegener Vollendung. Seine Compositionen sind von grossartiger Auffassung und klarer Anordnung, seine Figuren lebensvoll, die Männer von charakteristischem Ausdrucke, die Frauen anmuthig, das Ganze ist umrahmt in trefflichen Formen der Frührenaissance oder mit landschaftlichem Hintergrunde ausgestattet. — St. Hieronymus, Freskobild in Ognissanti zu Florenz, mit niederl. Beiwerk (1480), das hl. Abendmahl im Refectorium daselbst und die Berufung des hl. Petrus zum Apostelamte in der sixtinischen Kapelle zu Rom, besonders aber die, zum Theil mit Hülfe seiner Schüler ausgeführten Reihefolgen von Wandgemälden in S. Trinità zu Florenz (1485) und im Chore von S. Maria Novella daselbst (1490). — Altarbilder, darunter die Anbetung der hl. drei Könige in der Kirche der Innocenti zu Florenz (1488).

Giocondo, Fra, Dominicaner, aus Verona, geb. um 1433, † 1519, erbaute daselbst den Rathspalast und eine massive Brücke, so wie andere Wasserbauwerke in Oberitalien. Schon vorher hatte er, nach Frankreich berufen, die Brücke Notre Dame in Paris ausgeführt.

Giordano, Luca, 1632—1705, nicht unbegabter Maler zu Neapel, der aber sein Talent nicht gehörig verwerthete. Er erhielt wegen der schnellen Ausführung seiner Arbeiten den Beinamen »Fa Presto« (Mach rasch).

Giorgione, s. Barbarelli.

Giotto, Sohn des Bondone, eines armen Landmanns zu Vespignano bei Florenz, 1276—1336. Als Architekt leitete er in der ersten Hälfte des 14. Jahrh. den Bau des Doms in Florenz, entwarf dazu eine brillante Westfronte, die 1334 begonnen, aber nicht vollendet und 1588 wieder abgetragen wurde. Auch schuf er 1334 den isolirt stehenden Glockenthurm des Doms, dessen Sculpturen er zugleich entwarf und zum Theil selbst ausführte.

Seine Hauptthätigkeit zeigt sich in der Malerei. In dieser, die sich an Cimabue's Kunst weiter entwickelte, »tritt zuerst jene tief bedeutsame und ernste Gedankenfülle hervor, welche der florentinischen Kunst ihre eigenthümliche Richtung vorzeichnete« (Kugler). Seine Gestalten sind in charakteristischen Zügen dargestellt und grossartig behandelt; eine zartere Durchbildung ist ihnen nicht eigen.

— Gemälde an den Langwänden der Oberkirche von S. Francesco zu Assisi, wohl an Cimabue anknüpfende Jugendwerke; Madonna dell'Arena zu Padua, eine die volle Meisterschaft des Künstlers bezeichnende Reihe von Wandgemälden (1303 f.); Arbeiten in Sta. Croce zu Florenz (um 1307), Darstellungen aus dem Leben des hl. Johannes d. T., des Evangelisten St. Johannes und des hl. Franz von Assisi enthaltend; Gemälde in der Unterkirche des zuletzt genannten Heiligen in Assisi (um 1314). — Zeichnung zu einem grossen Mosaikbilde (s. Cavallini).

Giovanni Alamanno oder de Alemannia und Antonio Vivarini, gemeinschaftlich in Venedig arbeitende Maler, durch weiches Colorit sich auszeichnend. — Zwei treffliche Gemälde dieser Künstler daselbst von 1440 und 1446.

Giovanni da Bologna, ein Niederländer aus Douay in Flandern, 1524—1608, talentvoller und werkthätiger, wenn auch nicht besonders geistreicher Nachfolger Michelangelo's in der Sculptur. — Seine Gestalten, von grossem Schönheitssinn zeugend, sind oft von kecker Lebendigkeit, seine Gruppen von kühnem Aufbau. Reiterstatue Cosimo's I. auf der Piazza del Granduca in Florenz (1590), Raub der Sabinerinnen in der Loggia de' Lanzi daselbst; der sog. fliegende Mercur. Brunnen von schöner Gesammtanordnung und trefflicher decorativer Wirkung vor dem Palazzo pubblico zu Bologna (1564).

Giovanni da Milano, Schüler des Taddeo Gaddi, Mitte des 14. Jahrh. blühend. — Malerei an einem Gewölbe der Unterkirche von S. Francesco zu Assisi. Altarbild aus dem Querschiff von Ognissanti in Florenz (Uffizien).

Giovanni Pisano, geb. um 1250, † 1320, Sohn des Nicola Pisano, wird als Baumeister des Camposanto zu Pisa (1278—1283) genannt. Seit 1284 leitete er den Bau des Doms von Siena. Als Bildhauer arbeitete er um 1266 mit an der Kanzel im Dome zu Siena (vergl. Nicola Pisano) und an den Bildwerken der Fronte des Doms zu Orvieto. Zu den von ihm selbstständig ausgeführten Werken gehören die Statuen zur Ausschmückung der kleinen (angeblich

auch von ihm erbauten) Kirche S. Maria della Spina zu
Pisa, mehrere Grabmale zu Perugia und die untere, mit
Reliefgestalten versehene Schale des grossen Brunnens auf
dem dortigen Domplatze (um 1280), ein 1286 begonnenes
Altarwerk im Dome zu Arezzo, eine vortreffliche Madonnen-
statue am Dome zu Florenz und die Kanzeln in S. Andrea
zu Pistoja (1301) und im Dome zu Pisa (1311).

In seinen Bildwerken spricht sich ein Losringen von
den alten Traditionen, ein Streben nach lebendigerer, in-
dividueller Erfassung der Natur aus.

Giuliano da Majano, s. Benedetto da Majano.

Giulio Romano, s. Pippi.

Glockenton, Name einer Künstlerfamilie zu Nürnberg.
Georg G. d Aelt. († 1515) war Illuminist und Brief-
maler. Von seinen Söhnen zeigte sich Albrecht G.
fleissig im Illuminiren (und Versemachen); er wird 1530
und 1542 auch als Formschneider genannt. Der bedeutendste aber war
Nicolaus Glockenton († 1534), »welcher im engen
Anschluss an Albrecht Dürer arbeitete und manchmal
dessen Holzschnitte zu Miniaturen umschuf«. — Messbuch
mit Miniaturen für den Kurfürsten Albrecht von Mainz
(1524) und ein Gebetbuch (1531) auf der Schlossbibliothek
zu Aschaffenburg; neues Testament (1524) zu Wolfenbüttel.
»Arm an Erfindung, erscheint er in diesen Werken als
glänzender Techniker seines Faches«. (Woltmann u. Woermann, a. a. O., II, 413).

Glycon, griech. Bildh., s. Lysippus.

Godl, Steffen, Erzgiesser, wurde 1518 mit der Fortführung der Arbeiten zur Anfertigung der, das Grabmal
K. Maximilian's I. in der Hofkirche zu Innsbruck umstehenden colossalen Bronzefiguren beauftragt. Vermuthlich war derselbe auch an der Ausführung der halblebens-
grossen Erzbilder von Heiligen und Verwandten des
österreichischen Hauses (früher auf dem Schwibbogen des
Chors dieser Kirche, jetzt in der Silberkapelle aufgestellt)
betheiligt. Ein Bernhard Godl nennt sich 1535 auf der
Basis der schon 1516 gegossenen Colossalstatue des Herzogs

Theobert von Burgund, weshalb nur diese Basis, nicht die (zu den erstgedachten Figuren gehörende) Statue selbst von ihm gegossen sein wird. (Vergl. Gilg Sesslschreiber und Peter Vischer).

Goes, Hugo van der, aus Gent, seit 1465 Mitglied der dortigen Malergilde, in welcher er zuletzt (1473—1475) das Ehrenamt eines Dechanten bekleidete, zog sich nachher in ein Kloster zurück, † 1482. — Triptychon, für die Hospital-kirche S. Maria Nuova in Florenz gestiftet, im Mittelbilde die Anbetung der Hirten enthaltend.

Goltzius, Hendrik, 1558—1617, holländ. Kupferstecher, förderte die »plastische Behandlungsweise«, die bei den älteren italien. Meistern nur mehr angedeutet war, zu einer wunderbaren Ausbildung, indem er bei seinen Linien-führungen allen Gesetzen der Modellirung zu folgen wusste. Der geistige Gehalt seiner Werke ist dagegen gering.

Gossaert, Jan, s. Mabuse.

Goujon, Jean, † 1572, seiner Zeit berühmter Bildhauer aus der sog. Schule von Fontainebleau, auch Architekt. — Reliefs (ehemals) am Brunnen »des Innocens« zu Paris (1550; jetzt im Louvre). — Ihm wird auch das Grabmal, welches Diana von Poitiers ihrem Gemahle in der Kathedrale von Rouen setzen liess, zugeschrieben.

Goyen, Jan van, geb. 1596 zu Leyden, gest. 1656 im Haag, liess sich nach Vollendung seiner Studien, die er schliesslich bei Esajas van de Velde machte, als Land-schaftsmaler in Leyden nieder und war seit 1631 im Haag thätig. Ihm gebührt der Ruhm eines vortrefflichen Zeich-ners, auch Radirers, dagegen ist sein Colorit schwach. Er erscheint übrigens dadurch, »dass er zuerst eine Art der Auffassung der holländischen Natur aufgebracht, worin nach ihm die grössten Landschaftsmaler der Schule, ein Jacob van Ruysdael, ein Hobbema, gearbeitet haben, in der Kunstgeschichte von grosser Bedeutung«. (Waagen, a. a. O. II. 198 f.).

Gozzoli, Benozzo, eigentlich Benozzo di Lese, geb. 1424 zu Florenz, Schüler des Fra Angelico da Fiesole, aber dessen tief religiöse Auffassung und Innigkeit nicht theilend. Seine grösseren Compositionen, worin er mit grosser Wahrheit das Culturleben seiner Zeit schildert, sind erfüllt von lebensvollen Gestalten würdiger Männer, behender Jünglinge, anmuthiger Frauen und Jungfrauen, so wie heiterer Kinder, meist in Verbindung mit reizenden landschaftlichen und architektonischen Hintergründen.

Mit namhaften Arbeiten war er zuerst in Montefalco bei Foligno beschäftigt (1450—1452), dann in Florenz, wo er (1453—1459) Fresken im Pal. Riccardi (Zug der hl. drei Könige u. s. w.) und (1461) eine thronende Madonna für S. Marco (jetzt in der Nat. Gall. in London) malte. Hierauf schuf er zahlreiche Fresken aus dem Leben des hl. Augustinus in S. Gimignano (1464). Besonders hervorzuheben sind aber seine umfangreichen Wandgemälde in den Arcaden des Camposanto zu Pisa, die Geschichte des alten Testaments von Noah bis David enthaltend (vollendet 1485), bei deren Anführung Kugler am Schlusse sagt: »Alles trägt das Gepräge der reinsten, unbefangensten Heiterkeit, so wie das einer eigenthümlich anziehenden zarten und keuschen Grazie«. Das Todesjahr des Meisters, dessen 1496 noch gedacht wird, ist unbekannt.

Grabner, Andre. Ihm und dem Bildhauer Peter von Nürnberg werden die sehr bemerkenswerthen, angeblich 1430, unter Leitung des Baumeisters H. Buchsbaum oder A. Pilgram, ausgeführten Bildwerke an der Kanzel des St. Stephansdoms in Wien zugeschrieben.

Greco, il, s. Cesati.

Grien, eigentlich Hans Baldung, geb. (1476 oder 1480) zu Schwäbisch-Gmünd, Maler und Kupferstecher, besonders im Breisgau thätig. — Hochaltar des Münsters zu Freiburg mit der Krönung der hl. Maria auf der Haupttafel (1513—1516), starb als bischöflicher Hofmaler in Strassburg 1545. (Kraus, a. a. O., 179). Er arbeitete auch viel für den Holzschnitt. Ein Blatt mit Pferden von 1534 ist bezeichnet: IO. BALDVNG FECIT. Dürer nannte ihn Grünhans. (Bucher, Gesch. d. technisch. Künste. I, 405 und II, 25).

Grünewald, Matthias, aus Aschaffenburg (»»Matthes

von Aschaffenburg«»), Maler, welchen Sandrart als »»einen hochgestiegenen und verwunderlichen Meister«« bezeichnet, und ihn den »»deutschen Correggio«« nennt. »Es ist in der That »»verwunderlich«« zu sehen, wie Matthias Grünewald im Gegensatze zu allen seinen deutschen Vorgängern, ganz aus sich selbst heraus und innerhalb der deutschen Eigenart jener Tage plötzlich einen malerischen Stil ausbildet, der in seiner körperlichen und geistigen Bewegtheit, in seinem weichen, flüssigen Farbenauftrag, vor allen Dingen aber in seiner koloristischen Neigung, in seinem Helldunkel und in seinen schlagenden Lichtwirkungen der gleichzeitigen Auffassungs- und Darstellungsweise des grossen Meisters von Parma parallel geht«. Als seine Hauptleistung erscheint ein zwischen 1493 und 1516 gestiftetes Altarwerk (Wandelaltar) für die Antoniterpraeceptorei Isenheim im Oberelsass, dessen Tafeln — der eigentliche Schrein enthält bemaltes Schnitzwerk — den schönsten Schmuck des Museums in Kolmar bilden. Ihre Malereien stellen den hl. Antonius, die Madonna in schöner Landschaft, beseitet von der Verkündigung und der Auferstehung Christi, so wie dessen Kreuzigung dar, letztere (zum Theil von fremder Hand gemalt) die Aussenseite der Deckflügel einnehmend. Ausser diesem Altarwerke sind, den neuesten Forschungen zufolge, nur noch zwei Altartafeln des städtischen Museums in Frankfurt a. M. und das Mittelbild eines Altars in der Pinakothek zu München, als sicher von Matthias Grünewald herrührend zu bezeichnen. Hiernach würde die Angabe, dass das in der St. Marienkirche zu Lübeck befindliche, die Abnahme vom Kreuze und verschiedene Heilige enthaltende, vortreffliche Altarwerk von ihm angefertigt sei (Lotz, Statistik d. deutsch. Kunst d. Mittelalters u. s. w., I, 398, wo der Vorname des Meisters Matthäus genannt ist) noch der Revision bedürfen. (Woltmann u. Woermann, a. a. O., II, 436 f.).

Guercino, s. Barbieri.

Guidetto erbaute 1204 die in eigenthümlich feinen Formen ausgebildete Façade der Kathedrale S. Martino zu Lucca.

Guido von Siena malte 1221 in S. Domenico daselbst

ein grosses, eine würdige Erfassung des byzantinischen
Typus zeigendes Madonnenbild.

Hals, Frans d. Aelt., geb. (nach Woltmann's Studien)
zu Amsterdam (nach älteren Angaben zu Mecheln) 1584,
gest. zu Haarlem 1666, einer der vorzüglichsten holländ.
Bildnissmaler, »welcher die ganz freie und pastose Behandlung, wie sie von Rubens und seiner Schule ausgeübt,
nach Holland gebracht und mit der grössten Meisterschaft
gehandhabt hat«. Er malte auser Familienbildnissen (nach
der dortigen Sitte) Portraitgruppen, theils von Bürger-
wachen (grosses Bild in des »Bürgermeisters Kaamer« zu
Haarlem) und Schützengilden (Bild mit 11 Schützen, so
wie eine Mahlzeit der Schützen daselbst und Schützengesellschaft in Amsterdam), theils von sog. Regenten (Vorstehern wohlthätiger Anstalten). (Waagen, Handb. der
Gesch. der Malerei, II, 82 ff.).

Hans von Ingelheim, bekannt durch seinen um 1480
angefertigten Entwurf zum Domthurme in Frankfurt a. M.,
wonach dessen Ausführung grösstentheils erfolgte.

Hans von Kirchheim verfertigte zu Anfang des 14. Jahrh.
Glasmalereien im Münster zu Strassburg.

Helst, Bartholomäus van der, zu Amsterdam, 1613 bis
1670, der berühmteste holländ. Portraitmaler seiner Zeit.
Er scheint sich besonders nach Frans Hals gebildet zu
haben, dem er auch darin gleicht, dass er, ausser Familienbildnissen, grosse Portraitgruppen, diese in trefflicher Anordnung und Haltung, so wie in meisterhafter Zeichnung
und Färbung, ausführte. Hauptbilder seiner Hand:
Schützengesellschaft von Amsterdam im Jahre 1639, mit
30 Theilnehmern (im neuen Rathhause), Schützenfest von
1648 zur Feier des westfälischen Friedens (Museum zu
Amsterdam) und die unter dem Namen »het doelenstück«
bekannte Darstellung der dortigen Schützengilde aus dem
J. 1657 (ebenfalls im Museum daselbst). (Waagen, Handb.
d. Gesch. d. Malerei, II, 86 f.).

Herlin, Friedr., erhielt 1467 als »Meister Friedrich
Hörlin von Rotemburg maler« zu Nördlingen Bürgerrecht,
† 1491. In seinen Gemälden ist die Uebertragung flandr.

Behandlungsweise, die er an Ort und Stelle sich angeeignet hatte, deutlich ausgesprochen. — Tafeln des berühmten Hochaltars in der St. Jacobskirche zu Rothen-
burg ob d. Tauber (1466), zwei Altarflügel in St. Blasien
zu Bopfingen (1472), Altar in der Hauptkirche zu Nördlingen und ein Votivgemälde (grosses,· die thronende Madonna und verschiedene Heilige enthaltendes Triptychon)
mit der Familie des Malers daselbst (1488).

Hermann, Philipp, Glasmaler zu Münster, † 1392.
Als Werke seiner Hand sind acht gemalte Fenster und die
Rose im Dome zu Metz bekannt.

Hilger, Wolff, von Freiberg, goss das als ein decoratives Werk ausgezeichnete Grabmonument des 1560 verstorbenen Herzogs Philipp I. in der St. Peterskirche zu
Wolgast.

Hirschvogel ist der Name einer Glasmalerfamilie in
Nürnberg, welcher
   Veit Hirschvogel d. Aelt. (1461—1526) angehört.
Als seine Hauptwerke gelten das Maximiliansfenster (1514)
und das (erst 1527 vollendete) Markgrafenfenster in St. Se-
bald daselbst.

Hobbema, Meindert, 1638—1709, ausgezeichneter Landschaftsmaler der holländ. Schule, dessen zwar meist pro-
saisch aufgefasste Bilder von überraschender Wahrheit und
im Tone von leuchtender Kraft und Tiefe sind. Die
meisten Gemälde desselben befinden sich in England.

Hodin, ausgezeichneter Miniaturmaler zu Anfang des
15. Jahrhunderts.

Hogarth, William, 1697—1764, engl. Maler, auch
tüchtiger Kupferstecher, ausgezeichneter humoristischer
Meister. — Scenen aus dem liederlichen Leben der vornehmen Welt. Caricaturen.

Holbein, Hans, d. Aelt., geb. um 1460, war als Maler
in Augsburg ansässig, lebte jedoch 1499—1502 in Ulm
und Frankfurt a. M., dann wieder in Augsburg, von wo
er 1516 zur Uebernahme von Arbeiten nach Isenheim ging,
† 1524. In seinen Gemälden zeigt sich eine Verwandt-

schaft mit denen des Martin Schongauer. Zu seinen früheren Bildern gehören: 4 Gemälde aus der Abtei Weingarten (1493; im Dom zu Augsburg), 2 höchst sorgfältig behandelte Bildchen (in der St. Moritzkapelle zu Nürnberg), Altar der Dominicanerkirche zu Frankfurt a. M. (1501), Flügel des Hochaltars der Abtei Kaisheim (1502) und Malereien im Kreuzgange des St. Katharinenklosters zu Augsburg: die Basilika S. Maria Maggiore zu Rom mit der Geburt Christi, Krönung der hl. Maria, Enthauptung der hl. Dorothea und die Basilika des hl. Paulus vor Rom mit Darstellungen aus dem Leben dieses Apostels.

Später (1508) macht sich ein Umschwung in seinen Arbeiten, ein freierer Stil, eine Kenntniss der Architekturformen der Renaissance bemerkbar. Hiervon geben besonders sein St. Sebastiansaltar (Pinakothek in München, um 1515), in dessen Gestalten auf den Flügeln, St. Barbara und St. Elisabeth, Innigkeit und Milde des Ausdrucks in Verbindung mit Schönheit der Form, so wie Anmuth in Haltung und Bewegung sich offenbaren, und die prachtvolle, in Lissabon befindliche Darstellung des Brunnens des Lebens (1519) Zeugniss. (Woltmann u. Woermann, a. a. O., II, 116 ff. 456 ff.).

Holbein, Hans, d. J., Sohn des vorstehend gedachten gleichnamigen Malers. Während dieser noch den Kampf zur Ueberwindung der älteren Kunstweise durchzumachen hatte, fand der jüngere Hans Holbein, der 1497 zu Augsburg das Licht der Welt erblickte, den Boden für die Entwickelung der Renaissance daselbst bereits geebnet, und betrat, nach seinem Vater und Hans Burgkmair sich bildend, unbeirrt den Weg der modernen Kunstrichtung, den auf Wahrheit gehenden Zug der deutschen Kunst mit Schönheit verbindend.

Noch sehr jung wanderte derselbe mit seinem etwas älteren Bruder Ambrosius, der auch Maler war, nach der Schweiz, und liess sich dauernd in Basel nieder, wo er, anfangs Buchtitel u. s. w. für Buchdrucker arbeitend und als Façadenmaler thätig, 1519 das Bürgerrecht und die Aufnahme in das Zunftbuch erlangte, auch sich verheirathete. In diese Zeit fallen seine Federzeichnungen zu

des Erasmus »Buch der Narrheit«. Unter seinen folgenden
Leistungen daselbst und in der Umgegend sind hervorzuheben: eine grosse Tafel mit acht Scenen aus der Passion,
die Bemalung der Orgelthüren des Münsters zu Basel, zwei
schöne Altarflügel im Münster zu Freiburg i. Br., mehrere
Bildnisse (Bonif. Amerbach, Erasmus von Rotterdam), seine
Madonna zu Solothurn und, als Gipfelpunkt seines künstlerischen Schaffens, die (leider nicht erhalten gebliebene)
Ausschmückung des Rathhaussaals zu Basel mit historischen,
dem classischen Alterthume entnommenen Wandmalereien
(1521 und 1522). In Basel schuf er auch die bekannte
Madonna mit der dieselbe verehrenden Familie des dortigen
Bürgermeisters Jacob Meyer, welches Gemälde jetzt in
Darmstadt aufbewahrt wird und wovon eine treffliche, in
der veränderten Anordnung selbst einige Vorzüge auf-
weisende Nachbildung in Dresden sich befindet.

Aus Mangel an Verdienst, veranlasst durch die Ungunst der Zeitverhältnisse, ging Holbein, seine Familie in
Basel zurücklassend, 1526 nach England (zunächst zu Thom.
Morus), wo er bekanntlich als Bildnissmaler glänzte (herrliche Portraits des Thom. Morus und seiner Familie, des
Erzbischofs Warham zu Canterbury, des Thom. Godsalve
und seines Sohns (Dresden), des Sir Henry Guildford u. s. w.),
und wohin er nach einem abermaligen Aufenthalte in Basel
(1528—1532), bei welchem er u. a. im Rathhaussaale zwei
Wandgemälde mit Darstellungen aus dem alten Testamente
vollendete, zurückkehrte, und dann seine Portraitmalerei
wieder aufnahm (Goldschmied Hans von Antwerpen, Kaufleute des deutschen »Stalhofs« in London und das höchst
vollendete Bildniss des Goldschmieds Hubert Morett (in der
Gall. zu Dresden), seit 1536 aber hauptsächlich für den
König Heinrich VIII. beschäftigt war. (Grosses Wandgemälde mit den Eltern des Königs, mit diesem selbst und
der Königin Jane Seymour, ferner die Bildnisse Henry VIII.
und der Jane Seymour in miniaturartiger Ausführung, Darstellung Edwards, des kleinen Prinzen von Wales, 1538,
jetzt in Hannover). Aus dieser und aus früherer Zeit
stammt eine grosse Anzahl von Bildnisszeichnungen in
Silberstift oder farbiger Kreide, so wie von Entwürfen und

Vorlagen zu Goldschmiedearbeiten, Glasmalereien, Titel-blättern und Initialen von seiner Hand. Am berühmtesten unter diesen ist »Holbein's Todtentanz«, worunter die von ihm gezeichneten, meist von Hans Lützelburger in Holz geschnittenen Bilder des Todes zu verstehen sind.

Holbein, einer der grössten Bildnissmaler und Haupt-vertreter deutscher Kunst in der Blüthezeit der Renaissance, starb 1543 in London an der Pest. (Woltmann, Holbein u. seine Zeit. — Woltmann und Woermann, a. a. O., II., 461 ff.).

Holl, Elias, Baumeister zu Augsburg, führte dort 1602 das Zeughaus und 1615—1618 das Rathhaus aus.

Hollar, Wenzel, aus Prag, 1607—1677, ausgezeich-neter Kupferstecher und Radirer, der 1635 mit dem kunst-sinnigen Grafen Arundel nach England ging und dort den grössten Theil der zweiten Hälfte seines thätigen und viel bewegten Lebens zubrachte.

Holzschuher, Eucharius Karl, erbaute 1616—1619 das Rathhaus zu Nürnberg.

Hondekoeter, Melchior, aus Utrecht, 1636—1695, Schüler seines Vaters Gisbert H., Maler. Er legte sich auf die Darstellung lebenden Geflügels in landschaftlicher Umgebung. Seine vorzüglichsten Leistungen in Amsterdam, im Haag, in Dresden, Kassel, Wien und Braunschweig.

Honthorst, Gerhard, gen. »Gherardo dalle Notti«, geb. zu Utrecht 1592, † 1662, niederländ. Historienmaler, der aber vornehmlich nach der Weise des Caravaggio sich bildete und diese gern mit den Effecten einer nächtlichen Beleuchtung verband. — Christus vor Pilatus (Samml. d. Herzogs von Sutherland in London , Befreiung Petri aus dem Gefängniss (Mus. in Berlin).

Hubertus und dessen Bruder Petrus aus Piacenza nennen sich als Verfertiger einer 1203 gearbeiteten be-achtenswerthen Brónzethür im Baptisterium des Laterans zu Rom.

Hueber, Georg, Bildhauer, s. Stoss.

Hültz, Joh., aus Köln, vollendete 1429 den Oberbau des nördlichen Thurms am Münster zu Strassburg.

Ignatius, Architekt, um 537 n. Chr. in Byzanz thätig, s. Anthemius von Tralles.

Ictinus, ('Ιχτῖνος) und Callicrates erbauten den unter der Bezeichnung »Parthenon« bekannten, dorischen Tempel der Pallas (Minerva) zu Athen, der um 438 v. Chr. vollendet wurde. Ictinus scheint der eigentliche Meister des Baus gewesen zu sein. Er wird auch für den Hauptmeister des grossen Tempels der Demeter zu Eleusis gehalten. Gegen 420 v. Chr. führte er den Tempel des Apollo Epicurius zu Bassä bei Phigalia (Φιγάλεια) in Arkadien aus.

Isidor von Milet, s. Anthemius von Tralles.

Jacob, Meister, aus Deutschland, soll in der Zeit von 1218—1230 die Kirche S. Francesco zu Assisi erbaut, auch den Bau des (1277 vollendeten) Doms zu Arezzo begonnen haben.

Jacopo d'Avanzo, s. Altichiero da Zevio.

Jacopo della Quercia, von seinem Geburtsorte bei Siena so genannt, 1374—1438, einer derjenigen Bildhauer, welche in Toscana die neuere, aus dem Studium der röm. Antike hervorgegangene Richtung einführten. — Drei Grabmonumente und ein Altarwerk mit der Madonna und verschiedenen Heiligen (1422) zu Lucca, von grossartiger Anlage und meisterlicher Durchbildung; Sculpturen am Hauptportale von S. Petronio zu Bologna und am Marktbrunnen zu Siena (1416—1419). Von den trefflichen Arbeiten an diesem Brunnen wurde er auch »Jacopo della fonte« genannt.

Jamitzer, Wenzel, ausgezeichneter Goldarbeiter in Nürnberg, 1508—1585.

Jaquevrart, vorzüglicher Miniaturmaler zu Anfang des 15. Jahrhunderts.

Johann von Köln, Baumeister. Von ihm und dem Meister
Simon von Köln soll 1448 die Fronte der Kathedrale von Barcelona erbaut sein.

Johannes Apengeter, goss u. a. 1327 den grossen

22 *

Leuchter der St. Marienkirche zu Colberg, dessen Relief-
figuren der hl. Zwölfboten eine treffliche Ausbildung der
Gewänder zeigen.

Jones, Inigo, engl. Architekt, 1572—1652, arbeitete im
Stile Palladio's. Zu seinen Bauten gehören der k. Pal.
Whitehall und ein Theil des Hospitals von Greenwich bei
London.

Jordaens, Jacob, Maler zu Antwerpen, 1593—1678,
bildete sich nach Rubens. In seinen Werken, in denen
ein Hang zum Komischen uud Humoristischen vorherrscht,
spricht sich weder reiche Erfindungsgabe, noch Sinn für
edle Form aus; dagegen ist sein Colorit, besonders die
Behandlung des Helldunkels, vortrefflich. In Vorführung
religiöser oder mythologischer Gegenstände erscheint er
wenig glücklich; von imposanter Wirkung ist aber sein
historisch-allegorisches Bild, den Prinzen Friedrich Heinrich von Oranien auf einem von vier Schimmeln gezogenen
Triumphwagen enthaltend (Schloss im Busch in d. Nähe vom
Haag). Beliebt sind seine Darstellungen des »Bohnen-
festes« (eine vorzügliche derselben in Wien) und des
Sprichworts: »Wie die Alten sungen, so zwitschern die
Jungen« (Mus. in Berlin). (Waagen, Handb. d. Gesch. d.
Malerei, II, 42 f.).

Juan Bautista de Toledo war im Dienste des bau-
lustigen Vicekönigs von Neapel, Don Pedro de Toledo, an
dessen grossartigen Bauten betheiligt. Philipp II. berief
ihn 1559 nach Madrid; im Auftrage dieses Königs begann
er 1563 den Bau des Klosters S. Lorenzo im Escorial. Als
derselbe vier Jahr später verstarb, setzte sein Baugehülfe
    Juan de Herrera, ein Asturier, der in Brüssel die
Baukunst erlernt hatte, den Bau fort und vollendete ihn
1584. Auch baute derselbe das Schloss von Aranjuez, die
Südseite des Alcazars von Toledo, die Börse von Sevilla
und die Kathedrale von Valladolid, die ein Fragment blieb.
(v. Lützow's Zeitschr. f. bild. Kunst, Bd. XVI, 342 ff.).

Knobelsdorf, Hans Georg Wenz. Frh. von, 1697—1753,
nahm 1730 als Hauptmann seinen Abschied, widmete sich
der Malerei und Baukunst, besuchte Frankreich und Italien,

und trat dann in die Dienste des Kronprinzen, nachherigen
Königs Friedrich II., der ihn nach seinem Regierungs-
antritte zum Oberaufseher der Gebäude bestellte. Zu seinen
Leistungen in der Architektur gehören: das Schloss Sans-
souci, das alte Opernhaus in Berlin, der neue Flügel des
Schlosses zu Charlottenburg, so wie die Schlösser zu Dessau
und Zerbst.

Kraft, Adam, Bildhauer, geb. um 1455 zu Nürnberg,
gest. daselbst 1507. Ueber seinen Bildungsgang liegen
Nachrichten nicht vor; wahrscheinlich ging er als ein auch
in der Architektur bewanderter Steinmetz aus der Bauhütte
hervor und erreichte nachher durch eigene Kraft seine
gediegene Meisterschaft. Zu seinen früheren Arbeiten
gehört ein in seinen Figuren viel Naturwahrheit enthaltendes Relief über der Thür des Wagehauses v. J. 1497.
Etwas älter, und zu den bedeutendsten der von ihm angefertigten Epitaphien zählend, ist das Grabmal für die
Familien Schreyer und Landauer zwischen zwei Strebepfeilern am Ostchor der St. Sebaldskirche zu Nürnberg,
dessen Ausführung ihm 1490 übertragen wurde und dessen
Vollendung im Mai 1492 erfolgte. Es stellt in drei figurenreichen Reliefs die Kreuztragung, Grablegung und Auferstehung Christi dar. Das mehr als 19 m hohe, glückliche
Verhältnisse, aber eine fast zu reiche decorative Ausstattung
zeigende spätgothische Sacramentsgehäuse in St. Lorenz
daselbst, welches Hans Imhof stiftete und das 1493—1500
durch Adam Kraft beschafft wurde, wobei er sich und zwei
seiner Gesellen unterhalb der Brüstung als Träger des
Bauwerks darstellte, hat unter seinen Werken die meiste
Berühmtheit erlangt. Die daran vorkommenden figürlichen
Arbeiten gehören zu den besten des Meisters. Fast ebenso
bekannt, als diese Leistung, sind seine sieben Reliefs der
Stationen am Wege vom dortigen Thiergärtnerthore zur
Vorstadt St. Johann, die zu seinen reifsten und vollen-
detsten Arbeiten zählen. Für das letzte grössere Werk des
Meisters gilt die aus 15 lebensgrossen Figuren bestehende
Darstellung der Grablegung Christi von 1508 in einer Nische
der Holzschuher'schen Grabkapelle auf dem St. Johannis-
Kirchhofe bei Nürnberg.

In seinen Compositionen klingt ein volksthümliches
Wesen an; seine Figuren sind richtig und lebendig gezeichnet, der Ausdruck ist charakteristisch und wahr, oft
innig und ergreifend; die Gewandungen leiden, wenn auch
in gemilderter Weise, an der bekannten, die Anwendung
scharfgebrochener, auch wohl unmotivirter Falten zeigenden
fränkischen Manier. (Nach R. Bergau, in Dohme's Kunst
und Künstler d. Mittelalt. u. d. Neuzeit. Lief. 28, Leipzig
1877).

Kunze von Prag, s. Wurmser.

Labenwolf, Pancraz, Bronzegiesser, Schüler des Peter
Vischer. Ersterer goss u. a. zum Springbrunnen im Rath-
haushofe zu Nürnberg das Becken, so wie die Säule mit
dem darauf stehenden Knaben (1550) und die unter der
Bezeichnung »Gänsemännchen« bekannte Brunnenfigur bei
der Liebfrauenkirche daselbst.

Lairesse, Gérard de, 1640—1711, Historienmaler, auch
Kupferstecher in den Niederlanden, welcher sich der
Richtung des Nicolas Poussin zuwandte.

Lapo, Bildhauer, s. Nicola Pisano.

Lastmann, Pieter, Maler, auch Kupferstecher, geb. zu
Haarlem um 1581, gest. daselbst 1649. Er war ein Nachfolger Elsheimer's und mit diesem eine Zeit lang in
Italien. Zu Lastmann's Schülern gehörte später Rembrandt
(s. diesen).

Lazzari, Donato, gewöhnlich B r a m a n t e genannt, aus
dem Herzogthume Urbino, 1444—1514, ist als derjenige
Architekt zu bezeichnen, welcher, besonders in seinen
späteren Werken, die antiken Bauformen mit grösserer
kritischer Strenge in der italienischen Renaissance zur
Anwendung brachte, wodurch er allerdings eine gewisse
äussere Reinheit des Stils erlangte, jedoch auf Kosten des
in den Renaissance-Architekturen seiner Vorgänger sich
aussprechenden poetischen Reizes. Zuerst wirkte er in
Mailand: Chor der Kirche S. Maria delle Grazie, Kirche
S. Maria presso S. Satiro und die schöne Bogenhalle im
Kloster S. Ambrogio. Dann siedelte er nach Rom über.
In den von ihm dort ausgeführten Bauten waltet zwar

Grazie und Geschmack, aber auch eine gewisse Nüchternheit: Palast der Cancelleria mit schönem Hofe; mehrere
bauliche Anlagen im Vatican mit den Logen um den Hof
des hl. Damasus (erst von Rafael vollendet) und die St.
Peterskirche, wozu er einen neuen Plan entwarf, den er
jedoch nicht mehr bedeutend zu fördern vermochte.

Lebrun, Charles, 1619—1690, ein mit bedeutendem
Talent begabter Maler, der unter Ludwig XIV. die künstlerischen Unternehmungen zu leiten hatte. Seine um-
fassenden Malereien zeigen, beeinflusst von der theatrali-
schen Scheingrösse der damaligen Epoche der französischen
Geschichte, nicht selten »ein pomphaft decoratives Gepräge«; inneres Gefühl, individualisirende Gestaltung, Klarheit und Gemessenheit in Auffassung und Anordnung
werden in ihnen mehr oder weniger vermisst. (Kugler).
— Leben Alexander d. Gr. (Paris). Im Verlaufe des
18. Jahrh. tritt in der Kunst seiner Heimath, »statt jener
affectirten Grossartigkeit«, allmählich ein »süsslich fades
Element« auf. Zu den namhaftesten seiner Mitstrebenden
gehören:

Pierre Mignard, 1610—1695, so wie
Hyacinthe Rigaud, 1659—1743, beide im Fache
der Bildnissmalerei sich auszeichnend, und
François Boucher, 1703—1770, der damals sog.
Maler der Grazien.

Lendenstrauch, Hans, von München, Erzgiesser, goss
u. a. die vier sitzenden, auf dem Deckel des Sarkophags
des Kaisers Maximilian I. in der Hofkirche zu Innsbruck
angebrachten Gestalten der Cardinaltugenden (1570). Vergl.
Colins.

Leochares, Bildh., s. Bryaxis.

Leopardi, Alessandro, Bildhauer in Venedig, ausgezeichnet durch den hohen Schönheitssinn in Anwendung
classischer Motive, schuf das herrlichste der Dogengräber,
das des Andrea Vendramin († 1478) im Chore von S. Giovanni e Paolo, von dessen figürlichem Schmucke —
darunter seine Statuen der Tugenden besonders werthvoll
— die an den Seiten des Sarkophags angebrachten Ge-

stalten von Adam und Eva durch Tullio Lombardo (vergl.
Lombardi) gearbeitet sind.   Sodann vollendete A. Leopardi
den Guss der von Verrocchio entworfenen Reiterstatue des
Colleoni, und verfertigte 1501 die Bronzepiedestale für die
drei Masten vor S. Marco, arbeitete auch um dieselbe Zeit
mit Antonio Lombardo an der Ausführung des Denkmals
für den Cardinal Zeno in dessen Kapelle zu S. Marco bis
1505, wo seine Mitwirkung daran aufhörte und dem Pietro
Lombardo die Oberleitung bei dieser Arbeit übertragen
wurde.

Lescot, Pierre, Erbauer des ältern Theils vom Louvre
in Paris.

Lesueur, Eustache, franz. Maler, 1617—1655, welcher
durch eifriges Studium der Werke Rafael's in seinen Compositionen Reinheit und Adel der Form sich aneignete und
darin zugleich eine milde, den Beschauer anziehende Ge-
müthsstimmung auszudrücken wusste. — Darstellungen aus
dem Leben des hl. Bruno (im Museum zu Paris).

Libon erbaute den Tempel des Zeus zu Olympia; nach
den neuesten Forschungen in der Zeit von 472—469 v. Chr.
begonnen, von Herodot um 445 als fertig erwähnt, aber
schon 2 Olympiaden (also 8 Jahre) früher vollendet (Boetticher, A., Olympia, S. 247).

Liesborner Meister ist die Benennung eines vorzüglichen Malers der von Köln abgezweigten westfälischen
Schule, von welchem ein i. J. 1465 gemaltes, leider nur
in Bruchstücken erhaltenes Altarwerk des Klosters Liesborn
bei Münster herrührt, in dessen edel gebildeten Gestalten
sinnige Anmuth und hoher Liebreiz sich offenbaren. (Vergl.
Mithoff, Mittelalterl. Künstler und Werkmeister Niedersachsens u. Westfalens, Aufl. II, 204 f.).

Ligorio, Pirro, Architekt in der Richtung des Bramante, die er auch durch seine literarischen Arbeiten be-
thätigte. — Villa Pia in den vaticanischen Gärten. † 1580.

Limosin, Leonard, gehörte zu den geschicktesten Email-
Arbeitern, welche um die Mitte des 16. Jahrh. in Frankreich, besonders in Limoges thätig waren. Derselbe wird
auch als Glasmaler gerühmt.

Lionardo da Vinci, s. Vinci.

Lionardo di Ser Giovanni, Goldschmied, s. Andrea di Jacopo d'Ognabene.

Lippi, Fra Filippo, besuchte 1420 die Klosterschule von S. Maria del Carmine zu Florenz, warf sich aber, den wissenschaftlichen Studien abhold, mit ungewöhnlichem Talente und Eifer auf die Kunst, und konnte schon 1430 das Kloster, in dessen Brüderschaft er aufgenommen war, mit Fresken und Altarbildern schmücken. Vasari weiss abenteuerliche Geschichten von ihm zu erzählen, wohin auch die (freilich gegründete) Nachricht von seiner strafbaren Liebschaft mit Lucrezia Buti, der schönen Tochter eines florentinischen Holzhändlers gehört. — Seine Staffeleigemälde (in Berlin, Florenz, im Louvre) sind meist der Madonna gewidmet, die er nicht in der älteren feierlichen Weise, sondern in goldig klarem Colorit als Bild des beseligenden Mutterglücks darstellt. In seinen grossartiger aufgefassten, die Geschichte Christi und der Heiligen enthaltenden Fresken (im Dome zu Prato, um 1456, und im Dome zu Spoleto, letztere erst nach seinem, i. J. 1469 erfolgten Tode vollendet) schildert er mit Behagen die ganze Mannigfaltigkeit und Fülle des Lebens in frischer Natürlichkeit, mitunter selbst mit einem Anfluge niedriger Realistik. — Sein mit der Lucrezia Buti erzeugter Sohn

    Filippino Lippi, geb. in Prato um 1458, widmete sich als Schüler des Sandro Botticelli ebenfalls der Malerei. »In seinen Tafelbildern erkennt man am meisten, namentlich im Typus der weiblichen Köpfe, Verwandtschaft mit Botticelli, den er indess an Reichthum und Schwung der Phantasie überragt; in seinen zahlreichen Fresken schliesst er sich zuerst dem Vorgange Masaccio's an, ohne jedoch dessen plastische Fülle und grandiose Einfachheit zu erreichen. Vielmehr überlässt er sich bald einem Hange nach überladenen Formen, nach flatternden, bauschigen Gewändern, wodurch seine späteren Arbeiten nicht selten etwas Manieristisches erhalten. Dazu kommt, durch das zunehmende Studium des classischen Alterthums herbeigeführt, ein stärkeres Betonen antiker Reminiscenzen«. (Lübke, Gesch. d. ital. Malerei, I, 358 f.).

Ein bedeutendes Werk aus seiner früheren Zeit (anscheinend um 1480) in der Badia zu Florenz stellt den hl. Bernhard dar, wie er beim Studium in poetischer Landschaft von der Madonna aufgesucht wird. Zwei Jahre später erhielt er den ehrenvollen Auftrag, die Fresken des Masaccio in der Brancacci-Kapelle im Carmine zu vollenden. Im J. 1489 schmückte er eine Kapelle in S. Maria sopra Minerva mit grossartigen Fresken aus der Legende des hl. Thomas von Aquino. Stillos sind seine letzten, 1491 in S. Maria Novella ausgeführten Fresken, in denen bauschige Gewänder und allerlei Wunderlichkeiten an Costümen und Decorationen in phantastischer Ueberladung sich zeigen.

Filippino stand in hohem Ansehen, und wurde bei allen bedeutenden künstlerischen Unternehmungen der Zeit zugezogen. Sein Tod erfolgte 1504.

Loeffler, Georg, Erzgiesser, s. Colins.

Lombardi ist der Name einer Familie oder Gruppe von Künstlern in Venedig. An deren Spitze steht

Pietro Lombardo, der gleich den Uebrigen als Baumeister und Bildhauer thätig war. Er gilt für den Erbauer des Pal. Vendramin Calergi (1481). In seinen Heiligengestalten nähert er sich der treuherzigen Auffassung des Giovanni Bellini, in den Gewandungen der Figuren dem in Venedig seit Donatello's Zeit herrschend gewordenen zierlich unruhigen Wesen. — Grab des Pasquale Malipier († 1462) in S. Giovanni e Paolo; Altäre der hl. Apostel Jacobus und Petrus in S. Marco (1463—1471) und, als Hauptwerk, das zwischen 1476 und 1484 entstandene Grab des Dogen Pietro Mocenigo in S. Giovanni e Paolo, bei dessen Ausführung auch seine beiden Söhne

Antonio und **Tullio** mitwirkten. Ersterer war mit Alessandro Leopardi (s. diesen) am Denkmal für den Cardinal Zeno in dessen Kapelle in S. Marco beschäftigt (1505); als von der Hand des Antonio herrührend wird namentlich die liegende Gestalt des Verstorbenen zu bezeichnen, demselben auch im Wesentlichen die Arbeit an dem prachtvollen, mit den Statuen des hl. Petrus und St. Johannes d. T., so wie der berühmten Madonna della

Scarpa geschmückten Altare dieser Kapelle beizumessen sein. — Tullio, der bedeutendste der beiden Brüder, schuf (ausser den gemeinschaftlich mit seinem Vater, seinem Bruder und Alessandro Leopardi ausgeführten Arbeiten) die vier knieenden Engel am Taufbecken von S. Martino, das Altarrelief in S. Giovanni Crisostomo, die Krönung der hl. Jungfrau darstellend, mit antikisirenden Gewändern, zwei Reliefs am Aeussern der Scuola di S. Marco und in seiner späteren Lebenszeit (1525) zwei Reliefs in S. Antonio zu Padua, in deren Behandlung eine herbe eckige Manier ersichtlich wird.

Martino Lombardo ist es, welchem die Erbauung der an ihrer Schauseite reich ausgestatteten Kirche S. Zaccaria (1457) und der ebenfalls durch eine brillante Façade sich auszeichnenden Scuola di S. Marco (1485) zugeschrieben wird. Ein dieser Künstlergruppe wohl nicht ganz fern stehender, aus Ferrara stammender

Girolamo Lombardo erscheint als gediegener Meister an der Spitze einer Bildhauerschule in Loreto, wo er von 1534—1560 gearbeitet haben soll, jedenfalls zu den Hauptmeistern der Casa santa gehörend. Für die zahlreichen Gusswerke richtete er in dem benachbarten Recanati ein Giesshaus ein und erhielt dort mit seinen vier Söhnen

Antonio, Pietro, Paolo und Giacomo das Bürgerrecht. Er arbeitete die vier Thüren der Casa santa mit Darstellungen in kräftigem Reliefstil von trefflicher Composition und technischer Durchbildung. Auch schuf er das reich decorirte, in den Flügeln mit Scenen aus dem alten Testamente geschmückte Hauptportal der Kirche in Loreto, welches unter ihm von seinen vier Söhnen ausgeführt wurde, und die über demselben befindliche Madonna. (Lübke, Gesch. d. Plastik, 738 f.).

Longhena, Baldassare, s. Palladio.

Longhi, Giuseppe, s. Morghen.

Lorch, Niclas, Bildhauer aus Strassburg. Von ihm und unter seiner Leitung wurde 1467—1513 das in St. Stephan zu Wien befindliche, mit Reliefs und decorativen

Figuren geschmückte Grabdenkmal des Kaisers Friedrich III. angefertigt.

Lorenzo, Pietro und **Ambrogio di,** oder Lorenzetti, Gebrüder, Maler aus Siena. Ersterer, 1305—1342 vorkommend, arbeitete in alterthümlich sienesischer Auffassung, dabei aber nach grösserer Mannigfaltigkeit strebend. Ihm wird das grosse anziehende Bild vom Leben der Einsiedler im Camposanto zu Pisa zugeschrieben. Tafelbilder seiner Hand, die thronende Madonna darstellend, in S. Ansano bei Siena (1329) und in den Uffizien in Florenz (1340), so wie die Geburt der hl. Maria in der Domsacristei zu Siena (1342).

Ambrogio, in der Zeit von 1324—1345 genannt, eine tiefsinnig poetische Natur, war seinem älteren Bruder in der Kunst überlegen. Seine bedeutendsten Werke sind die ausgedehnten, im Palazzo pubblico (Sala della Pace) zu Siena 1337—1339 ausgeführten Fresken, das gute und böse Regiment, so wie beide in ihren Folgen veranschaulichend, eine Aufgabe im Geiste der mittelalterlichen Symbolik und Allegorie, bei deren Lösung der Meister es verstand, im Einzelnen Anmuth und Hoheit, so wie eine Fülle lebendiger Wirklichkeit darüber zu verbreiten. (Lübke, Gesch. d. ital. Malerei, I, 171 ff.).

Lorrain, Claude, s. Poussin.

Luca della Robbia, s. Robbia.

Lucas van Leyden, eigentlich Luc Jacobsz, 1494 bis 1533, Maler, Kupferstecher und Formschneider. Gemälde seiner Hand selten, darunter: Triptychon mit dem jüngsten Gericht (Leyden), Madonna mit der hl. Magdalena und dem Stifter (Pinakothek in München), die Sybille von Tibur (Wien, Acad.). Bedeutender Meister im Stich, ein Hauptwerk: Brustbild Kaiser Maximilian's (1520). Seine gestochenen Compositionen reich, oft abenteuerliche Ideen enthaltend. In den dem Genre angehörenden Stichen (der Zahnarzt, der Chirurg, die beiden Musikanten) verbindet sich kräftige breite Formauffassung mit realistischer Charakteristik. (Woltmann und Woermann, a. a. O., II, 531 ff.).

Lützelburger, Hans, 1530 und später vorkommend, wird für denjenigen Formschneider gehalten, von welchem die vorzüglichen Holzschnitte nach den bedeutendsten Arbeiten Hans Holbein's d. J. angefertigt sind.

Luini, Bernardino, aus Luino am Lago Maggiore, der anziehendste unter den Schülern und Nachfolgern des Lionardo da Vinci. Seine Werke sind weniger durch Grossartigkeit und tiefe Charakteristik, als durch naive Auffassung, einfache ansprechende Composition und Anmuth des Ausdrucks, verbunden mit trefflicher Farbengebung, ausgezeichnet. — Christus unter den Schriftgelehrten (Nat. Gall. in London), Eitelkeit und Bescheidenheit (Gall. Sciarra zu Rom), zahlreiche Werke, darunter die Madonna vor der Rosenlaube (in d. Brera zu Mailand), Fresken-Cyclus, die Vermählung der hl. Maria und Scenen aus der Kindheit des Heilands darstellend, mit herrlichen Einzelheiten, in der Wallfahrtskirche bei Saronno (1525); Fresken mit Vorgängen aus der Passion in der Franciscanerkirche zu Lugano (1530).

Lysippus von Sikyon, 368—324 v. Chr. blühend, vorzüglicher Meister der sikyonisch—argivischen Bildhauerschule, aus der berühmte Athleten- und Heldengestalten hervorgingen. Aus seinen Herculesfiguren, welche diesen Helden ruhend darstellen, blickt gleichwohl die Befähigung zu grösster Kraftäusserung und leichtester Beweglichkeit. Eine von dem Athener

G l y c o n gearbeitete Nachbildung seiner stehenden Colossalstatue dieses Helden ist der sog. farnesische Hercules; eine Nachbildung von den sitzenden Herculesgestalten zeigt der berühmte Torso im Vatican, ein Werk des

A p o l l o n i u s. Unter den von Lysippus gearbeiteten Portraitstatuen werden besonders seine Darstellungen Alexander's d. Gr. gepriesen.

Mabuse (Malbodius), eigentlich J a n G o s s a e r t, aus Maubeuge im Hennegau, ein Altersgenosse Dürer's (etwa 1470 geb.), liess sich 1503 in Antwerpen nieder, begleitete 1508 Philipp, den Bastard von Burgund, nach Italien, arbeitete nach seiner Rückkehr in verschiedenen nieder-

ländischen Städten, und starb 1541 in Antwerpen. In seinen
früheren Bildern erscheint er als ein ausgezeichneter Nachfolger der altniederländischen Schule (Anbetung der hl.
drei Könige in Castle Howard; die in reicher gothischer
Architektur thronende Madonna im Museum zu Palermo
von 1501; die Madonna am Brunnen in der Ambrosiana
zu Mailand). Seine späteren »italisirenden« Werke »zeichnen sich durch die Pracht der architektonischen Umge-
bungen und sorgfältige Plastik der Modellirung aus« (der
hl. Lucas, die Madonna malend, im Dome zu Prag), andere
verlieren aber durch manierirte Formgebung. Zu diesen
gehörte die durch Brand vernichtete Kreuzesabnahme in
der Kirche zu Middelburg, von welcher Dürer schrieb, sie
sei »nicht so gut in der Zeichnung, als in der Malerei«.
Mehrere mythologische Gemälde des Meisters sind als »un-
erquicklich« zu bezeichnen. (Woltmann und Woermann,
a. a. O., II, 517 ff.).

Maderna, Carlo, Architekt, 1556—1639, einer der
Hauptmeister des röm. Barockstils, fügte der Vorderseite
der St. Peterskirche ein Langschiff mit einer kraftlos und
nüchtern decorirten Façade hinzu (diese 1614 vollendet).

Maderna, Stefano, lombard. Bildhauer, 1571—1636. —
Liegend dargestellte Figur der hl. Cäcilie, in der ihr geweihten Kirche zu Rom, malerisch gedachtes, aber einfach
und innig empfundenes Werk.

Majano, s. Benedetto und Giuliano da Majano.

Mansart, François, Architekt, 1598—1666. Nach ihm
haben die Mansardendächer (s. Dachformen) ihren Namen.
Schloss Maison.

Mansart, Jules Hardouin, Architekt, 1645—1708.
Schlösser von Versailles, Grand Trianon, Marly, Clugny,
Hôtel des Invalides zu Paris.

Mantegna, Andrea, s. Squarcione.

Manuel, Niclaus, mit dem Zunamen D e u t s c h, Maler,
1484—1530, war 1512 Mitglied des Raths zu Bern. Bei
seiner verschiedenartigen Beschäftigung — er war auch
Dichter, Krieger und Reformator — brachte es in der
Malerei nicht zur rechten Durchbildung. Von seinen Oel-

gemälden sind Lucrezia, Bathseba (beide 1517) und eine
Enthauptung St. Johannis d. T., auch eine mit keckem
Humor gemalte Bauernhochzeit zu nennen. Auf einer
Mauer des Dominicanerklosters zu Bern malte er einen
Todtentanz, ein umfangreiches (jetzt zerstörtes) Werk
(1514—1522).

Marcantonio, Raimondi, Kupferstecher, s. Raimondi.

Martini, Simone, geb. um 1284, verheirathete sich
1324 mit der Tochter des Malers Memmo, wodurch Vasari's irrthümliche Namensbezeichnung Simone »Memmi«,
statt Martini, entstanden sein wird. Simone nahm als Maler
in Siena die erste Stelle ein, sein Ruhm drang aber auch
in die Ferne, denn König Robert beschäftigte ihn in Neapel
und 1339 wurde er an den päpstlichen Hof zu Avignon
berufen, wo er 1344 starb. — Sein Hauptwerk ist das
colossale Wandgemälde im Palazzo pubblico zu Siena (1315),
darstellend die thronende Madonna voll Hoheit und Anmuth,
beseitet von knieenden Engeln mit Blumenkörben und
Gruppen von Heiligen, alles von edelster Innigkeit durch-
haucht. Von seinen andern Fresken ist viel verloren gegangen. Tafelbilder seiner Hand von tiefer Empfindung
und vortrefflichem Farbenauftrage, aber in der Modellirung
weniger vollkommen, finden sich an verschiedenen Orten,
darunter ein Altarbild in S. Lorenzo Maggiore zu Neapel
und eine für den Dom zu Siena 1333 von ihm gemeinschaftlich mit seinem Schwager

Lippo Memmi ausgeführte Verkündigung (jetzt in d.
Uffizien zu Florenz). Letzterer malte 1317 im Rathssaale
zu Gimignano ein grosses Wandbild, welches an das vorhin gedachte seines Schwagers stark erinnert. Ein Madonnenbild dieses Lippo, »das in der Auffassung und in
den schwärzlichen Schatten im Fleisch stark byzantinisirt«,
befindet sich in Berlin. (Lübke, Gesch. d. ital. Malerei,
I, 169 ff.).

Masaccio, eigentlich Tommaso, Sohn des Ser Giovanni
di Simone Guidi aus San Giovanni, florent. Maler, geb. zu
Ausgang d. J. 1401, wurde 1421 Mitglied der Gilde und
1424 der Brüderschaft des hl. Lucas, starb anscheinend

bereits 1429. Ungeachtet seiner kurzen Lebensdauer steht er als einer der Hauptbegründer der sog. modernen (die mittelalterliche Weise verlassenden) Richtung der ital. Malerei da. Nach Vasari wurde er zuerst von Masolino unterrichtet, dann studirte er bei Filippo Brunelleschi die Perspective, bei Donatello aber die Verkürzung und Anatomie. Sein ganzes Sinnen und Trachten gehörte der Kunst. Seine Compositionen enthalten nur das Nothwendige, dieses aber in grossartiger Auffassung. Seine Gestalten erscheinen als die Vollendung dessen, was Giotto begonnen hatte; in freier Würde, plastischer Durchbildung und malerischer Vollendung treten sie auf; die Köpfe sind von charakteristischem Ausdruck, die Gewänder von stilvoller Anordnung; landschaftliche Hintergründe oder architektonische Einrahmungen nehmen die Gruppen auf.

Dass die Fresken in S. Clemente zu Rom, welche Vasari und Andere dem Masaccio zuschreiben, von Masolino da Panicale (s. diesen) ausgeführt sein werden, ist jetzt fast mit Gewissheit anzunehmen. Beide Maler, den Namen Tommaso führend, werden mehrfach mit einander verwechselt. Das unbestrittene Werk des Masaccio sind die Fresken in der Kapelle Brancacci im Carmine zu Florenz (1422—1423), deren Ergänzung nach seinem Tode dem Filippino Lippi übertragen wurde. Die Wände — die Fresken der Gewölbe sind zerstört — enthalten in zwei Reihen über einander Scenen aus der Legende des hl. Petrus, ausserdem (eine Gelegenheit, seine Kunst in der Darstellung des Nackten zu beweisen) Adam und Eva unter dem Baume der Erkenntniss und die Vertreibung aus dem Paradiese. Von diesen Werken hat — wie Vasari erzählt — eine ganze Reihe nachfolgender Generationen ihre Studien gemalt. (Lübke, Gesch. d. italien. Malerei, I, 290 ff.).

Masolino da Panicale, eigentlich Tommaso, 1383 bis 1447, Maler aus dem oberen Arnothale. Von Florenz aus, wo er 1425 verweilte, begab er sich im Auftrage des Handelsherrn Filippo Scolari nach Ungarn, um dort für ihn Arbeiten auszuführen. Von letzteren ist nichts erhalten, dagegen sind Fresken, die seinen Namen tragen, in der Kirche zu Castiglione d' Olona bei Varese (gegen 1428), andere im dortigen Baptisterium (1435) vorhanden. Ein dritter Fresken-Cyclus von seiner Hand, in S. Clemente zu Rom (vor 1420), wird von Vasari und Anderen dem Masaccio (s. diesen) zugeschrieben, allein dagegen sprechen, ausser dem damaligen jugendlichen Alter des letztgedachten Künstlers, gewichtige Gründe. Masolino sucht in seinen Arbeiten in S. Clemente »aus den Traditionen des giottesken Stils zu freierem Naturgefühl sich loszuringen«. Aehnlich ist es mit den Fresken an den Gewölben in Castiglione d' Olona; dagegen erscheint hier der Stil der Wandbilder weit entwickelter. (Lübke, Gesch. d. ital. Malerei, I, 285 ff.).

Masson, Antoine, geb. 1636, † 1700, sehr geschickter franz. Kupferstecher.

Massys, Quentin (Quinten Matsys, Messys, Metsys), anfänglich Kunstschmied, dann Maler von Antwerpen, geb. vor 1460, wurde 1491 als Meister in die dortige St. Lucasgilde aufgenommen, † 1530. Während in den Bildern seiner älteren Landsleute die handelnden Personen den Mittelgrund einzunehmen pflegen und daher nicht genügend zur Geltung kommen, rückt er dieselben bei seinen Compositionen in den Vordergrund, wie solches besonders in seiner, zu den ergreifendsten Darstellungen gehörenden Beweinung Christi sich zeigt. Dieses grosse Altarwerk wurde 1508 von der Schreinerzunft zu Antwerpen bei ihm bestellt, scheint aber erst nach dem 1509 vollendeten Altarwerke der St. Peterskirche zu Löwen (jetzt im Mus. zu Brüssel), dessen Mitte die hl. Sippe veranschaulicht, gemalt zu sein. — Er ist auch der Schöpfer einer besonderen Gattung von Sittenbildern mit grossen Halbfiguren, welche Zahlscenen in Geschäftsstuben zum Gegenstande haben. Davon kann, als von seiner eigenen Hand herrührend, indess nur ein (im Louvre befindliches) Bild von 1514, welches einen mit der Goldwage beschäftigten Kaufmann und seine ihm zuschauende Frau darstellt, mit Sicherheit bezeichnet werden. Ein anderes bekanntes Bild dieser Gattung, »die beiden Geizhälse«, (Windsor Castle) ist viel-

leicht mit ähnlichen Genrebildern aus der Mitte des
16. Jahrh. dem Sohne des Meisters
Jan Massys oder Messys, 1509—1575, zuzuschreiben.
(Woltmann u. Woermann, a. a. O., II, 509 ff.).

Masuccio ist der Name zweier Bildhauer in Neapel,
von denen der jüngere, dessen Blüthe gegen die Mitte des
14. Jahrh. fällt, durch eine beträchtliche Anzahl von Grabdenkmalen in neapol. Kirchen, darunter die dem Könige
Robert (✝ 1343) und seinen Angehörigen gewidmeten Monumente in der Kirche S. Chiara, sich hervorgethan hat.

Matthias von Arras gründete 1343 den Dom zu Prag,
welcher in seiner gegenwärtigen Gestalt 1385 durch
Peter Arler von Gmünd in Schwaben vollendet
wurde.

Maurer, Christoph, 1558—1614, zeichnete sich in der
Schweiz als Glasmaler aus.

Mazzola, Francesco, gen. il Parmigianino, s. Allegri.

Meer, van der, s. Vermeer.

Memlinc, Hans (Memling), wahrscheinlich deutscher
Abkunft, Maler zu Brügge, urkundlich zuerst 1478 daselbst
vorkommend, ✝ 1495. Er war, wie schon alte Schriftsteller melden und auch mit grosser Wahrscheinlichkeit
anzunehmen ist, ein Schüler Rogier's van der Weyden,
dem er im Stil, in der Malweise und den Typen sehr nahe
kommt. Jedoch liegt das Leidenschaftliche, Gewaltsame
in Rogier's Compositionen ausser seiner Sphäre. Ueber
seinen von dichterischer Begabung zeugenden Werken verbreiten sich Anmuth und stille Heiterkeit. Im Ausdruck
der männlichen Gestalten sind Bescheidenheit und sanfte
Würde, in dem der Frauen Sinnigkeit, Demuth, Seelen-
reinheit vorherrschend.

Einige von der Hand des Meisters sicher herrührende,
ihn kennzeichnende Malereien enthält das St. Johannis-
spital in Brügge, ein grösseres und ein kleineres Triptychon, beide von 1479 (im Hauptbilde die Madonna, bezw.
die Anbetung der hl. drei Könige), so wie ein Diptychon
von 1487 (in Halbfiguren die Madonna und der Stifter
Martin von Newenhowen). Die Krone unter Memlinc's

Schöpfungen ist der Schrein der hl. Ursula in Form eines gothischen, mit der Legende dieser Heiligen bemalten Kirchleins, worin am 24. Oct. 1489 die Reliquien durch den Bischof von Tournay deponirt wurden. Dann sind zu nennen: zwei kleine Tafeln, eine derselben (in Turin) mit den sieben Schmerzen, die andere mit den sieben Freuden der hl. Maria (in der Pinakothek zu München, aus der Frauenkirche zu Brügge v. 1480), ein grosser Altar aus St. Jacob (Acad. zu Brügge) und, als Memline's letzte datirte Arbeit, der meisterhaft ausgeführte grosse Altar mit Doppelflügeln in der Greveradenkapelle des Doms zu Lübeck von 1491 (im Innern die Kreuzigung beseitet von der Kreuztragung, Grablegung, Auferstehung und anderen Vorgängen aus der Passion: auf den Flügeln, innen vier lebensgrosse Kirchenpatrone, aussen — in Steinfarbe — die Verkündigung. (Woltmann u. Woermann, a. a. O., II, 44 ff.). Auch wird neuerdings das »Jüngste Gericht« in der St. Marienkirche zu Danzig als ein der früheren Zeit dieses Meisters angehörendes Werk, dem das »Jüngste Gericht« von Rogier van der Weyden zu Beaune im Wesentlichen als Vorbild gedient habe, bezeichnet. (Gesch. d. altniederländ. Malerei v. Crowe u. Cavalcaselle, in deutsch. Bearbeitg. v. Ant. Springer, S. 282 ff.).

Memmi, s. Martini.

Mengs, Anton Raphael, 1728—1779, ein seiner Zeit gefeierter Maler, der aber »über das Streben nach einem neuen und einseitigen Eklekticismus nicht hinauskam«. (Kugler).

Messys, Quentin, s. Massys.

Metagenes, s. Theodorus.

Metsu, Gabriel, s. Dou.

Michelangelo, s. Buonarroti.

Micheli, Michele San, von Verona, 1484—1559, zeichnete sich als Festungsbaumeister aus, leistete aber auch Vorzügliches in der Palast-Architektur, wie dies die von ihm in Venedig ausgeführten Paläste Cornaro und Grimani zeigen.

Michelozzo Michelozzi, Schüler des Filippo Brunelleschi, Architekt, auch Bildhauer. Paläste in Florenz: Pal. Riccardi (1430 f.), Pal. Tornabuoni, Hof des Pal. Vecchio. — Statuette des hl. Johannes (Mus. in Florenz). † 1479.

Mierevelt, Michiel Jansze, 1567—1651, vorzüglicher holländ. Portraitmaler. (Müller, Lexik. d. bild. Künste).

Mieris, Frans van, s. Dou.

Mignard, Pierre, s. Lebrun.

Mnesicles war der Erbauer der Propyläen auf der Akropolis zu Athen, 437—432 v. Chr.

Montreuil, s. Peter von Montreuil.

Morales, Luis de, mit dem Beinamen »el Divino«, span. Maler, aus Estremadura, c. 1500—1586. In seinen Werken zeigt sich — abweichend von der damaligen ital. Kunstrichtung — noch die frühere alterthümliche Strenge und der damit verbundene Ausdruck einer tief religiösen Stimmung.

Moretto, il, s. Bonvicino.

Morghen, Rafael, aus Neapel, 1758—1833. Kupferstecher, Schüler von Volpato, erreichte in seiner Kunst die Stufe einer vollkommen durchgebildeten Meisterschaft. — Lionardo's hl. Abendmahl, Corregio's Nacht. Neben ihm erlangten die Kupferstecher

Longhi, Giuseppe, geb. 1766, † 1831,

Pietro Anderloni, geb. 1784, † 1849, und

Giovita Garavaglia, geb. 1790, † 1835, einen hohen Grad von Geschicklichkeit in ihrer Kunst.

Moser, Lucas, von Wil (Weil), Maler, dessen Bilder durch hohe Anmuth, Zartheit und Milde sich auszeichnen und, obgleich sie ein entschieden oberdeutsches Gepräge tragen, doch auch der Richtung der flandrischen Meister verwandt sind. — Altar zu Tiefenbronn im Schwarzwalde (1431).

Müller, Joh. Gotthard von, 1747—1830, geschickter Kupferstecher, Schüler von Wille. — Madonna della Sedia nach Rafael; die hl. Cäcilie nach Domenichino. Sein Sohn und Schüler

Joh. Friedr. Müller, 1782—1816, der sich in Paris weiter ausbildete, erlangte durch den meisterhaften Stich von Rafael's sixtinischer Madonna grosse Berühmtheit.

Murillo, Bartolome Esteban, 1618—1682, der Malerschule von Sevilla angehörend. In diesem Meister scheint »das Streben der gesammten Malerkunst in Spanien seinen Gipfelpunkt erreicht zu haben«. »Er ist ebenso ausgezeichnet in der Darstellung der niedrigen und gemeinen Erscheinungen des Lebens, wie in der süssesten Holdseligkeit und Anmuth und wie in dem Ausdrucke der begeisterten, sich völlig hingebenden religiösen Schwärmerei; oft vereint er diese Elemente der Darstellung auf kühne Weise in den verschiedenen Theilen eines und desselben Bildes« (Kugler). — Die Spanier unterscheiden bei ihm drei Stile: »frio, calido, vaporoso«. Werke seiner Hand in Spanien, Paris, München, Berlin, England, Petersburg; darunter: Gassenbuben, Bauern, Bettler; ferner Heilige (St. Thomas von Villa nueva, in London; St. Ambrosius in Sevilla), Bilder der Liebe und Erbarmung (acht Werke der Barmherzigkeit, im Spital daselbst), Verzückungen, Visionen, hl. Familien, Conceptionen (Louvre), Jesus- und Johannesknaben, Portraits. (Kraus, a. a. O., 215).

Muschgat, Jörg, ein sonst unbekannter Künstler, wurde zuerst beauftragt, die Modelle zu den, das Grabmal des Kaisers Maximilian I. in der Hofkirche zu Innsbruck umgebenden Standbildern anzufertigen, welche von Hans und Laux Zotmann in Erz gegossen werden sollten, wobei noch als dritter Giesser Lorenz Sartor 1510 genannt wird. Jörg Muschgat lebte bis 1527. Vgl. Sesslschreiber.

Myron, s. Polycletus.

Naucydes (Ναυχύδης) von Argos, einer der ausgezeichnetsten Nachfolger des Polyclet, vielleicht der Schöpfer des Originals der schönen Statue des stehenden Discuswerfers im Vatican.

Neefs, Pieter, d. Aelt., geb. um 1580 zu Antwerpen, gest. um 1656, berühmter Meister in der Architekturmalerei. Auch sein gleichnamiger Sohn war Architekturmaler.

Neer, Aart van der, 1619—1683, holländ. Landschaftsmaler. Er schuf besonders liebliche Mondscheinbilder.

Nehring, s. Bodt (Joh. de).

Netscher, Caspar, s. Dou.

Neumann, Joh. Balth., erbaute 1720—1744 die stattliche fürstbischöfl. Residenz zu Würzburg.

Niccolò di Piero Gerino, ein dem Giotto nahe stehender
Künstler, verfertigte bis 1392 die werthvollen, leider sehr
vergangenen Malereien aus der Passion im Capitelsaale des
Klosters S. Francesco zu Pisa.

Nicola Pisano, Bildhauer und Architekt, geb. anscheinend zwischen 1205 und 1207.   Ihm gebührt der
Ruhm, die damals in Italien wenig entwickelte Bildhauerkunst wesentlich gehoben zu haben.   Wie schon vor ihm
in Deutschland (in der sächsischen Schule), beeinflusst
durch die Kenntniss der (röm.) Antike, die Bildhauerei
eine hohe Stufe erstiegen hatte, so wandte er sich ebenfalls dem Studium der Antike zu, erreichte auch in seinen
Werken eine tüchtige Durchbildung der Form, ohne jedoch
bei seinen Darstellungen aus dem Gebiete der Religion
den geistigen Ausdruck auf gleiche Höhe zu bringen. —
Seine ganze Eigenthümlichkeit zeigen die Sculpturen an
der Kanzel im Baptisterium zu Pisa (1260) und an derjenigen im Dome zu Siena.   Letztere, 1266 übernommene
Arbeit vollendete er 1268 mit Hülfe seiner Gesellen Arnolfo (di Cambio) und Lapo, so wie seines Sohnes
Giovanni (s. diesen).

Nicola Pisano gilt als der Erbauer von S. Micchele
in borgo zu Pisa; im J. 1242 leitete er den Bau des Doms
zu Pistoja.

Nino Pisano, Sohn des Andrea Pisano. Seine Bildhauerarbeiten zeigen eine anmuthige feine Durchbildung.
— In S. Caterina zu Pisa das prächtige Grabmal des Erzbischofs Simon Saltarelli von 1352 und eine Verkündigung
v. J. 1370; in S. Maria della Spina daselbst eine Madonna
und andere Figuren.

Orcagna, s. Cione.

Orley, Barend van (Bernardin v. O.), niederländischer Maler, geb. zwischen 1488 und 1490 zu Brüssel, dort 1518 Hofmaler Margaretha's v. Oesterreich, 1527 wegen Ketzerei aus dem Hofdienste entlassen, 1532 aber von Maria von Ungarn in Gnaden wieder angenommen, † 1541. In der Zeit seiner Verbannung scheint er in Rom sich aufgehalten zu haben. Seine frühen Arbeiten zeigen im Wesentlichen die altniederländische Weise, in der mittleren Zeit seines Schaffens verräth er mehr seine Kenntniss der italienischen Formengebung und später trägt er den Stil der römischen Schule mit Absichtlichkeit zur Schau. — Triptychon von 1521, die Prüfungen Hiob's darstellend (Gall. zu Brüssel), eine hl. Familie (zu Keddleston Hall bei Derby). — Das jüngste Gericht nebst den Werken der Barmherzigkeit (im Elisabethspital zu Antwerpen) und ein Altarwerk mit Doppelflügeln, im Mittelbilde die Verehrung der hl. Dreieinigkeit enthaltend (St. Marienkirche zu Lübeck). (Woltmann und Woermann, a. a. O., II, 515 f.).

Ostade, Adriaen van, 1610—1685, holländ. Genremaler, Schüler des Frans Hals, schuf Bilder aus dem Bauernleben, die besonders durch Harmonie der Farben und Wirkung des Helldunkels sich auszeichnen. Auch lieferte derselbe treffliche Radirungen. Sein Bruder Isaac van Ostade, geb. 1617 zu Haarlem, gest. 1649, ebenfalls holländ. Genremaler, veranschaulichte in seinen Bildern das Treiben in den Dorfstrassen.

Ouwater, Albert van, aus Haarlem, in älteren Schriften als Maler gerühmt. Zu seinen Werken soll das berühmte, das jüngste Gericht darstellende Altarwerk in der St. Marienkirche zu Danzig (1467) gehören, jedoch hat diese von Passavant geäusserte Ansicht Widerspruch erfahren. S. Memlinc.

Pacher, Michael, Maler und Bildhauer zu Bruneck in Tirol, verfertigte den herrlichen Altar zu St. Wolfgang im Salzkammergut (1484).

Padovanino, il, s. Varotari.

Päonius, Architekt, s. Theodorus.

Palladio, Andrea, aus Vicenza, Architekt, 1518—1580,

einst ein sehr gefeierter Meister, der durch das Studium
der classischen Baukunst zu gewissen Normen gelangt war,
die er seinen architektonischen Schöpfungen zu Grunde
legte und ihnen dadurch stets ein würdiges und vornehmes,
wenn auch nicht den Beschauer sonderlich erwärmendes
Gepräge zu geben wusste. — Bauten in Venedig, an der
Brenta, in Vicenza. — Seinen Einfluss, der auch nach
aussen sich verbreitete, sicherte er sich noch mehr durch
das von ihm verfasste Lehrbuch der Architektur. — Als
die bedeutendsten seiner Nachfolger in Venedig sind

> Vicenzio Scamozzi und
> Baldassare Longhena zu bezeichnen.

Palma, Jacopo, il Vecchio, anscheinend um 1480 ge-
boren und bereits 1528 gestorben, kam aus seiner Heimath
Serina bei Bergamo früh nach Venedig, widmete sich unter
Giovanni Bellini der Malerei und wurde später vorzüglicher
Nachfolger Giorgione's. Statt der strengen Grösse des
letztgedachten Meisters ist ihm aber Milde und Weichheit
in seinen Gemälden eigen; er liebte es, schöne, in vornehmer Ruhe erscheinende weibliche Gestalten in stolzer
Fülle und mit reich wallendem Lockenhaar in blühender
Carnation darzustellen. Seine in Begleitung von Heiligen
erscheinenden Madonnen sind idyllisch aufgefasste Familien-
bilder (in d. Gall. zu Dresden, Bergamo, Wien u. s. w.),
jedoch zeigt er sich auch als Schöpfer feierlicher Altargemälde (Altarwerk in S. Maria Formosa zu Venedig, mit
der hl. Maria und der hl. Barbara im Mittelfelde). Berühmt
sind seine, als Einzelfiguren der Mythologie, der Sage oder
der Wirklichkeit entnommenen weiblichen Gestalten, fesselnd
durch weiche Anmuth, »in welcher das Sinnliche sich oft
wundervoll verklärt«; darunter die sog. Venus (Mus. in
Dresden), die durch Schönheit des Colorits entzückende
Lucrezia (Belvedere zu Wien), Adam und Eva (Mus. in
Braunschweig). (Lübke, Gesch. d. ital. Malerei, II, 500 ff.).

Pamphilus, hervorragender Meister der sikyonischen
Malerschule, welche eine strengere Zeichnung, als die durch
weiches Colorit sich auszeichnende ionische erstrebte und
eine mehr academische Unterrichtsweise befolgte.

Panicale, Masolino da, s. Masolino.

Parmigianino, s. Allegri.

Parrhasius, Maler, s. Zeuxis.

Paul von Limburg, ausgezeichneter Miniaturmaler zu Anfang des 15. Jahrhunderts.

Pausias von Sikyon wird als derjenige Maler bezeichnet, welcher zuerst die Felder der Zimmerdecken mit Malereien, besonders mit Knabengestalten verziert habe. Als Maler decorativer Richtung war er auch geschickt in der Blumenmalerei; er zeigte dies u. a. in seinem, die schöne Kranzwinderin Glycera darstellenden Bilde.

Pencz, Georg, zuerst 1523 in dem Verzeichnisse der Nürnberger Maler auftauchend, wurde 1524 mit Sebald und Barthel Beham (s. diese) der Stadt verwiesen, 1532 aber wieder aufgenommen und sogar als Rathsmaler bestellt, † 1550. Er lieferte als Maler u. a. eine Reihe von Halbfigurenbildern, »deren meist mythologische Gestalten eine so kalt italienisirende Behandlung zeigen, dass man wohl mit Recht annimmt, Pencz habe eine Studienreise nach Italien unternommen«. Charaktervoll sind seine Bildnisse (in d. Gall. zu Berlin, Karlsruhe, Florenz, Wien, Gotha). Seine Hauptbedeutung liegt jedoch auf dem Felde des Kupferstichs; er bediente sich des Grabstichels mit fast malerischer Freiheit (Folgen aus d. alt. Testamente, darunter 7 anmuthige Bl. aus d. Gesch. d. Tobias; dann aus d. röm. Gesch. und aus der griech. Mythologie; Bildniss Johann Friedrich's d. Grossmüthigen). (Woltmann u. Woermann, a. a. O., II, 406 f.).

Perrault, Claude, 1613—1688, erbaute seit 1664 die Hauptfaçade des Louvre in Paris.

Perugino, s. Vanucci.

Peruzzi, Baldassare, Architekt und Maler, 1481—1537, in seiner baukünstlerischen Richtung dem Bramante verwandt, erbaute in Rom die sog. Farnesina (s. diese), in welcher er auch einige Fresken ausführte, und den Pal. Massimi daselbst. Sein Hauptbild ist die al fresco ausgeführte Madonna in S. Maria della Pace zu Rom. Ein Schüler desselben,

Sebastiano Serlio, machte sich durch sein Lehrbuch der Architektur besonders bekannt. Er hielt sich
lange in Frankreich auf, wo er bei dem Palaste des Louvre
und dem Schlosse zu Fontainebleau thätig war; † anscheinend 1568.

Peter oder **Eudes von Montreuil** erbaute die schöne
gothische, 1242 gegründete Sainte Chapelle zu Paris.

Peter von Nürnberg, s. Grabner.

Petrus, Erzgiesser aus Piacenza, s. Hubertus.

Phidias (Φειδίας), um 500 v. Chr. zu Athen geboren,
der erhabenste Meister des Alterthums, welcher die bedeutenden Bauunternehmungen des Perikles in Athen leitete
und die zu ihrer Ausschmückung dienenden, die höchste
Meisterschaft bekundenden Sculpturen theils selbst schuf,
theils unter seiner unmittelbaren Aufsicht und Einwirkung
ausführen liess. Die Mehrzahl seiner eigenen Arbeiten
bestand aus Götterbildern, in denen er die vollendete
Körperform, die würdevolle Erhabenheit und das Charakteristische der verschiedenen Gottheiten darzustellen wusste.
Am berühmtesten darunter sind die chryselephantinen
Colossalgestalten des olympischen Zeus in dessen Tempel
zu Olympia (vollendet 433) und der Minerva im Parthenon
zu Athen. Phidias starb 432 im Kerker, in Folge von
Umtrieben einer Volkspartei, welche darauf ausging, die
Macht des Perikles zu stürzen.

Piero, Goldschmied, s. Andrea di Jacopo d'Ognabene.

Piero della Francesca, s. Francesca.

Pietro di Lorenzo, s. Lorenzo.

Pilgram, A., s. Grabner.

Pinturicchio, s. Betto.

Piombo, Sebastiano del, eigentlich Sebastiano Lu-
ciani, geb. zu Venedig 1485, † 1547 zu Rom, ein im
Colorit ausgezeichneter Maler, Nachfolger Giorgione's.
Nach Vasari unterstützte Michelangelo, um Rafael in der
Malerei einen Nebenbuhler zu setzen, den nach Rom gekommenen Sebastiano mit seinen Zeichnungen. Unter
solchem Verhältnisse entstand wohl auch das als die Haupt-

leistung Sebastiano's zu bezeichnende Bild, die Auf-
erweckung des Lazarus (1518; jetzt in London). Ausgezeichnet sind die Bildnisse dieses Künstlers, darunter das
früher irrthümlich Fornarina des Rafael genannte weibliche
Brustbild (1512; in der Tribuna der Uffizien zu Florenz)
und das berühmte Portrait des Andrea Doria (Pal. Doria
zu Rom). (Lübke, Gesch. d. ital. Malerei, II, 144).

Pippi, Giulio, gen. Giulio Romano, 1492—1546,
Schüler Rafael's, war Architekt und Maler. Bei Rom
erbaute er die Villa Madama und die Villa Lante, in sti-
listischer Beziehung den architektonischen Leistungen seines
Meisters verwandt. Später wirkte er in Mantua, wo er den
Pal. del Te, verschiedene andere Paläste und die Kathedrale (letztere grösstentheils) ausführte, in welchen Bauten
das nüchterne schulmässige Wesen der damaligen Richtung,
zugleich aber schon ein grösseres Streben nach malerischer
Wirkung, freilich auch mehr Willkür, sich zeigt.

Rafael liess viele seiner Compositionen durch Giulio
Romano, der den Stil und die Darstellungsweise des Meisters
sich anzueignen wusste, ausführen. Später waltet in seinen
eigenen Malereien ein mehr auf frisches Naturleben, als
auf Zartheit und Grazie gerichtetes Wesen, mit einer Hinneigung zur Darstellung mythischer Gegenstände (in oben
genannten Villen). In Mantua fand er Gelegenheit zur
Ausführung grosser Fresken: Jagd der Diana und Vorgänge aus der Geschichte des trojanischen Krieges (im
ältern herzoglichen Palaste), Sturz der Giganten und die
Geschichte der Psyche (im Pal. del Te). In diesen, mit
Hülfe seiner Schüler hergestellten Arbeiten macht sich,
ungeachtet des daraus hervorleuchtenden Talents, immer
mehr eine, den hohen edlen Sinn verlassende Auffassung
bemerkbar.

Pirro, Ligorio, s. Ligorio.

Pisano, s. Andrea P., Giovanni P., Nicola P., Nino
Pisano.

Pollajuolo, Antonio, 1429—1498, Goldschmied, Bildhauer und Maler, der florent. Schule angehörend. In Rom
arbeitete er die Grabmonumente der Päpste Sixtus IV. und

Innocenz VIII. An seinen Arbeiten, namentlich in der
Malerei, war auch sein Bruder

Piero Pollajuolo, geb. 1442, gest. um 1496, betheiligt. Als Hauptwerk der Pollajuolo gilt das für die
Familienkapelle der Pucci im Vorhofe von S. Annunziata
zu Florenz gemalte Martyrium des hl. Sebastian (jetzt in
London, Nat. Gall).

Polycles, Bildhauer, aus dem 2. Jahrh. v. Chr. Ihm
wird die Kunstschöpfung des Hermaphroditen zugeschrieben.
(Bestes Exemplar im Louvre).

Polycletus, nächst Phidias der gefeierste Künstler des
Alterthums, etwa von 450 — 410 v. Chr. blühend. Derselbe schuf einen Canon für die Verhältnisse des menschlichen Körpers, den Lysippus weiter ausbildete. Polycletus
suchte den höchsten Triumph der Kunst in der zartesten
Vollendung der Formen. Er führte meist jugendliche Gestalten aus, so den Doryphoros (Lanzenträger) und den
Diadumenos (einen zarten, die Kopfbinde sich anlegenden
Jüngling). In der Darstellung einer Amazonenstatue über-
wand er mehrere vorzügliche Künstler, u. a. den Phidias
und den

Cresilas, der eine verwundete Amazone angefertigt
hatte. In der Richtung des Polycletus arbeitete ebenfalls

Myron aus Eleutherä in Attica, der sich besonders
bestrebte, die Natur in den »mannigfaltigsten und in den
regsten Aeusserungen des Lebens«, so in Athletenstatuen
(darunter der vielfach nachgebildete Discuswerfer) darzustellen. Auch machte er sich berühmt durch seine Thier-
bilder, vor allem durch eine (in zahlreichen Sinngedichten
gepriesene) Kuh.

Polydorus, s. Agesander.

Polygnotus von der Insel Thasos, der erste und bedeutendste Meister der athenischen Malerschule, kam 462 v. Chr.
nach Athen. Er war unter Cimon und während der durch
Perikles hervorgerufenen künstlerischen Unternehmungen
dort thätig. Er führte auch ausserhalb Athens Wandmalereien in verschiedenen Hallen und Heiligthümern aus.
Berühmt ist die Malerei, mit welcher er die Lesche von

Delphi, eine von den Knidiern gestiftete Halle, schmückte, worin er in figurenreichen Darstellungen die Eroberung von Troja und die Abfahrt der Griechen, so wie den Besuch des Odysseus in der Unterwelt darstellte.

Ponte, Jacopo da, gewöhnlich **Bassano** genannt, venez. Maler, 1510—1592, hatte sich nach Tizian gebildet, ging aber zu einer entschieden naturalistischen Richtung über.

Pordenone. Diesen Namen führt nach seinem Geburtsorte der Maler Giov. Anton. Corticelli, 1483—1539, der sich auch den Namen **Regillo** beilegte, nachdem er 1535 vom Könige Johann von Ungarn die erbliche Ritterwürde erlangt hatte. Zu seinen früheren Leistungen gehört die Fortsetzung und Vollendung der von einem älteren Meister begonnenen Fresken in der Kapelle S. Salvatore auf dem Schlosse zu Colalto, Vorgänge aus dem neuen Testamente darstellend, die manches Treffliche enthalten, aber auch nicht frei von Geschmacklosigkeiten sind. Vor dem Abschluss dieser Arbeit scheint er in Venedig Aufenthalt genommen und diesen zu seiner weiteren Ausbildung in der Kunst benutzt zu haben, wie solches zunächst aus dem ansprechenden Altarbilde zu Susigana bei Colalto hervorgeht. In den J. 1514—1516 war er überall im Friaul durch bedeutende Aufträge in Anspruch genommen, so in Villanuova, Pordenone, Udine; 1519 malte er in einem Palaste zu Treviso Fresken mythologischen Inhalts und 1520 führte er Gemälde in einer Kapelle des dortigen Doms aus, in deren Inschrift er sich JOANs CORTICELLUS nennt. Dann bemalte er das Aeussere eines Palastes zu Mantua mit mythologischen Figuren und schmückte 1520 den Dom zu Cremona mit Wandgemälden. Letzterer Arbeit, effectvoll und farbenprächtig, realistische Derbheit und leidenschaftliche Heftigkeit offenbarend, fehlt die religiöse Weihe. Im J. 1528 arbeitete er in Venedig, 1529 malte er zu Piacenza in einer Kapelle Fresken aus dem Leben der hl. Maria und aus der Legende der hl. Katharina, die zu seinen besten Werken gehören. Um 1535 verliess er seine Heimath und siedelte nach Venedig über, wo ihm viele Aufträge zuflossen; u. a. hatte er eine Decke

der Sala dello Scrutinio und ein Bild für den grossen
Rathssaal zu malen; auch schuf er in dieser Zeit mehrere
Altarbilder. Er starb bald nach seiner im December 1538
erfolgten Ankunft in Ferrara, wohin ihn der Herzog zur
Ausführung von Arbeiten berufen hatte. (Lübke, Gesch.
d. ital. Malerei, II, 591 ff.).

Porta, Baccio della, s. Baccio.

Porta, Giacomo della, Bildhauer. — Portraitköpfe in
Medaillons am Sockel der Certosa bei Pavia; Bekrönung
am (1490 begonnenen, erst 1562 vollendeten) Grabmal des
Giov. Galeazzo Visconti, Gründers der Certosa; die Mosesfigur und die, zum Theil in der Richtung Michelangelo's
gehaltenen Sibyllen in der Casa santa zu Loreto. (Lübke,
Gesch. d. Plastik, 578, 699, 709).

Porta, Guglielmo della, Neffe des Giacomo, Bildhauer
(um 1577). — Grabmonument des Papstes Paul III. in
St. Peter zu Rom (um 1551), ein neben manchem Ge-
suchten und Gezierten viel Grossartiges enthaltendes Werk.

Potter, Paul, niederl. Maler, geb. zu Enckhuysen 1625,
gest. zu Amsterdam 1654, hochberühmt durch seine durchaus schlichten, aber mit unübertrefflicher Naturwahrheit
ausgeführten Bilder aus dem nordischen prosaischen Hirten-
leben. Derselbe lieferte auch Radirungen.

Poussin, Nicolas, 1594—1665, Maler aus Frankreich,
aber in Rom ansässig, wo er fast ausschliesslich den Studien des classischen Alterthums lebte und eine anerkennens-
werthe Durchbildung des Stils sich aneignete. Seinen
historischen Bildern fehlt »bei all ihren Vorzügen« meist
»das frische, warme Lebensgefühl«, welches den Beschauer
zu ergreifen vermag. Seine Landschaften zeigen jene an
die Antike gemahnende »plastische Ruhe und Bestimmtheit«, und wird dieser Charakter häufig durch Anbringung
stattlicher antiker Architekturen erhöht (Gall. Doria in Rom).
Ihm zur Seite steht sein Schwager

Gaspard Dughet, gen. Gasp. Poussin, 1613 bis
1675, in dessen Landschaften jedoch der Ernst gemildert
erscheint, indem er in ihnen bald ein heiteres Wesen, bald
eine bewegte Luft walten lässt. Die höchste Vollendung
erhält diese Richtung in den Werken des Lothringers

Claude Gelee, gen. Claude Lorrain, 1600 bis 1682, welcher in seinen Landschaften die Strenge der Linienführung anmuthig zu mildern und durch das Helldunkel des Waldes, den Schmelz des Wiesengrundes und die wunderbare Abstufung des Lichts in dem Beschauer eine beseligende Stimmung zu erwecken vermag (Bilder in München, Rom, Wien). Er lieferte auch Radirungen.

Praxiteles von Athen, 364—340 v. Chr. blühend, ist als derjenige Meister der Bildhauerkunst zu bezeichnen, welcher der (bei Scopas angedeuteten) Richtung der neuattischen Schule sich anschloss, jedoch mehr dahin strebte, seinen Gestalten den Ausdruck weicherer Schwärmerei, zarterer Sinnlichkeit oder lieblicherer Schalkheit zu verleihen. Er vollendete das Ideal der Aphrodite, welche er, die ganze Fülle ihrer Reize unverhüllt zeigend, in reiner edler Sinnlichkeit darzustellen wusste. Berühmt ist die von ihm herrührende Venus von Knidos. Dann schuf er das Ideal des Eros in zarter anmuthiger Gestaltung und andere, eine verwandte Bildungsweise zeigende Figuren aus den bacchischen Kreisen (Satyrn), so wie verschiedene Apollostatuen (Kugler). Ein bei den Ausgrabungen zu Olympia 1877 zu Tage gekommenes Werk seiner Hand, die dort im Heräum gefundene Hermesstatue, hat allgemeine Bewunderung erregt.

Primaticcio, Francesco, 1490—1570, Maler, arbeitete in Mantua unter Giulio Romano, später leitete er die künstlerische Ausstattung des Schlosses Fontainebleau.

Pyrgoteles, vorzüglicher Meister in der Steinschneidekunst. Ihm allein wurde von Alexander d. Gr. vergönnt, die für diesen bestimmten Siegelringe zu schneiden.

Pythagoras von Rhegium, Bildhauer, 480—430 blühend. Von ihm soll zuerst ein »eigentliches Studium der Verhältnisse des menschlichen Körpers und zugleich die Beobachtung des feineren Spiels der Naturformen« vorgenommen sein (Kugler).

Pytheus erbaute um 340 v. Chr. den Tempel der Athene Polias zu Priene und um die Mitte des 4. Jahrhunderts, gemeinschaftlich mit

Satyrus, das von der Königin Artemisia ihrem Gemahle Mausolus zu Halicarnass errichtete Grabmal, welches zu den sieben Weltwundern gerechnet wurde.

Quellinus, Arthur, Bildhauer, geb. 1607 zu Antwerpen, Schüler des François Duquesnoy. Von ihm und unter seiner Leitung wurden die zahlreichen Sculpturen gearbeitet, welche das von Jacob van Campen erbaute (1648 begonnene) Rathhaus zu Amsterdam in wirkungsvoller Weise schmücken.

Quesnoy, Du, Bildhauer, s. Duquesnoy.

Rafael Santi, s. Santi.

Raibolini, Francesco, aus Bologna, gen. Francesco Francia, geb. um 1450, gest. 1517, ursprünglich Goldschmied und geschickter Medailleur, wandte sich später der Malerei zu. Er gehört der umbrischen Schule an, ohne jedoch Perugino's Hang zur Schwärmerei zu theilen. Mit Rafael trat er — wohl durch den Einfluss seines Schülers Timoteo Viti — in freundschaftliche Beziehungen, wie dies ein Brief Rafael's an ihn vom 5. Sept. 1508 zeigt, worin er seine Hochschätzung der Leistungen Francia's ausspricht, andererseits ein von diesem an Rafael gerichtetes, denselben als den Maler aller Maler verherrlichendes Sonett ersehen lässt.

Francia's Werke zeugen von tiefer Empfindung, edler Anmuth und reiner Schönheit. Oelgemälde seiner Hand finden sich in Bologna (Madonna mit vier Heiligen u. eine Pietà in d. Pinakothek; grosses Altarbild der Bentivoglio-Kapelle in S. Giacomo Maggiore, v. 1499), und in verschiedenen Gemäldesammlungen (Madonna im Rosenhag in d. Pinakothek zu München, Taufe Christi im Museum zu Dresden). — Vortreffliche, von ihm und seinen Schülern ausgeführte Fresken in S. Cecilia zu Bologna.

Raimondi, Marcantonio, geb. um 1475 zu Bologna, † daselbst 1534, war ein wesentlicher Förderer der italien. Kupferstecherkunst. Anfangs durch Francesco Francia als Goldschmied gebildet, zeigt er sich in seinen früheren Stichen diesem Meister verwandt, strebte dann dem Andrea Mantegna nach, wandte sich aber bald zu Rafael und stach nach dessen Zeichnungen, die er mit feinem Verständnisse, jedoch in der Schattirung mit einfacher Strichlage, wiederzugeben wusste. Schon 1506 hatte er mehrere Blätter aus Dürer's »Leben der Maria« und fünf Jahre später »dessen kleine Passion« in Kupfer nachgestochen.

Reinaldus wird in einer Inschrift im Hauptfriese der reich ausgeschmückten Fronte des Doms zu Pisa (1100 bis 1150) als Meister dieses Werks (vielleicht der Fronte) genannt.

Raphon, Hans, Maler von Northeim, 1481 urkundlich genannt, † vor 1512. Aus seinen datirten Altarwerken von 1499—1508, die für Einbeck, Göttingen und Halberstadt gemalt wurden, geht eine Verwandtschaft mit den Leistungen der fränkischen Schule hervor. Seine Compositionen erscheinen reich, mitunter etwas überladen, das Colorit ist lebhaft, nicht immer harmonisch.

Regillo, s. Pordenone.

Reitz, Heinr., Goldschmied in Leipzig, sehr geschickt in der Ausführung von Portrait-Medaillen. Berühmt ist sein Moritzthaler von 1544.

Rembrandt van Ryn (Rembrandt Harmensz, d. h. Hermann's Sohn), der berühmteste und einflussreichste Maler der holländ. Schule, wurde 1607 zu Leyden geboren, wo die Familie am Rheinkanal eine Mühle nebst Wohnhaus besass, und starb 1669 zu Amsterdam. Den ersten Unterricht erhielt er durch Jacob van Swanenborch, dann schickte ihn sein Vater zu Pieter Lastman, einem Nachfolger Elsheimer's, nach Amsterdam. Hier liess sich Rembrandt um 1630 als selbstständiger Meister nieder, vermählte sich 1634 mit Saskia Uillenburg, einer angesehenen Bürgerstochter daselbst, und lebte bis zu deren Tode (1642) in glücklichen Verhältnissen. Später gerieth er in Vermögensverfall, so dass seine mit grossen Kosten erworbene Kunst- und Alterthumssammlung öffentlich versteigert werden musste. Er verheirathete sich, anscheinend 1656, zum zweiten Male und blieb bis zu seinem Tode in voller Kunstthätigkeit. (Waagen, a. a. O. II, 89 ff.). Anfangs arbeitete er in der einfach-schlichten Darstellungsweise der holländ. Schule

(zu seinen damaligen Leistungen gehört das ausgezeichnete, im Haag befindliche Gemälde: Antonius N. Tulp mit
seinen Schülern, von 1632), dann ging er, stets das Princip
des Malerischen verfolgend, zu ergreifenden Darstellungen
über, dabei hinsichtlich ihrer Fassung oft der gemeinen
naturalistischen Richtung zugethan, aber als deren eigentlichen Inhalt nicht selten eine düstere trotzige Stimmung,
den Ausdruck eines von geheimer Leidenschaft bewegten
Gemüths durchblicken lassend, und darüber, bei geschlossener Beleuchtung, ein magisches Helldunkel verbreitend.
Im Zusammenhange damit erscheint eine Neigung zum
Phantastischen, welche mitunter in märchenhafter Anmuth,
oft aber in wilder dämonischer Gewalt sich äussert. Als
ein vorzügliches Meisterwerk, in welchem Inhalt, Auffassung und Darstellung im vollkommenen Einklange stehen,
ist das Bild: Simson, seinen Schwiegervater, der ihm seine
Frau vorenthält, bedrohend (1637; Mus. in Berlin) anzuführen. Zu seinen bedeutendsten Leistungen gehören
— abgesehen von seinen vorzüglichen Bildnissen und aus-
gezeichneten (seltenen) Landschaften — ferner: die Nacht-
wache oder der Schützenauszug in Amsterdam, von schla-
gender Wirkung (1642; im dort. Museum), und die fünf
Verwalter des vormaligen Staalhofs zu Amsterdam nebst
einer sechsten Person, hinsichtlich des Ausdrucks der
Köpfe, so wie der pastosen, breiten Behandlung ein wahres
Wunderwerk. Unter seinen religiösen Bildern sind hervorzuheben: die Abnahme vom Kreuz (1633; München und
St. Petersburg), die Ehebrecherin vor Christus, von er-
greifender Wahrheit und Tiefe des Gefühls (1644; Nat.
Gall. in London) und als gemüthlich aufgefasste, in ihrer
Erscheinung den Vorgängen in der gemeinen Wirklichkeit
nahe stehende Scenen: die hl. Familie (St. Petersburg),
die Familie des Tobias (1637; Louvre) und Jacob, seine
Söhne segnend (1656; Cassel). — Rembrandt zeigt sich
auch in seinen Radirungen als der grosse Meister des
Helldunkels.

Reni, Guido, 1575—1642, aus der Schule der Caracci.
In seinen älteren Bildern tritt ein naturalistisches Element
hervor, zuweilen mit Grossartigkeit und Würde vereint

(der Gekreuzigte zwischen St. Maria und St. Johannes, Pinakothek in Bologna); in den nächstfolgenden — wie in dem Deckengemälde: Phöbus mit den Horen, in einem Gartenhause des Pal. Rospigliosi zu Rom — offenbart sich hoher Adel, wogegen seine späteren Leistungen weniger bedeutend erscheinen.

Reynolds, Sir Josua, 1723—1792, engl. Maler, ein energischer Eklektiker, am meisten ausgezeichnet im Fache der Bildnissmalerei.

Rhöcus, s. Theodorus.

Ribera, Josè, gen. lo Spagnoletto, geb. 1588 zu Xativa bei Valencia, † 1656, verdankt seine erste Bildung seiner Heimath, studirte aber hernach in Italien den Correggio und die Venezianer, und schuf einzelne Werke, die — wie eine Abnahme vom Kreuze in der Sacristei von S. Martino zu Neapel — zu den edelsten Erzeugnissen seiner Zeit zählen. Später gab er sich rücksichtslos der naturalistischen Richtung hin. In den bedeutenderen Leistungen dieser Periode zeigt er eine Kraft der Technik, so wie eine Kenntniss des Helldunkels von einer oft ergreifenden Wirkung. Aus seiner Schule ging u. a. Salvator Rosa, 1615—1673, hervor, der einzelne historische Bilder, wie seine Verschwörung des Catilina (Pal. Pitti zu Florenz), in der Richtung des Spagnoletto schuf, bedeutender aber in den Fächern der Landschaft (wilde Gebirgsschluchten mit stürmisch bewegter Luft) und des Genre (Soldatengruppen und Räuberscenen) sich zeigt.

Ricciarelli, Daniel, gen. Daniel da Volterra, 1509 bis 1566, Maler, Nachfolger Michelangelo's. Sein Hauptwerk ist eine mächtige, leidenschaftlich bewegte Abnahme vom Kreuze in der Kirche S. Trinità de' Monti zu Rom.

Riccio, Andrea, gen. Briosco, aus Padua, 1480 bis 1532, Bildhauer und Baumeister, besonders geschickt in der Anfertigung von Reliefarbeiten in Bronze, aus denen eine lebendige Aufnahme und Aneignung antiker Elemente hervorgeht. — Zwei figürliche Reliefs im Chore von S. Antonio zu Padua, reichgeschmückter Bronzecandelaber daselbst (1507). Erbauer der dortigen vielkuppeligen Kirche S. Giustina (1520).

Ridinger, Joh. Elias, oder Riedinger, geb. 1698 zu
Ulm, gest. 1767 zu Augsburg, Thiermaler, bekannt durch
seine zahlreichen, von ihm radirten Thier- und Jagdscenen.

Riemenschneider, Tillmann, aus Osterode am Harz,
war 1483 Bildhauergeselle zu Würzburg, dann Meister,
Mitglied des Raths und selbst Bürgermeister daselbst,
† 1531. Seine, der oberdeutschen Schule angehörenden
Arbeiten waren bereits zu Anfang des 16. Jahrh. sehr
gesucht. Sein Hauptwerk, das 1499—1513 in Solenhofer
Kalkstein ausgeführte Hochgrabmal des hl. Heinrich und
der hl. Kunigunde im Dome zu Bamberg, ist sehr malerisch und lebendig, mit vieler Naturwahrheit und feinem
Geiste ausgeführt, dazu technisch von hoher Vollendung.
(Becker, Leben u. Werke d. Bildh. T. Riemenschneider).
Für Niedersachsen hat dieser Meister — so viel bekannt
— nichts gearbeitet; jedoch sind einige tüchtige Schnitz-
werke seiner Hand für das Welfenmuseum in Hannover
erworben.

Rigaud, Hyacinthe, s. Lebrun.

Rigefridus (oder Zigefridus?), Goldschmied, arbeitete
1313 den in Form einer gothischen Kirche aus Holz hergestellten, mit Silberblech überzogenen und mit Silber-
statuetten ausgestatteten sog. Patroclusschrein im Dome zu
Soest (jetzt im Mus. zu Berlin).

Ring, Tom, ist der Name einer münsterschen Künstler-
familie, welcher insbesondere mehrere Maler angehören, so
Ludger tom Ring d. Aelt., 1496—1547; sein Sohn
Hermann tom Ring, 1521—1599;
Ludger tom Ring d. J., ein Bruder des Hermann,
† 1583 und
Nicolaus tom Ring, Sohn des Hermann, geb. 1561,
lebte noch 1613.

Diese Maler vereinigten in ihren, aus Altarwerken,
Bildnissen u. s. w. bestehenden Arbeiten, die von Albrecht
Dürer und der italienischen Renaissance ausgegangenen,
um 1525 die westfälische Malerei beherrschenden Richtungen.

Robbia, Luca della, zu Florenz, 1400—1481, Meister
der Bildnerei in der Richtung Ghiberti's, berühmt durch

seine Terracotten, in Thon ausgeführte und nach seiner Anweisung auch farbig glasirte Arbeiten (weiss gehaltene Reliefs auf blauem Grunde, auch wohl in mehreren Farben), mit denen er das Innere und Aeussere von Gotteshäusern und anderen Gebäuden schmückte. Reliefarbeiten dieser Art, von dem rein plastischen Sinne und einfach frommen Wesen des Meisters zeugend, sind u. a. eine Madonna (an Or S. Micchele), eine solche mit Engeln (Lünette an d. Kirche S. Piero), eine herrliche, mit einem Halbkreise von Engeln umgebene Verkündigung (an d. Kirche der Innocenti), Brunnen in der Sacristei von S. Maria Novella, im Bogenfelde eine schöne Madonna mit Engeln; der prächtige Altar im nördlichen Seitenschiffe von S. Apostoli; Reliefs an den Wölbungen von Kapellen in S. Miniato und in S. Croce, so wie ein langer Fries mit Scenen aus der Krankenpflege am Aeussern des Hospitals zu Pistoja. Auch arbeitete Luca Marmorreliefs, u. a. zum Schmuck der Domorgel zu Florenz mit Gestalten von Sängern und Musikern in naiver Auffassung und stilvoller Behandlung, und verfertigte mit Michelozzo und Maso di Bartolommeo die Bronzethür der Sacristei dieses Doms (1446—1464), schmückte auch die Lünetten über beiden Sacristeithüren mit glasirten Thonreliefs. Er gründete zur Beschaffung der viel begehrten Terracotten eine eigene Schule, besonders aus Gliedern seiner Familie, unter denen sein Neffe

Andrea della Robbia, 1437—1528, sich hervorthat.

Robusti, Jacopo, gen. Tintoretto, Maler in Venedig, 1518—1594. Seine Darstellungen erscheinen von einem mächtigen, leidenschaftlich bewegten Geiste belebt; die Formen sind energisch. Das durch kräftige Schatten wirkende Colorit desselben zeigt nicht die feine Abstimmung der Farbentöne seiner venez. Vorgänger. Seine Portraits gehören zu den grossartigen Leistungen. Bei seinen grösseren Compositionen — ausgezeichnet darunter die Darstellungen in der Schule des hl. Rochus — tritt ein absichtliches Streben nach Schaustellung hervor. Sein Sohn

Domenico Tintoretto erscheint als Nachfolger seiner Richtung.

Rogier van der Weyden, s. Weyden.

Romano, Giulio, s. Pippi.

Roos, Joh. Hein., 1631—1685, niederl. Maler. Derselbe legte sich besonders auf die Darstellung von Thieren
in Landschaften. Er fand darin einen Nachahmer in seinem
Sohne

Philipp Roos, gen. Rosa di Tivoli, 1655—1705;
jedoch ging dieser später zu einer breiten decorativen
Darstellungsweise über und malte Menschen und Thiere in
Lebensgrösse, die zwar mit grosser Wahrheit aufgefasst,
aber flüchtig behandelt sind, und nicht selten unerquick-
lich erscheinen.

Rosa, Salvator, s. Ribera.

Rosselli, Cosimo, 1439—1507, Maler in der Richtung
des Fiesole, hernach des Masaccio. — Fresken, insbesondere die Bergpredigt in der sixtinischen Kapelle zu Rom
(1471—1484), Wandgemälde in S. Ambrogio zu Florenz
(1486), St. Hieronymus in der Wüste, vor einem Crucifix
knieend, nebst mehreren Heiligen (Tafelbild in d. Nat.
Gall. zu London).

Rosselli, Matteo, 1578—1650, florent. Maler, in seinen
Leistungen dem Domenichino verwandt. — Triumph des
David (Pal. Pitti in Florenz).

Rossellini, Bernardo, † 1490, florent. Baumeister, der
im Auftrage des Papstes Pius II. im Gebiete von Siena
thätig war, namentlich dessen Prachtbauten zu Pienza leitete. Er arbeitete auch als Bildhauer mehrere bemerkenswerthe Grabmonumente in S. Croce und S. Maria Novella
zu Florenz, so wie in S. Domenico zu Pistoja.

Rosselino, Antonio, Bildhauer, geb. 1427, gest. um
1490, zeigt in seinen Werken ein Streben nach Anmuth,
liebevoller Durchbildung und weicher Ausführung. — Treffliches Grabmonument des Cardinals Jacob von Portugal
in S. Miniato zu Florenz (1466), lebensvolle Büste des
Matteo Palmieri (1468), Grabmal der Maria von Arragonien
in der Kirche Monte Oliveto zu Neapel.

Rubens, Peter Paul, Gründer und Haupt der Malerschule von Brabant, geb. zu Siegen (Grafsch. Nassau) 1577,

erlernte den technischen Theil der Malerei in der Schule des Adam van Noort, bildete sich dann weiter bei Othon van Veen (s. diesen) aus, und wurde schon 1599 als Meister in der Malergilde zu Antwerpen aufgenommen. Im Jahre 1600 ging er nach Italien, studirte besonders die Werke Tizian's, Paolo Veronese's, des Michelangelo und des Giulio Romano (in Mantua), nahm aber nur das von ihnen in sich auf, was ihn in der Entwickelung seiner Eigenthümlichkeit, die aus seiner Anlage für wahre und lebendige Auffassung der Natur, für warme und klare Färbung, malerische Gesammthaltung und Reichthum der Erfindungskraft hervorging, zu fördern vermochte. Am wenigsten war dieses Studium bei ihm von Einfluss auf die Gestaltung der Körperformen, welche in seinen Compositionen selten edel und von feiner Durchbildung, selbst plump und gemein sind, auch im Ausdruck der Köpfe tiefes, warmes Gefühl des Künstlers vermissen lassen.

Rubens liess sich 1609 in Antwerpen nieder, gründete dort eine grosse Werkstätte und trat bald in nähere Beziehungen zu der Statthalterin der span. Niederlande, Clara Eugenia Isabella, und ihrem Gemahle Erzherzog Albert, so wie hernach zu anderen Fürstlichkeiten (Maria von Medici, Philipp III. und IV. und besonders zu Karl I. von England), aus welchen Verhältnissen sich die Uebertragung von Missionen an ihn entwickelte. Er starb in Antwerpen 1640, nicht allein als Künstler, sondern auch als Diplomat und vielseitig gebildeter Mann hoch geachtet.

Von seinen Leistungen mögen hier erwähnt werden: Madonna mit Heiligen (jetzt in d. Samml. d. Marquis von Hertford), Altarwerk für die Kirche auf dem Caudenberg bei Brüssel, im Mittelbilde, von herrlichem Colorit umflossen, die hl. Jungfrau, dem knieenden St. Ildefons die Casula überreichend, und mehrere Heilige (diese von durchaus niederl. Charakter), Kreuzabnahme im Dom zu Antwerpen, in meistershafter Composition (1614); Rückkehr von der Flucht nach Egypten, eins der edelsten kirchlichen Bilder des Meisters (im Besitz d. Herzogs von Marlborough zu Blenheim). — Amazonenschlacht (Pinakothek in München); sodann aus dem Gebiete des Phantastisch-Drama-

tischen: der Kampf des Erzengels Michael mit dem Drachen
(daselbst), der Raub der Töchter des Leucippus durch
Castor und Pollux (daselbst) und der Raub der Proserpina
(zu Blenheim); derb sinnliche Darstellungen: Bacchanal
(daselbst), Silen, mit Satyrn und Bacchanten (in München
u. St. Petersburg), Mars, von Venus und den Liebesgöttern
entwaffnet. — Wenig befriedigend erscheint Rubens in
seinen allegorisch – historischen Werken, in denen portrait-
artige Personen mit nackten Gottheiten des Olymps in
decorativem Pompe zusammen dargestellt sind (Bilder aus
d. Leben der Maria von Medici, im Louvre), vortheilhafter
dagegen in geschichtlichen Gemälden (Scenen aus d. Gesch.
des Consuls Decius Mus, Liechtenstein. Gall.), so wie im
Fach des Genre (»der Liebesgarten«, Madrid und Dresden),
vorzüglich aber sind seine Bildnisse: die sog. Philosophen
(Pal. Pitti zu Florenz), das Portrait des Grafen Arundell
(Warwickcastle in England), so wie das der Helena Four-
ment, der zweiten Frau des Künstlers (Samml. zu Blenheim) und der berühmte »Chapeau de paille« (bei Sir Rob.
Peel in London), nicht minder ausgezeichnet seine Thier-
bilder: Daniel in der Löwengrube (Samml. d. Herzogs von
Hamilton), die Wolfsjagd (1612; Samml. d. Lord Ashbur-
ton zu London), die beiden Löwenjagden (München und
Dresden) u. s. w., endlich seine historischen Landschaften
und seine idyllischen, durch Frische und Beleuchtung ansprechenden Darstellungen der gesegneten Fluren von
Brabant. (Waagen, a. a. O., II, 6 ff.).

Rugendas, Georg Philipp, geb. in Augsburg 1666,
† 1742, Maler, wählte Scenen des Kriegslebens, namentlich
Schlachten, zu seinen Darstellungen.

Ruker, Thomas, Plattner, ausgezeichneter Meister der
Eisensculptur. Er arbeitete 1574 einen eisernen, mit
vielen historischen Scenen geschmückten Lehnsessel als
Geschenk der Stadt Augsburg an den Kaiser Rudolf II.

Ruysch, Rachel, 1664 –1750, berühmte niederl. Blu-
menmalerin zu Amsterdam.

Ruysdael, Salomon van, geb. zu Haarlem 1610, † 1670,
Maler holländ. Landschaften.

Ruysdael, Jacob van, geb. zu Haarlem 1625(?), † 1682, Bruder des Salomon R., bei welchem er seine ersten Studien gemacht zu haben scheint, schwang sich zu einem der vorzüglichsten holländ. Landschaftsmaler auf. Seine Werke, in denen er bald die Natur in ihrer Oede und Einsamkeit, bald den dunklen rauschenden Wald oder den über Felsen dahin stürzenden Strom zeigt, offenbaren eine tiefpoetische Empfindung, die ergreifend auf den Beschauer wirkt. Gemälde seiner Hand finden sich in den Sammlungen zu Aachen, Berlin, Braunschweig, Dresden, im Haag, zu London, München, St. Petersburg u. s. w. Er lieferte auch treffliche Radirungen.

Salvator Rosa, s. Ribera.

Salvi, Giov. Battista, gen. Sassoferrato, 1605 bis 1685, Maler, in seinen Leistungen eine sonderliche Energie des Gefühls nicht offenbarend, wandte sich den älteren Meistern (Perugino, Rafael) zu, und schuf schlichte, sorgfältig ausgeführte Bilder von süsslichem Ausdruck.

Sandrart, Joachim van, Maler aus Frankfurt a. M., 1606—1688, ein Schüler von Gerhard Honthorst, machte sich besonders durch sein Werk: »Teutsche Akademie der edlen Bau-, Bild- und Malerkünste, 1675—1679« bekannt.

Sangallo, Antonio da, d. J. aus Florenz, † 1546. Er war Architekt in der Richtung des Bramante, erbaute zu Rom den Pal. Farnese (den Michelangelo und Giac. della Porta vollendeten), so wie die dortige Kuppelkirche S. Maria di Loreto, und entwarf, als Leiter des Neubaus von St. Peter, dazu einen neuen, sehr complicirten Plan.

San Micheli, Michele, s. Micheli.

Sansovino, Andrea, Bildhauer, s. Contucci.

Sansovino, Bildhauer und Architekt, s. Tatti.

Santi, Giovanni, geschickter Maler von Urbino, geb. um 1450, † 1494, der Vater Rafael's (Raphael's).

Santi, Rafael (Raffaelle S.), geb. am Charfreitag 1483, Sohn des Giovanni Santi zu Urbino, erhielt wahrscheinlich von diesem seinen ersten Unterricht in der Malerei. Neuere Forschungen über seinen Bildungsgang ergeben Folgendes:

»Nach des Vaters Tode [1494] blieb Raphael noch mehrere Jahre in Urbino. Aeussere Gründe lassen vermuthen, dass er dort den Unterricht von Timoteo Viti empfing. Im Jahre 1500 kam er in Perugino's Werkstätte, genoss aber den unmittelbaren persönlichen Verkehr mit Perugino nur zwei Jahre. Seit 1502 ist er theils auf selbstständige Arbeiten, theils auf den Anschluss an andere Meister angewiesen. Im Jahre 1503 tritt er mit Pinturicchio in Siena in eine freilich nur kurz während Beziehung. Er kehrt nach Perugia zurück, wandert aber 1504 in seine Heimat, wo er eine kräftige Einwirkung von Timoteo [Viti] erfährt und seiner Kunstweise ein neues Element organisch einfügt. Vielleicht kam er schon damals, jedenfalls bald darauf, auch mit Francia in persönliche Berührungen, welche insbesondere auf seine Portraitkunst sich einflussreich erwiesen. Die folgenden Jahre bringt er vorwiegend in Florenz zu, ohne aber seine Verbindungen mit Perugia und Urbino abzubrechen. Als er 1508 nach Rom übersiedelte, hatte er auf diese Art alle Hauptrichtungen der italienischen Malerei in sich gesammelt. Der Vertiefung in seine innerste Natur und in sein eigenstes Wesen geht das Erfassen und Zusammenstellen der ganzen früheren Entwickelung der italienischen Kunst voran«. (»Ant. Springer, Raphael's Jugendentwickelung und die neue Raphaellitteratur«, im Repert. f. Kunstwissenschaft v. Janitschek, IV. 400).

Während Rafael's Werke der Jugendzeit die Richtung der umbrischen, durch gemüthvolle Auffassung, zarte Formgebung und liebevoll durchgeführte Behandlung sich auszeichnenden Schule zeigt (Sposalizio, 1504, in d. Brera zu Mailand; Madonna Connestabile, jetzt in Petersburg) und noch länger bemerkbar bleibt (Madonna del Granduca, Pal. Pitti); Fresken in S. Severo zu Perugia (1505), weicht diese nach seinem Aufenthalte in Florenz, wo Fra Bartolommeo's Bekanntschaft ihn in der Gruppirung und Farbengebung förderte, mehr einem realistischen, freieren und kräftigeren Wesen, aber erst in Rom, umgeben von den Zeugen der alten Welt, den ihm hier gewordenen grossen Aufgaben und den riesenhaften Leistungen Michelangelo's

gegenüber, offenbart sich Rafael's volle künstlerische Freiheit, der Reichthum seiner schöpferischen Kraft, die hohe
Vollendung seines Stils. Hier war es., wo er (seit 1508
und bis zu seinem Tode) unter den Päpsten Julius II.
und Leo X. die, auf die Darstellung der päpstlichen Macht
als Herrscherin im Bereiche der geistlichen und der weltlichen Interessen gerichteten Freskomalereien in den Stanzen des Vaticans (Disputa, Schule von Athen, Parnass,
Constantinschlacht u. s. w.), die Ausmalung der Loggien
daselbst (zumeist) mit Scenen aus dem alten Testamente
und reizvollen Ornamenten (diese durch Giovanni da Udine),
so wie (1515—1516), die (zum Theil im Kensington-Museum
zu London befindlichen) Cartons zu den zum Schmuck der
sixtinischen Kapelle bestimmten gewirkten Tapeten mit
Hülfe seiner Schüler ausführte, auch in seinen Wand-
und Deckengemälden in der Farnesina verschiedene Gegenstände aus dem Gebiete der antiken Mythe zur Anschauung
brachte (Geschichte der Psyche; Galatea). Aus dieser und
zum Theil aus seiner früheren Zeit stammt eine Reihe
herrlicher Staffeleibilder, darunter die Grablegung Christi
(1507; Pal. Borghese, Rom), die hl. Cäcilia (1513; Bologna),
die Kreuztragung (1516; Madrid), die weltberühmte Transfiguration oder Verklärung Christi (im Vatican, letztes Werk,
1520; nach Rafael's Tode von Giulio Romano vollendet),
sodann die Madonna della Sedia (Florenz), Madonna de'
Tempi (München), Madonna del Pesce (Madrid), Madonna
di Fuligno (im Vatican), die sog. sixtinische Madonna
(Hauptwerk, 1515—1518; Dresden), endlich eine namhafte
Anzahl berühmter Bildnisse, worunter: Papst Julius II.
(Uffizien), Papst Leo X. (Pal. Pitti), Cardinal Bibbiena
(Madrid), Rafael's eigenes Bild (in der Tribuna d. Uffizien),
das der »Donna velata« (Pal. Pitti) und das eines Violin-
spielers (Gal. Sciarra, Rom).

Rafael, wohl bewandert in der Kenntniss der antiken
Monumente Roms, hat auch tüchtige Leistungen in der
Architektur aufzuweisen. Mehrere Paläste in Florenz und
Rom wurden nach seinen Rissen erbaut, und als er 1518
bis 1520 dem Bau der St. Peterskirche in Rom vorstand,
entwarf er dazu einen neuen Plan, welcher in geistreicher

Weise mit Bramante's Kuppelbau ein Langschiff auf Pfeilern verbindet.

Mitten im angestrengtesten Schaffen wurde der unvergleichliche Meister durch ein heftiges Fieber, welches er wahrscheinlich bei den Untersuchungen der römischen Ruinen sich zugezogen hatte, am Charfreitag 1520 dahingerafft. Seine sterblichen Ueberreste ruhen im Pantheon zu Rom.

Sarto, Andrea del (Andrea Vannucchi), Sohn eines Schneiders, geb. 1486 zu Gualfonda, widmete sich der Malerei. Seine Studien machte er in Florenz. Schon in der 1510 ihm übertragenen Vollendung der von Alesso Baldovinetti und Cosimo Rosselli begonnenen Fresken in der Vorhalle von S. Annunziata daselbst zeigt sich »edle Natürlichkeit in der Gruppirung, in Bewegung, Geberden und Gewandung«, dabei ein vortreffliches Colorit, letzteres in seinen späteren Werken, in welchen eine grossartigere, mehr naive, als tief religiöse Auffassung, eine freiere Ausführung sich kundgeben, noch vorzüglicher erscheinend.

Im J. 1518 wurde der rühmlichst bekannt gewordene Meister vom Könige Franz I. nach Frankreich berufen, wo er mehrere Gemälde ausführte. Aber schon um 1520 setzte er seine Arbeiten in Italien wieder fort, indem er in Folge der Veruntreuung einer, zum Ankaufe von Kunstwerken ihm überwiesenen Summe die Gunst des Königs verloren hatte.

Unter seinen zahlreichen Fresken sind als Meisterwerke die im Kreuzgange von S. Annunziata 1525 ausgeführte, unter der Bezeichnung »Madonna del sacco« bekannte hl. Familie und die Darstellung des hl. Abendmahls im Refectorium des Klosters S. Salvi (1526) hervorzuheben. Auch schuf der Meister vortreffliche Tafelbilder, darunter eine Verkündigung (gegen 1512; Pal. Pitti), ein Madonnenbild für die Kirche S. Francesco (1517; Uffizien), die Disputation über die hl. Dreieinigkeit für das Kloster S. Gallo und eine für Ottaviano de' Medici gemalte hl. Familie (Pal. Pitti). Andrea del Sarto starb 1531 zu Florenz an der Pest.

Sassoferrato, s. Salvi.

Satyrus, s. Pytheus.

Scamozzi, Vincenzio, s. Palladio.

Scarpagnino, s. Buono Bergamasco.

Schäufelin, Hans Leonhard, Maler, geb. vor 1490 zu Nürnberg, wo er im Hause Dürer's seine erste Anleitung erhielt, wandte sich von dort nach Nördlingen und starb daselbst 1539 oder 1540. Er malte u. a. eine Kreuzabnahme für die St. Georgskirche zu Nördlingen und mehrere Epitaphien in der dortigen Pfarrkirche. Es giebt viele von ihm und nach seinen Zeichnungen angefertigte Holzschnitte u. a. im Teuerdank.

Schaffner, Martin, Maler von Ulm, thätig von 1499 bis 1539. Seine Auffassung erscheint realistischer als die der älteren schwäbischen Meister. Er ist reich an originellen Ideen und nähert sich in der Durchbildung der Form den italienischen Meistern. — Tafeln des Altars im Chore des Münsters zu Ulm (1521).

Schlüter, Andreas, geb. um 1662, † 1714, Architekt und Bildhauer, besonders in Berlin thätig, wo er 1699 bis 1706 einen Theil des k. Schlosses erbaute. Als seine Hauptwerke in der Sculptur sind die Masken sterbender Krieger über den Fenstern im Hofe des dortigen Zeughauses und die bronzene Reiterstatue des grossen Kurfürsten auf der Langenbrücke daselbst hervorzuheben.

Schmidt, Georg Friedr., 1712—1775, geschätzter Kupferstecher und Radirer in Berlin.

Schongauer, Martin, oder S c h ö n (»Bel Martino«), Maler und Kupferstecher (dessen Familie aus Augsburg stammte), wurde in Kolmar, wohl bald nach 1445, geboren und starb daselbst 1488. Er war anscheinend ein Schüler Rogier's van der Weyden. In Kolmar befinden sich mehrere Werke, die ihm zugeschrieben oder doch aus seiner Schule hervorgegangen sein werden. Als von ihm selbst herrührend ist mit Sicherheit die berühmte Madonna im Rosenhag in der Sacristei der St. Martinskirche (1473) zu bezeichnen. (Woltmann u. Woermann, a. a. O. II, 104 f.). Seine Kupferstiche zeigen grosse Tiefe des Ausdrucks und

Entfaltung edler Schönheit, gleichzeitig aber eine gemeine und phantastische Bildung des Unheiligen.

Schonhofer, Sebald, soll nach alter Ueberlieferung die Bildwerke an der Vorhalle der Frauenkirche zu Nürnberg verfertigt haben. Der »schöne Brunnen« daselbst, dessen Bildwerke ihm auch zugeschrieben wurden, ist durch »Heinrich den Balier« (Parlirer) 1385—1396 gearbeitet. (Lübke, Gesch. d. Plastik, 441. 444).

Schüchlin, Hans, Maler zu Ulm, vollendete laut Inschrift i. J. 1469 die Flügel und das Sockelbild des Hochaltars in der Kirche zu Tiefenbronn.

Scopas, berühmter Bildhauer und Architekt, 390—350 v. Chr. Er erbaute den Tempel der Athena Alea zu Tegea. Seine Sculpturen gehören der zweiten Blüthenperiode der griech. Bildhauerkunst, der neuattischen Schule, an, welche zwar auch — wie in der ersten Blüthezeit — ihre Gestalten dem Kreise der Götter und Heroen entnahm, solche aber leidenschaftlicher, bewegter und reizvoller darzustellen suchte. Als Werke seiner Hand werden bezeichnet: Dionysos und Aphrodite mit den Gestalten ihrer Umgebung, ferner eine Gruppe von Meergöttern, welche, auf Delphinen und Hippokampen sitzend, den Achilles nach der Insel Leuke führen, und Apollo als Führer des Musenreigens. Berühmter aber sind, als aus seiner Schule hervorgegangen, zu nennen: die Venus von Milo und die Gruppe der Niobiden.

Scorel, Jan van (Schorel, Schoorle), geb. 1495 zu Schoorl bei Alkmaar, bildete sich in der Malerei unter Willem Cornelisz zu Haarlem, Jacob Cornelisz van Amsterdam und Jan Gossaert aus Maubeuge, so wie in Italien und auf sonstigen Reisen, die ihn auch nach Palästina führten. Hier wurde er Mitglied des Ordens der Brüder vom hl. Grabe. Von Rom, wo er u. a. den Papst Hadrian VI. malte, kehrte er nach dessen Tode in die Heimath zurück und lebte zu Utrecht. Auf einem i. J. 1521 gemalten Bildnisse nennt er sich Vicarius an St. Johann; 1528 wurde er Domherr an St. Marien. Er starb 1562. In seinen Gemälden, von denen mehrere Hauptwerke zur Zeit der

Bilderstürmerei in Holland verloren gegangen sind, zeigt sich mehr oder weniger eine Vereinigung der niederl. und italien. Richtungen. Auf einem, im Mittelbild die hl. Sippe darstellenden, vorzüglich gemalten (kürzlich wieder aufgefundenen) Altarwerke, welches er bereits auf seiner Reise nach Venedig für die Kirche zu Ober-Vellach in Kärnthen anfertigte, steht die Inschrift: »Joannes Scorel hollandinᴑ pictorie amator pingebat« und die Jahrszahl 1520. (Näheres über diesen Künstler und seine Werke im Jahrb. d. K. Preuss. Kunstsamml. II. 193 f.).

Sebald, Hans, Maler und Kupferstecher. — Zierlich und geistreich gemalte Tafel aus der Geschichte David's von 1534 (Museum zu Paris).

Seghers, Daniel, (Zegers) 1590—1661, Schüler des sog. Blumenbreughel's, diesen aber hernach in der Blumenmalerei übertreffend.

Senefelder, Aloys, Erfinder des Steindrucks, geb. zu Prag 1771, gest. zu München 1834.

Serlio, Sebastiano, s. Peruzzi.

Sesslschreiber, Gilg, von Augsburg, aber geboren in München, des Kaisers Maximilian I. Hofmaler, wurde laut k. Schreibens vom 23. Mai 1509 beauftragt, »ein grosses Bild, so zu unserm Grabe gehört, giessen zu lassen«, auch sollte Peter Laiminger (Löffler, s. Colins) den Guss unverzüglich ausführen. Am 29. Novbr. 1509 erliess der Kaiser die Weisung, zu grösserer Förderung des Werks in Mühlau bei Innsbruck seinem Hofmaler eine eigene Behausung und Werkstatt zu errichten. Es bezieht sich alles dies auf die Anfertigung des Grabmals Kaiser Maximilian I. in der Hofkirche zu Innsbruck und die dasselbe umstehenden colossalen Bronzefiguren. Im J. 1513 war erst ein Bild gegossen. Um diese Zeit wurde auch mit dem Meister Steffen Godl (s. diesen) wegen der fraglichen Gussarbeiten verhandelt, bei welchen letzteren damals ebenfalls Peter Vischer (s. diesen) thätig war. Der Kaiser beauftragte 1516 abermals den Gilg Sesslschreiber mit der Leitung des Unternehmens, »mit Visiren, Schneiden, Formiren, Giessen, Ausberaiten«, liess indess

trotzdem auch in Augsburg weiter arbeiten, wo wahrscheinlich Muschgat (s. diesen) die Modelle anzufertigen hatte,
wohl aber nur zu den für das Grabmal bestimmten (jetzt
verschwundenen) Brustbildern. Zu Ende d. J. 1516 waren
laut Inventars sechs Standbilder gegossen; drei werden
darin als geformt, drei als geschnitten, und alle diese als
Werke Gilg Sesslschreiber's ausdrücklich bezeichnet. Laut
eines späteren Verzeichnisses hatte derselbe noch mehrere
Arbeiten geliefert, so dass er bei mehr als der Hälfte der
Colossalbilder als der Urheber, nicht bloss als Giesser be-
zeugt ist. Selbst die Statue des Kaisers war 1516 von
seiner Hand geformt (s. jedoch Colins); 1518 wurde der
geschickte, aber unzuverlässige Meister des Werks enthoben
und dessen Fortführung dem oben gedachten Steffen Godl
übertragen. (Lübke, Gesch. d. Plastik, 672 ff.).

    Signorelli, Luca, von Cortona, Maler, geb. um 1440,
† 1521, Schüler des Piero della Francesca (s. Francesca).
In seinen grösseren Schöpfungen, die nicht selten eine Hinneigung zur Herrlichkeit des classischen Alterthums ver-
rathen, und aus denen ein sorgfältiges Studium des menschlichen Körpers hervorgeht, waltet feierlicher Ernst, verschmolzen mit leidenschaftlicher innerer Erregtheit; seine
Färbung zeigt scharfe Lichter neben tiefen Schatten, wodurch das Herbe der Formen noch schärfer hervortritt;
jedoch offenbart sich in seinen Tafelbildern, namentlich in
seinen Madonnen, jugendlichen Heiligen und Engelgestalten
seelenvoller Ausdruck.

    Von seiner Heimath wird Signorelli sich zu weiteren
Studien nach Florenz begeben haben; seine Fresken in
der hl. Kapelle zu Loreto (von 1578) lassen florentinischen
Einfluss erkennen. Von Sixtus IV. nach Rom berufen,
malte er in der sixtinischen Kapelle die letzten Thaten
Mosis und dessen Ende; ferner führte er Fresken im
Kloster zu Monte Oliveto und zu Siena, besonders aber
in Orvieto aus, wo er (1499) die von Fiesole unvollendet
gelassene Ausschmückung der Madonnenkapelle im Dome
zum Abschluss brachte. In letzterer Arbeit zeigt sich der
Meister auf der Höhe seiner Kunst. Es handelte sich hier
um die Darstellung der letzten Dinge, die er, nicht der

Auffassung älterer Meister folgend, in gewaltigen und kühnen Compositionen, in denen er seine anatomischen Kenntnisse zu verwerthen wusste, auf den Wandflächen zur Anschauung brachte. Unter seinen Altartafeln ist ein grosses Bild, die thronende, von Heiligen umgebene Madonna (jetzt in der Academie zu Florenz) hervorzuheben. (Lübke, Gesch. d. ital. Malerei, I. 404 f.).

Simon von Köln, s. Joh. von Köln.

Snayers, Peter, geb. zu Antwerpen, 1593, malte vornehmlich Vorgänge aus dem Kriegsleben mit grosser Lebendigkeit und geschickter Anordnung, aber auch vortreffliche Landschaften, in denen ein günstiger Einfluss derartiger Arbeiten von Rubens sich bemerkbar macht. Snayers war um 1662 noch am Leben.

Snyders, Frans, aus Antwerpen, 1579—1657, vorzüglicher Thiermaler, der auch vortreffliche Küchenstücke lieferte.

Soddoma, il, s. Bazzi.

Solario, Antonio, gen. il Zingaro, Maler, der neapolit. Schule angehörend. Die ihm beigelegten Werke sind im Stil sehr verschieden. Darunter befindet sich eine Reihe grosser, wohl aus dem Ende des 15. Jahrh. herrührender Fresken im Klosterhofe von S. Severino zu Neapel, worin das Leben des hl. Benedict »in ruhig idyllischer Weise, etwa nach Art Pinturicchio's, geschildert« wird. (Lübke, Gesch. d. ital. Malerei, I. 564 f.).

Sosos wird als der erste Künstler genannt, der sich mit Erfolg auf die Anfertigung von Mosaikgemälden legte. So stellte er zu Pergamum einen Mosaikboden und als dessen Mittelbild ein Wasserbecken dar, auf dessen Rande vier Tauben sitzen. Eine schöne antike Nachahmung dieses, nach seinem jetzigen Aufbewahrungsorte die »Capitolinischen Tauben« genannten Bildes hat sich in der Villa Hadrian's bei Tivoli gefunden. (Woltmann u. Woermann, a. a. O., I. 91 f., wo eine nähere Beschreibung des ganzen Mosaikbodens und eine Abbildung des Beckens mit den Tauben gegeben ist).

Soufflot, Jaques Germain, 1713—1781, Architekt, erbaute die grossartige Kuppelkirche Ste. Geneviève (jetzt »le Panthéon«) zu Paris.

Spagnoletto, lo, s. Ribera.

Spinello, Aretino (aus Arezzo), Maler, dessen früheste Werke um d. J. 1350 fallen, † 1410. Er zeichnet sich »durch Lebendigkeit der Phantasie und leicht fliessende Darstellung« aus; seine Gemälde haben, ohne einen hohen Grad von Vollendung zu besitzen, doch manches Fesselnde. Wandmalereien im Campanile von Arezzo und in der Compagnia degli Angeli daselbst, an beiden Stellen den Sturz Lucifer's in phantastischer Weise darstellend; bedeutender die seit 1387 in der Sacristei von S. Miniato bei Florenz ausgeführten Wandgemälde aus dem Leben des hl. Benedict, so wie diejenigen aus der Legende der Heiligen Ephesus und Politus im Camposanto zu Pisa von 1391 und die (in seinem hohen Alter) zu Siena im Palazzo pubblico dargestellten Scenen aus dem Leben des Kaisers Friedrich Barbarossa. (Lübke, Gesch. d. italien. Malerei, I. 155 ff.).

Squarcione, Francesco, zu Padua, 1394—1474, erscheint als der Gründer einer oberitalien. Malerschule, welche sich bestrebte, die aus der Antike gewonnenen Grundsätze für die Bedürfnisse der Malerei zu verwerthen. Er soll sich zu diesem Zwecke in den Besitz einer ansehnlichen Sammlung antiker Kunstwerke gesetzt gehabt haben. Der bedeutendste Meister dieser Schule war sein Pflegesohn

Andrea Mantegna, geb. 1431 als Sohn eines Landmanns in der Nähe von Padua, gest. 1506 zu Mantua, wo er, schon 1456 vom Markgrafen Lodovico Gonzaga dahin berufen, um 1460 sich niederliess. Aus den früheren Bildern desselben spricht eine grosse Hinneigung zur Antike, dabei ein streng plastisches herbes Wesen, eine die Grenzen der Schönheit überschreitende scharfe Ausprägung der Charakteristik; hernach aber tritt der ihm eigenen geläuterten Zeichnung und edel gehaltenen Composition eine zarte Färbung und Modellirung hinzu, wodurch seine Werke einen hohen Reiz erhalten. Er nahm den Stoff zu seinen

Gemälden theils aus der Antike, theils aus dem Bereiche der christlichen Anschauung. — Triumphzug Cäsar's in 9 grossen (jetzt zu Hamptoncourt befindlichen) Darstellungen mit Wasserfarben auf Leinwand gemalt (1485—1491); Darstellung des Parnasses; Scenen aus dem Privatleben der fürstlichen Familie im alten Palaste zu Mantua (1474); Cyclus von Wandbildern aus dem Leben der Heiligen Jacobus und Christophorus in der Kirche der Eremitani zu Padua; grossartiges Altarwerk in S. Zeno zu Verona; die von Francesco Gonzaga gestiftete »Madonna della Vittoria« (1496; Louvre). Mantegna war auch Kupferstecher und von wesentlichem Einflusse auf die Ausbildung des italienischen Kupferstichs.

Steen, Jan, geb. um 1626, † 1679, einer der genialsten holländ. Genremaler, in dessen Werken — er (der selbst Schankwirth war) malte hauptsächlich Wirthshausscenen, Kirmessen, Hochzeiten — unerschöpflicher Humor von bodenloser Ausgelassenheit und Schalkheit sich ausspricht.

Stephan, Maler, s. Wilhelm.

Stoss, Veit, geb. zu Nürnberg um 1450, starb daselbst 1533. Wahrscheinlich in der Schule des dortigen Malers und Kupferstechers Michael Wohlgemuth gebildet, zeichnete er sich später durch seine Schnitzarbeiten vorzüglich aus. Sichere Nachrichten über Veit Stoss finden sich erst 1477, als er sein Bürgerrecht zu Nürnberg aufgab und nach Krakau wanderte, wo er zunächst für die St. Marienkirche im Ring einen neuen Hochaltar (1477—1489) anfertigte. In dieser grossartigen Schnitzarbeit zeigt er sich als selbstständiger bedeutender Künstler. Zu der ihm übertragenen Ausführung eines Marmorgrabmals für den 1492 gestorbenen König Casimir wird er nur den Entwurf geliefert, Georg Hueber aus Passau aber, der sich an einem Kapitäle der Säulen des Baldachins als Verfertiger nennt, die Bildhauerarbeit beschafft haben. Nach Vollführung anderer Kunstarbeiten in Krakau kehrte Veit Stoss als angesehener Mann 1496 nach Nürnberg zurück, wo er anscheinend zunächst die Schnitzarbeiten an mehreren bei Michael Wohlgemuth bestellten Altarwerken übernahm, dann aber dergleichen und andere Schnitzarbeiten selbstständig ausführte. Zu diesen gehören: zwei besonders schöne und für den Meister charakteristische, von einem Altare der vielen Kirchen Nürnbergs herrührende Reliefs, die Verkündigung und die Beschneidung des Christuskindes (im Besitz des Senators Culemann in Hannover); das bekannte Hochrelief, die Krönung der hl. Maria durch Gott Vater und Christus (Germ. Mus. in Nürnberg); die sog. Rosenkranz–Tafel mit reichen Reliefdarstellungen (daselbst) und sein Hauptwerk, der eigenthümlich und grossartig aufgefasste »Englische Gruss«, bei welchem die Verkündigung in lebensgrossen runden Figuren, umgeben von schwebenden Engeln, innerhalb eines grossen Kranzes goldener Rosen, dem sieben kreisförmige, die »Freuden Mariae« enthaltende Reliefs sich anschliessen, ausgeführt, das Ganze aber schwebend dargestellt und an einer von dem Gewölbe der St. Lorenzkirche in Nürnberg herabhängenden Kette befestigt ist (1518).

Veit Stoss folgte bei seinen Compositionen noch der mittelalterlichen Weise, bildete solche jedoch feiner und vollendeter durch. Seine Gesichter haben meist charakteristischen Ausdruck, selten aber schöne Formen, die Haltung und die Verhältnisse seiner Figuren sind vortrefflich. Er liebte bei ihrer Darstellung die Gewandmassen; in diesen zeigen sich bei aller Grossartigkeit der Hauptlinien viele kleine unmotivirte Querfalten, die indess bei seinen hervorragenderen, in Nürnberg ausgeführten Werken verschwinden. (Nach R. Bergau, in Dohme's Kunst u. Künstler d. Mittelalt. u. d. Neuzeit, Lief. 28, Leipzig 1877).

Strange, Robert, 1721—1792, vorzüglicher engl. Kupferstecher, dessen zarte Behandlungsweise ihn zur Nachbildung von Werken Tizian's besonders befähigte.

Swanevelt, Harmen van, geb. um 1620 zu Woerden in Holland, gest. 1656 (nach dem Zeugniss d. franz. Academie), Schüler von Claude Lorrain, tüchtiger Landschaftsmaler, ausgezeichneter aber in seinen Radirungen.

Syrlin, Jörg, d. Aelt., von Ulm, Bildschnitzer und Bildhauer. Sein vorzüglichstes Schnitzwerk bilden die

Chorstühle des dortigen Münsters (1469—1474). Im J. 1482 verfertigte er den Marktbrunnen, sog. Fischkasten, daselbst, aus dessen Mitte eine, mit drei stattlichen Ritterfiguren geschmückte gothische Pyramide aufsteigt. Sein Sohn Jörg Syrlin d. J. schnitzte u. a. das Chorgestühl im Kloster Blaubeuren (1496) und den brillanten Kanzeldeckel im Münster zu Ulm.

Tatti, Jacopo, gen. Sansovino, Bildhauer und Architekt aus Florenz, 1479—1570, ursprünglich ein Schüler des Bildhauers Andrea Contucci, gen. Sansovino, nachmals in der Architektur der Richtung des Michelangelo sich zuneigend, verpflanzte diese, als er 1527 seinen Aufenthalt zu Rom mit dem von Venedig vertauschte, hierher. — Bronzethür der Sacristei von S. Marco zu Venedig; Erzfiguren an der seit 1540 entstandenen Loggetta am Thurme von S. Marco und Reliefs am Sockel daselbst; Colossalstatuen des Mars und Neptuns an der Riesentreppe im Dogenpalast 1554—1566; Grab des Dogen Francesco Venier († 1556) in S. Salvatore; Reliefschmuck der Kapelle del Santo in S. Antonio zu Padua, 1545—1550, woran auch seine Schüler sich betheiligten. Gebäude der alten Bibliothek an der Piazzetta zu Venedig, mehrere Paläste und die Münze (la Zecca) daselbst.

Tauriscus, Bildhauer, s. Apollonius.

Teniers, David, d. Aelt., 1582—1649, Maler aus Antwerpen, Schüler von Rubens, hielt sich hernach eine Zeitlang in Rom auf. Er malte biblische, historische und mythologische Gegenstände, meist in Landschaften, später Dorffeste in fleissiger Ausführung und warmer Färbung. Sein Sohn

David Teniers d. J., 1610—1694, (nach Krauss a. a. O. 1610—1690) Schüler seines Vaters, aber in der Malerei auch von Rubens stark beeinflusst, wandte sich ganz dem Genre zu. Er liebte es, Scenen eines unbehülflichen bäuerischen Verkehrs, Kirmessen und Volksfeste, auch Wachtstuben, so wie alchymistische Laboratorien zu veranschaulichen. Er zeigt in seinen Werken ungemeinen Sinn für malerische Anordnung, eine fein abgewogene

Gesammthaltung »mit den schönsten Farbenaccorden im Einzelnen«, so wie »die leichte und geistreiche Touche, welche die einzelnen Pinselstriche unvermalt stehen lässt«, worin »es ihm kein anderer Genremaler gleich gethan« hat. (Waagen, a. a. O., II, 55).

Terborch, Gérard, geb. in Zwolle gegen 1615 (nicht 1608, wie bisher angenommen, da um diese Zeit sein Vater, Geert Terborch, noch unverheiratet in Rom verweilte; s. Bode, Studien z. Gesch. d. holländ. Malerei, 614), gest. 1681 in Deventer, vorzüglicher Genremaler der holländ. Schule, dessen Darstellungen dem Leben der vornehmeren Stände entnommen, oft ein sehr anziehendes, durch eine zarte gediegene Ausführung gehobenes Gepräge haben.

Theoderich von Prag, Maler, s. Wurmser.

Theodorus erbaute mit seinem Vater R h o e c u s den Junotempel auf Samos in den letzten Jahrzehnten des 7. Jahrh. v. Chr. Ersterer, so wie C h e r s i p h r o n von Knossus und sein Sohn M e t a g e n e s waren die Baumeister des grossen ionischen Dianentempels zu Ephesus, der um d. J. 600 v. Chr. begonnen, aber erst nach zwei Jahrhunderten durch D e m e t r i u s und P ä o n i u s von Ephesus vollendet und schon 356 v. Chr. durch Herostratus eingeäschert wurde.

Thornton, John, verfertigte in der zweiten Hälfte des 16. Jahrh. die Glasmalereien im Münster von York.

Tiepolo, Maler, s. Varotari.

Timanthes, Maler, s. Zeuxis.

Timomachus von Byzanz, im letzten Jahrhundert v. Chr., durch sein Pathos sich auszeichnend, leistete Bedeutendes in der Malerei. — Medea, im Begriff den Kindermord zu vollführen.

Thimotheus, Bildhauer, s. Bryaxis.

Tintoretto, il, Maler, s. Robusti.

Tisio, Benvenuto, gen. G a r o f a l o, 1481—1559, Maler aus der, eine Neigung zum Phantastischen zeigenden Schule von Ferrara, studirte später nach Rafael. Seine Hauptwerke befinden sich in Ferrara.

Tiziano, Maler, s. Vecellio.

Tommaso, s. Masaccio und Masolino.

Torriti, Jacobus, Mosaikarbeiter, s. Gaddi.

Tutilo, Klostergeistlicher von St. Gallen, † 912, in verschiedenen Zweigen der Kunst und Wissenschaft wohl bewandert.

Vaen, Othon van, s. Veen.

Vanucci, Pietro, aus Città della Pieve, gewöhnlich Pietro Perugino genannt, 1446—1524, erscheint in seiner früheren Richtung derjenigen des Malers Niccolò Alunno nahe verwandt, beide der umbrischen Schule angehörend, welche es — wie Kugler sagt — vorzugsweise mit dem Ausdruck religiös schwärmerischer Gefühle, die sie gern in eine zarte und anmuthvolle Form kleidet, zu thun hat. Später begab sich Perugino nach Florenz zu Andrea Verrocchio, und eignete sich mehr die, auf naturalistische Auffassung begründete Durchbildung der Form an. Werke aus dieser Periode sind: eine Anbetung der hl. drei Könige (in S. Maria Nuova zu Perugia) und mehrere Fresken in der sixtinischen Kapelle zu Rom, darunter ein, die Uebergabe der Schlüssel an St. Petrus darstellendes Wandgemälde. Hernach schuf Perugino in freierer Meisterschaft, dabei seine heimathliche Sinnesrichtung nicht verläugnend, eine grosse Reihe von Werken, die mit dem Ausdrucke innigen, schwärmerisch angelegten Gefühls hohe Anmuth und Zartheit verbinden, auch von eigenthümlich blühender Färbung sind. Sie gehören etwa der Zeit von 1491 bis 1500 an. Darunter befinden sich viele Altargemälde, mehrere derselben eine thronende Madonna mit Heiligen darstellend, ferner eine Abnahme vom Kreuz (Gall. Pitti in Florenz), eine Himmelfahrt Christi (Mus. zu Lyon) und eine Erscheinung der Madonna bei dem hl. Bernhard (Pinak. zu München). Ihnen folgt (1500) ein Cyclus von Fresken im Collegio del Cambio in Perugia, biblische Scenen, Propheten, Sibyllen u. s. w. veranschaulichend, und ein schönes derartiges Bild, die Geburt Christi, in S. Francesco del Monte bei Perugia. Seine späteren Arbeiten zeigen eine weniger sorgfältige, ja zuletzt eine fast handwerksmässige Behandlung.

Vanvitelli, Lodovico, 1700—1773, Architekt, Erbauer des Schlosses Caserta bei Neapel.

Varotari, Alessandro, gen. il Padovanino, 1590 bis 1650, Maler, aus Padua stammend, strebte zum Theil mit Glück den früheren grossen Meistern der venezianischen Schule nach. Mit wenigerem Erfolg geschah dies von

Giov. Battista Tiepolo, 1693—1770, der (wie Kugler sagt) »durch die abenteuerlich phantastische Verflachung einer, an Paolo Veronese erinnernden Darstellungsweise« sich auszeichnete.

Vecellio, Tiziano (Titian), geb. um 1477 zu Pieve di Cadore, kam schon im zehnten Jahre nach Venedig, wo er hernach der Schüler des Malers Giovanni Bellini wurde. Anfangs bewegte sich Tizian in der hergebrachten, noch befangenen, still gemessenen Kunstweise, als aber sein Altersgenosse und Mitschüler, der feurige Giorgione, dem diese nicht mehr genügte, die Fesseln durch Schaffung eines freieren Stils abzustreifen begann, griff Tizian dessen Bestreben lebhaft auf, und führte — jener verstarb bereits 1511 — die venezianische Malerei allmählich zu ihrem Höhenpunkte.

Die erste öffentliche Anerkennung fand Tizian um 1507, als er der von Giorgione ausgeführten Bemalung der einen Seite der neugebauten Tuchhalle der Deutschen (fondaco de' Tedeschi) seine Arbeit auf der anderen Seite dieses Gebäudes mit Glück gegenüber stellte. Aus einer Verhandlung v. J. 1515 über die Ausführung eines grossen Wandgemäldes im Saale des grossen Raths erhellt, dass man Tizian damals für den ersten Meister der Malerei in Venedig hielt. Auch nach aussen hin war sein Ruhm gedrungen. So malte er für den Herzog Alfonso von Ferrara den berühmten Christus mit dem Zinsgroschen (Dresden); seit 1523 stand er mit dem kunstliebenden Marchese Federigo Gonzaga zu Mantua in lebhaftem Verkehr, und 1532 beschied ihn Kaiser Karl V. nach Bologna in sein Hoflager. Letzterer überhäufte ihn hernach mit Gunstbezeugungen; u. a. ernannte er ihn zum Ritter vom goldenen Sporn und Grafen vom lateranensischen Palaste. Im J. 1545 wurde Tizian auch an den päpstlichen Hof

berufen.. Aus allen Beziehungen dieser Art kehrte er
aber stets als ein unabhängiger Künstler zu seiner Familie
in die Lagunenstadt zurück, wo er im Kreise kunstsinniger
und gelehrter Freunde (zu denen freilich auch der boshafte
Pietro Aretino gehörte) ein thätiges und genussreiches
Leben führte, bis ihn 1576 die Pest in dem hohen Alter
von 99 Jahren dahinraffte.

Tizian erfasste die Herrlichkeit der antiken Kunst
mit echt künstlerischem Gefühl und verstand es, sie, gleichsam neu belebt, im Zauber des Lichts und der Farbe erscheinen zu lassen; nicht minder wusste er, wenn es in
der Aufgabe lag, die innere Seelenstimmung in ergreifen-
der Weise zum Ausdruck zu bringen. Zu seinen Hauptleistungen gehören besonders Darstellungen des menschlichen Körpers in jener vom Geiste der Antike getragenen
Auffassung, deren Vorwurf der antiken Mythe entnommen
ist, wie Venus und Adonis (Alnwick Castle), ein grosses
Bacchanal (Madrid), Bacchus und Ariadne (Nat. Gall. in
London), oder welche, ohne Vorführung einer besondern
Handlung, nur die Schönheit des weiblichen Körpers veranschaulichen, wie Venus, Danaë u. a. m. (zwei solcher
Bilder in d. Tribune d. Uffiz. zu Florenz).

Seine kirchlichen Gemälde spiegeln grossentheils jene
hohe, der Antike verwandte Ruhe wieder, so verschiedene
Altartafeln der Madonna mit Heiligen und Anbetenden,
während andere, wie seine Himmelfahrt der hl. Maria
(1518; Academie zu Venedig, aus d. dort. Kirche S. Maria
de' Frari) ein mehr feierlich erregtes Gefühl, oder wie seine
Grablegung Christi (Louvre) die tiefste Erschütterung des
Seelenlebens zum Ausdruck bringen.

Seine Portraits, darunter: Karl V. (Madrid), Philipp II.
(daselbst), Papst Paul III. (Mus. zu Neapel), Isabella von
Este, Gemahlin des Markgrafen von Mantua (Belvedere zu
Wien), des Künstlers eigenes Bildniss und das seiner
Tochter Lavinia (mehrfach gemalt), sind in allen Beziehun-
gen meisterhaft.

Endlich bekundet in manchen Gemälden seiner Hand
auch die Landschaft eine grossartig-poetische Auffassung
und Durchbildung.

Veen, Othon van (gen. Otto Vaenius), geb. zu Leyden 1558, gest. zu Brüssel 1629, Historienmaler, Lehrer des berühmten Peter Paul Rubens.

Velasquez, Don Diego, de Silva, Maler, 1599—1660, der Schule von Sevilla angehörend. Obgleich entschieden naturalistischer Richtung, wusste derselbe doch seinen Gemälden hohe Anmuth und eigenthümlichen Adel zu verleihen. Sein bedeutendster Ruhm gehört dem Fache der Bildnissmalerei an. Seit 1622 lebte er als Hofmaler Philipp's II. zu Madrid.

Velde, Adriaen van de, Maler, s. Cuyp.

Vermeer, Jan (Jan van der Meer), geb. zu Delft um 1632, gest. um 1696, der berühmteste unter den holländ. Malern dieses Namens, schuf Bildnisse, Genrebilder, Strassenansichten, Landschaften und Stillleben.

Vernet, Joseph, 1714—1789, Landschafts- und Marinemaler, ausgezeichnet in der Darstellung von Seestürmen.

Veronese, Paolo, Maler, s. Caliari.

Verrocchio, Andrea, von Florenz, 1435—1488, wird als Schüler des Bildhauers Donatello bezeichnet. Aus seinen Werken spricht ein gründliches Naturstudium, Streben nach kraftvoller Charakteristik, weniger eine poetische Auffassung. Er verfertigte mehrere Silberarbeiten für den Altar des Baptisteriums in Florenz, ferner in Bronze die grosse Gruppe des Christus und Thomas an Or San Micchele, einen reizenden geflügelten Knaben auf einer Brunnenschale im Palazzo vecchio und eine Statue des David im Museum des Bargello zu Florenz, so wie seit 1579 das Thonmodell zu einer colossalen Reiterstatue des Bartolommeo Colleoni zu Venedig, die aber durch Alessandro Leopardi (s. diesen) vollendet wurde. Auch wird in Florenz eine von ihm herrührende Marmorarbeit vom Grabmale der Gemahlin des Tornabuoni aufbewahrt.

Ausser der Bildhauerkunst betrieb Andrea auch die Malerei. Sein Hauptbild ist die Taufe Christi in der Academie zu Florenz; man erkennt darin den Bildhauer in der schärferen Durchbildung des Nackten.

Lionardo da Vinci machte seine ersten Studien in der Schule des Andrea Verrocchio.

Vicentino, Valerio, Medailleur, s. Belli.

Vignola, Architekt, s. Barozzi.

Vinci, Lionardo da, wurde 1452 im Val d' Arno auf dem Schlosse Vinci als natürlicher Sohn des Ser Piero, Notars der Signoria von Florenz geboren, von diesem aber hernach seinen später geborenen ehelichen Kindern gleichgestellt. Schon früh kam Lionardo zu Verrocchio in die Lehre, der ihn nicht allein in der Malerei, sondern auch in den verschiedenen Theilen der Plastik unterrichtete. Hier lernte er als begabte Mitschüler Pietro Perugino und Lorenzo di Credi kennen, und es entspann sich unter ihnen eine innige Freundschaft, so wie ein reger Wetteifer, wodurch ihre künstlerischen Bestrebungen noch mehr gefördert wurden. Ausserdem übte sich Lionardo aus eigenem Antriebe in den verschiedenen Zweigen der Kunst; sein rastloser Geist trieb ihn auch zu mathematischen und physikalischen Studien, zu mechanischen und hydraulischen Arbeiten. So stand er bald als vielseitig gebildeter Künstler da. Von den Werken aus der früheren Zeit seines Schaffens ist fast nichts erhalten. Auch fehlt es darüber an sicherer Kunde, ob er bei seinem längeren Aufenthalte in Florenz einen Ausflug nach Rom unternommen habe, wie man dies aus einem hier in S. Onofrio vorhandenen, die Madonna und den sie verehrenden Stifter darstellenden Freskobilde wohl hat vermuthen wollen.

Im J. 1482 ging Lionardo nach Mailand, wo er in die Dienste des Herzogs Lodovico Sforza trat und etwa siebzehn Jahr verweilte. Am Hofe des Herzogs, der (bei allen seinen grossen Schattenseiten) den Künsten und Wissenschaften Pflege angedeihen liess, fand Lionardo, gehoben durch seine Kenntnisse, seine ritterliche Erscheinung, sein gewandtes Benehmen und seine Befähigung als Musiker, Dichter und Improvisator, mannigfache Gelegenheit, sein vielseitiges Talent noch mehr zu entfalten, die höchsten Stufen seiner ruhmvollen, die Glanzzeit der italien. Malerei eröffnenden Laufbahn zu ersteigen. In Mailand schuf er das Modell zu einer colossalen, für den Erzguss bestimmten (ob ausgeführten?) Reiterfigur des Francesco Sforza, welches aber eben so wenig, wie ein sonstiges Sculpturwerk seiner Hand erhalten geblieben ist. Dieser Zeit entstammen ferner mehrere Tafelbilder, darunter die unter der Bezeichnung »Vierge aux rochers« bekannte Madonna (Louvre), so wie die »Vierge au basrelief« (Lord Warwick auf Gattonpark) und das köstliche Bildniss, »la belle ferronnière«, von höchst edler und reiner Auffassung (Louvre), welches, statt einer vermeintlichen Geliebten Franz I. das Portrait der von Lionardo 1494 gemalten Lucrezia Crivelli (Geliebten des Lodovico Sforza) sein wird. Aber alle Schöpfungen des Meisters überstrahlt das als Hauptwerk seines Lebens erscheinende weltberühmte, 1496—1498 im Auftrage des Herzogs für das Refectorium im Kloster S. Maria delle Grazie angefertigte hl. Abendmahl, ein Gemälde hohen Stils, voll lebendiger dramatischer Entwickelung, treffender Charakteristik und religiöser Weihe, welches mit Oelfarbe auf die Wand gemalt, leider durch Abblättern gelitten hat und später mehrfachen Zerstörungen ausgesetzt gewesen ist.

Als Lodovico Sforza bald nach dieser Zeit durch Ludwig XII. aus Mailand vertrieben war, kehrte Lionardo nach Florenz zurück, wo er von Pietro Soderini, der damals an der Spitze der Regierung stand, ehrenvoll aufgenommen wurde. Hier zeichnete er den Carton zum Altarbilde in S. Servi, worin die Madonna zuerst die Züge des von Lionardo ausgeprägten weiblichen Idealkopfes trägt, welche besonders im seelenvollen Blick und in den sanft aufwärtsgezogenen Mundwinkeln sich kund geben. In dieser Arbeit wurde er 1502 durch Cesar Borgia unterbrochen, der ihn als Festungsbaumeister verwandte, und auch im folgenden Jahre hatte er mit Nivellirungsarbeiten zur Canalisirung des Arno zu thun. Sodann erfolgte im Auftrage des florent. Staats die Anfertigung des hernach so bewunderten Cartons zu dem für den Rathssaal im Pal. vecchio bestimmten Bilde der Schlacht bei Anghiari, welchem Michelangelo (s. diesen), in Ungeduld, sich mit seinem älteren Landsmanne zu messen, einen allerdings ebenso berühmt gewordenen Carton gegenüberstellte. Aus

dieser Zeit (1505) stammt auch das unter dem Namen
»Mona Lisa« bekannte Bildniss (der Gemahlin des Francesco del Giocondo) von höchster Reinheit der Zeichnung
und Zartheit der Modellirung, so wie durch wundersamen
Liebreiz ausgezeichnet (Louvre).

Gegen d. J. 1506 erhielt Lionardo von der florentin.
Regierung Urlaub, um in Mailand seine Angelegenheiten
zu ordnen. Hier knüpfte er Beziehungen zu dem dortigen
französischen Statthalter an und wurde hernach von Ludwig XII., bei dessen Einzuge in Mailand Lionardo Triumph-
bögen und Decorationen entwarf, mit Gunstbezeugungen
überhäuft. Dann war er einige Zeit hindurch mit Wasserbauten beschäftigt. Im J. 1511 hielt er sich wegen eines
Processes mit seinen Brüdern in Florenz auf, kehrte aber
bald nach Mailand zurück, welches Maximilian Sforza 1512
wieder eingenommen hatte. Hier entstand damals anscheinend das grosse, jetzt im Louvre befindliche Bild
der hl. Anna mit der hl. Maria und dem ein Lamm hal-
tenden Jesusknaben.

Kriegerische Verhältnisse veranlassten 1514 den Meister zu einer Reise nach Rom, derselbe kehrte aber —
wahrscheinlich weil die Anwesenheit Michelangelo's ihm
den dortigen Aufenthalt verleidete — nach Mailand zurück,
welches jetzt in den Händen des Königs Franz I. sich
befand. Lionardo wurde zum Hofmaler des Königs ernannt und musste ihn 1516 nach Frankreich begleiten, wo
er in seinem hohen Alter noch einige Arbeiten unternahm
(zu diesen gehören wohl eine Leda mit dem Schwan, so
wie ein jugendlicher halbnackter Johannes), aber 1519
durch den Tod abberufen wurde. (Lübke, Gesch. d. ital.
Malerei, II. 33 ff.).

So endete das viel bewegte Leben eines unermüdlich
schaffenden Meisters, der stets darüber aus war, den Grund
aller Dinge zu erforschen und Probleme zu lösen. Seine
Vielseitigkeit mag wohl die Vollendung mancher Arbeiten
mit verhindert haben. Welch' umfassende Vorarbeiten
Lionardo zu seinen (zum Theil nur durch Beschreibung
bekannten) Werken machte, lassen seine zahlreichen Stu-
dienblätter erkennen. In seinen Gemälden wusste er das

Seelenleben, wie die Körperlichkeit in gleich vollkommener
Weise darzustellen; es zeigt sich in denselben zugleich der
»Hauch zarter tiefsinniger Schwärmerei«, welcher ihnen
bei der darin herrschenden Fülle des Lebens einen um so
eigenthümlicheren, durch den weichen durchgebildeten
Vortrag noch gesteigerten Reiz giebt (Kugler).
     Von seinen Kenntnissen in den bildenden Künsten,
so wie in der Mechanik, Hydraulik u. s. w. gab Lionardo
auch durch umfassende Schriften Beweise. Von diesen ist
ein Theil verloren gegangen, Vieles indessen erhalten,
darunter: sein berühmter »Trattato della pittura« und eine
Abhandlung über die Proportionen und die Bewegungen des
menschlichen Körpers. (Näheres im Literaturbericht in
Janitschek's Repert. f. Kunstwissenschaft, VII. 90 ff.).
     Vinckebooms, David (Vinckboons), 1578—1629, Land-
schaftsmaler, der Schule von Brabant angehörend.
     Vischer ist der Name einer Giesserfamilie zu Nürnberg.
     Hermann Vischer d. Aelt., erscheint 1453 als
Meister. Er goss 1457 das gothische Taufgefäss in der
Stadtkirche zu Wittenberg. Sein Tod erfolgte 1487.
     Eberhard Vischer, wohl dessen Bruder, wurde 1459
Meister, starb 1488. Von seinen Leistungen ist mit Sicherheit nichts nachzuweisen.
     Peter Vischer d. Aelt., Sohn des obengenannten
Hermann, steht nicht allein als ausgezeichneter Meister
des Erzgusses, sondern auch als hochbedeutender selbst-
schöpferischer Künstler in der Bildnerei da. Sein Ge-
burtsjahr ist unbekannt; in seinem von ihm angefertigten
kleinen Standbilde aus der Zeit von 1509—1519 erscheint
er als kräftiger Mann in seinen besten Jahren; er starb
1529. Als sein Vater und Eberhard Vischer mit Tode
abgegangen waren, stand Peter Vischer, der 1489 sein
Meisterstück gemacht hatte, der Giesshütte vor. Seine
selbstständige Thätigkeit fällt in eine Zeit, wo der in Süddeutschland eindringende flandrische Realismus den conventionell gothischen Stil zu überwinden begann, und
wenngleich Peter Vischer noch volles Verständniss für die
Gothik besass, so dass er von den damaligen Auswüchsen
dieses Stils sich frei zu halten wusste, so hatte er doch

auch die Formen der Renaissance kennen gelernt, und
seine Liebe zu denselben wuchs mit seinen Jahren. Dies
bekunden namentlich folgende drei, aus seiner Giesshütte
hervorgegangene Hauptwerke:

das mit »Peter Fischer rotgieszer« bezeichnete, überaus
sorgfältig und noch ganz im gothischen Stile gearbeitete
Bronze-Grabmal des Erzbischofs Ernst im Dome zu Magdeburg von 1495;

dann das berühmteste seiner Bronze-Werke, das in der
St. Sebaldskirche zu Nürnberg befindliche »Sebaldusgrab«,
dessen Herstellungsplan, den gothischen, bereits aus dem
J. 1397 stammenden Sarkophag dieses Heiligen mit neuem
Untersatz und prächtiger Umhausung zu versehen, i. J. 1507
beschlossen, hierauf der Unterbau mit Reliefs aus der
Legende des hl. Sebald in einfach klaren Compositionen
nach Verlauf zweier Jahre vollendet, der auf gothischen
Pfeilern ruhende, in drei kuppelartig aufgebauten Baldachinen ausgehende Ueberbau mit dem üppigsten Reichthume an figürlichen und anderen Zierden aber erst 1519
aufgestellt wurde, in welchem, seit 1510 etwa auch von
seinen fünf Söhnen mit bearbeiteten Werke eine Mischung
von romanisch-gothischen Formen mit denen der Renaissance sich kund giebt und eine ungleichmässige Behandlung, namentlich in den vor den Pfeilern des Ueber-
baus auf schlanken Ziersäulchen stehenden, »in ihrer reinen
plastischen Schönheit wie ein Wunder aus den Schöpfungen
jener Zeit« sich erhebenden Gestalten der hl. Zwölfboten im
Vergleich zu den übrigen, ihnen im Werthe nachstehenden
Figuren und Gebilden sich zeigt;

endlich das neuerdings aus wieder aufgefundenen Zeichnungen bekannt gewordene, ursprünglich für die Grabkapelle der Fugger bestimmte, später auf dem grossen
Rathhaussaale zu Nürnberg angebrachte (nicht mehr vorhandene) Bronze-Prachtgitter, bei welchem, im reinsten
Stile der italienischen Frührenaissance gearbeiteten, die
Inschrift: »OPVS. M. PETRI. FISCHER. NORIMBERGENSIS. 1527«
tragenden Werke indess der Antheil des alten Meisters
Peter Vischer schwer zu bestimmen bleibt, zumal das
architektonisch eingerahmte mit Reliefs reich ausgestattete

Gitter erst 1540 bei seiner Aufstellung im Rathhaussaale seine Vollendung erhielt.

Von den übrigen zahlreichen aus der Giesshütte Peter Vischer's hervorgegangenen Leistungen, die von verschiedenem Werthe, zum Theil auch nach fremden »Visirungen« ausgeführt sind, mögen als Meisterwerke noch hervorgehoben werden: zwei von den bronzenen, das Grabmal des Kaisers Maximilian I. in der Hofkirche zu Innsbruck umstehenden Colossalfiguren, König Arthur und Theoderich darstellend, von 1513, und eine Grabplatte aus Bronze mit der Figur des Kurfürsten Friedrich des Weisen in der Schlosskirche zu Wittenberg von 1527.

Es erübrigt noch der (in seiner Giesshütte beschäftigt gewesenen) Söhne des Meisters Peter Vischer zu gedenken:

Hermann Vischer d. J. Von ihm heisst es in Neudörffer's Nachrichten von den Nürnberger Künstlern und Gewerkleuten, dass er »mit Giessen, Reissen, Maasswerken und Konterfeien wie der Vater fast künstlich gewesen ist«. Durch ihn, welcher 1514 eine Reise nach Rom unternahm und — wie Neudörffer sagt — »viel künstliche Ding, das er aufgerissen hat, welches seinem alten Vater wohl gefiel und seinen Brüdern zu grosser Uebung kam«, mitbrachte, wurde die rein ausgeprägte Renaissance in die Vischer'sche Giesshütte eingeführt. Er kam 1516 bei einer Schlittenfahrt um's Leben.

Peter Vischer d. J., dessen Geschicklichkeit im Zeichnen von Neudörffer gerühmt wird, starb in seinen besten Jahren 1528.

Johann Vischer erwarb den besonderen Zunamen des Giessers. Von ihm sind mehrere tüchtige Werke bekannt, u. a. ein Hochrelief der Madonna in der Stiftskirche zu Aschaffenburg (1530) und die schon erwähnte Vollendung des Prachtgitters bei dessen Aufstellung im Rathhause zu Nürnberg (1540).

Von selbstständigen Leistungen der beiden jüngsten Söhne Jacob und Paul wird nichts gemeldet. Paul ging, nach dem Verkaufe der ihm durch Erbschaft zugefallenen Giesshütte des Vaters an seinen Bruder Johann, nach Mainz. (s. Lübke, Peter Vischer's Werke, Nürnberg, Fol.).

Viti, Timoteo, oder della Vite, Sohn des Bartolommeo della Vite aus Urbino und der Caliope, Tochter des Malers Antonio da Ferrara, 1467 in Ferrara geboren, kam 1490 zu Francia in die Lehre, dessen Lieblingsschüler er wurde. Im J. 1495 siedelte er nach Urbino über, wo er sich 1501 verheirathete und 1523 starb. In seinen Gemälden (hinsichtlich derer aber die Forschung noch nicht abgeschlossen ist), lässt sich der Einfluss seines Lehrers nicht verkennen; sie bekunden einen Meister, »der Gediegenheit und Gründlichkeit der Arbeit mit einem geläuterten Geschmack und feiner Empfindung auf das glücklichste verbindet«. Dabei waltet in den Werken seiner Frühzeit ein, in Rafael's Jugendarbeiten wiederkehrender Zug, dessen Entstehung in dem oben S. 378 angedeuteten Verhältnisse zwischen diesem und dem (älteren) Meister Timoteo zu suchen sein wird. Letzterer schuf u. a. das Altarbild in S. Trinità zu Urbino, ferner eine Verkündigung, mit den Heiligen Sebastian und Johannes d. T. (Brera zu Mailand), ein für die Grabkapelle des Bischofs Gian Pietro Arrivabene zu Urbino 1504 gemaltes Altarwerk; eine hl. Magdalena (1508; in der Pinakothek zu Bologna) und ein grosses Altarbild im Dome zu Gubbio von 1521. (Woltmann u. Woermann, a. a. O., II. 320 ff.).

Vitruvius, von Verona, gelehrter Architekt, schrieb zehn Bücher »de architectura« und widmete dieses Werk dem Kaiser Augustus. Als praktischer Baumeister scheint Vitruv Bedeutendes nicht geleistet zu haben.

Vivarini, Bartolommeo, Bruder des oben S. 329 mit Giovanni Alamanno genannten Malers Antonio (Vivarini) da Murano. Letzterer arbeitete später — wie aus einem mit der Jahrszahl 1450 versehenen Altarwerke in der Pinakothek zu Bologna hervorgeht — auch gemeinschaftlich mit Bartolommeo da Murano, der sich, und zwar zuerst auf einem Bilde von 1457, »Bartholomeus Vivarinus« nennt. Dieser schloss sich hinsichtlich der Strenge der Zeichnung der von Francesco Squarcione begründeten paduanischen Schule an. Seine Färbung ist wenig erfreulich, dagegen führte er eine lebensvolle Charakteristik in die venezianische Kunst ein. — Zwei Altäre von gediegener Arbeit in

S. Maria de' Frari zu Venedig, einer von 1474 mit dem
thronenden hl. Marcus im Mittelbilde, der andere von 1482
mit der in der Mitteltafel thronenden, von vier Heiligen
beseiteten Madonna, über welcher Christus im Grabe dargestellt ist.

Alwise (Luigi) Vivarini, ein Schüler des Bartolommeo, entwickelt sich aus derselben Richtung heraus bereits
zu einer freieren Anmuth. — Madonna mit zwei die Laute
spielenden Engeln in S. Redentore zu Venedig. Alwise
muss vor 1503 gestorben sein, wie dies aus einem Disti-
chon auf dem grossen Altarbilde aus S. Maria de' Frari
erhellt, welches besagt, das solches nach Vivarini's Tode
von Marco Basaiti vollendet sei.

Der Einfluss der paduanischen Schule in Venedig
wurde bald gemildert, und gelangte die dortige Malerei zu
einer neuen eigenthümlichen Entwickelung, besonders wohl
in Folge der durch

Antonello da Messina hier eingeführten Kenntniss
der flandrischen Kunst und der von ihm anscheinend unter
Rogier van der Weyden erlernten Maltechnik in Oelfarben.
Sein erstes datirtes Werk aus d. J. 1465, ein kleines in
Oel gemaltes Brustbild des segnenden Heilandes (Nat. Gall.
in London), zeigt eine Mischung italienischen und flandrischen Charakters. Ein von ihm für S. Gregorio in Messina
1473 gemaltes Altarwerk (jetzt in d. dort. Pinakothek) bestätigt die Nachricht Vasari's (der ihn irrthümlich zum
Schüler des bereits 1440 verstorbenen Jan van Eyck macht),
dass Antonello nach seiner Rückkehr aus Flandern kurze
Zeit in Sicilien sich aufgehalten habe. Dann siedelte er
sich in Venedig an, wo unter seinen dortigen Arbeiten
ein Bildniss schon aus d. J. 1474 vorhanden ist. Am
deutlichsten zeigt Antonello's Zusammenhang mit der flandrischen Schule eine Kreuzigung Christi zwischen den
Schächern, ein von ihm höchst sauber und mit Beobachtung
der feinsten Details im Vordergrunde ausgeführtes Bildchen (Gall. zu Antwerpen), in welchem indess die Landschaft eine italienische Gegend ist und die Figuren und
Motive das Gepräge italienischer Kunst tragen. Höher als
seine religiösen Darstellungen stehen aber seine Bildnisse,

bei deren Herstellung die Natur in ihren feinsten Zügen belauscht ist, und alles, was die Oelmalerei leisten kann, sei es hinsichtlich der feinen Modellirung, der warmen Schattirung, des Schmelzes und der Durchsichtigkeit der Töne oder der Stoffbehandlung, in meisterlicher Vollendung sich zeigt. Seine letzte datirte Arbeit ist von 1478. Wie lange er gelebt und in Venedig gewirkt hat, lässt sich nicht nachweisen.

Gleichzeitig mit den Vivarini waren die aus Venedig selbst stammenden Bellini aufgetreten. Das Haupt dieser Familie

Jacopo Bellini, ein Schüler des Gentile da Fabriano, als dessen Gehülfe 1423 und 1425 in Florenz vorkommend, wirkte später in Venedig und in anderen benachbarten Orten, so in Padua, wo die Beziehungen seiner Familie zu Mantegna sich anknüpften, und in Verona, woselbst er 1436 eine Kreuzigung in der Kapelle S. Niccolò des Doms al fresco malte. Sein Todesjahr ist unbekannt. Er hatte zwei Söhne:

Gentile Bellini, geb. etwa 1427, † 1507 und
Giovanni Bellini, † 1516.

In ihren ersten Werken ist der Einfluss der paduanischen Schule nicht zu verkennen; in denen Giovanni's macht sich Mantegna's Vorbild in der vorzüglichen Durchbildung der Formen und guten Zeichnung der Verkürzungen bemerkbar. Dann wirkten die Leistungen Antonello's da Messina auf die Gebrüder Bellini ein, die sich bald mit der Oelmalerei vertraut machten, welche durch sie in der venezianischen Schule allgemeine Verbreitung fand.

Als sich i. J. 1479 Mohammed II. von der Republik Venedig einen geschickten Maler erbat, wurde Gentile Bellini nach Constantinopel gesandt. Er brachte von dort viele Studien mit, die er hernach in einigen seiner Gemälde verwerthete. (Empfang des venezian. Gesandten und seines Gefolges durch den Grossvezier (Louvre). Beide Brüder arbeiteten dann an der Fortsetzung des Gemälde-Cyclus im Grossrathssaale (1577 durch Brand zerstört).

Der spätesten Zeit Gentile's entstammen drei Bilder mit Heiligenlegenden aus der Scuola di S. Giovanni Ev., deren Hauptreiz aber in der darin enthaltenden Darstellung des damaligen Lebens in Venedig, so wie der dortigen Architektur besteht. Ein die Predigt des hl. Marcus zu Alexandrien veranschaulichendes Gemälde mit vielen Figuren und architektonischem Hintergrunde wurde erst nach seinem Tode von Giovanni Bellini vollendet. Letzterem fehlte die scharfe Realistik seines Bruders, dafür zeigt er aber wärmere Empfindung, so wie poetischen Schwung und wetteifert mit ihm in der Behandlung der neuen Malweise. Giovanni stellte vorzugsweise Madonnen dar, von höchst edlem Ausdruck, oft als Halbfiguren, auch wohl von Heiligen beseitet (zwei solcher Meisterwerke in der Academie zu Venedig), dann aber auch als thronende Himmelskönigin in Altarbildern (ein solches — angeblich sein erstes, aber schon sehr vollendetes — Oelbild aus S. Giobbe in der Acad. daselbst). Später wird sein Vortrag breiter und malerischer, so in einem derartigen Altarbilde von 1505 (in S. Zaccaria zu Venedig) und in einem solchen von 1515 (in S. Giov. Crisostomo daselbst).

In späteren Jahren ging Giovanni auch zur Darstellung mythologischer Gegenstände über. Seinen vollen Namen und die Jahrszahl 1514 trägt ein vom Herzog Alphons von Ferrara bestelltes Bacchanal (jetzt in Alnwick Castle). Eine lebensgrosse Halbfigur der Venus mit dem Spiegel ist 1515 von ihm gemalt (K. Gall. in Wien). (Woltmann u. Woermann, a. a. O., II. 276 ff.).

Giovanni's Einfluss übertrug sich auf eine Menge von Schülern und Nachfolgern, von denen einige, wie Giorgione und Tizian, freier und grossartiger sich entfaltend, die Hauptmeister der nächstfolgenden Periode wurden.

Volpato, Giovanni, 1738—1803, vorzüglicher italien. Kupferstecher. — Rafael's Loggien.

Volterra, Daniel da, s. Ricciarelli.

Vos, Merthen de, Maler aus Antwerpen, 1531—1603, Schüler des Frans Floris, bildete sich weiter in Italien unter Tintoretto aus. Er lieferte eine Reihe tüchtiger Gemälde für die Schlosskapelle in Celle (1569 f.), (Mithoff, Kunstdenkm. im Hannov. IV, 39 ff.), vier grosse Thierstücke für das Schloss zu Schwerin (1572) und ein die

Taufe Christi und die Segnung der Kinder enthaltendes Doppelbild für die St. Peterskirche zu Hamburg (1578). Das Museum zu Antwerpen besitzt viele seiner übrigen Werke, darunter einen, im Mittelbilde die Ueberführung des ungläubigen Thomas darstellenden Altar aus d. J. 1574 von sehr fleissiger Ausführung, und die Versuchung des hl. Antonius (1594), durch die eigenthümliche Vermischung des Phantastischen und Humoristischen sich auszeichnend.

Vriendt, Frans de, gen. **Frans Floris,** Maler aus Antwerpen, geb. gegen 1520, gest. 1570. Derselbe besuchte zu seiner weiteren Ausbildung Italien, und wurde schon 1540 als Meister in der Malergilde zu Antwerpen aufgenommen. Er besass viel Talent, ungewöhnliche Erfindungsgabe und grosse Meisterschaft in der Malerei; seine Zeichnung und Formgebung sind dagegen mangelhaft, dem Ausdruck in den Köpfen seiner Figuren fehlt es an Beseelung und Anmuth. Als ein Hauptwerk desselben gilt der Sturz der gefallenen Engel (1554; Mus. in Antwerpen), welches allerdings kühn componirt und meisterlich gemalt aber hart in den Umrissen erscheint und einzelne Geschmacklosigkeiten zeigt. Seine Anbetung der Hirten (daselbst) ist vorzüglicher im Ausdruck der Köpfe und gelungen in der Behandlung des Helldunkels. (Waagen, Handb. d. Gesch. d. Malerei, I. 297).

Vries, Adrian de, »Hagenis Architectus«, war in Italien, verfertigte 1599 den Mercurs-Brunnen und den mit reichen Bronzewerken ausgestatteten, 1602 eröffneten »Hercules-Brunnen« zu Augsburg. (Zeitschr. für bild. Kunst, Bd. XVII. 1882).

Waterloo, Anton, 1618—1662, holländ. Landschaftsmaler, der seine anmuthigen Compositionen aber mehr mit der Radirnadel als mit dem Pinsel ausführte und darin eine hohe Meisterschaft erlangte.

Watteau, Antoine, 1684—1721, gilt als das Haupt derjenigen französ. Maler dieser Zeit, welche in der Darstellung süsser schäferlicher Scenen, wobei die handelnden Personen als Cavaliere und Damen in Haarbeuteln, bezw. Reifröcken auftreten, sich gefielen, diese Scenen übrigens mit einer gewissen graziösen Anmuth auszuführen wussten.

Weenix, Jan, aus Amsterdam, 1640—1719, Thiermaler, besonders ausgezeichnet in der Darstellung der Hasen und des Federwildes.

Wenzla, Meister, aus Klosterneuburg, gründete gegen den Schluss des 14. Jahrh. die beiden Thürme des St. Stephansdoms zu Wien, von denen aber nur der südliche, und zwar durch **Hans Buchsbaum** vollendet wurde.

Werff, Adriaen van der, Maler, s. Dou.

Werff, Pieter van der, Maler, s. Dou.

Weyden, Rogier van der (früher **Rogier van Brügge** genannt), geb. zu Tournay, wurde dort 1426 unter dem Namen **Rogelet de la Pasture** bei einem, sonst nicht bekannten Maler Robert Campin als Lehrling, 1432 aber als Meister in der Malergilde aufgenommen, siedelte später nach Brüssel über, wo er 1436 als Stadtmaler erscheint. In d. J. 1449 und 1450 hielt er sich in Italien auf, † 1464 zu Brüssel. In seinen Leistungen kam er dem Bedürfnisse des Volks entgegen; er malte vorzugsweise Scenen aus der Passion. Italienischer Einfluss macht sich in seinen Werken nicht geltend, mehr die Richtung der van Eyck'schen Schule auf das Realistische, Individuelle, und ebenso ihre Technik. Sein lebhafter Sinn findet aber in dem Ruhigen, Sinnigen, Gemüthlichen der van Eyck'schen Gestalten nicht völlige Genüge. Er verleiht seinen meist mager gehaltenen Figuren lebensvolleren, leidenschaftlicheren Ausdruck, wird darin aber oft herb; in ihren Stellungen macht sich Mangel an anatomischem Wissen bemerklich. Sein Colorit kommt dem der van Eyck nicht gleich; es herrscht darin, bei aller Sorgfalt und Klarheit, eine kühle Stimmung, Mittel- und Hintergrund treten zu bestimmt hervor. — Vier grosse Gemälde in der »Goldenen Kammer« (dem Gerichtssaale) des Rathhauses zu Brüssel, deren Dürer als von dem »grossen Meister Rudier« herrührend gedenkt (in Kriegszeiten untergegangen). Hauptwerk: die Kreuzabnahme in der Frauenkirche vor Löwen (jetzt in Madrid). — Marienaltärchen in der Karthause Miraflores bei Burgos, 1445 vom König Johann II. dorthin gestiftet, mit der Beweinung Christi im Mittelbilde, und ein Johannesaltärchen (beide in Berlin). Flügelaltar im Hospitale zu Beaune, mit der Darstellung des jüngsten Gerichts im Mittelbilde. Altar der Kirche zu Middelburg in Zeeland, mit der Geburt Christi. Altar der sieben Sacramente (Mus. zu Madrid). (Woltmann u. Woermann, a. a. O., II. 59 ff.).

Wild, Cramer, und Hans Wild, um 1480, zwei bedeutende Glasmaler zu Ulm, welche gemalte Fenster für den Chor und die Besserer'sche Kapelle des dortigen Münsters lieferten.

Wilhelm von Innsbruck, Baumeister, S. Bonannus.

Wilhelm und **Stephan**, die beiden Hauptmeister der Malerschule zu Köln, die mit einem weichen Colorit voll Wärme und Kraft eine edle Formgestaltung verbindet und, obschon von der Befolgung conventioneller Stilgesetze noch nicht frei, hohen Liebreiz und Tiefe der Empfindung zum Ausdruck bringt.

Meister Wilhelm blühte um 1380; ihm werden zugeschrieben: ein Wandbild am Grabmale Cuno's von Falkenstein, Erzbischofs von Trier, in der St. Castorkirche zu Coblenz (1388) und verschiedene Altarwerke zu Köln, so wie das höchst anmuthsvolle Bild der hl. Veronika (jetzt in der Pinakothek zu München).

Meister Stephan (Lochner), † 1451 (?), wahrscheinlich dessen Schüler, übertrifft den Meister Wilhelm an Kraft und Tiefe, so wie an Freiheit in der Behandlung der Gestalten. Diese Vorzüge offenbaren sich vorzugsweise in einem höchst anziehenden Werke, dem aus der Kapelle des Rathhauses zu Köln stammenden sog. Kölner Dombilde (1426 als »Tafel des M. Stephan« von Dürer gesehen), im Mittelfelde die Anbetung der hl. drei Könige, in den Flügeln den hl. Gereon und die hl. Ursula, beide mit ihrem Gefolge, darstellend, so wie in idyllischen Scenen, »wie die entzückende »»Madonna in der Rosenlaube«« im Museum zu Köln«. (Kugler: — Woltmann, Holbein u. seine Zeit, I. 14 ff.).

Wille, Joh. Georg, 1715—1808, Kupferstecher, der besonders in der technischen Durchbildung des Stichs, doch nicht ohne einseitige Bevorzugung derselben, sich auszeichnete.

Wohlgemuth, Michael (Wolgemut), 1434—1519, der erste vorzügliche Meister der fränkischen Malerschule, welche bei dem Streben nach energischer und mannigfaltiger Charakteristik mehr auf feste Begrenzung der Umrisse, als auf weiche Durchbildung des Colorits Gewicht legte. In denjenigen seiner Gestalten, welche eine ideale Bedeutung haben, namentlich in seinen Madonnen, spricht sich Würde und Schönheit aus, während seine Darstellung des Gemeinen und Schlechten leicht zur Caricatur wird. Hauptwerke dieses Meisters sind u. a. die Tafeln des Hauptaltars in der St. Marienkirche zu Zwickau (1479), die Kreuzigung in der St. Sebaldskirche zu Nürnberg (1485) und die Tafeln des grossen Altarwerks in der Stadtkirche zu Schwabach (1506—1508). Auch schuf Michael Wohlgemuth den Bilderschmuck im sog. Huldigungszimmer des Rathhauses zu Goslar, wofür er 1501 das Ehrenbürgerrecht der Stadt erhielt (s. Woltmann u. Woermann, a. a. O., II. 122). Derselbe war von bedeutendem Einflusse auf die Ausbildung des Holzschnitts. In den unter seiner Leitung angefertigten Blättern zeigt sich zuerst das Bestreben nach einer bestimmteren Schattenwirkung.

Woollett, William, 1735—1785, Kupferstecher, ausgezeichnet in der wirkungsvollen Behandlung landschaftlicher Darstellungen, besonders nach Claude Lorrain.

Wouverman, Phil., geb. zu Haarlem 1619, gest. 1668, Maler. Er liebte es, in zierlichen und mit poetischem Sinne behandelten Bildern das Leben der vornehmen Stände im Freien (namentlich Jagdzüge) oder Reitergefechte u. dergl. zu veranschaulichen. Von Jan Wynants hatte er sich eine geschickte Behandlung des landschaftlichen Theils seiner Bilder angeeignet; für die Darstellung von Menschen und Thieren war Pieter van Laer sein Vorbild, den er aber bald übertraf. In seinen ersten Bildern herrscht ein bräunlicher Ton vor: Hirschjagd (Eremitage zu Petersburg), zwei Reiter und ein Wagen (1646; im Privatbesitz zu Amsterdam). Bei seinen Gemälden der dann folgenden Periode wird die Färbung im Ganzen klarer und lebhafter: »le chariot de foin« (Mus. im Haag), eine umfangreiche Schlacht, worin die Figuren von ungewöhnlicher Grösse und erstaunlicher Kraft (daselbst), ein Reitergefecht (1556), so wie zwei miniaturartige Landschaften, die eine mit einer Dame zu Pferde, einen Falken auf der Hand, die andere einen Herrn auf einem Schimmel enthaltend (Eremit. in Petersburg), der berühmte Pferdestall (Dresden). Zuletzt ist sein Colorit kühler, dabei die Haltung der Bilder vorzüglich: die berühmte Reiherjagd (Amsterdam) und »le coup de pistolet« (Buckinghampalace), dieses in Composition und Delicatesse der Behandlung eins der besten Bilder des Meisters (Waagen, a. a. O., II. 158 ff.).

Wurmser, Nicolaus, von Strassburg, Maler, arbeitete unter der Regierung des Kaisers Karl IV. 1346—1378 in Böhmen, wo er, so wie **K u n z e** und **T h e o d o r i c h** von Prag, Hauptmeister der damals dort blühenden Schule waren. Ihre Werke, die auf dem Schlosse Karlstein, in der Wenzelkapelle des Doms zu Prag, in der Theinkirche daselbst und in verschiedenen Gemäldesammlungen sich finden, zeigen eine eigenthümliche Weichheit der Farbe, aber Mangel an Formensinn.

Wurzelbauer, Benedict, goss 1589 den zierlichen, mit den sehr manierirten Bronzefiguren der Cardinaltugenden geschmückten Brunnen neben der St. Lorenzkirche zu Nürnberg.

Wynants, Joh., geb. zu Haarlem, 1677 noch am Leben. Er war der erste Meister, der »die eigentliche Landschaft in Holland zur Ausbildung in der ganz freien und vollendeten Kunstform gebracht hat«. Wahrheit war sein Hauptbestreben. In seinen Gemälden, die etwas Einförmiges, Prosaisches haben, aber sehr sorgfältig ausgeführt sind, herrscht im Allgemeinen eine kühle Stimmung. Die Sammlungen von Amsterdam, Dresden, im Haag, in München und Petersburg besitzen vorzügliche Werke seiner Hand. (Waagen, a. a. O., II. 195 ff.).

Zampieri, Domenico, Maler, s. Caracci.

Zeitblom, Barthol., von Ulm, zwischen d. J. 1484 und 1517 daselbst urkundlich genannt, Tochtermann des in den Zinsbüchern des dortigen Doms erwähnten Malers Hans

Schüchlin, mit dem er gemeinschaftlich einen (später nach Ungarn gelangten) Altar für die Kirche zu Mückenhausen in Schwaben ausführte. Zeitblom wurde von der Richtung des Martin Schongauer berührt; er arbeitete aber, dessen Streben nach idealer Schönheit nicht theilend, und mit dessen Phantasiefülle nicht begabt, in ruhiger, schlichter, jedoch edler Weise. Die Darstellung lebhaft bewegter Scenen lag ausser seinem Vermögen. Im Stil der Gewandung übertraf er fast alle seine Zeitgenossen. Seinen vollen Namen, sein Brustbild und die Jahrszahl 1497 trägt der Altar aus der Kirche auf dem Heerberge im Kocherthal (jetzt in der Sammlung zu Stuttgart). Einen umfangreichen Cyclus von Bildern seiner Hand enthalten die Doppelflügel des berühmten Schnitzaltars zu Blaubeuren. Zu den reifsten Werken des Meisters gehören vier (in der Gall. zu Augsburg befindliche) Tafeln aus der Legende des hl. Valentin, deren Gestalten durch den Ausdruck milder Würde sehr anziehen. (Woltmann u. Woermann, a. a. O., II. 111 f.).

Zenodorus, Erzgiesser. Ein von ihm gearbeiteter etwa 32 m hoher Coloss des Nero wurde i. J. 75 n. Chr. als Sonnengott geweiht.

Zeuxis, berühmter Meister der ionischen Malerschule, in der Darstellung zarter weiblicher Anmuth ausgezeichnet. Bekannt ist die Erzählung des Wettstreits zwischen ihm und

Parrhasius, von denen Ersterer durch gemalte Trauben die Vögel, Letzterer durch einen über die Tafel gemalten Vorhang den Zeuxis selbst getäuscht haben soll.

Parrhasius war von Ephesus. Ihm wird eine genaue Kenntniss der Schönheit der Verhältnisse des menschlichen Körpers, eine feine Charakteristik und eine vollkommene Ausführung in der Rundung der Gestalten zugeschrieben. Als Werke seiner Hand werden Götter- und Heroengestalten, so wie wirkliche Portraits erwähnt. Diesen Meistern reihete sich

Timanthes von Cythnus an, der u. a. das Opfer der Iphigenia darstellte.

Zevio, Altichiero da, s. Altichiero.

Zingaro, il, Maler, s. Solario.

Zuccaro, Taddeo, 1529—1566, in Rom, schmückte das Schloss Caprarola mit historischen Gemälden. Von

Federigo Zuccaro († 1609) rühren die figürlichen, eines tieferen Inhalts entbehrenden Darstellungen in der Domkuppel zu Florenz her.

Zurbaran, Francisco, Maler, der Schule von Sevilla angehörend, 1598—1662. Er ist — »el Carabagio español« genannt — wohl mit Caravaggio verglichen, dem er in der Gewalt der Darstellung allerdings nahe steht, von dem er aber durch tiefere Fülle des Colorits, so wie durch bedeutsamen Ernst und grössere Würde sich unterscheidet, besonders in seinen zahlreichen Mönchsbildern.

»NICHTS BESSERS IST DEN KVNST AVF ERDEN
NICHTS NVTLICHER KAN GEFVNDEN WERDEN
ALS KVNST. IST EIN GETREWER GFERT
DRVM SIND KVNSTLER EHREN WERTH«.

Hausspruch zu Münden i. Hann.